高等院校法学主干教材

GAODENG YUANXIAO FAXUE ZHUGAN JIAOCAI

法学理论专题研究

Research on Legal Theory Topics

陈和芳 邓中文 茅友生 张潜伟　著

人民出版社

责任编辑：张新平

封面设计：王春峥

图书在版编目（CIP）数据

法学理论专题研究 ／ 陈和芳等著 .

北京 ： 人民出版社，2024.12. -- ISBN 978 - 7 - 01 - 026727 - 2

Ⅰ . D90

中国国家版本馆 CIP 数据核字第 2024D1D973 号

法学理论专题研究

FAXUE LILUN ZHUANTI YANJIU

陈和芳 等著

人民出版社 出版发行

（100706 北京市东城区隆福寺街 99 号）

北京新华印刷有限公司 新华书店经销

2024 年 12 月第 1 版 2024 年 12 月北京第 1 次印刷

开本：710 毫米 × 1000 毫米 1/16 印张：27

字数：379 千字 印数：0,001-5,000 册

ISBN 978 - 7 - 01 - 026727 - 2 定价：128.00 元

邮购地址 100706 北京市东城区隆福寺街 99 号

人民东方图书销售中心 电话（010）65250042 65289539

目　录

绪　　论

　　法学理论，作为探索法律现象、揭示法律本质及其规律的人文社会科学学科，具有深厚的学术积淀和重要的实践指导意义。本绪论将围绕法学理论的概念、范围、演变发展、意义，以及本书编辑的目的和内容进行简要阐述，以期为读者提供一个清晰的理论框架和学习方向。

　　绪论部分主要介绍法学理论的概念和范围、法学理论的演变和发展，以及法学理论的实践意义等内容。一是法学理论的概念和范围。法学理论，简而言之，是研究法律现象、法律体系和法律价值的学科。它不仅仅关注法律的文字表述，更深入地探讨法律背后的原则、精神和社会功能。法学理论的范围广泛，涵盖了法哲学、法律史、法律社会学等诸多领域，这些领域共同构成了法学理论的宏大体系。二是法学理论的演变和发展。法学理论的演变是与社会历史变迁紧密相连的。从古代的自然法理论，到中世纪的神权法理论，再到近现代的实证法学、社会法学等，法学理论在不断发展和完善中。特别是近几个世纪，随着社会的飞速变革，法学理论也在不断创新和深化，为法律制度的进步提供了坚实的理论基础。三是法学理论的实践意义。法学理论不是纸上谈兵，它更多地是对于法律实践具有深远的指导意义。首先，法学理论为立法工作提供了理论基础，确保法律的公正性和合理性。其次，在司法实践中，法学理论能够帮助法官、律师等法律从业者更准确地理解和适用法律，提高司法的公正性和效率。最后，法学理论对于培养法律人才，提升整个社会的法治意识也具有重要意义。

第一节　法学理论的概念和范围

法学理论，作为法学体系中的基础理论学科，是探索和研究法律现象、法律制度以及法律价值的重要分支。它深入挖掘法的本质、特征和作用，为法律实践提供理论支撑和方法论指导。在本节中，我们将详细探讨法学理论的概念、范围以及其在法学领域的重要性。

一、法学理论的概念

法学理论，也被称为法理学。它不仅研究法律现象、法律原则和法律制度的本质与内涵，还致力于揭示法律背后的普遍规律和基本原理。法学理论为法律实践提供了坚实的理论支撑和方法论指导，是法学体系中不可或缺的重要组成部分。

为了更深入地理解法学理论，可以从法的本质属性、特征、作用和价值等基本问题入手，通过具体的例子来阐述其重要性。

（一）法的本质属性

法，作为一种特殊的社会规范，其本质属性在于其社会性、规范性和强制性。这些属性使得法律在社会生活中扮演着至关重要的角色。以《中华人民共和国道路交通安全法》为例，这部法律明确规定了道路交通参与者的权利和义务，以及违反规定将承担的法律责任。其社会性体现在它适用于所有道路交通参与者，无论其身份、地位如何；其规范性则体现在它为道路交通行为提供了明确的标准和预期；而其强制性则体现在违反该法将受到相应的法律制裁。这种对法的本质属性的探讨，不仅帮助我们更好地理解法律在社会中的定位和功能，还为法律实践提供了理论支持。例如，在处理交通事故时，交警和法官会依据《道路交通安全法》来判断事故责任，并依法进行处罚或判决。这正是因为法律具有强制性和规范性，能够确保社会秩序的稳定和公平正义的实现。

（二）法的特征

法律具有普遍性、强制性和规范性等特点。这些特征使得法律能够有效地规范社会成员的行为，维护社会秩序和稳定。以《中华人民共和国刑法》为例，这部法律对犯罪行为进行了明确的界定，并规定了相应的刑罚措施。其普遍性体现在它适用于所有中国公民，无论其身份、地位或财富如何；其强制性则体现在犯罪行为一旦被发现并证实，将受到法律的严厉制裁；而其规范性则体现在它为人们的行为提供了明确的道德和法律标准。通过对法的特征的分析，我们可以更深入地理解法律的运作机制和法律效力。例如，在处理刑事案件时，法官会依据《刑法》来判断被告人的行为是否构成犯罪，并依法进行判决。这正是基于法律具有的普遍性、强制性和规范性，才能更好地确保相应的社会秩序的稳定和公平正义的实现。

（三）法的作用

法律在社会生活中发挥着重要的调节作用。它通过规范社会成员的行为来维护社会秩序和稳定，同时保障公民的权利和自由。以《中华人民共和国消费者权益保护法》为例，这部法律旨在保护消费者的合法权益，规范经营者的行为。它规定了消费者的基本权利和经营者的义务，以及违反规定将承担的法律责任。这部法律的实施有效地维护了市场秩序和消费者权益，促进了社会的和谐发展。例如，在处理消费纠纷时，消费者可以依据《消费者权益保护法》来维护自己的合法权益；而经营者也需要遵守该法规定，确保商品和服务的质量和安全。这正是因为《消费者权益保护法》在社会中发挥着重要的调节作用，能够维护相应的社会秩序的稳定和公平正义的实现。

（四）法的价值

法律不仅仅是一种社会规范，更承载着人们对社会秩序、公平正义和自由等价值的追求。这些价值是法律制定和实施的指导思想，体现了法律的基本精神和价值取向。以《中华人民共和国宪法》为例，这部法律明确规定了公民的基本权利和义务以及国家的基本制度和原则。它体现了人们对自由、平等、公正等价值的追求，是国家治理体系和治理能力现代化的重要保障。通过对宪法的学习和宣传，我们可以更深入地理解法律的价值和意义，增强法治意识和法治观念。

除了以上提到的基本问题外，法学理论还关注法律原则、法律制度和法律现象等方面的探索。这些研究内容不仅有助于我们更全面地理解法律现象和法律制度背后的规律和原理，还为法律改革和完善提供了实证支持。

（一）法律原则的探索

法律原则是法律制定和实施的指导思想，体现了法律的基本精神和价值取向。法学理论通过对法律原则的研究，为法律实践提供价值指引和判断标准。以"罪刑法定原则"为例，这一原则是现代刑法的基本原则之一，它要求犯罪和刑罚必须由法律明文规定，法官在判决时必须严格依照法律规定进行。这一原则体现了法律的公正性和可预测性，保障了公民的合法权益不受任意侵犯。在处理刑事案件时，法官必须遵循罪刑法定原则，确保判决的公正性和合法性。这种对法律原则的深入研究和实践应用，有助于我们更全面地理解法律现象和法律制度背后的规律和原理。

（二）法律制度的构建和完善

法学理论还致力于推动法律制度的创新和发展，以适应社会变革的需要。这包括对现有法律制度的评估和反思，以及对新法律制度的探索和设计。以环境保护法律制度为例，随着环境问题的日益突出，环境保护法律制度的构建和完善显得尤为重要。法学理论在这一领域发挥着重要作用，通过对环境保护法律制度的深入研究和分析，提出完善和改进的建议，以推动环境保护法律制度的创新和发展。这不仅有助于解决环境问题，还体现了法学理论在推动法律制度完善方面的价值。

（三）法律现象的深入研究

此外，法学理论还涉及对法律现象的深入研究。法律现象是法律在社会生活中的具体表现，反映了法律与社会、经济、政治等各个方面的联系和互动。以网络犯罪为例，随着互联网的普及和发展，网络犯罪现象日益严重。法学理论通过对网络犯罪现象的观察和分析，揭示其背后的法律问题和挑战。例如，如何界定网络犯罪的范围和性质？如何加强网络安全监管和打击网络犯罪？这些问题都需要法学理论进行深入研究和探讨，为法律实践提供指导和支持。

总之，法学理论作为法学领域中的基础理论学科，通过对法的本质、特征、作用和价值等基本问题的深入研究，为法律实践提供了坚实的理论支撑和方法论指导。同时，法学理论还关注法律原则、法律制度和法律现象等方面的探索，致力于推动法律制度的创新和发展。在未来的发展中，我们应继续加强法学理论的研究和创新，为推动法学领域的进步和发展作出更大的贡献。

通过以上的阐述和举例分析，我们可以看到法学理论在揭示法律现象背后的普遍规律和基本原理方面的重要作用。它不仅为法律实践提供了理论支撑和方法论指导，还为我们更全面地理解法律现象和法律制度提供了有力的工具。因此，我们应充分重视法学理论的研究和学习，不断提高自身的法治意识和法治观念，为推动社会的和谐发展和法治建设作出积极的贡献。

二、法学理论的范围

法学理论的范围广泛而深入，它涵盖了法的基本概念、本质特征和价值作用以及法的制定、实施和监督等各个方面。下面将通过详细的阐述和具体的例子，来展现法学理论的丰富内涵和研究范围。

（一）法的基本概念、本质和特征

法学理论的首要任务是明确法的基本概念，即"法"这一词汇所代表的深层含义。法，作为社会生活中的一种重要规范，具有其独特的本质和特征。法学理论致力于剖析这一本质，揭示法与其他社会规范，如道德、习俗等的区别与联系。

举例来说，我们可以观察交通规则在法律体系中的本质和特征。交通规则，本质上是一种法律规范，具有明确的普遍性、强制性和规范性等特征。它适用于所有驾驶者，无论其身份地位如何，都必须遵守。这种普遍性体现了法律面前人人平等的原则。同时，交通规则也具有强制性，违反者将受到相应的法律制裁，如罚款、扣分甚至吊销驾照等。这种强制性确保了法律规范的有效执行。此外，交通规则的规范性则体现在它为驾驶行为提供了明确的标准和预期，使得交通秩序得以维护。

通过深入剖析法的基本概念和特征，我们可以更全面地理解法的本质和内涵，为法律实践提供坚实的理论基础。

（二）法的价值和作用

法学理论不仅关注法的概念和特征，还深入挖掘法的价值，阐述法在社会生活中的重要性和功能。法作为社会规范的一种，其核心价值在于维护社会秩序、保障公民权利、促进社会公平正义，并推动社会进步。

以劳动法为例，劳动法的制定和实施旨在保护劳动者的合法权益，确保他们在工作中的安全与健康，并促进劳动关系的和谐稳定。劳动法规定了劳动合同、工作时间、工资待遇等方面的内容，为劳动者提供了明确的权益保障。这不仅体现了法对公民权利的尊重和保护，也体现了法对社会公平正义的追求。同时，劳动法的有效实施还有助于推动社会的进步和发展，提高劳动者的生产积极性和创造力。

通过探讨法的价值和作用，我们可以更深刻地认识到法在社会生活中的重要地位和功能，为法律实践提供有力的价值指引。

（三）法的制定和实施

法学理论还研究法的制定过程和实施方式。法的制定涉及立法原则、立法技术和法律体系的构建等问题，而法的实施则关注法律如何在实际生活中得到有效执行和适用。

以环境保护法为例，随着环境问题的日益突出，环境保护法的制定和实施显得尤为重要。在制定过程中，立法者需要遵循科学立法、民主立法等原则，确保法律内容的科学性和合理性。同时，立法者还需要运用先进的立法技术，确保法律条文的清晰明确和可操作性。在实施过程中，政府部门需要依法行政，严格执法，确保环境保护法的有效执行。此外，还需要加强法律宣传和教育，提高公众对环境保护法的认识和遵守意识。

通过对法的制定和实施的研究，我们可以更深入地了解法律制度的构建和完善过程，为法律实践提供有力的制度保障。

（四）法律体系和部门法

法律体系是指一个国家现行法律规范构成的有机整体。法学理论研究法律体系的构成和特点，分析各个部门法在法律体系中的地位和作用。这有助于我们更全面地理解各个部门法之间的相互关系和协调发展。

以刑法和民法为例，刑法和民法在法律体系中占据着重要的地位。刑法主要规定犯罪行为和相应的刑罚措施，旨在维护社会秩序和公共安全；而民法则主要调整平等主体之间的财产关系和人身关系，旨在更为重视保护公民的合法权益。二者在法律体系中相互补充、协调发展，共同维护社会的稳定和发展。

通过对法律体系和部门法的研究，我们可以更清晰地认识到各个部门法在法律体系中的地位和作用，为法律实践提供全面的法律支持。

（五）法与社会的关系

法学理论还关注法与社会、经济、政治和文化等方面的联系和互动。法作为社会规范的一种，其产生、发展和变化都受到社会因素的影响。同时，法也反作用于社会，推动社会的进步和变革。

以知识产权法为例，随着科技的发展和全球化的推进，知识产权的保护显得尤为重要。知识产权法的制定和实施旨在保护创新成果和知识产权权利人的合法权益，促进科技创新和文化繁荣。这不仅体现了法对经济社会发展的适应和推动作用，也体现了法与文化创新的相互促进关系。

通过探讨法与社会的关系，我们可以更深入地理解法在社会生活中的实际运作情况和存在的问题，为法律改革和完善提供实证支持。

（六）法学方法论

法学方法论是法学理论的重要组成部分，它主要指探究法学研究的方法和技术。包括实证研究方法、规范分析方法、比较研究方法以及跨学科研究方法等。这些方法的应用旨在提高法学研究的科学性和准确性。

以实证研究方法为例，它是一种基于数据和事实的研究方法，通过对实际案例和数据进行分析和归纳来验证法律理论的有效性和适用性。这种方法在法律实践中具有重要的应用价值，可以帮助我们更深入地了解法律现象和法律制度的实际效果和问题所在。比如，在研究犯罪现象时，可以通过收集和分析犯罪数据来揭示犯罪的原因和规律；在研究法律制度时，可以通过调查和分析法律制度的实施情况来评估其效果和改进方向。

综上所述，法学理论的范围广泛而深入，涵盖了法的基本概念、本质特征和价值作用以及法的制定、实施和监督等各个方面。通过深入研究和探讨这些方面的问题，我们可以更全面地理解法的本质和内涵，为法律实践提供坚实的理论基础和方法论支持。同时，法学理论的研究也有助于我们更深入地了解法律现象和法律制度的实际效果和问题所在，为法律改革和完善提供有力的实证支持。

第二节　西方法学理论的演变和发展

西方法学理论的演变和发展历经数千年的积淀与变迁，从古希腊罗马时期的自然法观念，到中世纪的神权法思想，再到近现代的各种法学流派，其内涵不断丰富，体系日趋完善。以下将简要阐述这一漫长而复杂的历史过程。

一、古希腊罗马时期的法学理论

古希腊，这个西方哲学的发源地，同样孕育了西方法学的初步理念。在这一时期，法学家们对法律的理解开始从模糊走向清晰，他们深入探索法律的本质和作用，试图构建一个公正、有序的社会。

柏拉图，这位古希腊的伟大哲学家，在他的著作《理想国》中，描绘了一个理想的国家蓝图。他提出"哲人王"的构想，即理想的国家应由具有高尚品德和卓越智慧的哲学家来统治。这些哲学家，通过他们的智慧和洞察力，能够制定出真正公正的法律，从而确保国家的和谐与繁荣。柏拉图的这一思想，无疑为后世的法学理论发展提供了重要的启示。而他的学生亚里士多德，在法学理论上则走得更远。他在《政治学》一书中明确指出，法律应该是理性的体现，是维护社会秩序和公正的重要手段。他强调，法律不仅要有惩罚的功能，更要有教育的功能，要通过法律引导人们走向善良和正义。亚里士多德的这些观点，无疑为后世的法学教育和法律实践提供了重要的指导。

随着时光的推移，西方进入了古罗马时期。在这一时期，法学理论得到了更为系统和完善的发展。罗马法学家们以严谨的态度和精细的思维，对罗马法体系进行了深入的整理和完善。他们提出了许多影响深远的法学原则，为后世的法律发展奠定了坚实的基础。其中，"私有财产神圣不可侵犯"的原则，无疑是最具影响力的原则之一。这一原则强调私有财产的不可侵犯性，为后世的财产法体系奠定了基础。它不仅保护了个人财产的安全，也促进了社会的稳定和经济的发展。此外，"契约自由"的原则也是罗马法的重要贡献。这一原则强调契约的自由性和约束力，为现代合同法的发展提供了重要的理论依据。在古罗马时期，人们已经认识到契约对于商业活动的重要性，并通过法律手段来保障契约的执行。除了上述两个原则外，罗马法还有许多其他的贡献。例如，罗马法对于犯罪行为的定义和分类，对于刑事责任的确定等都具有重要的指导意义。这些贡献不仅影响了当时的罗马帝国，也对后世的法律制度产生了深远的影响。

二、中世纪的神权法思想

随着古罗马的衰落，欧洲进入了中世纪。在这一时期，基督教成为欧洲的主导宗教，神权法思想逐渐盛行。神权法思想认为，法律是上帝意志的体现，法律的权威来自于神授。因此，在中世纪欧洲，法律的实施和执行都需要遵循上帝的旨意。神权法思想在当时的社会中具有极其重要的地位，这种思想主要体现在以下几个方面：首先，它认为法律的来源是神圣的，是上帝赐予人类的规则，因此法律具有至高无上的权威。人们必须遵守法律，因为这是上帝的旨意。其次，神权法思想强调了法律与道德、宗教的紧密联系。在中世纪，法律和宗教、道德是相互交织的，它们共同构成了当时社会秩序的基石。最后，神权法思想还体现了对公正和秩序的追求。在神权法思想的指导下，法律不仅要维护社会的公正，还要确保社会秩序的稳定。

然而，神权法思想也受到了多方面的挑战。一方面，随着文艺复兴和宗教改革的兴起，人们开始重新审视宗教、法律和道德的关系。人们逐渐认识到，法律虽然与宗教和道德有关联，但它们之间并非完全等同。法律应该具有其独立性和权威性，不应完全受宗教的控制。另一方面，随着社会的变迁和科技的发展，人们开始对传统观念进行反思。特别是在启蒙运动时期，理性主义思潮的兴起对神权法思想产生了强烈的冲击。人们开始用理性的眼光审视法律和社会制度，强调法律的制定和实施应该基于理性和公正的原则，而非完全依赖于神圣的旨意。在这一过程中，法学家们也开始对传统法学理论进行批判和反思。他们试图将法律从宗教的束缚中解放出来，赋予法律更为独立和理性的地位。这些努力为现代法学的发展奠定了基础，推动了法律体系的不断完善和进步。

尽管中世纪的神权法思想在现代看来具有一定的局限性，但它在当时的社会背景下却发挥了重要的作用。它为人们提供了一种对法律的理解和解释方式，帮助人们更好地认识和处理法律与宗教、道德之间的关系。同时，神权法思想也促进了法律体系的发展和完善，为后世的法学研究和法律实践提供了重要的参考和借鉴。在反思神权法思想的过程中，法学家们开始更加关注人的权利和自由。他们提倡法律应该保护每个人的基本权利，而不是仅仅维护神权或者君权。这种思想的转变，为后来的民主法治思想奠定了基础。总的来说，从中世纪的神权法思想到现代法治思想的演变，是人类社会不断进步和发展的体现。在这个过程中，人们对法律的认识不断深化，对公正、自由和平等的追求也日益强烈。这种追求，推动了人类社会不断向前发展，也为我们今天所享有的法治环境奠定了坚实的基础。

三、近现代的主要法学流派

文艺复兴时期的到来，同时催生了近现代法学的发展，并产生了丰富多彩且各具特色的近现代法学流派。近现代法学流派的发展是法学思想史上的成熟期和巅峰期，这些流派不仅代表了学者对法律的不同理解和解释，更深刻地反映了法律在社会变革中的不断适应与发展。具体来说，近现代的主要法学流派有以下八个。

（一）自然法学派

自然法学派主张法律应遵循自然的法则，这些法则是普遍的、永恒的，且高于人为法。自然法学派认为，真正的法律并非统治者随意制定，而是受到自然法的制约。自然法学派的思想特点主要包括三方面：一是强调法律具有普遍性和永恒性；二是认为法律是理性的产物，与人类的基本权利和自由紧密相连；三是指出法律应保护人的天赋权利。相应的代表人物主要包括格劳秀斯、洛克、卢梭等。自然法学派对启蒙时期的政治思想，尤其是法国大革命和美国独立宣言产生了深远的影响。它为人们反抗暴政、争取自由和权利提供了理论基石。

（二）哲理法学派

哲理法学派注重用哲学的方法研究法律，认为法律的本质是理性的体现，与道德、正义之间存在紧密联系。哲理法学派的思想特点主要包括三方面：一是理性在法律中具有核心地位；二是法律应追求正义和道德的目标；三是法律不仅是统治者的工具，更是维护社会秩序和公平正义的重要手段。主要代表人物有康德、黑格尔等。哲理法学派对后世的法律哲学产生了深远的影响，为人们思考法律的本质和价值提供了哲学基础。

（三）历史法学派

历史法学派主张法律是历史发展的产物，认为每一种法律制度都与其所处的历史文化背景紧密相关。历史法学派的思想特点主要包括两方面：一是强调法律的历史性和文化性；二是认为法律的发展是一个历史过程，不能脱离其历史背景来理解。主要代表人物有萨维尼、梅因等。历史法学派对 19 世纪的法律史研究产生了重要影响，促使人们更加关注法律与历史文化之间的联系。

（四）分析法学派

分析法学派注重从逻辑和形式上分析法律的概念、规则和原则，试图将法律作为一个独立的、自足的体系来研究。分析法学派的思想特点包括两方面：一是强调法律的逻辑性和形式性；二是认为法律是一种规则体系，可通过逻辑分析揭示其内在结构和关系。相应的代表人物主要有奥斯丁、哈特等。分析法学派对现代法学教育和研究方法产生了深远的影响，推动了法学的科学化和专业化发展。

（五）社会学法学派

社会学法学派强调法律与社会的相互关系，认为法律是社会现象的反映和工具，其发展和实施受社会结构和文化影响。其思想特点包括两方面：一是强调法律的社会性和实用性；二是认为法律应适应社会的需要和发展，反映社会的价值观和利益诉求。代表人物主要有埃利希、庞德等。社会学法学派对 20 世纪的法学研究产生了重要影响，推动了法学与社会学等学科的交叉研究。

（六）经济分析法学派

经济分析法学派运用经济学的理论和方法来分析法律问题，特别强调法律的效率和经济效果。其思想特点主要有两方面：一是认为法律规则的制定和执行应以经济效益为导向；二是认为法律应促进资源的有效配置和利用。相应的代表人物有科斯、波斯纳等。经济分析法学派为法律制度的评价和设计提供了新的视角和方法，对法律经济学的发展产生了重要影响，使经济分析成为法学的重要研究手段，也使人们更加关注法律的经济效应。

（七）现实主义法学派

现实主义法学派强调法律在实际社会中的运作情况，认为法律并非一成不变的规则体系，而是随社会环境变化而变化。其思想特点主要有：一是重视法律在实际社会中的运作和实效；二是认为法律是不断变化和发展的社会现象。主要代表人物包括杰罗姆·弗兰克、卡尔·卢埃林等。现实主义法学派对后来的法律实证研究产生了重要影响，推动了法学研究的实践转向。

（八）西方马克思主义法学派

西方马克思主义法学派将马克思主义理论与法学研究相结合，探讨法律与阶级、国家、社会等的关系。其思想特点主要包括两方面：一是强调法律的阶级性和社会性；二是指出法律是统治阶级意志的体现，同时也是社会关系的反映。主要代表人物有卢卡奇、哈贝马斯等。西方马克思主义法学派为法学研究提供了新的理论视角，促进了马克思主义法学的发展。

综上所述，近现代法学流派的发展是多元且复杂的。这些流派的思想特点和代表人物各具特色，对法学的发展和演变产生了深远的影响。在未来的法学研究中，我们应继续保持开放和包容的态度，积极吸收和借鉴各种有益的思想和观点，以推动法学研究的不断深入和发展。随着全球化的不断深入和科技的发展，法学研究也面临着新的挑战和机遇。跨国法律问题、网络法律问题、人工智能法律问题等新兴领域不断涌现，需要法学研究者不断探索和创新。在这个过程中，近现代法学流派的思想和观点仍然具有重要的指导意义和参考价值。我们可以借鉴这些流派的研究方法和思路，结合新兴领域的特点和问题进行深入分析和探讨。需要指出的是，虽然近现代法学流派在思想上存在差异甚至分歧，但它们都为法学理论的发展作出了重要贡献。在未来的法学研究中我们应该更加注重跨流派、跨学科的交流与合作，共同推动法学研究的进步与发展。同时，我们也应关注法律在社会中的实际应用情况，不断探索和完善法律制度的途径和方法，以适应社会发展的需要和人民群众的期待。通过这样的方式，我们可以更全面地理解法律的本质和作用，为构建更加公正、合理的法律制度体系提供有益的参考和借鉴。

四、现代西方法学理论的发展趋势

随着社会的不断发展和进步，现代西方法学理论也在持续演变。这一演变不仅仅是法学内部的变革，更是对整个社会、经济、文化等多方面因素的综合反映。下面将深入探讨现代西方法学理论的发展趋势，分析其背后的动因和影响。

（一）多元化和综合性的增强

现代西方法学理论的首要发展趋势是多元化和综合性的显著增强。这一趋势的形成，源于多种因素的共同作用。首先，随着社会的进步和科技的发展，人们对法律的认识和理解逐渐深入。传统的法学流派，如自然法学、分析法学等，虽然各有其独特的理论体系和观点，但在面对复杂多变的社会现象时，都显得力不从心。因此，各种法学流派开始相互借鉴、融合，形成了多元化的法学理论体系。其次，全球化进程的加速也推动了法学理论的多元化发展。随着国际交流的日益频繁，不同国家和地区的法律制度、法律文化开始相互碰撞、交融。这种跨文化的交流不仅丰富了法学理论的内容，也使其更加具有包容性和开放性。最后，现代社会问题的复杂性也要求法学理论必须具备综合性的特点。环境保护、人权保障、网络安全等新兴领域的问题，需要法学理论从多个角度进行深入研究和分析。这种综合性的研究方法有助于更全面、更深入地理解法律问题，提出更有效的解决方案。

（二）跨学科研究方法的广泛运用

现代西方法学理论的另一个重要发展趋势是跨学科研究方法的广泛运用。这一趋势的形成，主要得益于社会科学和自然科学的不断发展以及学科交叉融合的日益普遍。在传统的法学研究中，往往只注重法律规范的分析和解释，而忽视了法律现象背后的社会、经济、文化等因素。然而，随着社会科学的发展，人们逐渐认识到法律现象与社会结构、文化背景等密切相关。因此，越来越多的学者开始尝试运用跨学科的研究方法来探讨法律问题。例如，在法学与经济学的交叉研究中，学者们运用经济学的理论和方法来分析法律制度的效率和经济效果，为法律制度的改革和完善提供了有益的参考。在法学与社会学的交叉研究中，学者们通过实证调查和数据分析等方法来揭示法律现象背后的社会结构和文化因素，为理解法律现象提供了更深入的视角。跨学科的研究方法不仅拓宽了法学研究的视野和思路，也为解决复杂的法律问题提供了更有效的手段。通过借鉴其他学科的理论和方法，法学研究可以更加深入地揭示法律现象的本质和规律，提出更具针对性和可操作性的解决方案。

（三）全球化背景下的法学理论发展

全球化是现代社会的重要特征之一，也对法学理论的发展产生了深远的影响。在全球化背景下，法学理论需要关注国际法和国际关系的复杂性以及跨国法律问题的解决等问题。首先，全球化使得国际法和国际关系变得更加复杂多变。不同国家和地区之间的法律制度、法律文化存在巨大的差异，如何在尊重各国主权和法律制度的前提下，建立有效的国际合作机制、解决跨国法律问题成为法学理论面临的重要课题。其次，全球化也为法学理论的交流和发展提供了新的平台和机遇。随着国际交流的日益频繁和信息技术的快速发展，各国之间的法学理论交流变得更加便捷和高效。通过跨国合作和交流，各国学者可以相互学习、借鉴先进的法学理论和研究方法，共同推动法学理论的进步和发展。最后，全球化背景下的法学理论还需要关注全球性问题的挑战和机遇。例如，全球气候变化、跨国犯罪、网络安全等全球性问题需要各国共同应对和解决。法学理论应积极探索全球性问题的解决路径和方法，为全球治理提供有力的法律支撑和保障。

（四）人权与法治的深化

随着现代社会对人权和法治的日益重视，现代西方法学理论在人权和法治方面的研究也在不断深化。人权保护、法治原则等议题逐渐成为法学研究的核心内容之一。一方面，法学理论开始更加深入地探讨人权保护的内涵和外延。学者们不仅关注公民权利和政治权利的保护，还开始重视经济、社会和文化权利的保障。同时，对于特殊群体的权利保护，如妇女、儿童、残疾人等，也得到了越来越多的关注和研究。另一方面，法治原则在法学理论中的地位也逐渐提升。法治不仅被视为国家治理的基本原则，还被视为保障人权、促进社会公正和稳定的重要手段。法学理论开始深入探讨法治的内涵、要求和实现路径，以期为现代社会的法治建设提供有力的理论支撑。

（五）科技与法律的互动

科技的快速发展对现代西方法学理论产生了深远的影响。随着人工智能、大数据、云计算等技术的普及和应用，法学理论需要不断适应和调整以应对科技带来的挑战和机遇。首先，科技的发展为法学研究提供了新的方法和手段。例如，大数据分析技术可以帮助学者们更加深入地挖掘和分析法律数据，揭示法律现象背后的规律和趋势。人工智能技术也可以辅助法律决策和咨询，提高法律服务的效率和质量。其次，科技的发展也对法律制度产生了深刻的影响。例如，随着网络技术的普及和应用，网络安全、数据保护等新兴领域的问题逐渐凸显出来。法学理论需要关注这些新兴领域的问题，并提出有效的解决方案，以维护社会秩序和公共利益。最后，科技的发展也推动了法学理论的创新和发展。随着科技的不断进步和应用领域的拓展，法学理论需要不断探索新的研究领域和问题，以丰富和完善自身的理论体系和方法论基础。

综上所述，现代西方法学理论的发展趋势是多元化、综合性增强以及跨学科研究方法的广泛运用、全球化背景下的法学交流与发展、人权与法治的深化以及科技与法律的密切互动。这些趋势不仅反映了现代社会对法学的新要求和新挑战，也为法学理论的创新和发展提供了广阔的空间和机遇。

第三节　法学理论的意义

法学理论，作为法学体系中的基础理论学科，对于法学研究、法律实践乃至整个社会的法治建设都具有深远的意义。以下即对法学理论的意义从不同方面进行详细阐述。

一、法学理论对法学学科及法律实践的影响

法学理论，作为法学学科的核心与基石，对于法学领域的发展和法律实践的进行具有举足轻重的影响。它不仅仅是学术上的探讨和研究，更是对法律本质、法律价值、法律原则等根本性问题的深入挖掘和理解。这种理论层面的剖析和阐述，为法学各个分支领域提供了坚实的理论基础，推动着法学学科的不断发展。

首先，法学理论深化了我们对法律本质的认识。通过对法律的本质、功能、价值等基本问题进行深入研究，法学理论使我们能够更加深入地理解法律在社会生活中的角色和作用。法律不仅仅是一套规则体系，更是一种社会规范，是维护社会秩序、保障公民权利的重要工具。法学理论的研究，让我们更加清晰地认识到这一点，从而更加重视法律在社会生活中的地位和作用。这种对法律本质认识的深化，不仅有助于我们理解法律的重要性，更能引导我们思考如何更好地运用法律来解决实际问题。在现实生活中，法律问题层出不穷，如何运用法律手段来维护社会秩序、保障公民权利，是摆在我们面前的重要课题。而法学理论的研究，为我们提供了思考的方向和解决问题的思路。

其次，法学理论的研究还不断拓展法学学科的边界。随着社会的快速发展，新的法律问题不断涌现，如网络安全、数据保护、人工智能等。这些新兴领域对法律提出了新的挑战和要求，需要我们从理论上进行深入的探讨和研究。法学理论通过吸收新的研究成果，开拓了新的研究领域，为解决这些新兴问题提供了理论支持。这种对新兴领域的研究和探索，不仅丰富了法学学科的内容，也使其更加贴近现实，更具实用性。法学理论不再是高高在上的学术研究，而是与现实生活紧密相连，为解决实际法律问题提供有力的理论支撑。

最后，法学理论对法律实践也具有重要的指导作用。在立法、司法、执法等各个环节，法学理论都发挥着不可或缺的作用。在立法环节，法学

理论为立法者提供了科学的立法指导，帮助他们制定出更加合理、公正的法律。通过深入研究社会现实和法律需求，法学理论为立法者提供了有力的理论支持，确保所制定的法律能够切实解决实际问题，维护社会秩序和公民权利。在司法环节，法学理论为司法实践提供了法律解释和推理的方法。司法实践是法律实施的重要环节，而法律解释和推理是司法实践中不可或缺的部分。法学理论通过对法律原则、规则等内容的深入研究，为司法人员提供了科学的解释和推理方法，帮助他们做出公正、合理的判决。在执法环节，法学理论也为执法过程提供了法律原则和指导。执法是法律实施的重要手段，而执法过程中需要遵循一定的法律原则和指导。法学理论通过对法律原则、执法程序等内容的研究，为执法人员提供了明确的执法方向和思路，确保执法的准确性和公正性。

总的来说，法学理论对法学学科的发展和法律实践的影响是深远的。它不仅为法学学科提供了坚实的理论基础，推动着法学学科的进步和发展，同时也为法律实践提供了重要的指导。在未来的发展中，我们应该更加重视法学理论的研究和应用，为推动法学领域的进步和发展贡献更多的力量。同时，我们也应该看到，法学理论的研究是一个不断探索和创新的过程。随着社会的发展和法律环境的变化，我们需要不断更新和完善法学理论的内容和方法，以适应新的法律需求和挑战。只有这样，我们才能更好地发挥法学理论在法学学科和法律实践中的重要作用，为社会的和谐稳定和法治建设作出更大的贡献。

二、法学理论在社会法治建设及法律人才培养中的作用

法学理论，这一深邃而博大的学科，不仅在深化我们对法律的理解和指导法律实践方面发挥着重要作用，更在社会法治建设和法律人才培养中占据着举足轻重的地位。它像一座灯塔，照亮了我们构建法治社会的道路，也像一座摇篮，孕育无数优秀的法律人才。

（一）在社会法治建设方面，法学理论的贡献不可忽视

首先，它为公民法治意识的提升奠定了坚实的思想基础。在现代社

会，法治意识是每个公民必备的素质，而法学理论的普及和传播则在这方面起到了关键作用。通过学习和了解法学理论，公民们能够更深入地理解法律的精神和原则，从而在日常生活中更加自觉地遵守和维护法律，形成良好的法治氛围。这种氛围的形成，无疑为社会的和谐稳定提供了有力保障。其次，法学理论的研究还直接推动了法律体系的不断完善。随着社会的发展和变革，法律体系也需要不断地进行调整和优化。而法学理论家们通过对现有法律的深入分析和对新兴领域的探索，能够及时发现法律体系中存在的不足和漏洞，并提出相应的完善建议。这些建议不仅具有理论价值，更具有实践意义，为构建一个更加科学、合理、完善的法律体系提供了有力的理论支持。最后，在推动法治政府建设方面，法学理论也发挥了举足轻重的作用。政府是法治建设的重要主体，其行政行为必须在法律的框架内进行。而法学理论通过为政府提供科学的法律依据和合理的法律解释，帮助其更好地履行职责、保障公民的合法权益。这不仅增强了政府的公信力和执行力，也推动了法治政府的建设进程。可以说，没有法学理论的指导和支持，法治政府的建设将会失去重要的理论支撑和方向指引。

（二）在法律人才培养方面，法学理论的作用更是无可替代

一方面，作为法律教育的核心内容之一，法学理论为学生提供了深入的法律思维训练。通过学习法学理论，学生可以掌握扎实的法律基础知识，形成严谨的法律思维方式。这种思维方式不仅能够帮助他们更好地理解法律条文和案例，还能够培养他们分析问题和解决问题的能力。这种能力对于法律人才来说至关重要，因为他们需要在复杂的法律环境中迅速准确地找到问题的症结所在，并提出有效的解决方案。另一方面，除了法律思维训练外，法学理论还注重培养学生的职业道德和职业素养。法律职业是一个充满挑战和诱惑的行业，法律人才需要具备坚定的职业操守和道德底线。而法学理论通过引导学生深入思考法律与道德的关系、法律职业的责任与担当等问题，帮助他们明确自己的职业操守和道德底线。这种教育不仅有助于提高学生的职业素养，还能够为他们的长远发展奠定坚实的基础。

总的来说，法学理论在社会法治建设和法律人才培养中的作用是多方面的、深层次的。它不仅为公民法治意识的提升和法律体系的完善提供了理论支持，还为法治政府建设和法律人才培养作出了重要贡献。在未来的发展中，我们应该更加重视法学理论的研究和应用，充分发挥其在社会法治建设和法律人才培养中的积极作用。同时，我们也应该鼓励更多的人学习和了解法学理论，提高自身的法治意识和法律素养，为构建更加美好的法治社会贡献自己的力量。

三、法学理论在国际交流与合作中的重要性

在全球化的时代背景下，法学理论在国际交流与合作中的重要性愈发凸显，成为不可或缺的一环。它不仅是各国法律文化交流的重要桥梁，更是推动国际法律规则制定与完善的关键力量，同时也为国际法律合作与援助提供了坚实的理论基础和技术指导。

首先，法学理论在国际交流与合作中扮演了文化交流的桥梁角色。由于历史、文化、社会制度等多种因素的影响，不同国家和地区的法律体系与法律文化存在显著的差异。这种差异在一定程度上阻碍了国际交流与合作。然而，法学理论作为一种具有普适性的知识体系，为各国法律文化的相互了解与融合提供了可能。通过法学理论的交流与探讨，各国可以更加深入地理解彼此的法律体系和法律文化，进而为寻求共同的法律解决方案奠定基础。这种文化交流不仅有助于增进各国间的理解与互信，还能推动国际法律体系的完善与发展。

其次，法学理论为国际法律规则的制定与完善提供了宝贵的智力支持。在国际社会中，法律规则的制定是一个复杂而敏感的过程，需要充分考虑各国的利益和关切。而法学理论家们通过对国际法律规则的深入研究与分析，能够提出具有前瞻性和可操作性的建议，为规则的制定提供科学的依据。他们的研究成果不仅可以为国际社会提供参考，还能推动国际法律规则朝着更加合理、公正的方向发展。这种智力支持对于维护国际社会的稳定与发展具有重要意义。

此外，法学理论还加强了国际法律合作与援助。在全球化的今天，跨

国法律问题层出不穷，如跨国犯罪、知识产权保护、环境保护等。这些问题的解决需要各国共同努力，加强合作与援助。而法学理论家们通过参与国际法律合作项目、提供法律咨询与援助等方式，为国际社会的法治建设贡献力量。他们的专业知识与技能在国际法律合作与援助中发挥着重要作用，不仅推动了国际法治的进程，还促进了各国之间的互利共赢。

除了上述方面，法学理论在国际争端解决中也起到了关键作用。国际争端是国际关系中不可避免的问题，而法学理论为争端的和平解决提供了法律依据和解决方案。通过运用法学理论，国际社会可以更加理性、公正地处理各种争端，维护国际秩序的稳定与发展。

总的来说，法学理论在国际交流与合作中的重要性是多方面的、深层次的。它在国际法律文化的交流、国际法律规则的制定与完善以及国际法律合作与援助等诸多方面发挥着重要作用。因此，在全球化的时代背景下，我们应当更加重视法学理论的研究与应用，充分发挥其在国际交流与合作中的积极作用。

同时，我们也应该看到，法学理论在国际交流与合作中还面临着一些挑战和问题。例如，不同国家和地区的法律体系与法律文化差异较大，如何更好地进行法学理论的交流与融合是一个亟待解决的问题。此外，随着全球治理体系的变革与发展，国际法律规则的制定与实施也面临着新的挑战和机遇。因此，我们需要不断加强法学理论的研究与创新，以适应国际社会的发展需求。

第四节　本书的目的和内容

一、编写目的

本书的编写承载着深厚的教育使命与责任感。本书旨在为法律研究人员提供一本全面、深入且富有创新性的基础法理学读本，以助力他们在法学领域的学术成长和实践应用。同时也可以作为法学本科生的辅导教材，以及其他对法学理论有兴趣的读者了解法学理论的参考书。本书的编写目的不仅在于夯实学生的法理学基础，更在于培养他们的法律思维、拓展学术视野、提升实务能力以及服务新时代的法治建设。

（一）夯实理论基础

法理学是法学教育的基石，它为学生提供了理解法律现象和法律制度的基本概念、原则和方法。本书通过系统介绍法理学的基本理论、代表性理论和经典著作，帮助学生打下坚实的法理学基础。这一基础不仅为学生后续的法律研究和实务工作提供了理论支撑，更是他们成长为优秀法律人才的必备素养。为了让学生更好地掌握法理学知识，本书在编写过程中精心挑选了对现代法学有着深远影响的相关法学理论流派进行系统介绍，同时辅以详细的解读和评析。这些内容不仅有助于学生深入理解法理学的核心概念，还能够激发他们的学习兴趣和热情，为未来的学术研究奠定坚实的基础。

（二）培养法律思维

法律思维是法律人才必备的核心能力之一。本书通过案例教学和问题分析的方式，引导学生从法律的角度去思考和解决问题。这种教学方式不仅有助于培养学生的法律思维能力和专业素养，还能够提升他们的逻辑思维、批判性思维和创新能力。在本书中，每个专题都配备了相关的案例分析和问题探讨环节。这些案例既具有代表性，又富有启发性，能够帮助学生将理论知识与实际应用相结合，提高他们的解决问题的能力。同时，问题探讨环节则鼓励学生从不同角度审视法律问题，激发他们的创新思维和批判性思维。

（三）拓展学术视野

法学是一个不断发展的学科领域，新的理论和研究成果层出不穷。为了帮助学生拓展学术视野、了解法学理论的最新发展动态，本书不仅关注传统的法理学理论，还引入了前沿的学术研究成果。在编写过程中，我们特别注重收集并整理国内外法学界的最新研究成果和动态。这些前沿内容不仅为学生提供了更广阔的学术视野，还能够帮助他们紧跟法学领域的发展步伐，为未来的学术研究和职业发展做好准备。

（四）提升实务能力

法律实务能力是法律人才必备的重要素质之一。本书通过结合案例分析的方式，让学生更好地理解法律在实际操作中的应用，从而提升他们处理法律实务的能力。在每个专题中，我们都精选了与该专题相关的实际案例进行分析和解读。这些案例不仅具有真实性和代表性，还能够帮助学生深入理解法律知识在实践中的应用场景和方式。通过这种方式的学习和实践锻炼，学生的实务能力将得到显著提升。

（五）服务法治建设

本书坚持以马克思主义为指导思想，贯彻落实全面推进依法治国的战略部署。我们希望通过本书的编写和传播，为新时代中国特色社会主义法治建设提供理论支持和人才培养方面的贡献。为了实现这一目标，我们在编写过程中特别注重将法治理念、法治原则和法治精神融入教材内容之中。同时，我们还关注当前法治建设的热点问题和挑战，为学生提供相关的思考和探讨空间。通过这种方式的学习和思考，学生将更加深入地理解法治建设的重要性和紧迫性，并积极参与其中，为新时代的法治建设贡献力量。

综上所述，本书的编写目的不仅在于传授法理学知识、培养法律思维和实务能力，更在于拓展学术视野和服务法治建设。我们希望通过本书的编写和传播，为初学者提供理论素材，为法学研究者丰富理论思维。

二、内容介绍

本书以专题形式深入探讨了法理学的多个重要领域，每个专题都围绕一个核心的法学理论流派展开，内容丰富、深入且具有前瞻性。全书一共十部分，分为绪论和九个以"对法学理论的历史发展及现状有着实质性影响的法学流派"为内容的理论专题，力求使读者对法学理论的发展和现状产生较为系统和清晰的认知。以下为相关内容的简要介绍。

绪论：作为开篇之章，绪论部分主要介绍了法理学的基本概念、研究对象、历史发展和重要意义。通过这一章节的介绍，我们可以全面了解法理学的学科性质和知识体系，为后续章节的学习奠定基础。

第一章自然法学理论专题：自然法学是西方法学中历史悠久且影响深远的理论流派。本章详细介绍了自然法学的基本观点、历史演变和现代发展。通过探讨自然法的本质、优势和局限性等方面内容，帮助学生理解自然法学在法学理论体系中的重要地位。

第二章历史法学理论专题：历史法学强调法律与民族历史、文化的紧密联系。本章通过梳理历史法学的核心观点和代表人物的思想，揭示了法律发展的历史逻辑和民族特性。同时，结合具体案例分析，让学生感受到历史法学在实践中的应用价值。

第三章哲理法学理论专题：哲理法学将法学与哲学紧密结合，探讨法律的哲学基础和价值取向。本章深入剖析了哲理法学的核心观点，如法的本质、价值与目标等，并通过对代表人物及其思想的介绍，引导学生思考法律与道德、自由、正义等哲学范畴的关系。

第四章分析法学理论专题：分析法学注重从逻辑和概念上分析法律现象。本章详细介绍了分析法学的核心观点和方法论，包括法律规范的结构、法律效力的来源以及法律体系的逻辑自洽性等方面。通过学习本章内容，学生可以更加清晰地理解法律的内在逻辑和体系构成。

第五章社会法学理论专题：社会法学强调法律与社会的相互关系，认为法律是社会控制的一种手段。本章从社会学的角度审视法律现象，探讨了法律如何影响社会结构、社会秩序以及社会变迁等方面。同时，结合具体社会现象分析法律在实际社会中的作用和效果。

第六章经济分析法学理论专题：经济分析法学运用经济学的理论和方法来分析法律问题。本章介绍了经济分析法学的核心观点和方法论，包括法律的成本效益分析、法律规则对市场行为的影响等方面。通过学习本章内容，学生可以更加深入地理解法律与经济之间的内在联系。

第七章现实主义法学理论专题：现实主义法学强调法律的不确定性和情境性，认为法律并非一成不变的规则体系，而是随着社会现实和具体情境而不断变化和发展的。本章从现实主义的角度剖析法律现象，深入探讨了法官、律师等法律实践者在法律解释和适用中的主观性和自由裁量权。同时，结合具体案例，分析了现实主义法学在法律实践中的应用及其对法律发展的影响。通过学习本章内容，学生可以更加全面地理解法律的灵活性和现实性，以及法律实践者在法律实施中的重要作用。

第八章现代马克思主义法学理论专题：现代马克思主义法学理论是在马克思主义思想指导下，与现代社会的具体情况相结合，以社会主义国家政权为依托，主张充分利用法律维护和稳定社会秩序，促进社会主义建设和发展的重要理论流派。与现代社会其他主流法学理论流派的产生和发展均以西方为主导不同，中国和苏联东欧等非西方社会主义国家在现代马克思主义法学理论产生和发展的过程中，起到了决定性的主导作用。本章系统阐述现代马克思主义法学理论的概念、特征、发展历程、代表人物及其思想，并探讨其对现代法学的影响和启示。通过引入具体案例，分析现代马克思主义法学理论的实际应用，展示其在法学研究和实践中的独特价值。

第九章西方马克思主义法学理论专题：西方马克思主义法学将马克思主义理论与法学研究相结合，强调法律的政治性和阶级性以及法律在社会变革中的重要作用。本章深入探讨了西方马克思主义法学的主要观点和理论，包括法律作为统治阶级意志的体现、法律与权力结构的关系等方面。同时，还分析了西方马克思主义法学对资本主义社会法律制度的批判，以及对未来社会主义法制的构想。通过学习本章内容，学生可以更加深入地理解西方马克思主义法学理论的深刻内涵以及其在现代法律体系中的重要性和影响力。此外，本章也帮助学生认识到法律在社会变革中的关键作用，为未来的法律实践和研究提供理论指导和思考方向。

总的来说，这部教学用书以丰富的内容和深入的剖析，力图为法律研读人员提供一本系统翔实的学习指南。通过学习本书，学生可以全面了解主流法学的基本理论和前沿动态，提升自己的法律素养和实践能力，为未来的法律研究和实务工作奠定坚实的基础。

第一章 自然法学理论专题

❖❖ 内容提要 ❖❖

　　自然法是指在宇宙秩序本身中，作为一切制定法之基础的关于正义的基本和终极的原则的集合。自然法学理论以昭示着宇宙和谐秩序的自然法为正义的标准，坚持正义的绝对性，相信真正体现正义的是在人类制订的协议、国家制订的法律之外的、存在于人的内心中的自然法，而非由人们的协议产生的规则本身。自然法学理论可分为古典自然法学理论和新自然法学理论，它们的产生和发展与同时期的社会发展需要相适应，并产生了各自的代表人物。在西方社会，自然法学理论总是作为社会大变革的一面旗帜，主导着法律发展的大方向。如私有财产不可侵犯、法无明文不为罪、人身自由不可侵犯、人民主权、权力分立等思想，都发端于自然法学理论。自然法学理论特别重视法律存在的客观基础和价值目标的探索，涉及人性、理性、正义、自由、平等、秩序等众多领域。

❖❖ 本章重点 ❖❖

　　自然法学理论的主要代表人物荷兰的格劳秀斯和斯宾诺莎、英国的霍布斯和洛克、法国的孟德斯鸠和卢梭等，其代表思想三权分立、人民主权、社会契约等；富勒和罗尔斯等新自然法学理论代表人物的观点。

☞ 案例引入：纽伦堡审判

第二次世界大战后，为了惩治纳粹德国的战争罪犯，国际社会在纽伦堡进行了一系列著名的审判，即纽伦堡审判。纽伦堡审判不仅是对纳粹罪行的惩罚，更是国际法与人权法发展的重要里程碑。在这一审判过程中，自然法学理论的理念起到了至关重要的作用。要惩治这些战争罪犯，法官们面临的一个关键问题是：如何判定纳粹领导人的行为是否违法，是否应受到惩罚？当时，纳粹德国的法律体系是允许并鼓励其领导人所犯下的那些罪行的。如果按照实证法的观点，即"法律就是法律，不论其内容如何"，那么纳粹领导人的行为在其当时的法律体系下是合法的，因此不应受到惩罚。然而，纽伦堡审判的法官们并没有采纳这一观点。他们认为，存在某些普遍的、不可剥夺的人权，这些权利是任何法律体系都应尊重的。纳粹德国的法律体系因为违反了这些普遍人权，所以是无效的。这一观点正是基于自然法学理论学派的理论。

自然法学理论是一种古老的法学理论，它认为存在一些普遍的、永恒的道德原则或自然法，这些原则独立于人类制定的法律之外，是人类理性所能发现的。这些自然法原则构成了评价人类制定法好坏的标准。如果人类制定的法律违反了这些自然法原则，那么它就是无效的。自然法学理论强调法律的道德基础和正义价值，认为法律不仅仅是一种社会控制的工具，更是一种实现社会正义和保障人权的手段。在自然法学理论的视野下，法律不是统治者任意制定的规则，而是应当反映普遍的道德原则和人权价值。在纽伦堡审判中，自然法学理论的理念思想为法官们提供了一个有力的理论武器，使他们能够勇敢地挑战纳粹德国的恶法，维护了人类的普遍价值和正义。这一案例也充分展示了自然法学理论在现代法律体系中的重要性和影响力。

总的来说，自然法学理论作为一种重要的法学理论，不仅具有深远的历史渊源，而且在现代法律体系中仍然发挥着不可替代的作用。它提醒我们，法律不仅仅是统治者的工具，更是维护社会正义和保障人权的基石。

第一节　自然法学理论的概念和特点

自然法学理论源远流长，历经古希腊罗马时期、中世纪神学主义时期、近代的古典自然法时期和现代的新自然法学理论时期，其理论不断发展变化。自然法学理论作为一种法哲学思想，对西方法律制度的发展产生了深远的影响。它强调法律的道德基础和正义价值，认为法律应当符合人类理性和普遍道德原则。在本节中，我们将详细阐述自然法学理论的概念和特点。

一、自然法学理论的概念

自然法学理论是一种法哲学思想，它强调法律的道德基础和正义价值，认为法律应当符合人类理性和普遍道德原则。自然法学理论的核心在于承认并强调一种先验的、普遍存在的法——自然法，这种法超越了人类的制定法，是评价制定法好坏的标准，也是一切人为法的基础。

（一）自然法的先验性与普遍性

自然法学理论的首要特点是承认自然法的先验性和普遍性。这种法不是由人类创造的，而是先于人类社会存在的，它是宇宙间的一种客观规律，是人类理性和正义的体现。自然法作为一种普遍的法则，对所有人都具有约束力，它超越了地域、文化和历史的限制，成为全人类共同遵循的准则。

自然法的先验性意味着它不是人类经验的产物，而是人类通过理性认识到的、先于人类社会存在的一种法则。这种法则不是人类可以随意更改的，而是必须遵循的。自然法的普遍性则表明它不仅适用于某个特定的社会或群体，而是对所有的人都具有普遍的约束力。这种普遍约束力使得自然法成为评价人为法好坏的重要标准，也为人类社会的法律制定提供了基本的指导原则。

（二）自然法与人为法的关系

在自然法学理论中，自然法与人为法之间存在着密切的关系。自然法是人为法的基础和评价标准，人为法则应当以自然法为依据制定和实施。自然法代表着理性、正义和公平，它要求人为法必须符合这些普遍的价值观念，否则就是无效的。人为法是人类社会为了维护社会秩序和公平正义而制定的具体法律规则。在制定人为法时，必须遵循自然法的基本原则和精神，确保法律的公正性和合理性。同时，在实施人为法时，也应当以自然法为最高准则，保障每个人的基本权利和自由。

自然法与人为法之间的关系体现了法律与道德之间的内在联系。法律作为道德的延伸和保障，应当以道德为基础和目的。而道德作为法律的基础和评价标准，也要求法律必须符合普遍的道德原则和价值观念。这种内在联系使得法律不仅具有强制力，还具有道德上的合理性和正当性。

（三）自然法学理论的历史演变与现代意义

自然法学理论的历史可以追溯到古希腊罗马时期，那时的哲学家们就开始思考法的本质和来源，并认为存在一种先验的、普遍的法——自然法。随着历史的推移，自然法学理论不断发展和完善，经历了不同的阶段并形成了相应的理论流派。在中世纪时期，自然法学理论与神学相结合，形成了神学自然法学理论；到了近代以来，随着资本主义的兴起和人文主义思想的发展，自然法学理论逐渐摆脱了神学的束缚，开始向世俗化方向发展；现代新自然法学理论则在继承和发展传统自然法学理论的基础上，进一步强调了法律的道德基础和正义价值。

在现代社会中，自然法学理论的意义依然重大。它提醒我们关注法律的道德基础和正义价值，强调法律应当符合人类理性和普遍道德原则。同时，自然法学理论也为我们提供了一种评价法律制度好坏的标准和方法论指导。在现代法治建设中，我们应当借鉴自然法学理论的思想资源，推动法律制度的不断完善和发展，以更好地保障人权、维护社会公平正义。

综上所述，自然法学理论是一种强调法律的道德基础和正义价值的法哲学思想。它承认并强调一种先验的、普遍存在的自然法作为评价人为法好坏的标准和一切人为法的基础。在现代社会中，我们应当继续发扬自然法学理论的精神并推动法治建设的不断完善和发展。此外，自然法学理论还强调了法律与道德之间的内在联系。法律不仅是社会控制的工具，更是道德的延伸和保障。在制定和实施法律时，我们必须考虑到道德因素，确保法律与道德的一致性。这种一致性不仅体现在法律的内容上，还体现在法律的实施过程中。例如，在司法实践中，法官应当依据法律原则和道德规范来裁决案件，以确保法律的公正性和合理性。同时，自然法学理论也强调了个人权利和自由的重要性。它认为，政府的权力是有限的，必须受到法律的制约。政府的存在是为了保障人民的自然权利和自由，而不是限制或剥夺这些权利和自由。这种对个人权利和自由的关注和保护，在现代法治国家建设中仍然具有重要意义。例如，在制定和实施法律时，我们应当充分尊重和保护个人的权利和自由，确保法律的公正性和合理性。最后，自然法学理论还具有批判性和建构性的双重特点。它不仅对现有的法律制度进行道德评价和批判，还为法律制度的改革和完善提供理论指导和价值基础。这种批判性和建构性的双重特点使得自然法学理论在法律制度的发展和完善过程中发挥了重要作用。例如，在面对一些社会问题时，我们可以借鉴自然法学理论的思想资源，对现有法律制度进行反思和改进，以更好地解决社会问题并推动社会的进步和发展。

总之，自然法学理论是一种强调法律的道德基础和正义价值的法哲学思想。它提醒我们关注法律的道德基础和正义价值，强调法律应当符合人类理性和普遍道德原则。在现代社会中，我们应当继续发扬自然法学理论的精神并推动法治建设的不断完善和发展，以更好地保障人权、维护社会公平正义并促进社会的进步和发展。

二、自然法学理论的特点

自然法学理论是西方法律思想史中一种源远流长的法哲学理论流派，

它以强调自然法为特征，即认为人定法（实在法）之上存在着一种更高级的法，这种法源于自然、理性或神，是普遍的、永恒的，是评价实在法好坏的标准。下面，我们将详细阐述自然法学理论的几个主要特点。

（一）强调道德基础与正义价值

自然法学理论的一个显著特点是强调法律的道德基础和正义价值。自然法学理论家们认为，法律不仅仅是统治阶级的工具或社会控制的手段，它更深层次的本质是道德规范的体现，是人类对于正义的不懈追求的结果。在他们看来，法律的存在与权威，并非仅仅源于国家的制定与认可，而更在于其内在的道德根基和所承载的正义理念。法律不应是冷冰冰的规则和条文的堆砌，而应是人类理性和道德追求的结晶。法律的权威性和有效性，在很大程度上，取决于其是否符合普遍的道德原则和正义理念。当法律融入了道德和正义的元素，它便能更好地反映社会的普遍价值观和道德要求，从而得到更广泛的接受和认同。自然法学理论家们认为，道德是法律的基础，而正义则是法律的目标。法律必须反映道德的要求，否则它将失去其存在的合理性和正当性。同时，法律也必须追求正义的价值，通过法律的规范和调整，实现社会的公平和正义。

（二）信仰普遍道德原则或自然法

自然法学理论的另一个显著特点是对普遍道德原则或自然法的信仰。这一理论流派坚信，存在着一套普遍的、永恒的道德原则，这些原则被视为评价人为法优劣的基准。这些道德原则，或可称为自然法，独立于特定社会或国家的法律之外，是人类理性的产物，反映了普遍的正义观和道德要求。这些普遍道德原则为法律的制定提供了坚实的道德基础，也为法律的实施提供了明确的道德指引。它们像一盏明灯，指引着法律走向正义和公平的方向。同时，这些原则也是评价法律制度好坏的重要标准，为我们提供了一个客观、公正的尺度来衡量法律的优劣。自然法学理论家们认为，这些普遍道德原则不仅存在于人类的理性之中，而且通过人类的实践活动不断地被揭示和发现。这些原则是人类社会普遍认可的，是放之四海而皆准的真理。因此，法律的制定和实施必须遵循这些原则，否则将失去其正当性和权威性。

（三）主张法律制定和实施的道德约束

基于上述的普遍道德原则或自然法信仰，自然法学理论进一步主张法律的制定和实施应当严格遵循这些道德原则。任何违反这些原则的法律都是无效的，缺乏合法性和正当性。这种观念对法律的制定和实施过程施加了严格的道德约束，要求法律不仅要在形式上合法，更要在实质上符合道德和正义的要求。这种道德约束的存在使得法律的制定和实施过程更加公正、透明和合理。它确保了法律不会成为某些人或某些利益集团的工具，而是真正体现了社会的普遍价值观和道德要求。这种道德约束提高了法律在人们心中的地位和信任度，使人们更加愿意遵守和维护法律的权威。在自然法学理论的影响下，法律的制定者和实施者开始更加重视法律的道德约束。他们努力使法律更加符合道德和正义的要求，从而赢得人们的信任和尊重。这种趋势有助于提升法律的地位和权威，更有助于构建一个更加公正、和谐的社会。

（四）深切关注个人权利和自由

自然法学理论的另一个显著特点是对个人权利和自由的深切关注。自然法学理论家们认为，政府的权力是有限的，必须受到法律的严格制约。政府的存在，其根本目的是为了保障而不是限制或剥夺个人的自然权利和自由。这种观念为现代民主法治国家中公民权利的保护提供了重要的理论支撑。在自然法学理论流派的学者们看来，个人权利和自由是神圣不可侵犯的。任何试图限制或剥夺这些权利和自由的行为都是不合理的、不符合道德的。因此，他们极力主张通过法律手段来保护个人的权利和自由，防止政府或其他机构的任意侵犯。这种对个人权利和自由的深切关注使得自然法学理论在现代法治国家建设中发挥了重要作用。他们的理论为公民权利的保护提供了坚实的理论基础，也为现代民主法治国家的构建提供了有力的思想武器。在他们的推动下，越来越多的国家开始重视并保护公民的个人权利和自由，从而促进了社会的进步和发展。

（五）追求法律的普遍性和永恒性

自然法学理论追求的是法律的普遍性和永恒性。自然法学理论流派的学者们认为，真正的法律应当超越时间和空间的限制，具有普遍适用的价值。这种普遍性和永恒性并非指法律条文的永恒不变，而是指法律所蕴含的道德原则和正义价值的普遍性和永恒性。法律的普遍性意味着它应当适用于所有人，不因种族、性别、社会地位等因素而有所区别。法律的永恒性则意味着它所蕴含的道德原则和正义价值是长期有效的，不随时间的推移而改变。这种追求体现了自然法学理论对法律稳定性和可预测性的重视，也反映了他们对社会公平和正义的坚定追求。为了实现法律的普遍性和永恒性，自然法学理论强调法律必须建立在普遍的道德原则之上，这些道德原则是放之四海而皆准的真理，是评价法律优劣的基准。同时，自然法学理论也倡导通过民主、公开、透明的程序来制定和修改法律，以确保法律的公正性和合理性。

（六）强调法律的内在道德性

自然法学理论的另一个核心特点是强调法律的内在道德性。这一理论流派认为，法律不仅仅是外在的行为规范，更是内在的道德要求的体现。法律的权威和有效性在很大程度上取决于其是否体现了道德规范和正义理念。因此，法律的制定和实施过程必须遵循一定的道德标准，以确保法律的正当性和合理性。法律的内在道德性体现在多个方面。首先，法律的制定必须考虑社会的整体利益和公共利益，而不能仅仅为了维护某个阶层或集团的利益。其次，法律的实施必须公正无私，不偏不倚，确保每个人都在法律面前享有平等的权利和义务。最后，法律的内在道德性还要求法律必须具有可操作性和可执行性，不能过于模糊或含糊不清，以免给执法者留下过大的自由裁量空间。为了强调法律的内在道德性，自然法学理论流派的学者们提出了许多具体的法律原则和制度设计。例如，他们倡导法律的明确性原则，即法律必须明确规定哪些行为是合法的，哪些行为是非法的，以确保人们能够清楚地了解自己的权利和义务。同时，他们也强调法律的公正性原则，即法律的实施必须公正无私，不偏不倚，以确保每个人都在法律面前享有平等的权利和义务。

（七）倡导理性与情感的结合

自然法学理论在强调理性的同时，也注重情感在法律中的作用。自然法学理论流派的学者们认为，法律不仅仅是冷冰冰的规则和条文的堆砌，更是人类理性和情感的结合体。法律的存在和权威不仅源于其内在的道德根基和正义理念，也在于人们对法律的信任和尊重。为了实现理性与情感的结合，自然法学理论流派的学者们倡导在法律制定和实施过程中充分考虑人们的情感需求和心理感受。他们认为，法律应当符合人们的道德直觉和正义感，不能违背人们的情感和良知。同时，法律也应当关注人们的心理反应和情感变化，以确保法律的正当性和可接受性。在倡导理性与情感结合的过程中，自然法学理论流派的学者们强调法律的温暖和人性化。他们认为，法律应当关注人们的生存状况和生活需求，不能仅仅为了维护社会秩序而牺牲人们的情感和利益。同时，法律也应当注重人们的心理健康和情感满足，以促进社会的和谐与稳定。

综上所述，自然法学理论的特点包括强调道德基础与正义价值、信仰普遍道德原则或自然法、主张法律制定和实施的道德约束、深切关注个人权利和自由、追求法律的普遍性和永恒性、强调法律的内在道德性以及倡导理性与情感的结合。这些特点使得自然法学理论在法学理论领域中独树一帜，对西方法律思想史产生了深远的影响。

第二节　自然法学理论的起源和演变

自然法学理论源远流长，历经多个世纪的发展与变革，它始终在法律思想史上占据着举足轻重的地位。自然法学理论的起源可以追溯到古希腊时期，而它的演变则贯穿了整个西方文明史，反映了人类对法律、正义和道德不懈追求的历史轨迹。

一、自然法学理论的起源

自然法学理论的起源，深深植根于古希腊的肥沃土壤之中。那片古老而充满智慧的土地孕育了西方哲学与法学的众多核心理念。当我们追溯自然法学理论的源头，不得不提及古希腊时期的自然哲学，它对于自然法学理论的形成与发展起到了决定性的作用。

古希腊哲学家们生活在一个人类对自然界和宇宙的探索刚刚起步的时代。他们怀揣着对未知世界的好奇，试图通过理性与智慧，探寻出宇宙万物的本质与规律。在这些先哲的眼中，"自然"并非仅仅指代我们肉眼所见的山川、草木、鸟兽，而更多的是一种宇宙间固有的、超越人类创造的秩序和规律。这种秩序和规律，被古希腊哲学家们称为"自然法"。"自然"在古希腊的语境中，拥有着比现代汉语更为丰富的内涵。它不仅仅指代自然界的一切事物，更重要的是它指向了一种本质、本性和规律。这种规律不是人类可以随意更改或创造的，而是客观存在、普遍适用的。换句话说，它强调的是一种超越人类意志、具有普遍性和永恒性的法则。

在古希腊的众多哲学家中，赫拉克利特和毕达哥拉斯等人是自然法观念的早期倡导者。他们提出了对立和谐的哲学观点，为自然法观念的形成奠定了坚实的基础。赫拉克利特认为，宇宙万物都是由对立面构成的，而这些对立面又在斗争中达到和谐与统一。这种哲学观点不仅揭示了自然界的本质规律，也为人类社会中的正义和法律问题提供了全新的视角。毕达哥拉斯则更进一步，他将数与和谐的理念引入到自然法观念中。他认为，宇宙万物都可以通过数学关系来揭示其内在的和谐与规律。这种思想对于后来的自然法学理论产生了深远的影响，使得法律与数学、和谐与秩序之间建立了紧密的联系。随着古希腊哲学的发展，智者学派、苏格拉底、柏拉图和亚里士多德等哲学家对自然法学理论进行了更为深入的阐释和发展。智者学派强调法律的道德基础和正义价值，认为法律应当符合人类的本性和理性。苏格拉底则通过他的问答法，引导人们去探寻正义与美德的本质，从而为自然法学理论注入了更多的伦理色彩。柏拉图在他的《理想国》中，明确提出了"正义即和谐"的观点。他认为，一个理想的国家应当是建立在正义与和谐的基础之上的，而法律则是维护这种正义与和谐的重要手段。柏拉图的理念为后来的自然法学理论提供了重要的理论基础。亚里士多德是古希腊哲学的集大成者，他对于自然法学理论的贡献尤为突出。他明确提出了"自然正义"的概念，认为法律应当符合自然的正义原则。在亚里士多德看来，法律并非是人类随意制定的规则，而是应当遵循自然的正义原则，才能维护社会的公平和正义。这种思想为后来的自然法学理论奠定了坚实的基石。

在这一时期，自然法学理论的核心思想逐渐明确。人类社会中的法律应当符合自然法，即符合人类的本性和理性。这样的法律才能维护社会的公平和正义，促进人类社会的进步和发展。这种思想在当时的社会中得到了广泛的认同与传播，为后来的法学发展奠定了坚实的基础。同时，也不能忽视古希腊哲学中的其他学派对于自然法学理论的影响。例如斯多葛学派就强调了人类应当顺应自然的规律与秩序，追求内心的平静与自由。这种思想为后来的自然法学理论注入了更多的精神内涵与人文关怀。总的来说，古希腊时期的自然哲学为自然法学理论的形成与发展提供了丰富的土壤与养分。众多哲学家们的智慧与探索共同构成了自然法学理论的理论基石与思想源泉。他们的贡献不仅在于提出了具体的观点与理念，更在于为后来的法学发展指明了方向并奠定了坚实的基础。

二、自然法学理论的演变

自然法学理论，作为法学领域中一个源远流长的理论流派，经历了从古希腊罗马时期的初步构想到中世纪的神学解读，再到近代的理性主义重塑，以及现代的多元化发展。这一演变过程不仅揭示了人类社会对法律与道德关系理解的深化，也体现了法律思想不断适应时代发展的特点。

（一）中世纪：基督教神学的自然法学理论

在中世纪，欧洲社会被基督教的神权统治所笼罩。这一时期，自然法学理论与基督教神学思想发生了深刻的交融。基督教神学家们将自然法观念融入到他们的教义中，认为自然法是上帝意志的直接体现。在他们看来，人类社会的法律不仅应当符合人类的本性和理性，更应当遵循上帝的旨意。

奥古斯丁是中世纪早期的基督教思想家，他将自然法与上帝的永恒法相联系。他认为，自然法是人类通过理性能够认识的上帝的法律，是指导人类社会生活的最高准则。而阿奎那，作为中世纪自然法学理论的集大成者，进一步阐释了自然法与基督教教义的内在联系。他指出，自然法是人类理性的产物，但同时也是上帝赋予人类的道德律令。人类社会的法律应当以自然法为基础，体现上帝的公正与慈爱。

在这种神学化的自然法学理论影响下，中世纪的法律制度呈现出浓厚的宗教色彩。法律不仅被视为维护社会秩序的工具，更被看作是传达上帝意志的媒介。这一时期的法律制度在维护社会稳定的同时，也强调了道德的教化作用。

（二）自由资本主义时期：古典自然法学理论

随着文艺复兴和启蒙运动的兴起，欧洲社会逐渐从神学的束缚中解脱出来，理性主义开始盛行。在这一时代背景下，古典自然法学理论应运而生。该学派的学者们以人的理性为出发点，重新审视了自然法的本质和意义。他们认为，自然法不是神秘的上帝意志的体现，而是人类理性的产物。法律应当符合人类的本性和理性原则，体现公正与自由的价值。

格劳秀斯、霍布斯、洛克、孟德斯鸠和卢梭等人是古典自然法学理论的杰出代表。他们从不同的角度阐释了自然法的内涵和价值。格劳秀斯强调了自然法的普遍性和永恒性；霍布斯则关注了自然状态下的人类行为和权利分配问题；洛克提出了天赋人权和有限政府的理念；孟德斯鸠探讨了法律与政体之间的关系；而卢梭则倡导人民主权和社会契约论。

古典自然法学理论的思想对后来的资产阶级革命和现代法治建设产生了深远的影响。他们的理念为现代国家的法律制度奠定了基石，推动了法治原则的确立和人权保障的发展。

（三）垄断资本主义时期至今：新自然法学理论

进入垄断资本主义时期后，社会结构和价值观念发生了巨大的变化。传统的自然法学理论在新的时代背景下面临着挑战和质疑。为了适应时代的发展需要，新自然法学理论应运而生。

新自然法学理论在继承古典自然法学理论思想的基础上，吸收了其他法学理论流派的观点和方法论，对传统的自然法学理论进行了改造和发展。他们强调了法律与道德之间的紧密联系以及法律的内在道德性。在新自然法学理论看来，法律不仅仅是一种规范体系，更是一种价值体系。法律应当体现公正、自由、平等等基本价值观念，同时关注社会正义和公共利益的实现。此外，新自然法学理论还关注了实在法与自然法之间的关系问题。他们认为，实在法应当符合自然法的原则和精神，否则就不具有真正的法律效力。同时，新自然法学理论也关注了法律的价值取向问题，试图从多元的价值观念中寻找法律的普遍原则和价值取向。在全球化的背景下，新自然法学理论还关注了国际法和国际正义问题。他们试图从自然法的角度出发，探索国际法和国际正义的普遍原则和价值取向。这种探索对于推动全球治理体系的完善和国际关系的和谐发展具有重要的意义。

除了上述三个主要时期的演变外，自然法学理论在现代还呈现出多元化的发展趋势。不同的学者从不同的角度对自然法学理论进行了阐释和发展，形成了多种理论流派和观点。这些理论流派和观点在相互交流和碰撞中不断推动着自然法学理论的发展和完善。

总的来说，自然法学理论的演变历程揭示了人类对法律与道德关系理解的深化过程。从最初的神学解读到后来的理性主义重塑再到现代的多元化发展，自然法学理论始终在法律思想史上占据着重要的地位并对现代法治的形成和发展产生了深远的影响。在未来的发展中，自然法学理论将继续发挥其独特的价值引领作用，为现代法治建设提供有益的启示和指导。

第三节　近代古典自然法学理论的形成

近代古典自然法学理论的形成，是同时期时代发展的必然产物。为了更好地理解这一过程，需要从历史背景和社会环境两方面进行深入探讨。

一、历史背景

中世纪时期，欧洲社会深受宗教和封建制度的影响。教会拥有极大的权力，封建领主控制着土地和农民。法律主要由习惯法和封建法构成，这些法律往往反映了封建领主和教会的利益。然而，随着时间的推移，这种制度逐渐暴露出它的不公和弊端，为后来的改革埋下了伏笔。14 世纪至 16 世纪的文艺复兴运动，不仅推动了艺术和文学的发展，更重要的是它唤起了人们对古典文化和人文主义的关注。人们开始重新审视古希腊和罗马的哲学、政治和法律思想，这为后来的启蒙运动和自然法学理论的复兴提供了思想基础。宗教改革则打破了教会的绝对权威，使得不同的教派和国家教会得以形成。这一变革削弱了教会对社会和法律的控制力，为世俗权力的崛起和新的法律观念的形成创造了条件。

17 世纪的科学革命，特别是牛顿力学的出现，极大地推动了人们对自然界和宇宙的认识。科学方法的普及和成功应用，使得理性主义逐渐成为主导人们思考方式的重要原则。人们开始相信，通过理性和科学方法，可以揭示自然和社会的本质规律。在这种背景下，法学家们也开始尝试用理性的方法来分析和构建法律体系。他们认为，法律应该符合人的理性和本性，而不是仅仅反映封建领主或教会的意志。这种思想为近代古典自然法学理论的形成提供了重要的哲学基础。

二、社会环境

随着新航路的开辟和海外贸易的扩张，欧洲的商业经济得到了空前的发展。资本主义生产方式逐渐兴起，商人和手工业者的地位得到提升。他们渴望获得更多的政治权利和自由，以保护自己的经济利益。这种社会结构的变化为自然法学理论的兴起提供了经济和社会基础。商业革命还推动了城市的发展和市民阶层的壮大。市民们开始要求更多的政治参与权和社会权利，这促使法学家们开始思考如何构建一个更加公正和平等的法律体系。

随着封建制度的衰落和宗教改革的推进，欧洲的政治格局发生了巨大的变化。许多封建领地逐渐演变为独立的民族国家，这些国家之间为了争夺领土和资源而展开了激烈的竞争。在这种背景下，法学家们开始思考如何构建一个强大的国家法律体系，以维护国家的统一和稳定。他们认为，法律应该体现国家的意志和利益，而不是封建领主或教会的私利。这种思想为近代古典自然法学理论的形成提供了政治基础。

18 世纪以法国为中心的欧洲启蒙运动是一场深刻的思想解放运动。启蒙思想家们以理性为武器，对封建专制和宗教神权进行了猛烈的批判。他们倡导自由、平等和民主等价值观，为后来的资产阶级革命提供了思想支持。在启蒙运动的影响下，法学家们开始重新审视传统的法律体系。他们认为，法律应该体现人民的意志和利益，而不是少数人的专制统治。这种思想为近代古典自然法学理论的形成提供了思想基础和文化氛围。

三、近代古典自然法学理论的形成过程

在上述历史背景和社会环境的影响下，近代古典自然法学理论逐渐形成。这一过程可以概括为以下几个阶段。

（一）第一阶段：理性主义的兴起与法学思想的转变

随着理性主义的兴起，法学家们开始尝试用理性的方法来分析和构建法律体系。他们认为，法律应该符合人的理性和本性，体现公正和平等的原则。这种思想转变为近代古典自然法学理论的形成奠定了基础。

（二）第二阶段：天赋人权观念的提出与发展

在启蒙运动的影响下，法学家们开始倡导天赋人权的观念。他们认为，每个人天生就具有不可剥夺的权利和自由，这些权利不是政府赋予的，而是天赋的、不可转让的。政府的存在是为了保护这些天赋人权，而不是剥夺或限制它们。这种观念为近代古典自然法学理论的核心思想提供了重要的支撑。

（三）第三阶段：自然法学理论的系统化与理论化

在理性主义和天赋人权观念的基础上，法学家们开始对自然法学理论

进行系统化和理论化的构建。他们阐述了自然法的本质、来源和作用机制，以及它在社会生活中的具体应用。这种系统化的理论构建为近代古典自然法学理论的形成提供了坚实的学术基础。

（四）第四阶段：资产阶级革命的推动与实践应用

随着资产阶级革命的爆发和推进，近代古典自然法学理论得到了广泛的实践应用。法学家们积极参与革命斗争，用自然法学理论来为革命提供理论支持和合法性论证。同时，革命胜利后建立的资产阶级政权也积极采纳自然法学理论的原则和精神来构建新的法律体系和社会秩序。

综上所述，近代古典自然法学理论的形成是历史发展和社会环境变革的必然产物。在历史背景和社会环境的共同作用下，理性主义、天赋人权观念以及资产阶级革命的推动等因素相互交织、相互影响，共同促成了近代古典自然法学理论的形成和发展。这一过程不仅体现了人类社会的进步和文明的发展，也为后来的法律制度和民主政治制度的发展奠定了基础。

四、近代古典自然法学理论的影响与意义

近代古典自然法学理论不仅为资产阶级革命提供了理论武器，还为现代法律制度和民主政治制度的发展奠定了基础。其主要影响与意义体现在以下几个方面。

一是推动了资产阶级革命的爆发。近代古典自然法学理论为资产阶级革命提供了理论支持和合法性论证。其倡导的天赋人权、社会契约等理念，激发了人们对自由、平等和民主的追求，推动了革命的爆发和推进。

二是促进了现代法律制度的形成。近代古典自然法学理论强调法律的理性基础和公正原则，推动了法律制度向更加公正、平等和民主的方向发展。其对法律制度的改革和创新产生了深远的影响，为现代法律制度的形成奠定了基础。

三是影响了民主政治制度的发展。近代古典自然法学理论倡导的天赋人权、人民主权等理念，对民主政治制度的发展产生了深远的影响。其推动了民主政治制度的建立和完善，为现代民主政治制度的发展奠定了

基础。

四是丰富了人类法律思想宝库。近代古典自然法学理论是人类法律思想宝库中的重要组成部分。其独特的理论体系和思想观点，为人类法律思想的发展提供了新的视角和思考方式，丰富了人类法律思想的内涵和外延。

总之，近代古典自然法学理论时期是法学历史上的一个重要阶段，其形成和发展是历史和社会环境变革的必然产物。它不仅为资产阶级革命提供了理论支持，还为现代法律制度和民主政治制度的发展奠定了基础。我们应该深入研究近代古典自然法学理论的理论体系和思想观点，以更好地理解和应用其精神实质，推动人类社会的进步和发展。

第四节　古典自然法学理论的代表人物及其思想

古典自然法学理论是一种以强调自然法为特征的法学理论流派，秉持这一理论的法学派别被称为自然法学派。这一法学理论流派兴起于17世纪至18世纪欧洲资产阶级革命时期。该理论流派涌现出了一批杰出的代表人物，他们的思想对后世产生了深远的影响。以下是对这些代表人物及其思想的详细介绍。

一、荷兰的格劳秀斯和斯宾诺莎

16世纪末至17世纪初，荷兰经历了从西班牙殖民统治下独立并成为世界上第一个资产阶级共和国的过程。这一历史背景为荷兰法学家和政治思想家提供了一个独特的舞台，使他们能够在实践中探索和思考国家、法律与权利的问题。此时的荷兰是欧洲的商业中心，其经济繁荣和海洋贸易的发展为法学家和思想家提供了丰富的实践经验和思考素材。商业活动中的契约精神、权利保护等实际需求，促进了自然法学理论的形成和发展。另外，同时期的文艺复兴运动，强调人的价值和尊严，使人文主义思想在欧洲广泛传播。这种思想氛围为自然法学理论的诞生提供了理论基础，使人们开始从人性的角度思考法律的本质和目的。而宗教改革运动进一步打破了天主教会的权威，促进了思想的解放和多元化。在荷兰，新教思想的传播为自然法学理论的发展提供了思想支持，使人们敢于挑战传统观念，探索新的法律理念，并诞生了格劳秀斯和斯宾诺莎等自然法学理论的最早奠基者。

（一）格劳秀斯的生平与主要思想

胡果·格劳秀斯（1583—1645）是 17 世纪荷兰的杰出法学家、政治思想家，是近代国际法学的奠基人。他成长在一个充满学术氛围的家庭中，父亲是一位著名的法学家和史学家。格劳秀斯自幼受到良好的教育，表现出非凡的才智和学习能力。他在十二岁时就进入莱顿大学学习，后来又前往法国学习，深受当时欧洲文艺复兴和宗教改革思想的影响。格劳秀斯不仅在法学领域取得了卓越的成就，还在政治舞台上扮演了重要角色。他曾任荷兰省督的秘书和荷兰共和国驻英国大使，参与了当时的政治斗争。然而，政治斗争的复杂性使他一度流亡法国，但这并没有阻止他对法学和国际法的研究。在流亡期间，他继续致力于法学研究，并撰写了多部重要著作，其中最著名的是《战争与和平法》。

格劳秀斯的思想体系以自然法为核心，他认为自然法是一种普遍的、永恒的法则，独立于人类的具体意志和制度之外，是人类行为的最高指导原则。自然法要求人们尊重他人的权利，维护社会的公正与和平。具体来说，格劳秀斯的自然法学理论思想主要包括以下四个方面内容。一是天赋人权观念。格劳秀斯提出了天赋人权的观念，认为某些权利是人类天生就具有的，不依赖于特定的政府或社会制度。这些天赋人权包括生命、自由和财产等基本权利。他强调，政府的主要职责就是保护这些天赋人权，如果政府不能履行这一职责，人民就有权更换政府。二是自然法与国际法。格劳秀斯将自然法的观念应用于国际法领域，认为国家之间应该遵循自然法原则来处理国际关系。他主张国家之间的和平共处，尊重彼此的主权和领土完整。在《战争与和平法》中，他详细阐述了国家之间的法律关系和国际法的原则，强调战争应该是解决国际争端的最后手段，并且必须遵循一定的规则和道德准则。三是法律与道德的结合。格劳秀斯认为法律与道德是密不可分的。法律不仅仅是强制性的规范，还承载着一定的道德价值。他强调法律的制定和实施应该符合道德的要求，以实现社会的公正与和谐。在格劳秀斯看来，法律是道德的延伸和保障，而道德则是法律的基础和目的。四是理性与法律。格劳秀斯强调理性在法律制定和实施中的重要性。他认为法律应该是理性的产物，能够反映人类的普遍智慧和正义感。他反对任意或专断的法律，主张法律应该建立在理性基础之上，以确保法律的公正性和合理性。格劳秀斯的这些思想对后世产生了深远的影响。他的国际法理论为现代国际法的发展奠定了基础，为世界各国在处理国际关系时提供了重要的指导和借鉴。同时，他的天赋人权和自然法观念也为现代民主政治制度提供了理论基础。

（二）斯宾诺莎的生平与主要思想

巴鲁赫·德·斯宾诺莎（1632—1677）是 17 世纪荷兰的一位杰出哲学家、伦理学家和思想家。他出生于一个犹太商人家庭。尽管早年接受了传统的犹太教育，但他对哲学和科学的兴趣远远超出了宗教的范围。他的独立思考和对传统观念的质疑使他与犹太社区产生了分歧，最终被驱逐出犹太社区。然而，这并没有阻止他对哲学和伦理学的深入研究。他改用拉丁名"巴鲁赫·德·斯宾诺莎"并继续致力于哲学研究，撰写了多部重要著作，包括《伦理学》等。

斯宾诺莎的思想体系以自然法和伦理学为核心，他认为人的自由和道德行为应该受到自然法的约束。自然法不是一种外在的强制力量，而是人类理性的一种表现。他强调理性在认识自然法和道德法则中的重要性，并主张通过遵循自然法实现个人的完善和社会的和谐。具体来说，斯宾诺莎的自然法学理论思想主要包括以下四个方面内容。一是自然法与伦理学的结合。斯宾诺莎将自然法观念与伦理学紧密结合，认为道德行为应该符合自然法的原则。他强调人的自由是有限的，必须受到自然法的约束。在斯宾诺莎看来，自然法是人类理性的产物，是人类行为的最高准则。他主张通过遵循自然法实现个人的道德完善和社会的和谐稳定。二是理性与自由。斯宾诺莎强调理性在认识自然法和道德法则中的重要性。他认为只有通过理性，人们才能真正理解自然法和道德法则的本质和意义。同时，他也承认人的自由是有限的，必须在理性的指导下行使以确保个人行为与社会整体的利益相一致。在斯宾诺莎的哲学体系中，理性不仅是认识世界的工具，还是指导人们行为的准则。三是实体与属性。"实体"在斯宾诺莎的哲学中是一个核心概念。他认为实体是无限且绝对的，包含了无穷无尽的属性和样式，这些属性和样式构成了我们所见的世界万物。通过对实体的理解，人们可以洞察宇宙的本质和规律。在斯宾诺莎看来，实体是自然法的源泉和基础，是宇宙万物的本原和本质。四是知识与进步。斯宾诺莎认为知识的获取是人类进步的关键，他提倡通过科学方法和逻辑推理来获取知识，倡导人们不断探索和追求包括自然法在内的真理。在斯宾诺莎的哲学体系中，知识不仅是人类认识世界的基础和前提，还是推动社会进步和发展的重要力量。他强调知识的客观性和普遍性，认为只有通过不断学习和实践才能获得真知灼见。斯宾诺莎的思想对后世产生了深远的影响，他的哲学观念为后来的哲学家提供了重要的启示和借鉴，同时也为现代伦理学、政治学和科学哲学等领域的发展奠定了基础。他的思想鼓励人们追求真理、尊重理性和自由，并在个人和社会层面实现和谐与进步。

二、英国的霍布斯和洛克

在 17 世纪的英国，社会经历了巨大的变革和动荡。1640 年开始的资产阶级革命，进一步加速了英国封建制度的解体和资本主义经济的发展，新兴资产阶级日益崛起。随着商业和贸易的繁荣，市民社会逐渐形成，人们开始追求个人自由和权利。同时，宗教改革和科学革命的影响也在逐渐显现，人们的思想观念开始发生变化。在这种背景下，英国的自然法学理论应运而生。自然法学理论强调法律应当基于理性和人性，关注个体的自由和权利。这一理论与当时英国社会的发展趋势相契合，为人们追求自由和权利提供了理论支持。

（一）霍布斯的生平和主要思想

托马斯·霍布斯（1588—1679）是 17 世纪英国著名的政治哲学家。

霍布斯的思想对后世的政治哲学和法学产生了深远的影响。霍布斯生活在一个充满变革和思想碰撞的时代，他的思想是对所处时代精神的深刻反映。霍布斯出生于16世纪晚期，早年接受了传统的古典教育，后来对哲学产生了浓厚的兴趣。他的一生跨越了英国历史上的重大时期，包括英国内战和"光荣革命"。这些历史事件对他的思想形成产生了重要影响。霍布斯曾担任过查尔斯·卡文迪什的家庭教师，并与许多当时的学者和政治家有过深入的交流和讨论。

霍布斯的自然法学理论思想主要体现在他的著作《利维坦》中。在这部作品中，他提出了著名的"自然状态"理论。霍布斯认为，在自然状态下，人们是自由和平等的，每个人都有权追求自己的利益。然而，这种自由状态也导致了"一切人反对一切人"的战争状态，因为每个人都试图最大化自己的利益，这往往会导致冲突和混乱。为了摆脱这种混乱状态，霍布斯提出人们可通过社会契约建立国家，将权力交给一个主权者来维护社会的和平与秩序。这个主权者拥有绝对的权力，可以制定法律、裁决争端，并保卫国家的安全。在霍布斯看来，主权者的权力是至高无上的，只有这样才能确保社会的稳定和秩序。然而，霍布斯也意识到主权者的权力需要受到一定的限制。他认为，主权者的权力应该受到自然法的约束。自然法是一种普遍的、永恒的法则，它要求人们尊重他人的权利，不侵犯他人的自由。因此，即使主权者拥有绝对的权力，他也不能违背自然法的基本原则。霍布斯的思想在当时的英国引起了巨大的争议。他的观点挑战了封建制度的权威，为资产阶级的崛起提供了理论支持。同时，他的思想也对后来的民主政治制度产生了深远的影响。

（二）洛克的生平和主要思想

约翰·洛克（1632—1704）是17世纪英国另一位杰出的政治哲学家和法学家。他的思想对英国乃至世界的政治哲学和法学都产生了深远的影响。洛克生活在一个充满变革和思想启蒙的时代，他的思想代表了新兴资产阶级的利益和要求。洛克早年接受了良好的教育，并对哲学和政治学产生了浓厚的兴趣。他的一生见证了英国资产阶级革命的爆发和"光荣革命"的胜利。这些历史事件对他的思想形成产生了重要影响。洛克曾担任过政府官员和学者的职务，他的学术成就和政治见解使他成为当时英国知识界的重要人物。

洛克的自然法学理论思想主要体现在他的著作《政府论》中。在这部作品中，他进一步发展了社会契约论，并提出了人民主权和政府有限权力的观点。洛克认为，政府的权力来自于人民的授权。人民为了保护自己的自由和权利，通过社会契约建立政府，将部分权力委托给政府来行使。然而，政府的权力是有限的，它必须遵守人民的意愿和法律规定，不能侵犯人民的自由和权利。洛克强调人民的自由和权利不可侵犯性。他认为每个人都有天赋的自由和平等权利，这些权利包括生命权、自由权和财产权等。政府的主要职责是保护人民的这些权利不受侵犯。如果政府违背了人民的意愿或侵犯了人民的权利，人民有权推翻政府并重新选择新的统治者。此外，洛克还提出了三权分立的初步设想。他认为政府的权力应该分为立法权、行政权和外交权三个部分，并相互制衡和监督。这一思想被法国的孟德斯鸠进一步发展为立法权、行政权和司法权三权分立。三权分立的构想为后来的民主政治制度奠定了基础，并被许多国家所采纳和实践。洛克的思想对英国乃至世界的政治哲学和法学产生了深远的影响。他的观点为资产阶级革命提供了理论支持，推动了民主政治制度的发展和完善。同时，他的思想也对后来的启蒙运动和现代自由主义思潮产生了重要的影响。

三、意大利的贝卡利亚

意大利的自然法学理论有其深厚的历史和文化背景，根植于古罗马法的传统以及文艺复兴时期对人性和理性的重新发现。意大利是古罗马法的发源地，古罗马法中的自然法思想为后世的自然法学理论提供了重要的理论基础。在古罗马法中，自然法被视为一种普遍的、永恒的正义原则，它超越人类的特定法律，为所有的人类社会提供共同的道德和法律准则。到了文艺复兴时期，意大利成为欧洲文化和思想的中心。这一时期，人们开始重新审视古典文化，并对人性、理性和自由等概念进行了深入的探讨。这些思想为自然法学理论的复兴提供了重要的哲学基础。同时，意大利的政治和社会环境也为自然法学理论的产生提供了土壤。在长期的分裂和战争中，人们渴望建立一个统一、和平的社会秩序，而自然法学理论则为这种秩序的构建提供了理论支持。意大利自然法学理论的代表人物是传奇式的刑法学家贝卡利亚。

切萨雷·贝卡利亚（1738—1794）是意大利著名的刑法学家、经济学家和改革家，被誉为现代刑法学的奠基人之一。他的思想对欧洲刑法改革产生了深远的影响，推动了刑法向更为人道和公正的方向发展。贝卡利亚出生于米兰的一个贵族家庭。他早年接受了良好的教育，广泛涉猎了哲学、历史和法律等领域的书籍。在求学过程中，他深受启蒙思想的影响，开始对传统刑法制度的残酷和不公感到不满。这种不满促使他开始致力于刑法改革的研究和实践。贝卡利亚的一生充满了对社会正义和法律改革的追求。他不仅是一位杰出的学者，还是一位积极的改革家。他的著作《论犯罪与刑罚》一经问世，便在欧洲引起了轰动，成为刑法改革的重要推动力。

贝卡利亚的自然法学理论思想主要体现在他的著作《论犯罪与刑罚》中。在这部作品中，他提出了罪刑法定原则和刑罚人道主义原则，为现代刑法学的发展奠定了坚实的基础。贝卡利亚认为，法律应当明确规定什么是犯罪以及相应的刑罚。罪刑法定原则的确立，旨在保障法律的公正性和确定性。他主张法律条文应该清晰明了，避免模糊和歧义，以确保每个人都能够清楚地了解自己的权利和义务。同时，罪刑法定原则也限制了法官的自由裁量权，防止了权力的滥用和误判的发生。在贝卡利亚看来，罪刑法定原则不仅是保护被告人权利的重要手段，也是维护社会公正和稳定的基石。只有当法律对犯罪和刑罚有明确的规定时，人们才能对自己的行为有明确的预期，从而更好地遵守法律和维护社会秩序。贝卡利亚主张刑罚应当宽缓适中，反对残酷的刑罚制度。他认为刑罚的目的不应该是报复或惩罚，而应该是改造和教育罪犯，使他们能够重新融入社会。因此，他提倡使用更为人道的刑罚方式，如监禁、劳役等，以替代传统的残酷刑罚如死刑、肉刑等。贝卡利亚的刑罚人道主义原则体现了对人性的尊重和对生命的珍视。他认为每个人都有改过的机会和可能性，因此应该给予罪犯改过自新的机会。同时，他也强调了刑罚的预防作用，即通过合理的刑罚制度来威慑潜在的犯罪者，从而减少犯罪的发生。

贝卡利亚的思想在当时引起了巨大的反响和争议。他的观点挑战了传统的刑法观念，推动了欧洲刑法的改革进程。他的著作被广泛传播和引用，对后世的刑法学发展产生了深远的影响。同时，他的思想也为现代法治国家的建设提供了重要的理论支持和实践指导。总的来说，贝卡利亚的自然法学理论思想体现了对人性、理性和公正的深刻洞察。他通过提出罪刑法定原则和刑罚人道主义原则，为现代刑法学的发展奠定了坚实的基础。他的思想不仅影响了欧洲的刑法改革，也为全球法治社会的进步作出了重要贡献。

四、法国的孟德斯鸠和卢梭

在 17、18 世纪，西方国家经历了一系列的资产阶级革命，其中法国大革命尤为引人瞩目。这一时期，随着商品经济的发展和文艺复兴、宗教改革等思想解放运动的推动，一种与中世纪神学世界观相对立的法学世界观——古典自然法学理论逐渐兴起。这种学说强调理性、天赋人权和社会契约等观念，为后来的民主、自由、平等、人权等理念的普及奠定了理论基础。在法国，自然法学理论的发展有其特殊的历史背景。封建制度的腐朽和专制统治的不得人心，使得人们开始追求更为合理、公正的社会制度。同时，启蒙运动在法国的蓬勃发展，也为自然法学理论的传播提供了有力的思想支持。众多启蒙思想家，如孟德斯鸠、卢梭等，纷纷著书立说，阐述他们的自然法观点和政治主张，为法国大革命的爆发和民主制度的建立奠定了理论基础。

（一）孟德斯鸠的生平和思想

孟德斯鸠（1689—1755）是法国启蒙时代的杰出思想家。他出生于一个贵族家庭，早年受过良好的教育，曾广泛游历欧洲各国，这使他有机会观察和比较不同国家的政治制度和法律制度。他的观察和思考最终凝结成了他的杰作《论法的精神》，对后世产生了深远影响。

孟德斯鸠的自然法学理论思想主要体现在《论法的精神》这一著作中，具体反映在他对法律、政治和自由的理解上。他认为法律应当反映一个国家的整体情况，并与国家的政体、自然条件以及人民的自由程度相适应。

他特别强调法律与自然地理环境的关系，认为不同的地理环境会对法律产生不同的影响。孟德斯鸠最为人所知的理论是三权分立。他主张将国家的权力分为立法权、行政权和司法权，并且这三种权力应当由不同的机关来行使，以实现权力的相互制衡。这一理论为现代民主政治制度提供了重要的理论基础，被后来的美国宪法等所采纳。孟德斯鸠认为，权力分立是防止权力滥用的有效手段。他深知"每个有权力的人都趋于滥用权力，而且还趋于把权力用至极限"。因此，他提出通过权力分立来限制和约束权力，从而保护人民的自由和权利。

（二）卢梭的生平和思想

卢梭（1712—1778）是18世纪法国著名的启蒙思想家和教育家。他出生于日内瓦的一个钟表匠家庭，自幼便经历了许多生活的艰辛。然而，这些经历并没有阻止他对社会和人性的深入思考。他的代表著作有《社会契约论》《爱弥儿》等，至今仍在全世界范围内产生着广泛的影响。

卢梭的自然法理论思想主要体现在他的人民主权理论和社会契约论上。他认为，在自然状态下，人们是自由和平等的。但是，随着社会的发展，人们逐渐失去了这种自然状态下的自由和平等。因此，他主张通过社会契约来恢复人们的自由和平等。卢梭提出，人民是国家权力的来源和基础。他认为，政府应当服从于人民的意志和利益。为了实现这一目标，他主张通过社会契约建立民主共和国。在这种制度下，人民通过选举产生代表来管理国家事务，从而实现人民的自由和权利。这种思想为后来的民主政治制度提供了重要的理论基础。卢梭还特别强调了教育的重要性。他认为教育应该顺应儿童的本性发展，让儿童在自然中顺其自然地发展才是最好的教育。这种"回归自然"的教育理念也对后世产生了深远的影响。

五、美国的杰弗逊和潘恩

美国的自然法学理论产生的历史背景深深地植根于欧洲启蒙运动和英国普通法传统。随着欧洲移民在北美大陆的定居，他们带来了欧洲的法律观念，其中包括自然法的理念。这些移民，特别是清教徒，深受洛克等启蒙思想家的影响，他们相信每个人都拥有与生俱来的权利，这些权利不应受到任意剥夺。在美国独立之前，殖民地的居民长期受到英国政府的压迫和限制。这些限制不仅涉及经济方面，还包括对殖民地人民基本自由和权利的侵犯。随着时间的推移，殖民地人民开始意识到他们需要通过法律手段来保护自己的权益，这种意识最终促成了美国独立战争的爆发。在这个过程中，自然法学理论发挥了重要的作用。它提供了一种理论基础，即人们有权反抗暴政，追求自由和公正。这种理念在美国独立宣言中得到了充分的体现，宣言明确提出了"人人生而平等"和"追求幸福"的权利，这些都是自然法学理论的核心内容。独立战争胜利后，美国在制定宪法时，也深受自然法理论思想的影响。宪法的制定者们努力在保护个人自由和权利与确保政府有效运作之间寻找平衡。他们通过分权制衡的机制，限制了政府的权力，以防止权力滥用和对个人权利的侵犯。因此，可以说美国的自然法学理论是在欧洲启蒙运动的影响下，结合北美大陆的特殊情况，逐渐发展起来的。这一理论为美国的独立、宪法的制定以及后来的民主制度奠定了坚实的基础。美国这一时期诞生的自然法学理论相关的代表人物主要有杰弗逊和潘恩。

（一）杰弗逊的生平和思想

托马斯·杰弗逊（1743—1826）出生于弗吉尼亚的一个显赫家族。早年接受了全面的家庭教育，后进入威廉与玛丽学院深造，对文学、哲学和政治产生了浓厚的兴趣。他的法律职业生涯开始于取得弗吉尼亚州的律师资格后。在政治上，他积极参与州内改革，并因起草《独立宣言》而名声大噪。此后，他担任过多个重要职位，包括美国驻法公使、国务卿，并最终成为美国第三任总统。

杰弗逊深受自然法学理论的影响，他坚信每个人都生来就具有不可剥夺的权利，如生命、自由和追求幸福的权利。这些权利不是政府赋予的，而是天赋的，因此政府无权剥夺。在《独立宣言》中，他明确提出了这些原则，为美国的独立奠定了理论基础。为了防止政府滥用权力，杰弗逊主张政府的权力应该受到限制和监督。他提倡分权和制衡的原则，这一思想在后来的美国宪法中得到了体现。他认为，只有将权力分散到不同的机构和领域，才能有效地防止权力过度集中和滥用。杰弗逊是民主共和制度的坚定捍卫者。他主张人民应该有权参与政治决策，并通过选举来选择他们的领导者。他认为，只有这样，才能确保政府的决策真正反映人民的意愿和利益。

（二）潘恩的生平和思想

托马斯·潘恩（1737—1809）出生于英国。其早年从事过多种职业，当过裁缝、教师和税务官员等。后来，他积极投身于欧美革命运动，成为一位激进的民主主义者和政治活动家。在美国独立战争期间，他撰写了广为流传的小册子《常识》，极大地鼓舞了北美民众的独立情绪。他也因此被视为美国开国元勋之一。

潘恩是一位激进的民主主义者，他主张通过革命手段推翻暴政和专制制度。他认为，人民有权反抗压迫和不公，追求自由和民主。在《常识》中，他明确提出了这一观点，并号召北美民众起来反抗英国的殖民统治。潘恩认为，在革命中人民应该发挥主体作用。他坚信，只有通过人民的广泛参与和斗争，才能实现真正的民主和自由。因此，他积极倡导民众参与政治决策和反抗压迫的行动。潘恩非常重视民主制度在保障人民权利方面的重要性。他认为，只有建立民主制度，才能确保人民的自由和权利得到充分的保障。他主张通过选举和代表制度来实现人民的参与和管理国家的权力。

综上所述，古典自然法学理论的代表人物及其思想各具特色但又有共通之处。他们都强调了理性、人性和人的权利在法律制定和实施中的重要性；都主张依据自然法制定法典并倡导法律面前人人平等的原则；同时他们也关注社会契约和民主政治制度在维护社会秩序和保障人民权利方面的作用。这些思想对后世产生了深远的影响并成为现代法律制度和民主政治制度的重要理论基础之一。

第五节　新自然法学理论及其现代发展

新自然法学理论，又称复兴自然法学理论，是在 19 世纪末至 20 世纪初兴起的一种法学思潮。与 17、18 世纪的古典自然法学理论相比，新自然法学理论在理念和观点上呈现出新的特点和发展。它不主张探索永恒的自然正义，而是认为应当寻求可以适应现实环境的理想标准，即主张内容可变的自然法，倡导阶级调和。这种法学理论的出现，与当时的社会背景和历史条件密切相关。

一、新自然法学理论的产生背景

新自然法学理论的产生有着深刻的社会背景和学术背景。以下即对新自然法学理论产生背景进行详细阐述。

（一）社会背景

一是历史变迁与社会需求。在 19 世纪末至 20 世纪初，人类社会经历了前所未有的巨变。工业革命的深入推进极大地改变了社会经济结构，资本主义的快速发展不仅带动了生产力的显著提升，也导致了社会阶级矛盾的加剧。随着工厂制度的兴起和机器广泛使用，劳工们开始组织起来争取自己的权益，劳工权益、劳动条件、工资待遇以及社会福利等问题逐渐凸显，成为社会关注的焦点。在这一时期，社会对法律的需求发生了显著变化。过去，法律主要被看作是维护社会秩序的工具，但随着社会问题的复杂化，人们开始更多地关注法律如何保障个人权利、促进社会公正。特别是劳工阶层，他们迫切需要通过法律手段来改善自己的工作环境和待遇，维护自己的合法权益。新自然法学理论便是在这一背景下应运而生。它试图通过法律来实现社会正义和公平，强调法律应当关注社会现实问题，回应社会公正的需求。新自然法学理论的理论家们认为，法律不仅仅是一种规则体系，更是一种价值体系，它应当体现社会的公平、正义和道德原则。

二是对战争与和平的反思。第一次世界大战和第二次世界大战是人类历史上最为惨烈的战争，给人类带来了深重的灾难。战争中的种种暴行和对人权的践踏让人们开始深刻反思实证主义法学的观点。实证主义法学过于强调法律的权威性和形式性，将法律看作是主权者的命令，与道德无涉。然而，战争中的残酷现实让人们意识到，法律不能仅仅是一种形式上的规则，它必须建立在道德和价值的基础之上。新自然法学理论在战后得到了广泛的认同和支持。它强调法律应当从属于公平、正义等价值准则，不能仅仅看作是主权者的任意命令。法律必须体现人类的普遍道德和价值观念，才能真正得到人们的认同和遵守。

（二）学术背景

一是古典自然法学理论的衰落与复兴。古典自然法学理论是 17、18 世纪欧洲启蒙运动时期的一个重要法学理论流派，它以反抗暴政、主张自然法永恒不变为核心观点。然而，随着历史的推移和社会的变迁，古典自然法学理论逐渐衰落。到了 19 世纪末 20 世纪初，随着社会问题的日益复杂和人们对法律认识的深入，人们开始重新审视古典自然法学理论的思想。在这一时期，人们开始意识到古典自然法学理论的某些观点仍然具有重要的现实意义。例如，古典自然法学理论强调法律的道德基础和公正原则，这与当时社会对法律的需求不谋而合。因此，人们开始试图在古典自然法学理论的基础上进行发展和创新，以适应新的社会现实。新自然法学理论便是在这样的学术背景下逐渐兴起。它继承了古典自然法学理论的某些核心观点，如法律的道德基础和公正原则，但同时又对其进行了发展和创新。新自然法学理论不再强调自然法的永恒不变性，而是认为自然法应当随着社会的变迁而不断发展变化。这种灵活性和现实性使得新自然法学理论更加适应新的社会现实和人们的需求。

二是实证主义法学的挑战与反思。实证主义法学在 19 世纪占据了法学领域的主导地位。它强调法律的权威性和形式性，将法律看作是主权者的命令与道德无涉。然而，随着社会的发展和人们对权利、正义等价值的关注增加，实证主义法学的观点开始受到挑战。实证主义法学过于强调法律的形式性和权威性，而忽视了其背后的道德和价值基础。随着这一弊端逐渐暴露出来，人们开始意识到法律不能仅仅看作是一种形式上的规则体系。要真正得到人们的认同和遵守，它必须建立在道德和价值的基础之上。新自然法学理论针对实证主义法学的弊端提出了批判，并主张法律应当从属于道德和价值准则。它认为法律不仅仅是一种规范人们行为的规则体系，更是一种价值体系，应当体现社会的公平、正义和道德原则。这种对法律和道德关系的重新思考，为新自然法学理论的发展提供了重要的理论基础。

三是多元化学术氛围的促进。19世纪末至20世纪初的学术氛围日益多元化，各种学术观点和理论流派层出不穷。这种多元化的学术氛围为新自然法学理论的产生提供了土壤。在这一时期，各种学术思想相互碰撞、交融，为新自然法学理论的形成和发展提供了重要的思想资源。新自然法学理论在吸收和借鉴其他学术观点的基础上，逐渐形成了自己独特的理论体系。它综合了古典自然法学理论和实证主义法学的某些观点，但又对其进行了批判和发展，形成了自己独特的法律观和价值观。这种独特性和创新性，使得新自然法学理论在当时的学术界独树一帜，成为一个重要的法学理论流派。

二、新自然法学理论的主要观点

新自然法学理论在法学理论中独树一帜，其核心观点在于强调法律与道德的紧密联系，并探索实在法之外的正义准则。与古典自然法学理论寻求永恒不变的自然法原则不同，新自然法学理论更加注重法律的现实性和灵活性，认为法律应当随着社会变迁和道德观念的演变而发展。

（一）法律定义的拓展

新自然法学理论流派的学者们对法律的定义进行了拓展，不再将法律仅仅视为一系列规则的组合。他们认为，法律是一个综合性的体系，包括原则、政策等多种元素。这种定义方式突破了传统法律概念的局限，使法律更加贴近社会现实。在新自然法学理论流派的学者们看来，法律不仅是一种规定权利义务的标准，这些权利义务还是政府有责任通过法院和其他制度去确认和实施的。这种定义方式强调了法律在社会生活中的实际作用，以及政府在维护法律秩序中的重要职责。此外，新自然法学理论还将法律视为一种活动，一种使人类行为服从规则治理的事业。这种观点赋予了法律更广泛的内涵和外延，使法律不再仅仅是静态的规则体系，而是动态地参与到社会生活的各个方面。

（二）强调法律的道德基础和正义原则

新自然法学理论在法律的内容上强调道德基础和正义原则的重要性。他们认为，法律不仅仅是冷冰冰的规则和条文，更是体现了社会的道德观念和正义要求。以马里旦为代表的新自然法学理论学者从人与社会关系的角度出发，提出了他的人格主义观点。他反对极权主义，坚持亚里士多德的原则和基督教的原则来阐述人与社会的关系。这种观点强调了人的尊严和价值在法律中的重要性，为法律制度的构建提供了道德支撑。同时，罗尔斯等学者进一步提出了正义原则，包括平等的自由原则和机会公平、平等原则与差别原则的结合。这些原则不仅体现了法律的道德要求，更为法律制度的构建提供了理论指导。在新自然法学理论看来，一个符合正义原则的法律制度应当能够保障每个人的自由和权利，促进社会公平和进步。

（三）揭示法律的特性和正义准则

新自然法学理论对法律的特性也有独到的见解。他们认为，法律应当具备一系列基本要求，如富勒提出的法律的八点要求：法律规则的普遍性、公布性、不溯源性、明确性、一致性、可行性、相对稳定性和实施一致性等。这些要求揭示了法律的基本特性，也为法律制度的完善提供了具体路径。同时，新自然法学理论还提出了法律制度的正义准则。例如，罗尔斯提出了法律的可行性、相同条件同样处理、法无明文规定不为罪以及自然正义观等准则。这些准则不仅体现了法律的公正性和合理性要求，也为司法实践提供了重要指导。在新自然法学理论看来，一个符合正义准则的法律制度应当能够公正地处理各种案件和纠纷，维护社会的公平和正义。

三、新自然法学理论的主要代表人物及其思想

新自然法学理论是 20 世纪西方法学的一个重要理论流派，它强调法律与道德之间的紧密联系，并致力于探索实在法之外的正义准则。在众

多新自然法学理论的学者中，有几位代表人物的思想尤为引人瞩目，他们的观点和理论对新自然法学理论的发展产生了深远的影响。接下来，我们将从人物生平和主要思想两个方面，对其中几位重要人物进行详细阐述。

（一）富勒及其主要思想

朗·富勒（1902—1978），美国著名的法学家，新自然法学理论的代表人物之一。富勒在哈佛大学法学院完成法学教育，并在那里开始了他的教学生涯。他的法学研究涉及众多领域，包括法理学、法律史以及比较法等。富勒的学术成就被广泛认可，他的著作被翻译成多种语言，对全球法学界产生了深远影响。

富勒的思想主要可以概括为以下几方面。一是法律的道德性。富勒强调法律与道德之间的内在联系。他认为，法律不仅仅是一套规则体系，更是一种道德秩序的表达。法律应当体现社会的道德价值观和正义原则，而不仅仅是权力的工具。富勒的这一观点挑战了当时法律与道德分离的主流观念，为新自然法学理论的发展奠定了基础。二是法律的内在道德。富勒提出了法律的"内在道德"概念，即法律应当具备某些基本的道德要求，如普遍性、公布性、不溯源性、明确性、一致性、可行性、相对稳定性和实施的一致性等。这些要求构成了法律的"内在道德"，是评价法律制度好坏的重要标准。富勒认为，只有符合这些要求的法律才能被认为是真正的法律，否则就是"恶法"。三是程序自然法。富勒还提出了"程序自然法"的概念。他认为，法律程序本身也应当体现正义和公平的原则。程序自然法强调的是法律程序的正当性和公正性，而不仅仅是结果的正确性。这一观点对后来的法律程序改革产生了重要影响。

（二）罗尔斯及其主要思想

约翰·罗尔斯（1921—2002），美国著名政治哲学家、伦理学家，哈佛大学教授，被誉为二战后西方政治哲学、法学和道德哲学中极为重要的理论家。他的代表作品《正义论》一经问世便引起了广泛关注，成为西方政治哲学、法学和道德哲学中的经典之作。罗尔斯的理论对于当代社会公正理论的发展产生了深远的影响。

罗尔斯的主要思想包括以下几方面内容。一是正义原则。罗尔斯提出了著名的正义原则，包括两个主要部分：一是平等的自由原则，即每个人都应享有最大的自由，只要这种自由不侵犯他人的同等自由；二是机会的公平平等原则和差别原则的结合，即社会和经济的不平等应当这样安排：在满足最不利者的最大利益的前提下，所有的职位和机会对所有人开放。罗尔斯的正义原则为新自然法学理论提供了重要的理论基础。二是反思平衡。罗尔斯还提出了"反思平衡"的方法论原则。他认为，在构建正义理论时，我们需要在直觉和原则之间进行反思平衡，即不断调整我们的原则以符合我们的直觉判断，同时又不断修正我们的直觉以符合我们的原则。这种方法论原则为后来的道德哲学和政治哲学研究提供了重要的方法论指导。三是公共理性。罗尔斯强调公共理性在民主社会中的重要性。他认为，民主社会的公民应当具备一种公共理性精神，即能够在公共领域中进行理性讨论和协商，以寻求社会公正和共同利益。这一观点对于当代民主社会的建设和发展具有重要的指导意义。

（三）德沃金及其主要思想

罗纳德·德沃金（1931—2013），美国著名的法理学家。德沃金毕业于哈佛大学法学院，并在毕业后进入美国联邦最高法院，担任汉德法官的秘书。之后，他曾在多所知名大学任教，包括耶鲁大学、纽约大学、康奈尔大学和哈佛大学等，而且还担任过英国牛津大学和美国纽约大学的教授。

德沃金的学说以"权利论"作为核心。在《认真对待权利》一书中，他认为在所有个人权利中，平等权利最为重要，即"政府不仅必须关怀和尊重人民，而且要平等地关怀和尊重人民"。德沃金在《法律的帝国》一书中提出了法律的整体性理论。他认为法律应当被视为一个连贯的、结构性的整体。这体现在立法和司法的整体性上，限制了立法者在扩大或改变公共标准方面的行动，并要求法官在解释法律时考虑整体法律体系。德沃金提出了一种建构性的法律解释观。他认为法律推理是在建构性解释中的活动，法官应积极主动地解释法律，将法律视为一种阐释性的概念。在解释过程中，法官需受到先前判例、社会环境和法律教育等因素的约束，以确保法律解释的连贯性和一致性。在德沃金的理论中，法律原则在法律论证中起着根本性的作用，特别是在处理疑难案件时。法律原则是公平、正义和一些道德要求在法律上的体现，它必须被考虑，但不一定导致确定的结果。"权衡"是法律原则的重要属性。德沃金从 20 世纪 60 年代初开始批判实证主义法学，尤其是哈特的学说。他认为实证主义法学过于注重法律的形式和规则，而忽视了法律背后的道德和权利考量。总体来讲，德沃金的法律思想强调权利、平等、法律的整体性和建构性解释，对新自然法学理论的发展产生了深远的影响。他的著作和理论不仅为法学界提供了新的视角和思考方式，也为司法实践和立法工作提供了重要的指导。

（四）马里旦及其主要思想

雅克·马里旦（1882—1973）出生于巴黎一个笃信新教的律师家庭，是法国著名的哲学家、政治思想家和神学家，也是新托马斯主义的主要代表人物之一。他的思想深受中世纪哲学家托马斯·阿奎那的影响，同时又结合了现代哲学的成果，形成了独特的思想体系。马里旦的著作丰富多样，涉及哲学、政治、宗教等多个领域。

马里旦的主要思想包括以下方面内容。一是人格主义观点。马里旦从人与社会关系的角度出发，提出了他的人格主义观点。他认为，人是一个具有自由意志和理性的存在，应当受到尊重和保护。在马里旦看来，极权主义是对人性的压迫和剥夺，他坚决反对极权主义，并坚持亚里士多德的原则和基督教的原则来阐述人与社会的关系。这一观点为新自然法学理论提供了重要的哲学基础。二是自然法与实在法的关系。马里旦认为自然法是一种理性的法则，它先验地存在于人的意识之中，为人类行为提供了基本的道德准则。实在法应当符合自然法的要求，否则就是非正义的。马里旦强调实在法与自然法之间的紧密联系，并认为法律应当体现社会的道德价值观和正义原则。三是人的权利与义务。马里旦认为，人的权利和义务是相互关联的。他强调个人权利的重要性，但同时也认为个人应当承担相应的义务。在马里旦看来，权利和义务的平衡是实现社会公正与和谐的关键。这一观点为新自然法学理论关于权利和义务的讨论提供了重要的理论依据。

第六节　自然法学理论的进步性与局限性

自然法学理论是西方法学中一个重要的法学理论流派，它以强调自然法、理性、正义、自由、平等、秩序等客观基础和价值目标为特色。自然法学理论对法律的终极价值目标和客观基础的探索，在法学理论中占有重要地位。然而，任何一种理论都不可能完美无缺，自然法学理论同样存在着优势与局限性。

一、自然法学理论的进步性

自然法学理论强调法律应当反映人性、理性、正义等一般价值。这种对一般价值的强调使得自然法学理论具有了多方面的优势。以下是对自然法学理论进步性的详细阐述。

（一）强调法律的道德基础和价值目标

自然法学理论最为核心的优势之一是它始终强调法律的道德基础和价值目标。法律，作为一种社会规范，其存在的基础和目的并不仅仅是维护社会秩序，更重要的是它要体现和维护一种普遍认可的道德和价值观念。自然法学理论认为，法律应当反映诸如人性、理性、正义等一般价值，这些价值是法律存在的基础，也是法律追求的目标。在现代社会中，法律与道德紧密相连。法律的制定和实施，都应当符合社会的道德标准，体现社会的公正观念。自然法学理论对法律道德基础的强调，实际上是在提醒我们，法律不是一种孤立的存在，它是社会道德观念的一种体现。因此，在制定和实施法律时，我们必须注重法律的道德基础，确保法律的公正性和合理性。此外，自然法学理论对法律价值目标的追求，也有助于我们认识到法律的重要性。法律不仅仅是权力的工具，更是维护社会公正和秩序的基石。自然法学理论通过强调法律的价值目标，引导我们更加关注法律的社会功能，从而更好地实现法律的目标。

（二）提供批判性思维方式

自然法学理论的另一个重要优势是它提供了一种批判性的思维方式。自然法学理论不仅关注法律的实然状态，即法律在现实生活中的实际运行情况，还关注法律的应然状态，即法律应当是怎样的。这种对法律应然状态的探索，使得自然法学理论具有一种批判性的视角，能够对现有法律进行审视和评价。这种批判性思维方式对于法律制度的改革和发展具有重要意义。它促使我们不断反思现有法律制度的合理性和公正性，进而推动法律制度的改进和创新。在法律制度的发展过程中，我们需要不断地对现有法律进行审视和评价，发现其中的问题和不足，然后提出改进的方案。自然法学理论的批判性思维方式，为我们提供了这样一种审视和评价法律的视角和方法。

（三）关注人的权利和自由

自然法学理论还强调人的权利和自由的重要性。它认为，人的自然权利和自由是生而有之、不可或缺、不容剥夺的。这一观点在现代社会得到了广泛的认同和支持，也成为现代法治国家的基本原则之一。在现代法治国家中，保护公民的权利和自由是法律的基本任务之一。自然法学理论对人的权利和自由的关注，有助于我们更好地理解和实现法律的这一基本任务。它提醒我们，在制定和实施法律时，必须充分考虑和尊重公民的权利和自由，确保法律的公正性和合理性。这种对人权和自由的重视，也使得自然法学理论在推动社会进步和民主化进程中发挥了重要作用。它倡导尊重和保护每个人的权利和尊严，反对任何形式的剥削和压迫，这与社会公正和平等的理念紧密相连。

（四）对立法具有指导意义

自然法学理论的最后一个重要优势是它对立法具有指导意义。在制定法律时，我们应当遵循人性、理性、正义等一般价值，确保法律的公正性和合理性。自然法学理论为我们提供了一种立法的指导原则，即法律应当符合人性的需求、体现理性的精神、追求正义的目标。同时，自然法学理论的批判性思维方式也可以帮助我们审视现有法律制度的缺陷和不足。在制定新的法律或修改现有法律时，我们需要对现有法律制度进行全面的审视和评价，发现其中的问题和不足。自然法学理论的批判性思维方式为我们提供了这样一种审视和评价法律的视角和方法，有助于我们制定出更加公正、合理的法律。此外，自然法学理论还强调法律应当具有明确性、稳定性和可预测性。这些特性是法律得到有效实施和遵守的基础。在制定法律时，我们应当尽可能明确法律的规定，避免模糊和歧义；同时，我们也应当保持法律的稳定性，避免频繁修改和变动；最后，我们还应当确保法律具有可预测性，使人们能够根据自己的行为预测法律后果。这些原则对于指导我们的立法工作具有重要意义。

总的来说，自然法学理论的优势在于它强调了法律的道德基础和价值目标、提供了批判性的思维方式、关注了人的权利和自由，并对立法具有指导意义。这些优势使得自然法学理论在法律领域占据了重要的地位，并为我们提供了一种理解和评价法律的视角和方法。在未来的法律发展中，我们应当继续发挥自然法学理论的优势，推动法律制度的不断完善和进步。

二、自然法学理论的局限性

自然法学理论尽管有着诸多优势，但也存在一些不可忽视的局限性。以下是对自然法学理论局限性的详细阐述。

（一）价值目标过于理想化

自然法学理论所追求的人性、理性、正义等价值目标，无疑是崇高的，体现了人类对于美好社会的向往和追求。然而，这些价值目标往往过于理想化，与现实社会存在着较大的差距。在现实生活中，这些价值目标的实现受到各种社会因素的制约和影响，如经济、政治、文化等。因此，过于理想化的追求可能导致理论与实践的脱节。这种脱节表现在，自然法学理论所倡导的价值观念在法律实践中可能难以完全实现。例如，在面对复杂多变的社会现实时，法律往往需要平衡各方利益，而不仅仅是追求抽象的正义和理性。此外，人们对正义和理性的理解也存在差异，这进一步增加了理论与实践之间的鸿沟。

（二）忽视法律的现实基础

自然法学理论在探讨法律问题时，往往从抽象的意义上来谈论法律，缺乏对现实法律实践性问题的关注。这可能导致其提出的解决方案与实际情况不符，难以真正解决实践中所遇到的问题。例如，自然法学理论有时过于强调法律的道德性，而忽视了法律在实际操作中的可行性和效率性。此外，自然法学理论有时将法律与道德混为一谈，对现实的法律持批判的态度甚至走向对立极端。虽然这种批判态度对于促进法律的完善具有一定的积极作用，但也可能导致忽视法律存在的现实基础和丰富多彩的社会因素。法律作为社会规范的一种，其制定和实施必然受到社会、经济、政治等多方面因素的影响。因此，我们不能仅仅从道德层面来评判法律的优劣，而应该结合实际情况进行综合考量。

（三）缺乏内部评价体系

自然法学理论在评价法律时，主要依赖外部的标准，如理性、道德、人权、公益等。这些标准虽然有助于我们从更广阔的视角来审视法律的价值和目标，但也可能导致法学得不到独立的地位。因为按照这些外部标准来评价法律，很容易使法学成为其他学科的附庸，而丧失其自身的独立性和专业性。相比之下，分析法学派从法律的内部即法律的形式和结构来对法律进行研究的方法可能更具科学性。分析法学派注重研究法律规则之间的逻辑关系、法律体系的结构以及法律解释的方法等，这有助于我们更深入地理解法律的本质和运行机制。当然，这并不是说我们应该需要完全摒弃自然法学理论的外部评价标准，而是应该将其与分析法学派的内部研究方法相结合，以更全面地认识和评价法律。

（四）命题多建立在假设基础上

自然法学理论的许多命题都是建立在假设的基础上，这些假设可能并不符合实际情况。例如，自然法学理论往往假设人性本善、理性至上等观念，并以此为基础构建其法律理论。然而，这些假设在现实生活中可能并不总是成立。人性的复杂性和社会的多样性使得这些假设往往难以完全契合实际。同时，自然法学理论在探讨法律问题时，往往忽视了对法律的过去、现在和未来进行科学实证的研究。这种研究方法上的缺失可能导致其理论缺乏说服力和可操作性。为了增强自然法学理论的实用性和说服力，我们需要更加注重科学实证的研究方法，结合实际情况进行分析和论证。例如，可以通过收集和分析实际案例、调查数据等方式来验证自然法学理论的观点和命题是否符合实际情况。此外，自然法学理论过于强调法律的普遍性和永恒性，忽视了法律的历史性和社会性。法律作为一种社会规范，其内容和形式都受到特定历史时期和社会环境的影响。因此，我们不能将法律视为一种超越时空的普遍原则，而应该将其置于具体的历史和社会背景中进行考察和研究。

综上所述，自然法学理论在强调法律的道德基础和价值目标、提供批判性思维方式以及关注人的权利和自由等方面具有显著优势。然而，其局限性也不容忽视，包括过于理想化、忽视法律的现实基础、缺乏内部评价体系以及命题建立在假设基础上等问题。为了更好地发挥自然法学理论的优势并克服其局限性，需要在实际应用中结合具体情况进行分析和判断，同时注重科学实证的研究方法以及与其他法学理论流派的交流与融合。

第七节　自然法学理论的历史地位和现代意义

自然法学理论，作为最早产生的法学理论流派，在法律思想史中占有独一无二的重要地位。它不仅仅是一种法律理论，更是一种对人类社会应如何构建法律和道德规范的深刻思考。自然法学理论的影响力跨越了时间和文化的界限，即使在现代社会，自然法学理论依然有着其历久弥新的独特意义。

一、自然法学理论的历史地位

自然法学理论源远流长，具有深远的历史背景和丰富的理论体系。作为法学领域的一个重要理论流派，自然法学理论在历史长河中占据了举足轻重的地位，对法律思想、法律制度和法律实践产生了深远的影响。

（一）自然法学理论的历史沿革

自然法学理论的起源可以追溯到古希腊时期，那时的哲学家们开始探讨宇宙的本质和人类的道德准则。其中，斯多葛学派首次系统地阐述了自然法的观念，认为自然法是一种普遍存在的、至高无上的法则，它超越人类的意志和制定法，是理性的体现。斯多葛学派的自然法观念对后来的罗马法产生了深远的影响，为罗马法的发展和完善提供了重要的理论基础。在罗马法复兴时期，自然法学理论得到了进一步的发展。罗马法学家们将自然法观念融入法律实践中，认为法律应当符合自然法和理性的要求。他们通过对自然法的研究，推动了罗马法的发展和完善，为后来的西方法律体系奠定了基础。到了中世纪，自然法学理论在基督教神学的影响下得到了新的发展。阿奎那等神学家将自然法与神法相结合，认为自然法是上帝赋予人类的理性法则，是人类行为的最高准则。这种观念在中世纪欧洲的法律实践中得到了广泛的体现，对当时的法律制度产生了深刻的影响。到了近代，随着启蒙运动的兴起和理性主义的盛行，自然法学理论再次焕发出新的活力。格劳秀斯、霍布斯、洛克、孟德斯鸠等启蒙思想家们以理性为基础重新诠释了自然法，强调了人的权利和自由。他们认为，自然法是人类理性的体现，是保障人权和自由的基石。在这些启蒙思想家的推动下，自然法学理论逐渐成为现代民主法治的理论基础。18 世纪的古典自然法学理论是自然法学理论发展的一个重要阶段。该学派的代表人物如卢梭、杰斐逊等强调了天赋人权、社会契约和人民主权等理念。他们认为政府的权力来源于人民的授权，政府的职责是保障人民的权利和自由。这些理念对法国大革命和美国独立战争等历史事件产生了深远影响，推动了世界历史的进步。20世纪以来，新自然法学理论在继承古典自然法学理论的基础上对自然法学理论进行了新的阐释和发展。该学派的代表人物如富勒、德沃金等强调了法律的道德性和正义性，并提出了"法律是最低限度的道德"等观点。他们认为法律不仅应当维护社会秩序还应当体现道德和正义的要求。这些观点对现代法学的发展产生了重要影响推动了法学研究的多元化和深入发展。

（二）自然法学理论对法律思想的影响

自然法学理论对法律思想的影响是深远的。首先，它强调了法律的道德性和正义性，将法律与道德紧密相连。这种观念认为法律应当符合人类的道德准则和正义要求，否则就失去了其存在的合法性。这种思想对后来的法律实证主义产生了挑战，使得法律学者开始关注法律与道德之间的关系。其次，自然法学理论强调了人的权利和自由的重要性。它认为政府的权力是有限的，必须受到制约和监督。政府的职责是保障人民的权利和自由，而不是剥夺或限制它们。这种思想对现代民主法治的建设产生了深远的影响，使得保障人权和自由成为现代法律制度的重要目标。最后，自然法学理论还强调了法律制度的合理性和公正性。它认为法律制度应当符合人类的理性和正义要求，能够为社会带来公正和稳定。这种思想对法律制度的改革和完善产生了积极的影响，推动了法律制度的进步和发展。

（三）自然法学理论在法律实践中的地位

自然法学理论在法律实践中也占据了重要的地位。首先，在立法过程中，自然法学理论为立法者提供了重要的指导原则。立法者需要考虑到法律的道德性和正义性，确保所制定的法律符合人类的道德准则和正义要求。同时，立法者还需要关注人民的权利和自由，确保所制定的法律不会侵犯人民的合法权益。其次，在司法实践中，自然法学理论也为法官提供了重要的裁判依据。法官在审理案件时需要考虑到法律的道德性和正义性，确保所作出的判决符合人类的道德准则和正义要求。同时，法官还需要关注当事人的权利和自由，确保所作出的判决不会侵犯当事人的合法权益。最后，在执法过程中，自然法学理论也为执法人员提供了重要的行为准则。执法人员需要严格遵守法律规定，确保执法行为的合法性和公正性。同时，执法人员还需要关注当事人的权利和自由，确保执法行为不会侵犯当事人的合法权益。

二、自然法学理论的现代意义

自然法学理论不仅在历史上占据了举足轻重的地位，而且在现代社会依然具有重要意义。以下将从几个方面深入探讨自然法学理论的现代意义。

（一）为现代法治社会提供价值基石

法治社会的核心在于依法治国，而依法治国的关键在于法律的价值取向是否符合人类的道德准则和正义要求。自然法学理论所强调的法律的道德性和正义性，为现代法治社会提供了坚实的价值基石。它提醒我们，法律不仅仅是一种规则和制度，更是一种价值和精神的体现。在法治社会中，法律应当体现人类的道德准则和正义要求，保障人民的权利和自由，维护社会的公正和稳定。

（二）推动人权保护事业的深入发展

人权是现代社会普遍关注的议题之一，而自然法学理论与人权保护紧密相连。从古典自然法学理论到新自然法学理论都强调了天赋人权、人民主权等理念为现代人权保护事业提供了理论支持。在当今社会人权保护已成为国际社会普遍关注的议题，自然法学理论所倡导的人权观念有助于推动各国政府加强对人权的保障，促进全球人权事业的发展。例如，在国际人权法领域，自然法学理论的理念为制定和完善人权法律制度提供了重要的理论指导，推动了人权保护事业的深入发展。

（三）引导法律与道德之间保持良性互动

在现代社会中，法律与道德的关系日益紧密。法律不仅仅是一种规则和制度，更是一种道德和精神的体现。自然法学理论认为法律应当符合道德的要求，这有助于引导法律和道德的协调发展。一方面，法律可以通过明确的行为规范和制裁措施来维护社会道德秩序；另一方面，道德观念也可以渗透到法律制定和实施的过程中，提升法律的社会认同度和实施效果。这种法律与道德的互动关系有助于构建和谐社会、促进社会的全面进步。同时，自然法学理论也提醒我们，在追求法律与道德的协调时，要注意避免将道德观念强加于法律之上，以免损害法律的独立性和权威性。法律与道德之间的互动应当是建立在相互尊重、平等对话的基础之上，共同推动社会的进步和发展。

（四）促进国际法的完善与发展

随着全球化进程的加速和国际交往的日益频繁，国际法在国际关系中的作用愈发凸显。自然法学理论所倡导的普遍法则和正义理念，为国际法的完善和发展提供了重要的理论指导。它提醒我们，国际法不仅仅是一种规则和制度，更是一种价值和精神的体现。在制定和完善国际法时，应当考虑到人类的道德准则和正义要求，确保国际法的合理性和公正性。同时，自然法学理论也为我们提供了一种全球视野下的法律观念。它倡导各国在平等、互利、和平共处的基础上加强国际合作与交流，共同推动全球法治的进步和发展。这种全球视野下的法律观念，有助于促进国际法的完善与发展，推动构建人类命运共同体。

（五）对现代法律教育的启示与影响

自然法学理论对现代法律教育也有重要的启示和影响。首先，它强调了道德素养和法律伦理在法律教育中的重要性。法律从业者不仅需要具备扎实的法律知识和技能，还需要具备高尚的道德品质和职业操守。因此，在现代法律教育中，我们应该注重培养学生的道德素养和法律伦理观念，使他们成为具备良好职业操守的法律人才。其次，自然法学理论还强调了法律的实践性和应用性。在法律教育中，我们应该注重实践教学和案例教学等方法的应用，提高学生的法律实践能力。通过模拟法庭、法律援助、实习实训等方式，让学生在实践中学习和运用法律知识，培养他们的法律思维和实践能力。最后，自然法学理论所倡导的批判性思维和创新精神也是现代法律教育需要重视的方面。在法律教育中，我们应该鼓励学生勇于质疑、敢于创新，培养他们的独立思考能力和创新精神。通过开设研讨课、组织学术讲座等方式，激发学生的学术兴趣和创新思维，为法律领域的发展注入新的活力。

（六）为法律与科技的融合发展提供理论指导

随着科技的迅猛发展，法律与科技的融合发展已成为不可逆转的趋势。自然法学理论作为一种重要的法学理论，在这一进程中也发挥着重要的指导作用。首先，自然法学理论所倡导的道德和正义理念为法律科技的融合发展提供了价值导向。在推动法律科技发展的过程中，我们必须确保科技的应用符合人类的道德准则和正义要求，避免科技被滥用或误用。其次，自然法学理论所强调的法律的普遍性和永恒性，也为法律科技的融合发展提供了重要的理论指导。尽管科技在不断进步和发展，但法律的基本原则和价值观念是相对稳定和普遍的。因此，在推动法律与科技的融合发展过程中，我们需要确保科技的应用与法律的基本原则和价值观念保持一致，以维护法律的稳定性和权威性。最后，自然法学理论还为法律科技的融合发展提供了方法论上的指导。在推动法律与科技的融合发展过程中，我们需要运用自然法学理论的方法论原则，对科技应用进行深入的道德和法律分析，确保其符合人类的道德准则和法律规定。同时，我们还需要不断探索和创新法律科技的应用模式和方法，以更好地服务于法治社会的建设和发展。

自然法学理论作为法学领域中的重要理论流派之一，其历史地位和现代意义不容忽视。它不仅为现代法治社会提供了坚实的价值基石和人权保护的理论支持，还引导了法律与道德的协调发展、促进了国际法的完善与发展，并对现代法律教育产生了深远影响。同时随着科技的进步和发展，自然法学理论也为法律与科技的融合发展提供了重要的理论指导和实践指南。因此我们应该深入挖掘自然法学理论的现代价值，推动其在现代社会中的广泛应用和发展，为构建更加公正、和谐、稳定的法治社会贡献力量。

第八节　经典案例分析

一、布朗诉托皮卡教育局案

1954 年，美国最高法院审理了"布朗诉托皮卡教育局案"。这是一起关于公立学校种族隔离的教育案件，该案件的核心问题是：公立学校的种族隔离是否违反了《美国宪法》第 14 条修正案的"平等保护"条款。最终，最高法院一致裁决，公立学校中的种族隔离是违宪的，因为它剥夺了黑人儿童的平等教育机会。

本案体现了以下自然法学理论中的思想。一是平等与正义的追求。自然法学理论强调法律应当追求正义和平等。在本案中，最高法院认为种族隔离的教育制度违反了平等原则，因为它基于种族的区分对待，导致黑人儿童在教育资源和机会上受到不平等对待。这违背了自然法学理论中关于正义和平等的核心理念。二是人的自然权利。自然法学理论认为每个人都拥有一些不可剥夺的自然权利，如生命权、自由权和追求幸福的权利。教育是实现这些权利的重要途径之一。在本案中，黑人儿童由于种族隔离政策而被剥夺了与其他儿童同等的教育机会，这实际上侵犯了他们的自然权利。最高法院的裁决正是对这些权利的确认和保护。三是道德和法律的融合。自然法学理论认为法律应当与道德相一致。在布朗案中，最高法院通过裁决表明了种族隔离的教育制度不仅在法律上是错误的，而且在道德上也是不可接受的。这种制度违背了社会公认的道德准则，即所有人都应享有平等的教育机会。四是法律的普遍性。自然法学理论强调法律的普遍适用性，即法律应当对所有公民一视同仁，不应因种族、性别、宗教等因素而有所区别。本案的裁决正是体现了这一原则，它废除了公立学校中的种族隔离制度，确保了所有学生都能在平等的基础上接受教育。

"布朗诉托皮卡教育局案"是美国法律史上的一个重要里程碑，它不仅从法律上废除了公立学校中的种族隔离制度，更从自然法学理论的角度强调了平等、正义和人的自然权利等核心价值。这一案例充分体现了自然法学理论在现代法律体系中的应用和影响力，也为我们提供了一个审视和评估法律制度是否合乎道德和正义的重要视角。

二、告密者案

1944 年，在纳粹德国统治时期，一个德国士兵在回家探亲期间私下对妻子表达了对希特勒和纳粹政权的不满。他的妻子随后将他的言论报告给了当地的纳粹党头目，结果这名士兵被军事特别法庭审讯，并被判处死刑（尽管最后并未执行死刑，而是被送往前线）。在纳粹政权倒台后，这名妻子因设法使其丈夫遭到囚禁而被送上法庭。

本案体现了以下自然法学理论中的思想。一是道德与法律的关系。自然法学理论强调法律与道德之间的紧密联系。在这个案例中，虽然按照当时的法律，妻子的告密行为并不违法，但从道德层面来看，她的行为被视为背叛和出卖丈夫。这引发了关于法律与道德界限的讨论。法律可能没有明文规定告密行为的道德性，但自然法学理论认为，法律应当反映道德原则，因此，在道德上受到谴责的行为，即使在法律上没有明确禁止，也应当受到社会的审视。二是正义与邪恶的区分。自然法学理论认为法律应当追求正义。在这个案例中，妻子的行为虽然不违法，但却被许多人视为邪恶和不道德的。这提出了一个问题：当法律与正义发生冲突时，人们应该如何选择？这个案例反映了在极端情况下，个体可能面临遵守法律与秉持正义之间的艰难抉择。三是人的自然权利与义务。自然法学理论也强调人的自然权利，如言论自由、生命权等。士兵私下表达不满，可以被看作是行使言论自由的一种形式。然而，他的妻子通过告密侵犯了他的这项权利。这引发了关于个人权利与社会责任、义务之间平衡的讨论。在自然法学理论视角下，即使法律允许告密，个体也应当考虑到其行为对他人权利的影响。四是法律的滞后性与适应性。这个案例还揭示了法律的滞后性。

在极端的社会环境下（如纳粹统治时期），法律可能无法及时反映社会的道德和伦理变化。自然法学理论认为，法律应当随着社会的进步和道德观念的变化而调整。在这个案例中，法律未能及时制止不道德的告密行为，显示了法律的局限性。

"告密者案"是一个深刻的例子，展示了在极端社会环境下法律和道德的复杂关系。从自然法学理论的角度来看，这个案例揭示了法律与道德、正义与邪恶、权利与义务之间的紧张关系。它提醒我们，在制定和实施法律时，必须考虑到社会的道德观念和伦理标准，以确保法律不仅形式上合法，而且在实质上符合正义和道德的要求。

思考题

1. 试比较霍布斯和卢梭的社会契约思想。

2. 孟德斯鸠如何发展洛克的三权分立思想？

3. 如何认识法律是一个综合性的体系？

4. 法律和道德如何实现良性互动？

第二章　哲理法学理论专题

◆═ 内容提要 ═◆

哲理法学理论的特点是从哲学认识论的角度去研究法学课题，在哲学体系之下对法学课题予以重新考察，从而得出哲学化的法学观点，使其更接近"法"这一事物的本质。此外，它在论述其法哲学思想时，又贯穿着人本主义和主体性哲学思想，提出"人是目的"的主张，体现了启蒙思想和古典自然法思想的精神。一般来说，西方的法学理论流派划分为两大类：一类是研究对象侧重实然法、研究方法侧重经验主义的实证法学；一类是研究对象侧重应然法、研究方法侧重理性主义的非实证法学。依此标准，哲理法学理论归属于非实证法学。早期哲理法学理论是在批判地继承古典自然法学的基础上发展起来的。其研究对象仍然是自然法，并仍采用理性思维的研究方法。不同的是，他们的研究以人的自由作为出发点和以人的意志作为核心，认为法追求的根本目标是人人自由，法产生和存在的基础则是意志自由。自然法在他们看来，是一种应然的法、法的理论，或法的原理，而不再是实际上存在的法。晚期哲理法学理论分为新康德主义法学和新黑格尔主义法学，二者分别是在新康德主义哲学和新黑格尔主义哲学的影响下产生的法学流派。

◆═ 本章重点 ═◆

哲理法学理论的概念和特点，康德、费希特、谢林、费尔巴哈和黑格尔等人的法律思想。

☞ 案例引入:《饥饿的苏丹》案

一个匍匐在地上的小女孩,她因为饥饿已经没有力气行走,母亲在不远处等着领取救济粮,一时间无暇顾及她。她的身上挂有人道主义救助的手环,因为瘦弱不堪已经看不出真实的年龄。这时,一只秃鹫飞到了小女孩的身后,似乎是在等待着她的死亡,然后饱食一顿。摄影师凯文·卡特被这个画面惊呆了,他调整角度含着眼泪拍下了这张《饥饿的苏丹》,随后赶走了那只秃鹫,独自一人靠在一棵树下默默流下了泪水。后来,这张照片在美国《纽约时报》的头版发布,卡特也因此获得了1994年的普利策新闻奖,但是自此他也受到了来自社会各界源源不断的指责和攻击。佛罗里达一个记者在专栏文章中写道:"他是一个自私的记者,踩在小女孩的尸体上获得了普利策奖。""他就是另一只秃鹫。"这些恶意的言论,加上卡特职业的特殊性让其总是看到绝望、血腥、暴力的画面,最终他的精神世界被击溃了。1994年7月27日,卡特在自己的小轿车内使用一氧化碳自杀,他留下遗言称自己对不起大家。

在摄影作品《饥饿的苏丹》背后,隐藏着一个深刻的伦理和哲理问题。这张照片捕捉了一个苏丹小女孩在饥荒中奄奄一息的瞬间,而卡特在拍下这一震撼画面后,却受到了社会各界的广泛争议和批评。这一案例不仅引发了人们对于新闻伦理的讨论,更触及了哲理法学理论中关于"人是目的"这一核心理念。

哲理法学理论,作为探讨法律背后更深层次的哲学原理的理论体系,强调人的尊严和价值在法律体系中的核心地位。其中,"人是目的"这一理念,源自于德国哲学家康德的道德哲学,它主张人应当被视为目的本身,而不仅仅是手段。在法律和道德的实践中,我们应当尊重每个人的自主性和尊严,不将其视为达成其他目的的工具。在《饥饿的苏丹》案例中,摄影师的行为在某种程度上引发了关于是否将人的苦难作为获取新闻素材或艺术效果的手段的争议。一些人批评卡特为了拍摄这张照片可能牺牲了小女孩的隐私和尊严,将她的苦难作为了新闻报道的卖点。他们认为卡特的这种做法与哲理法学中的"人是目的"原则相悖,因为它将个体的人视为了达成新闻报道目的的手段。

这一案例展示了哲理法学在法律和道德实践中的复杂性。它提醒我们，在追求新闻报道的真实性、及时性和影响力的同时，也必须尊重和保护每个人的尊严和价值。在处理类似情况时，我们应当更加审慎地权衡各种价值和利益，以确保我们的行为符合"人是目的"这一核心理念。

第一节　哲理法学理论的概念和特点

哲理法学理论是 18 世纪末至 19 世纪初产生于德国的一个法学理论流派，它的兴起与德国古典哲学家伊曼努尔·康德的哲学思想密不可分。康德作为哲理法学理论的奠基者，将其深厚的哲学底蕴与法学研究相结合，从而开创了一个全新的法学研究视角。以下将对哲理法学理论的概念和特点进行详细阐述，以期能够更全面地揭示这一理论流派的内涵和价值。

一、哲理法学理论的概念

哲理法学理论，又称哲学法学理论，是法学领域中独树一帜的理论流派，它将法学与哲学有机融合，通过哲学的深邃视角和严谨方法来深入探索法律的本质内涵、价值追求和社会意义。在哲理法学理论的研究视野中，法律远非只是一套用于规范人们行为的简单规则体系，它更是一种深刻反映人类理性思维和道德观念的社会现象。因此，哲理法学派的学者们致力于深入挖掘法律背后的哲学思想，以期为法律制度的构建和完善提供更为坚实的理论基石。

哲理法学理论的研究触角极为广泛，它涵盖了法律的起源、本质属性、功能作用以及价值追求等多个层面，同时还深入探讨了法律与道德伦理、政治体制、经济发展等社会现象之间的复杂关系。通过哲学的深度思考，哲理法学理论试图对法学领域的各个课题进行重新地审视和解读，以期能够揭示出更为贴近"法"之本质的法学观点。这些经过深思熟虑的法学观点，不仅能够帮助人们更加深刻地理解法律的精神内核，而且为法律制度的持续改革和完善提供了不可或缺的理论支撑。

法律，作为人类社会文明发展的重要产物，其存在和发展必然蕴含着深厚的哲学思想。哲理法学理论正是基于这一认识，将法学与哲学相互融合，通过哲学的视角来审视和解读法律。这种跨学科的研究方法，不仅为法学研究注入了新的活力，也使得法律的研究更加深入和全面。在哲理法学理论的研究中，法律的本质被视为一种社会规范，它体现了人类的理性和道德观念。这种规范不仅约束着人们的行为，更在深层次上引导着社会的价值取向。因此，哲理法学理论的研究者们致力于探寻法律背后的哲学思想，以期能够更准确地把握法律的精神实质。同时，哲理法学理论还深入探讨了法律与道德、政治、经济等社会现象的关系。法律与道德之间的联系是哲理法学理论研究的重点之一。道德是法律的基础，而法律则是道德的底线保障，二者相辅相成，共同维护着社会的稳定和公正。此外，哲理法学理论还关注法律与政治、经济等社会现象的相互作用。政治体制的改革、经济发展的需求等都会对法律产生影响，而法律也反过来作用于政治和经济领域。在研究方法上，哲理法学理论注重逻辑推理和思辨分析。它通过对法律现象的深入剖析，揭示法律发展的内在逻辑和必然趋势。这种研究方法不仅有助于人们更深入地理解法律现象的本质和内在联系，还为法律制度的改革和完善提供了重要的理论依据。

哲理法学理论的研究具有强烈的现实意义。在当今社会，法律制度的不断完善和发展是社会进步的重要标志。而哲理法学理论的研究成果可以为法律制度的改革和完善提供有力的理论支持。同时，哲理法学理论还可以帮助人们更深入地理解法律的精神实质，增强人们的法律意识和法治观念。

二、哲理法学理论的特点

哲理法学理论是哲理和法学的深度结合，并以此成为哲理法学理论的根本特点，形成了一系列与此相关的其他特征。具体来说，哲理法学理论的特点包括以下几个方面内容。

（一）突出哲学化的法学观点

哲理法学理论的最大特色是从哲学认识论的角度去研究法学课题。它不同于传统的法学研究方式，而是运用哲学的思维方式和研究方法，对法学内容进行重新考察。通过这种方式，哲理法学理论得出了一些哲学化的法学观点，这些观点更接近"法"这一事物的本质，有助于人们更深入地理解法律。例如，哲理法学理论强调法律的普遍性和必然性，认为法律是理性的产物，是人类社会发展到一定阶段的必然结果。同时，它也关注法律的道德基础和伦理价值，认为法律与道德之间存在着密切的联系。这些观点都体现了哲理法学理论对法律的深入思考和独特见解。

（二）体现人本主义和主体性哲学思想

在这里，需要强调的是，哲理法学理论始终贯穿着人本主义和主体性哲学思想。它提出"人是目的"的主张，强调法律应当以人为本，尊重和保护人的权利和尊严。这一思想体现了启蒙思想和古典自然法精神，也是哲理法学理论的重要特点之一。在哲理法学理论看来，人是法律的主体和目的，法律应当服务于人的自由和发展。因此，它倡导一种以人为中心的法律观念，强调法律应当尊重人的主体性和创造性，保障人的基本权利和自由。同时，哲理法学理论也关注人的道德和伦理价值，认为法律应当体现人类的道德观念和价值取向。这种人本主义和主体性哲学思想为法律制度的构建和完善提供了重要的理论支撑。

（三）侧重理性主义的研究方法

哲理法学理论在研究方法上侧重理性主义，这与实证法学派的经验主义研究方法形成鲜明对比。哲理法学理论注重逻辑推理和思辨分析，通过深入剖析法律现象的本质和内在联系，揭示法律发展的内在逻辑和必然趋势。这种方法论上的特点使得哲理法学理论在法学研究中具有独特的地位和作用。理性主义的研究方法强调对法律现象进行深入的理性思考和分析，以揭示其本质和规律。这种方法不仅有助于人们更深入地理解法律现象的本质和内在联系，还为法律制度的改革和完善提供了重要的理论依据。同时，理性主义的研究方法也体现了哲理法学理论对人类理性的信仰和追求，认为理性是人类认识世界和改造世界的重要工具。

（四）注重实然法与应然法的互动

虽然哲理法学理论更侧重于应然法的研究，但它并不完全忽视实然法。实然法是指实际存在的法律制度，而应然法则是指理想的、应当存在的法律制度。哲理法学理论试图在实然法与应然法之间找到一种平衡，以揭示法律的真实面貌和发展规律。这一特点使得哲理法学理论在法学研究中具有独特的地位和作用。哲理法学理论认为，实然法与应然法之间存在着密切的联系和互动。一方面，实然法是应然法得以实现的基础和前提；另一方面，应然法又对实然法起着引导和规范的作用。因此，哲理法学理论在研究法律现象时，既关注实然法的现状和问题，又致力于探索应然法的理想状态和实现路径。这种对实然法与应然法的双重关注使得哲理法学理论在法学研究中具有独特的视角和深度。

（五）强调法律的价值和意义

哲理法学理论不仅关注法律条文和法律制度本身，更致力于挖掘法律背后的价值和意义。它认为法律是人类社会发展的重要产物，是人类文明的重要标志。因此，在研究法律现象时，哲理法学理论始终关注法律所蕴含的价值观念和价值追求，以及这些价值观念和价值追求对社会发展和人类进步的影响。这种对法律价值和意义的强调，使得哲理法学理论在法学研究中具有独特的人文关怀和社会责任感。

（六）坚持跨学科的研究方法

哲理法学理论作为法学与哲学的交叉学科，具有跨学科的研究方法。它不仅借鉴了哲学的思维方式和研究方法，还融合了社会学、政治学、伦理学等其他学科的理论和方法。这种跨学科的研究方法使得哲理法学理论能够从不同角度审视法律现象，揭示法律的内在逻辑和价值基础。同时，跨学科的研究方法也丰富了哲理法学理论的研究内容和视角，为其提供了更广阔的研究空间和可能性。

第二节　德国古典哲学

德国古典哲学，是 18 世纪末至 19 世纪上半叶的德国资产阶级哲学。它提出了包括认识论、本体论、伦理学、美学、法哲学、历史哲学以及政治哲学等领域的各种重大问题和范畴，标志着近代西方哲学向现代西方哲学的过渡，是马克思主义的三个来源之一。德国古典哲学是哲理法学理论形成的哲学基础，其形成和发展对哲理法学理论的兴起和演变有着非常直接的影响。对德国古典哲学的产生发展过程，以及特征和影响的详细阐述，是对哲理法学理论进行深入了解和清晰认知的前提和基础。

一、德国古典哲学的概念和特点

德国古典哲学，是 18 世纪末至 19 世纪上半叶德国资产阶级的哲学思想体系。这一时期也被誉为哲学史上的"古典"时期，其标志着近代西方哲学向现代西方哲学的过渡，对后来的哲学发展产生了深远的影响。德国古典哲学不仅在认识论、本体论、伦理学等传统哲学领域提出了许多重大问题和范畴，还拓展到美学、法哲学、历史哲学以及政治哲学等多个方面，展现了其丰富的内容和深厚的底蕴。

（一）德国古典哲学的概念

德国古典哲学是 18 世纪末至 19 世纪上半叶由康德、费希特、谢林、黑格尔和费尔巴哈等一批杰出的哲学家共同创立并发展的德国资产阶级的哲学思想体系，也被称为古典哲学。它高度重视理性的作用，认为理性是人类认识世界、探索真理的重要工具，通过理性的批判和审视，人类才能获得真正的知识和智慧。同时，它也致力于追求绝对真理，认为通过理性的思考和探索，可以找到普遍和必然的真理。此外，德国古典哲学还强调辩证法的运用，关注历史和文化的发展，并积极倡导人的自由和尊严。这些思想为后来的马克思主义哲学等提供了重要的启示和理论支持。

德国古典哲学不仅仅是一种哲学思考，更是一种时代精神的体现。它反映了当时德国社会、政治、经济等多方面的变化，同时也对后来的哲学、文化乃至社会发展产生了深远的影响。

（二）德国古典哲学的特点

一是对理性的高度推崇。德国古典哲学最为显著的特点之一，就是对理性的高度推崇。理性在这里被视为人类认识世界、探索真理的重要工具。康德作为德国古典哲学的奠基人，他提出的"批判哲学"理念，就是强调人们应通过批判性思维去深入认识世界和自己。在康德看来，只有通过理性的批判和审视，人类才能获得真正的知识和智慧，从而摆脱种种偏见和迷信。这种对理性的推崇，在德国古典哲学中得到了淋漓尽致的体现。无论是费希特的知识学，还是黑格尔的辩证法，都是建立在理性基础之上的。他们相信，只有理性才能引领人类走向真理的殿堂。

二是对绝对真理的追求。受启蒙运动的影响，德国古典哲学家们对绝对真理的追求表现得尤为突出。他们认为，通过理性的思考和探索，人们可以寻找到那个普遍且必然的真理。这种真理不是相对的、暂时的，而是绝对的、永恒的。费希特就是这一思想的典型代表。他坚信真理是绝对的，是可以通过理性的思考而获得的。而黑格尔则更进一步，他提出真理是绝对精神的表现，是宇宙万物发展的内在规律和本质。这种对绝对真理的追求，不仅体现了德国古典哲学对知识和智慧的深刻洞察，也展示了他们对人类理性能力的坚定信念。

三是辩证法的广泛运用。德国古典哲学中，辩证法的运用也是一个显著的特点。这里所说的辩证法，并不是简单的对立统一关系，而是一种更为复杂、更为深刻的思维方式。黑格尔在辩证法的基础上提出了"辩证逻辑"，他强调对立面的统一和矛盾的发展，认为事物的发展是通过矛盾的斗争和统一来实现的。这种辩证法的思想为后来的马克思主义哲学提供了重要的启示。在马克思主义哲学中，辩证法被赋予了更为丰富的内涵和更为重要的地位。它不仅是一种思维方式，更是一种世界观和方法论。可以说，德国古典哲学中的辩证法思想为后来的哲学发展开辟了新的道路。

四是对历史和文化的深刻关注。德国古典哲学家们对历史和文化也表现出浓厚的兴趣。他们认为历史和文化不仅对人类思维有着重要影响，更是社会发展的重要推动力。费希特提出的"世界历史"概念就是这一思想的集中体现。他强调历史的发展是有规律的、有目的的，人类历史就是一个不断进步、不断完善的过程。这种对历史和文化的关注使得德国古典哲学在探讨人类社会发展规律方面取得了重要的成果。他们不仅揭示了历史和文化的内在联系和发展规律，还为后来的历史唯物主义和文化哲学等流派提供了重要的理论支持。

五是对自由和尊严的积极倡导。在德国古典哲学中，人的自由和尊严被赋予了极高的地位。哲学家们认为人是自由的主体，具有自主决定的能力。康德提出的"道德自律"概念就是这一思想的典型代表。他强调人应该根据道德法则来决定自己的行为，而不是被外界因素所左右。这种对自由和尊严的倡导体现了德国古典哲学的人文关怀和道德追求。

二、德国古典哲学的产生和发展

德国古典哲学是西方哲学史上一个非常重要的阶段，它不仅对后来的哲学思想产生了深远的影响，而且也是人类思想宝库中的瑰宝。本部分将详细阐述德国古典哲学的产生背景、发展阶段以及主要代表人物的思想，以期能够全面展现这一时期哲学的丰富内涵和独特魅力。

（一）德国古典哲学的产生背景

德国古典哲学的产生并非偶然，它是多种因素交织作用的结果。首先，从历史背景来看，18世纪末至19世纪上半叶的德国正经历着深刻的社会变革。随着资本主义的快速发展，德国的社会结构和价值观念都在发生巨大的变化。这种变化为新的哲学思想的产生提供了肥沃的土壤。其次，从哲学史的角度来看，德国古典哲学的产生也是对之前哲学思想的一种继承和批判。自古希腊哲学以来，西方哲学经历了漫长的发展历程，形成了丰富的哲学传统。然而，到了18世纪，随着启蒙运动的兴起，人们开始对传统的哲学观念进行反思和批判。德国古典哲学就是在这种批判和反思的精神中应运而生的。最后，从文化角度来看，德国的文化传统也对德国古典哲学的产生起到了重要的推动作用。德国是一个有着深厚文化底蕴的国家，其文学、艺术、音乐等领域都取得了举世瞩目的成就。这种文化氛围为德国古典哲学的产生提供了必要的思想资源和灵感来源。

（二）德国古典哲学的发展阶段

德国古典哲学，作为西方哲学史上的一个重要阶段，对后世产生了深远的影响。它不仅在哲学思想上有着深刻的贡献，还为后来的马克思主义哲学和其他哲学流派提供了重要的思想资源。德国古典哲学的发展可以分为几个重要的阶段，每个阶段都涌现出了一批杰出的哲学家和独特的哲学思想。以下，我们将详细探讨德国古典哲学的各个阶段及其代表人物的思想。

第一阶段：康德的批判哲学。伊曼努尔·康德是德国古典哲学的奠基人，他的哲学思想标志着近代西方哲学的一个重大转折。康德的批判哲学不仅深入剖析了人类的认知能力，还为道德哲学和美学领域带来了新的视角。在《纯粹理性批判》中，康德对人类的理性进行了深刻的反思。他认为，人类的认知能力是有限的，我们所能认识的只是现象界的事物，而无法触及到物自体或事物的本质。这一观点与传统的形而上学观点形成了鲜明的对比。康德提出了"先验主义"的观点，即我们的认识不是完全基于经验的，而是基于一些先天的认知结构和原则。这些先天的认知结构为我们的认识提供了框架和限制。在道德哲学方面，康德的《实践理性批判》提出了道德律的概念，强调了道德是人类理性的最高表现。他认为，道德行为应该基于义务感而非个人欲望或利益。康德的道德哲学对后来的伦理学和政治哲学产生了深远的影响。此外，在《判断力批判》中，康德探讨了审美判断的问题。他提出了"无目的的合目的性"原则，即美是一种无功利性的愉悦感受。这一观点为后来的美学研究提供了新的思路。总的来说，康德的批判哲学为后来的德国古典哲学的发展奠定了坚实的基础。他的思想不仅影响了同时代的哲学家，还对后世的哲学思考产生了深远的影响。

第二阶段：费希特的自我意识哲学。约翰·戈特利布·费希特是德国古典哲学中的重要人物之一，他的哲学思想以自我意识为核心，强调了自我意识在认识过程中的主导地位。费希特认为，哲学的首要任务就是揭示出自我意识的本质和结构。他通过"自我设定自我"的原理来阐述自我意识的形成过程。在费希特看来，自我意识不是被动地接受外部世界的影响，而是通过自我设定、自我反思和自我实现的过程来主动构建自己的世界。费希特的自我意识哲学不仅强调了自我意识在认识中的主导地位，还赋予了自由以极高的价值。他认为自由是自我意识的本质属性之一，是人类精神的最高追求。费希特的这一思想对后来的哲学家产生了重要的影响，尤其是黑格尔和马克思主义哲学。此外，费希特还关注社会政治问题。他提出了"绝对自我"或"大我"的概念，试图通过自我意识的力量来实现社会的和谐与进步。虽然费希特的思想在某些方面存在争议，但他的自我意识哲学无疑为德国古典哲学的发展注入了新的活力。

第三阶段：黑格尔的辩证法。格奥尔格·威廉·弗里德里希·黑格尔是德国古典哲学的集大成者，他的辩证法思想是该时期的重要组成部分。黑格尔的哲学体系博大精深，对后世产生了深远的影响。黑格尔认为世界是一个不断发展变化的过程，这个过程是通过矛盾的斗争和统一来实现的。他提出了"绝对精神"的概念来阐述宇宙万物的本质和本原。在黑格尔看来，"绝对精神"是一种客观存在的精神实体，它通过不断地自我否定和自我超越来实现自身的发展。黑格尔的辩证法强调了对立面的统一和斗争在事物发展中的重要性。他认为事物的发展是通过内部矛盾的斗争和统一来推动的。这一思想为后来的马克思主义哲学提供了重要的启示。除了辩证法思想外，黑格尔还关注历史和文化的问题。他认为历史是一个不断进步、不断完善的过程，而文化则是人类精神的重要体现。黑格尔的历史哲学和文化哲学对后来的学者产生了深远的影响。总的来说黑格尔的辩证法思想是德国古典哲学的重要组成部分。他的哲学体系不仅揭示了事物发展的内在规律，还为后来的马克思主义哲学和其他哲学流派提供了重要的思想资源。

第四阶段：费尔巴哈的人本主义哲学。路德维希·安德列斯·费尔巴哈是德国古典哲学晚期的代表人物之一，他的人本主义哲学为德国古典哲学带来了新的视角和思考。费尔巴哈认为人是哲学的出发点和归宿点，哲学应该关注人的存在和发展。他提出了"人本主义"的观点，强调人是自然界的一部分，并且人的本质在于其社会性。这一观点与之前的哲学家有所不同，它更加关注人的实际生活和现实需求。费尔巴哈的哲学思想对后来的存在主义和马克思主义都产生了一定的影响。他的人本主义观点为后来的哲学家们提供了一种新的思考人类存在和发展的方式。尤其是马克思主义在继承和发展费尔巴哈的人本主义思想的基础上，提出了历史唯物主义和辩证唯物主义的观点，进一步强调了人的社会性和历史性。除了人本主义哲学外，费尔巴哈还对宗教进行了深入的批判。他认为宗教是人的本质的异化形式，是人类精神的一种幻想。费尔巴哈的这一观点对后来的宗教研究和无神论思想产生了重要的影响。

三、德国古典哲学对哲理法学理论的历史影响

德国古典哲学作为 18 世纪末至 19 世纪上半叶德国资产阶级哲学的主流，不仅对后来的马克思主义哲学产生了深远的影响，而且在法学领域，特别是哲理法学方面，也留下了深刻的烙印。哲理法学，深受德国古典哲学的影响，试图从哲学的角度对法律现象进行深入的剖析和解读。以下将详细阐述德国古典哲学对哲理法学理论的历史影响。

（一）康德哲学与哲理法学理论的关联

康德作为德国古典哲学的奠基人，他的批判哲学对哲理法学理论有着深远的影响。康德的法哲学思想主要体现在他对法律与道德关系的探讨上。他认为，法律是调整人们外部行为的规则，而道德则是调整人们内心世界的法则。这一观点为哲理法学理论提供了重要的理论基础，使得法律与道德的关系成为哲理法学理论研究的重要课题。康德的法律观念强调法律的普遍性和必然性，他认为法律应当是一种普遍的、无条件的命令。这一观点对哲理法学理论中的法律概念产生了深远影响，使得哲理法学理论在探讨法律的本质时，更加注重法律的普遍性和规范性。此外，康德关于公民社会的原则，如自由、平等和独立等观念，也对哲理法学理论产生了重要影响。这些原则为哲理法学理论提供了价值基础，使得哲理法学理论

在探讨法律的价值取向时，更加注重个人的自由和平等。

（二）费希特哲学对哲理法学理论的启示

费希特的自我意识哲学对哲理法学理论也有着重要的启示作用。他提出的"自我设定自我"的原理，强调了自我意识在认识过程中的主导地位。这一观点对哲理法学理论中法律主体性的探讨具有重要的指导意义。在哲理法学理论中，法律主体不再是被动的接受者，而是成为能够自我设定、自我反思和自我实现的主体。费希特的自由观念也对哲理法学理论产生了深远影响。他认为自由是自我意识的本质属性之一，是人类精神的最高追求。这一观点使得哲理法学理论在探讨法律与自由的关系时，更加注重法律对自由的保障和促进作用。

（三）黑格尔哲学与哲理法学理论的融合

黑格尔作为德国古典哲学的集大成者，他的辩证法思想对哲理法学理论产生了深刻的影响。黑格尔的辩证法强调了对立面的统一和斗争在事物发展中的重要性，这一观点为哲理法学理论提供了全新的方法论视角。在哲理法学理论中，法律的发展被视为一个充满矛盾斗争和统一的过程，这使得哲理法学理论能够更加深入地揭示法律发展的内在规律。黑格尔的"绝对精神"概念也对哲理法学理论产生了重要影响。他认为绝对精神是宇宙万物的本质和本原，这一观点为哲理法学理论提供了本体论基础。在哲理法学理论中，法律被视为绝对精神的一种表现形式，这使得哲理法学理论在探讨法律的本质时，能够更加深入地挖掘法律的形而上学基础。此外，黑格尔关于历史和文化的观点也对哲理法学理论产生了重要影响。他认为历史是一个不断进步、不断完善的过程，而文化则是人类精神的重要体现。这一观点使得哲理法学理论在探讨法律与历史、文化的关系时，更加注重法律的历史性和文化性。

（四）费尔巴哈哲学对哲理法学理论的影响

费尔巴哈作为德国古典哲学晚期的重要代表人物，其人本主义哲学对哲理法学理论也产生了一定的影响。费尔巴哈认为人是哲学的出发点和归宿点，哲学应该关注人的存在和发展。这一观点为哲理法学理论提供了一种全新的研究视角，使得哲理法学理论在探讨法律与人的关系时，更加注重人的主体性和能动性。费尔巴哈的"人本主义"观点强调了人的自然性和社会性相统一的原则。在哲理法学理论中，这一原则为探讨法律与人的关系提供了重要的理论依据，使得哲理法学理论能够更加全面地理解法律对人的意义和价值。

第三节　哲理法学理论的形成和发展

哲理法学理论来源于德国古典哲学理论，是德国古典哲学在法学领域的具体体现。哲理法学理论的形成和发展本质上从属于德国古典哲学的形成与发展。以下即对哲理法学理论的形成和发展过程进行具体阐述。

一、哲理法学理论的形成

哲理法学理论，这一融合了哲学深邃思考与法学严谨逻辑的学术理论流派，其形成并非偶然。它是特定社会背景下，哲学思想与法学理论交织发展的产物。以下，将从社会背景、哲学思想和法学理论的发展三个方面，详细阐述哲理法学理论的形成。

（一）社会背景：启蒙运动与理性主义的崛起

18世纪末至19世纪初的欧洲，正值启蒙运动的高潮。这一运动以理性主义为核心，强调人类的理性与自由，反对封建专制和宗教迷信。在这样的社会背景下，人们开始对传统权威进行深刻的质疑，转而寻求更为科学、合理的世界观和价值观。启蒙运动的思想家们倡导用理性的眼光去审视一切，包括法律。他们认为，法律不应该是统治者任意施加的枷锁，而应该是保障人民自由和权利的工具。这种思想为哲理法学理论的产生提供了肥沃的土壤，使得法学家们开始从哲学的角度重新审视和研究法律。同时，这一时期的社会变革也为哲理法学理论的形成提供了现实基础。随着资本主义的兴起和工业革命的到来，社会经济结构发生了深刻变化。新的社会阶层和利益群体不断涌现，他们对法律的需求和期望也发生了相应变化。这就要求法学理论必须与时俱进，更好地反映社会现实和人民需求。哲理法学理论正是在这样的社会背景下应运而生，试图通过哲学的思考来探寻法律的本质和价值。

（二）哲学思想：德国古典哲学的深刻影响

德国古典哲学，尤其是康德的批判哲学，对哲理法学理论的形成产生了深刻影响。康德通过其三大批判——《纯粹理性批判》《实践理性批判》和《判断力批判》——构建了一个宏大的哲学体系。他不仅对人类的认知能力进行了深入剖析，还提出了道德哲学和美学的重要观点。在法律领域，康德的思想同样具有划时代的意义。他认为，法律与道德紧密相连，法律应该以道德为基础，并体现人类的理性和自由。康德的这些观点为哲理法学理论提供了重要的理论支撑，使得法学家们开始从哲学的角度深入思考法律的本质和价值。除了康德之外，费希特、谢林、黑格尔等德国古典哲学家也对哲理法学理论的形成产生了重要影响。他们的哲学思想为法学家们提供了丰富的思考工具和方法论指导，使得哲理法学理论在哲学与法学的交融中不断发展壮大。

（三）法学理论的发展：从自然法学到哲理法学理论的转变

在哲理法学理论形成之前，自然法学是欧洲法学界的主导理论。自然法学认为，法律应该符合人类的理性和自然法则，强调法律的普遍性和永恒性。然而，随着社会的进步和哲学思想的发展，自然法学的局限性逐渐暴露出来。哲理法学理论的出现，正是对自然法学的一种批判和超越。哲理法学理论认为，法律不仅仅是规范和约束人们行为的规则体系，更是实现人类自由、平等和正义的重要手段。因此，在哲理法学理论看来，法律的研究不能仅仅停留在实证层面，而应该深入到其背后的哲学基础和价值意蕴中去。这种转变不仅体现在对法律本质的理解上，还体现在研究方法上。哲理法学理论借鉴了哲学中的形而上学方法，试图通过深入剖析法律现象背后的本质和规律来揭示法律的真谛。这种方法论上的创新为法学研究开辟了新的视野和思路。同时，哲理法学理论还强调法律与道德的紧密联系。它认为，道德为法律提供了价值基础和评判标准，而法律则通过其强制力来维护和促进道德的实现。这种对法律与道德关系的深入探讨，使得哲理法学理论在法学理论中独树一帜。

二、哲理法学理论的发展历程

哲理法学理论的发展历程可分为两个阶段：早期哲理法学理论和晚期哲理法学理论。这两个阶段虽然时间上间断了近一个世纪，但它们的哲学基础和研究方法却有着深厚的联系，展现了哲理法学理论的强大生命力和深远影响。

（一）早期哲理法学理论的发展

早期哲理法学理论并非一个严格意义上的法学流派，其代表人物首先都是哲学家，他们的法学观点建立在各自的哲学体系之上。因此，尽管他们的法学思想有共通之处，但也存在很大的差异性。

康德，作为德国古典哲学的奠基人，他的法学思想深受其哲学观的影响。他认为，意识之外存在"自在之物"的世界，但这个"自在之物"是不可被认识的。在法学领域，康德强调法律的普遍性和必然性，认为法律应该是理性的产物，而非任意制定。他的法学思想体现了对人性和自由的深刻洞察，对后世法学产生了深远影响。费希特则是一个主观唯心主义者，他否认"自在之物"的客观存在，认为"自我"才是唯一的实在。在法学领域，他强调法律的主观性和精神性，认为法律是人类精神的产物，是人类自由的体现。他的法学思想具有鲜明的个性和创新性，为后来的法学研究提供了新的视角。黑格尔是德国古典唯心主义哲学的集大成者，他创立了客观唯心主义体系。在法学领域，黑格尔强调法律的客观性和普遍性，认为法律是理性的体现，是社会生活的规范。他的法学思想具有深刻的辩证法思想，对后世法学的发展产生了重要影响。

尽管这些哲学家的法学思想有所不同，但他们都试图从哲学的角度探讨法律的本质和意义，为法学的发展注入了新的活力。他们的思想在当时的法学界引起了广泛的关注和讨论，推动了法学研究的深入发展。

（二）晚期哲理法学理论的发展

在哲理法学理论的晚期发展中，新康德主义法学和新黑格尔主义法学成为两个重要的分支。这两个法学理论流派分别受到新康德主义哲学和新黑格尔主义哲学的深刻影响，形成了各自独特的观点和理论体系。

一是新康德主义法学。新康德主义法学是在 19 世纪末 20 世纪初在德国兴起的资产阶级法学流派。它继承了康德哲学的基本观点，同时对其进行了发展。新康德主义法学家们排除了康德哲学中关于"自在之物"是客观存在的观点，进一步突出了康德哲学中的不可知论。他们认为，法律是人类理性的产物，是人类为了调整社会关系而制定的规范。因此，法律应该具有普遍性和必然性，但同时也应该考虑到社会的实际情况和变化。在法、国家和个人之间的关系上，新康德主义法学家们一般趋向于康德的关于个人自由主义的传统。他们强调个人的自由和权利，认为法律应该保障个人的自由和权利不受侵犯。同时，他们也认为法律应该具有社会功能，能够调整社会关系，维护社会秩序。为了实现这一目标，新康德主义法学家们提出了"社会理想"的概念，试图通过法律来实现社会的公平和正义。他们认为，"社会理想"应该成为制定法律的指导原则，以确保法律的公正性和合理性。此外，新康德主义法学还以"内容可变"的自然法来代替不变的自然法。他们认为自然法并非永恒不变的原则或规则，而是随着社会历史条件的变化而变化的。因此，在制定法律时应该考虑到社会的实际情况和需求，以确保法律的适应性和有效性。这一观点为后来的法学研究提供了新的思路和方法论支持。

二是新黑格尔主义法学。新黑格尔主义法学则是在继承和发展黑格尔的哲学和法律思想的基础上形成的。该流派将黑格尔关于国家和法是自由和理性的体现的观点进一步发挥，强调国家和法在社会生活中的重要性和作用。他们认为，国家和法是理性的产物，是人类社会生活的规范和组织形式。因此，国家和法应该具有普遍性和必然性，能够调整社会关系、维护社会秩序、促进社会发展。在法律理念方面，新黑格尔主义法学把法律理念视为支配一切法律现象的基本准则。他们认为法律理念是理性的产物，也是人类对法律的本质和意义的深刻理解。因此，在制定和实施法律时应该遵循法律理念的原则和要求，以确保法律的公正性和合理性。这一观点为后来的法学研究提供了新的视角和思考方式。然而值得注意的是，进入 20 世纪 30 年代以后，新黑格尔主义法学逐渐被一些政治势力利用为为法西斯政权服务的反动法律理论。他们宣扬民族主义、种族主义和国家主义等极端思想，将国家和法的概念扭曲为为特定阶级或集团服务的工具。这导致了新黑格尔主义法学在第二次世界大战后的衰落，并受到了广泛的批评和质疑。尽管如此，我们不能否认新黑格尔主义法学在哲理法学理论发展历程中的重要地位和影响。它为后来的法学研究提供了独特的视角和思考方式，推动了法学理论的创新和发展。

第四节　哲理法学理论的代表人物及思想

哲理法学理论主要由德国古典哲学家所开创。该理论流派的特点是用哲学的观点和方法来阐述法律理论，试图从哲学认识论的角度去重新考察法学课题。因此，哲理法学理论的代表人首先必然是哲学家，并以哲学家的眼光对法学课题进行理论阐述。

一、早期哲理法学理论的代表人物及思想

早期哲理法学理论是法学领域中一个重要的思想流派，它深受德国古典哲学的影响，并试图从哲学的角度深入探讨法律的本质、价值和目的。该流派的代表人物主要有伊曼努尔·康德、约翰·戈特利布·费希特、弗里德里希·威廉·约瑟夫·冯·谢林、乔治·威廉·弗里德里希·黑格尔和路德维希·安德列斯·费尔巴哈。

（一）康德及其法律思想

伊曼努尔·康德（1724—1804），这位 18 世纪的德国哲学家，不仅是西方哲学史上的重要人物，同时作为哲理法学理论的创始人，也在法学领域留下了深远的影响。他的法律思想与他的哲学体系紧密相连，为后世的法学研究提供了独特的视角和思考方法。康德出生于 18 世纪早期的德国，他的一生几乎都在哥尼斯堡度过。作为启蒙时代的代表人物，他的思想深受卢梭和牛顿等人的影响。在康德的哲学体系中，理性、道德和自由是核心概念，而这些概念也深刻地影响了他的法律思想。

康德的法律思想主要体现在他的著作《法的形而上学原理》中。在这部作品中，康德从哲理法学理论的角度对法律进行了深入的探讨。他认为，法律是人类理性的产物，是人类为了维护社会秩序和保障自由而制定的规范。法律的存在不仅仅是为了惩罚犯罪，更重要的是为了保护每个人的自由和权利。康德强调法律的普遍性和道德性。他认为，法律应当是道德的延伸，是道德的具体化。法律不仅仅是一种外在的规范，更是一种内在的道德要求。在康德看来，法律与道德是密不可分的，法律的存在应当以道德为基础，而道德的实现也需要法律的保障。在法律与自由的关系上，康德提出了独特的观点。他认为，法律应当保障每个人的自由，但这种自由并不是无限制的。康德提出了"人是目的"的道德律令，强调人应当被当作目的而不是手段来对待。在法律领域中，这意味着法律应当尊重每个人的自由和尊严，而不是将其视为达到某种目的的手段。因此，康德反对任何形式的剥削和压迫，认为法律应当为每个人提供平等的保护和机会。此外，康德还强调了法律与理性的关系。他认为，法律是人类理性的产物，是人类为了维护社会秩序和保障自由而制定的规范。因此，法律的制定和实施都应当以理性为基础。在康德看来，理性是人类认识世界和改造世界的重要工具，也是法律存在和发展的基础。只有以理性为基础制定的法律才能真正地维护社会秩序和保障自由。除了上述观点外，康德还提出了许多其他具有启发性的法律思想。例如，他认为法律应当具有明确性和可预测性，以便人们能够清楚地了解自己的权利和义务。同时，他也强调了法律的公正性和合理性，认为法律应当符合人类的理性和道德要求。

康德的法律思想对后世产生了深远的影响。他的观点不仅为后来的法学研究提供了独特的视角和思考方法，也为现代法律制度的发展提供了重要的理论基础。例如，他的关于法律与道德、法律与自由的关系的观点，在现代法律制度中得到了广泛的体现和应用。同时，他的关于理性在法律中的重要性的观点，也深刻地影响了现代法律制度的制定和实施。总的来说，康德的法律思想是他哲学思想的重要组成部分。他的观点不仅具有深刻的哲学意义，也为现代法律制度的发展提供了重要的理论基础和思考方法。通过深入研究康德的法律思想，我们可以更好地理解法律的本质和意义，为推动现代法律制度的发展和完善提供有益的启示和指导。此外，康德的法律思想也体现了他的人文精神和追求公正、自由的价值观。他强调法律应当尊重每个人的自由和尊严，反对剥削和压迫，这体现了他对人类价值的深刻认识和尊重。同时，他的法律思想也体现了他对公正和自由的追求，认为法律应当为每个人提供平等的保护和机会，这体现了他对公正和自由的坚定信仰和追求。

康德的生平及其法律思想不仅为我们提供了宝贵的思想资源，也为我们树立了追求公正、自由和尊严的典范。在当今社会，我们应当深入研究和传承康德的法律思想，为推动现代法律制度的发展和完善贡献自己的力量。同时，我们也应当铭记康德的人文精神和价值观，尊重每个人的自由和尊严，追求公正和自由的社会价值。

（二）费希特及其法律思想

约翰·戈特利布·费希特（1762—1814）是德国古典哲学的重要代表人物之一，他的思想对后世产生了深远的影响。从哲理法学理论的角度来看，费希特的法律思想与他的哲学观点紧密相连，共同构成了一个完整的思想体系。费希特一生经历了许多重要的历史事件，包括法国大革命和拿破仑战争等。这些历史事件对他的思想产生了深远的影响。他早年曾前往哥尼斯堡拜访康德，并在此后成为耶拿大学的哲学教授，主持康德哲学讲座，并在此期间完善了自己的哲学体系。

费希特的法律思想建立在他的哲学基础之上，特别是他的知识学原理和道德学体系。他认为，法律是人类理性的产物，是人类为了维护社会秩序和实现自由而制定的规范。这一观点与他的哲学观点紧密相连，即人类通过理性认识世界，并通过道德实践实现自由。一是法律的理性基础。费希特强调法律的理性基础，认为法律是人类理性的产物。在他看来，理性是人类认识世界和改造世界的重要工具，也是法律存在和发展的基础。法律应当以理性为原则，体现人类的道德要求和自由精神。同时，法律的制定和实施也应当以理性为指导，确保法律的公正性和合理性。二是法律与道德的关系。费希特认为，法律与道德是密不可分的。法律是道德的具体化，是道德的延伸。在法律的框架内，人们可以自由地行使自己的权利，但同时也需要承担相应的道德责任。法律的存在不仅仅是为了维护社会秩序，更是为了引导人们追求道德上的完善和自由的精神。

费希特论证了刑法强制的合理性，他认为刑法是社会共同体的一种协议，为自由原则的真正实现而相互保证制约自我行为的协议。他主张刑罚的基本原则是有限度的同态复仇，反对过度的报复和混乱。刑法应由国家制定，作为复仇的界限规则，体现人类的理性和文明。费希特强调国家是一个组织化的有机体，他认为国家是人民意志共同一致的体现。他主张宪法是共同意志被显示的全体人民的法，是组织国家的根本大法。他提出了三类契约：财产契约、保护契约和结合契约，这些契约构成了国家与公民的共同契约，即宪法。在政体问题上，他主张权力的分立与制衡，特别强调行政权应独立于其他权力。在民法方面，费希特提出了"原始权利"的概念，认为自由法则决定人的原始权利属于一切人。这一观点体现了他的自由精神和人人平等的理念。

费希特的法律思想不仅具有深刻的哲学意义，还具有强烈的现实意义。他的法律思想为现代法律制度的发展提供了重要的理论基础和思考方法。例如，他关于刑法强制的合理性的论证，为现代刑法制度中罪刑法定原则和刑罚适度原则提供了理论支持。他的宪法思想中关于国家与公民契约的观点，为现代宪政制度中公民权利保护和国家权力制约提供了有益的启示。此外，费希特的法律思想还体现了他对人类自由和尊严的深刻认识和尊重。他认为法律应当保障每个人的自由和权利，反对任何形式的剥削和压迫。这一观点对于推动现代法律制度中的人文关怀和人权保护具有重要的指导意义。

综上所述，费希特的法律思想是他哲学思想的重要组成部分，体现了他对法律、道德和人类自由的深刻洞察。他的法律思想不仅具有深刻的哲学意义，还为现代法律制度的发展提供了重要的理论基础和思考方法。通过深入研究费希特的法律思想，我们可以更好地理解法律的本质和意义，为推动现代法律制度的发展和完善提供有益的启示和指导。

（三）谢林及其法律思想

弗里德里希·威廉·约瑟夫·冯·谢林（1775—1854）是德国古典哲学的重要人物之一，他的法律思想与他的哲学体系紧密相连，为哲理法学理论的发展作出了重要贡献。谢林作为一名德国著名的哲学家，其一生经历了丰富的学术探索和思想发展。谢林早年在图宾根大学学习哲学和神学，并在那里结识了黑格尔和荷尔德林，与他们成为同窗好友。毕业后，他在多个领域进行了深入研究，包括数学、物理、医学以及哲学。他的学术生涯从莱比锡的私人教师开始，后来成为耶拿大学的编外教授，讲授自然哲学和先验哲学。在耶拿期间，他的哲学创作进入了鼎盛时期，写出了重要著作《先验唯心论体系》。

谢林的法律思想深深植根于他的哲学体系之中。他认为，法律是人类理性的产物，是人类社会秩序和自由的保障。在谢林看来，法律的存在不仅仅是为了维护社会秩序，更是为了实现人类的自由和道德完善。具体来说，谢林的法律思想主要包括以下两方面内容。一是自我与非我的统一。谢林的哲学体系强调自我与非我的统一，这一观点也深刻影响了他的法律思想。他认为，法律应当体现自我与非我之间的和谐统一，既要保障个人的自由和权利，又要维护社会的整体秩序。这种统一的思想为法律的存在提供了哲学基础。二是自由与必然的辩证。谢林在哲学中探讨了自由与必然的辩证关系。他认为，自由不是无限制的放纵，而是在必然的限制中实现的。这种辩证关系在法律思想中得到了体现。法律既是对个人自由的限制，也是个人自由实现的保障。法律的制定和实施应当遵循自由与必然的辩证原则，既要保障个人的自由和权利，又要维护社会的整体利益。

谢林的法律思想主要体现在他对法权演绎的学说中。在《先验唯心论体系》一书中，他发展了费希特有关相互承认的看法，将相互承认视为历史发展进程中的可能性，从而将历史引入了对自由的论证之中。这一转变对德国古典哲学中的自由观产生了重要影响。谢林在法权演绎方面提出了独特的观点。他认为，在历史发展过程中，相互承认成为法权的基础。这种相互承认不是建立在自我和他者的关系基础上，而是贯穿于整个历史进程中。这种观点为法律制度的发展提供了新的视角和思考方法。谢林认为，权利在历史过程中获得先验的根据，法律制度因此获得了客观历史的基础。然而，他也指出了这种法权演绎的内在矛盾，即在历史法学派的立场上摇摆不定。尽管谢林没有像康德、费希特和黑格尔那样写出气势恢宏的法哲学著作，但他在一篇短小的论文《论自然权利新演绎》中提出了自己对自然权利的独特见解。他认为自然权利不是天赋的，而是在历史发展过程中逐渐形成的。这种观点为后来的历史法学派提供了重要的思想资源。

　　谢林的法律思想同时对后世也产生了深远的影响。他的观点为后来的哲理法学理论和历史法学派的发展提供了重要的思想基础。尽管他的法律思想在某些方面存在内在矛盾，但他的贡献不可忽视。谢林的法律思想丰富了哲理法学理论的内容，为后来的哲理法学理论家提供了重要的思考方法和视角。他的观点强调了法律与哲学之间的紧密联系，推动了哲理法学理论的发展。谢林的法律思想对历史法学派产生了深远的影响。他的观点启发了历史法学派对法律制度的历史性和民族性的关注。尽管谢林本人在历史法学派的立场上摇摆不定，但他的思想为历史法学派的发展提供了重要的思想资源。谢林的法律思想不仅具有深刻的哲学意义，还具有强烈的现实意义。他的观点提醒我们关注法律制度的历史性和民族性，以及法律与道德、自由的紧密联系。在当今社会，我们应当深入研究和传承谢林的法律思想，为推动现代法律制度的发展和完善提供有益的启示和指导。同时，我们也应当关注法律与哲学之间的紧密联系，加强法律与哲学的对话与交流，为推动法律制度的进步和发展作出贡献。

（四）黑格尔及其法律思想

　　乔治·威廉·弗里德里希·黑格尔（1770—1831）出生在德国西南部巴登－符腾堡州首府斯图加特。他成长于一个政府公务员家庭，从小接受良好的教育。1788 年，黑格尔进入图宾根大学（位于德国巴登－符腾堡州）的新教神学院学习。1793 年，黑格尔获得新教神学博士学位，并具备了在大学神学院任教的资格。在获得博士学位后，黑格尔开始了他的学术生涯，早期主要作为家庭教师工作。1800 年，黑格尔到耶拿，与谢林一起创办了《哲学评论》杂志。1801 年，他成为耶拿大学哲学系的编外讲师。1807 年，黑格尔出版了《精神现象学》，这是他的代表作之一，标志着他的哲学体系开始成熟。随着时间的推移，黑格尔的声誉日益提高，他成为了柏林大学（今日的柏林洪堡大学）的校长，这是他职业生涯的高峰。在他的领导下，柏林大学成为哲学研究的重镇。黑格尔继续发表重要著作，如《逻辑学》和《哲学全书》，进一步完善和发展了他的哲学体系。黑格尔于 1831 年 11 月 14 日在柏林逝世，享年 61 岁。黑格尔的生平充满了对哲学的不懈追求和深入探索。他的哲学体系对后世产生了深远的影响，被公认为现代哲学中最重要的思想家之一。

黑格尔是德国古典哲学的杰出代表之一，他的哲学思想对哲理法学理论产生了深远的影响。黑格尔的法律思想体现了哲学与法学的深度融合。黑格尔认为法是自由意志的体现，是精神的客观化表现。他将法的发展划分为抽象法、道德和伦理三个阶段。在抽象法阶段，法律表现为一种普遍适用的规范体系；在道德阶段，法律内化为个人的道德自觉和责任感；而在伦理阶段，法律与社会的伦理观念相融合成为维护社会共同体的重要力量。黑格尔强调了法律的辩证发展过程以及法律与自由、理性的紧密联系。他认为法律的目的不仅仅是维护社会秩序，更重要的是保障人的自由和发展。黑格尔的这些思想为法学领域注入了新的思考方向和研究方法，也为现代法律体系的建设和完善提供了重要的理论支撑。此外，黑格尔还关注了法律与国家、社会的关系。他认为法律是国家治理的重要工具，也是维护社会秩序和公平正义的重要手段。黑格尔的这一思想体现了法律在国家治理中的核心地位，以及法律与社会发展的紧密联系。

（五）费尔巴哈及其法律思想

路德维希·安德列斯·费尔巴哈（1804—1872）出生在巴伐利亚的兰茨胡特。费尔巴哈早年在黑森州的海德堡学习神学，并受到当时教授黑格尔哲学的影响，对其产生了浓厚兴趣。他不顾父亲的反对，前往柏林跟随黑格尔学习哲学，并成为"青年黑格尔学派"的成员。1828年，费尔巴哈使用黑格尔的客观唯心主义理论撰写了毕业论文《论统一的，普遍的，无限的理性》，并因此获得哲学博士学位。1830年，他匿名发表了第一部著作《论死与不朽》，对个人不朽的概念进行抨击。随后几年，费尔巴哈陆续出版了《近代哲学史》（1833年）、《阿伯拉尔和赫罗伊丝》（1834年）、《对莱布尼茨哲学的叙述、分析和批判》（1837年）、《比埃尔·培尔》（1838年）等多部作品。1839年，他发表了《论哲学和基督教》与《黑格尔哲学的批判》，公开反叛当时的观念，并对黑格尔的唯心论进行了批判。1841年，费尔巴哈发表了《基督教的本质》，在这部著作中他直截了当地宣称：自然界（包括人在内）是第一性的东西，精神是第二性的东西。尽管费尔巴哈在学术上有着显著的贡献，但由于他的激进思想以及不擅长演讲，他在学术界并未取得成功，甚至被永远驱逐出大学讲坛。他依靠妻子在一座瓷厂中的股份生活，并居住在纽伦堡附近的勃鲁克堡。1860年，由于赖以为生的瓷厂倒闭，费尔巴哈不得不离开勃鲁克堡的家，搬到纽伦堡，并依靠朋友的帮助生活。1872年，费尔巴哈在纽伦堡逝世。

费尔巴哈是德国古典哲学晚期的代表人物之一，他的思想对后来的马克思主义哲学和法学也产生了一定的影响。费尔巴哈的法律思想主要体现在他对法律与现实生活关系的阐述上。费尔巴哈强调了法律的现实基础和社会功能。他认为法律应当与现实生活紧密相连，反映社会的实际需求和人民的利益诉求。法律不应是一种抽象的理论构想，而应是一种解决实际问题的工具。因此，他主张法律应当贴近现实生活，关注人民的实际需求和利益诉求。此外，费尔巴哈还关注了法律与人民群众的关系。他认为法律应当体现人民群众的意志和利益，而非仅仅服务于特权阶层或个人的利益。法律的制定和实施应当广泛征求人民群众的意见和建议，确保法律的公正性和合理性。费尔巴哈的法律思想体现了对现实生活和社会实践的关注以及对人民群众利益的重视。他的思想为后来的法学研究提供了新的视角和思考方向，也为现代法律体系的建设和完善提供了有益的启示。

（六）总结与启示

早期哲理法学理论的代表人物及其思想在法学领域具有重要的地位和影响。他们试图从哲学的角度深入探讨法律的本质和价值问题，为法学研究提供了新的视角和方法论指导。这些思想家的观点不仅在当时产生了深远的影响，而且对后世的法学研究也具有重要的启示意义。

首先，早期哲理法学理论强调了法律的理性基础和人文关怀。他们认为法律应当建立在理性的基础之上，体现人类的自由和尊严。这一思想提醒我们在制定和实施法律时，要关注人的需求和利益诉求，确保法律的公正性和合理性。

其次，早期哲理法学理论关注了法律与道德、伦理等领域的联系。他们认为法律不仅仅是一种规范体系，更是人类社会文明的重要组成部分。这一思想提醒我们在研究法律时，要关注其与道德、伦理等价值的内在联系，以期更加全面地理解法律的本质和作用。

最后，早期哲理法学理论的思想也为我们提供了跨学科的研究方法。通过将法学与哲学、伦理、政治等领域相融合，我们可以更加深入地理解法律的社会功能和价值意义。这种跨学科的研究方法，有助于我们更加全面地把握法律的本质和发展规律，推动法学研究的深入发展。

综上所述，早期哲理法学理论虽然已经过去了几个世纪，但其代表人物及其思想在法学领域仍然具有重要的地位和影响。通过深入挖掘其思想内涵和价值意义，我们可以更好地理解法律的本质和价值问题，为推动法学研究和法律实践的发展提供有益的启示。同时，我们也应该保持批判性的思考方式，以期在现代法律体系中更加全面地体现早期哲理法学理论的精髓和价值追求。

二、晚期哲理法学理论的代表人物及思想

晚期哲理法学理论主要分为新康德主义法学和新黑格尔主义法学两大理论流派，二者分别在新康德主义哲学和新黑格尔主义哲学的影响下产生。以下即对这两大流派的主要代表人物及其思想进行详细阐述。

（一）新康德主义法学的代表人物及其法律思想

新康德主义法学派是以康德哲学为基础发展起来的法学流派，它强调法的价值和目的，并批判了法实证主义者的观点。以下是新康德主义法学主要代表人物及其法律思想的详细阐述。

鲁道夫·施塔姆勒（1856—1938）是新康德主义法学的创始人，他强调法律科学应从哲学的角度探讨法律的理念和价值。他认为法律不仅仅是一种规范，更是实现社会理想的工具。施塔姆勒的法律思想试图调和个人自由与社会理想之间的关系。他提出"内容可变的自然法"概念，这与传统自然法的"永恒普遍"观念有所不同，体现了新康德主义法学对传统自然法的改造和发展。

古斯塔夫·拉德布鲁赫（1878—1949）是新康德主义法学的重要代表人物之一，他的法律思想深受康德哲学影响，强调法律的道德基础和价值取向。他认为法律应当追求公正、合目的性，并批判了形式主义的法律观。拉德布鲁赫提出了著名的"拉德布鲁赫公式"，试图在法律的不确定性和法律的确定性之间寻找平衡。在法律与道德的关系上，拉德布鲁赫坚持二者之间的紧密联系，认为法律应当体现道德价值。

埃米尔·拉斯克（1857—1915）是新康德主义法学的另一位重要人物，他的法律思想主要体现在对法律逻辑和法律概念的分析上。拉斯克强调法律概念的清晰性和准确性对于法律科学的重要性，并致力于通过逻辑推理来澄清法律概念。拉斯克还关注法律与现实生活的关系，认为法律应当适应社会的发展变化，并反映社会的实际需求。

德尔·韦基奥（1878—1970）是新康德主义法学的意大利代表，他的法律思想深受意大利的法律传统和哲学思想影响。他强调法律的历史性和社会性，认为法律是社会发展到一定阶段的产物，并随着社会的变化而发展。韦基奥还关注法律与道德、政治等社会现象的关系，试图从更广阔的视角来探讨法律的本质和作用。

这些新康德主义法学的代表人物在法律思想上各有侧重，但他们都强调法律的道德基础和价值取向，批判了法律实证主义者的观点，为法学领域注入了深刻的哲学思考。他们的思想对于理解法律的本质和价值以及推动法学研究的发展具有重要意义。

（二）新黑格尔主义法学

新黑格尔主义法学派是一个在 19 世纪末至 20 世纪上半叶流行于欧洲和美国的法学流派，它以新黑格尔主义为哲学基础，继承和发展了黑格尔的哲学和法学思想。以下是几位新黑格尔主义法学代表人物及其法律思想的详细阐述。

柯勒（1849—1919）是新黑格尔主义法学的重要人物之一。他强调法律是一种社会生活规则，而不仅仅是威胁或政治组织的工具。柯勒认为法律应被视作民族文明理论的产物，并关注法律与道德、伦理之间的关系。他的法律思想体现了新黑格尔主义法学的特点，即将法律理念视为支配一切法律现象的基本准则。

宾德（1870—1939）原本信奉新康德主义，但后来转向新黑格尔主义，并认为国家是真正体现个人自由和理性的唯一整体形式。他认为法律是这种真正自由和理性的体现，国家是由共同的血统、种族和精神形成的整体。宾德的法律思想体现了新黑格尔主义法学对国家和法律的高度理想化看法。

拉伦茨（1903—1993）也是新黑格尔主义法学的重要代表人物之一。尽管拉伦茨的活动时间稍晚，但他的思想与新黑格尔主义法学紧密相连。拉伦茨强调法律解释的重要性，并认为法律解释应基于法律的目的和整体结构来进行。他的法律思想体现了对新黑格尔主义法学的继承和发展，尤其是在法律解释和法律体系构建方面。

伯纳德·博山克（1848—1923）和弗兰西斯·布拉德雷（1864—1924），这两位英国学者都是新黑格尔主义法学的重要代表人物。他们强调法律的社会功能和整体性，认为法律应服务于社会的整体利益。博山克和布拉德雷的法律思想体现了新黑格尔主义法学对法律理念的高度重视以及对法律与道德、伦理之间关系的深入探讨。

另外，德尔韦·基奥前期是新康德主义者，但后来转向新黑格尔主义。他认为法律应体现自由和理性的要求，并强调法律与道德、伦理之间的紧密联系。其法律思想深受黑格尔哲学的影响，尤其是在对法律理念和法律价值的探讨上。

新黑格尔主义法学是 19 世纪末至 20 世纪上半叶在欧洲和美国流行的以新黑格尔主义为哲学基础，以继承和发展黑格尔哲学、法学思想为基本特征的法学派别。学界对新黑格尔主义法学的评价多是负面的。英国的法学家霍布豪斯评价道：他们使革命武器的锋芒转向了，或者说，手执刺刀的革命者把刀刃对准了自己。革命的自由主义者及现代人为之努力奋斗的自由，变成了对法律的服从；他们对社会理性的要求被接受了，但内容却被偷换了，变成了对现存秩序的遵守。

第五节　哲理法学理论的进步性与局限性

哲理法学理论，作为法学领域的一个重要理论分支，具有独特的研究视角和方法论。它将法学与哲学紧密结合，试图从更深层次上揭示"法"的本质和规律。然而，任何一种理论都有其优点和局限，哲理法学理论也不例外。接下来，我们将从哲理法学理论的进步性与局限性两个方面进行详细阐述，以期为读者提供一个全面而深入的解读。

一、哲理法学理论的进步性

哲理法学理论将法学与哲学紧密结合的特点，不仅深化了我们对法律本质和目的的理解，还为法律实践提供了深层次的指导和支持。以下将详细阐述哲理法学理论的优点，从其深化法律理解、指导法律实践、推动法律创新和促进社会公正等多个方面进行探讨。

（一）深化法律理解

哲理法学理论通过运用哲学的方法论和认识论，对法律现象进行深入的剖析和反思。它不仅关注法律的形式和规则，更致力于探究法律背后的价值、意义和目的。这种深层次的探究有助于我们更全面地理解法律的内涵和外延，避免对法律的片面和机械理解。在哲理法学理论的视角下，法律不再是冷冰冰的规则和条文，而是与社会、历史、文化等紧密相连的复杂系统。通过对法律哲理的探讨，我们能够更深入地把握法律的精神实质，理解法律为何存在、如何发展以及应如何适用。这种理解不仅有助于提升法律人的专业素养，还能增强公众对法律的认同感和敬畏心。

（二）指导法律实践

哲理法学理论不仅关注法律的理论层面，还致力于将理论与实践相结合，为法律实践提供有力的指导。在面临复杂的法律问题时，哲理法学理论能够帮助我们回归到法律的基本原则和价值取向上，从而做出更符合法律精神和社会公正的决策。例如，在刑事司法实践中，哲理法学理论可以引导我们思考刑罚的目的和意义，避免过度惩罚或轻纵犯罪。在民事纠纷调解中，哲理法学理论则有助于我们寻求双方利益的平衡点，实现公平与效率的双赢。此外，在立法过程中，哲理法学理论也能提供有益的参考，确保新制定的法律既符合社会发展的需要，又能体现公平正义的价值追求。

（三）推动法律创新

哲理法学理论通过不断反思和批判现有的法律体系，为法律创新提供了源源不断的动力。在哲理法学理论的推动下，我们能够及时发现现有法律的不足和缺陷，进而提出针对性的改进方案。这种创新不仅体现在法律制度的完善上，还体现在法律思维方式的更新上。随着社会的不断发展变化，新的法律问题层出不穷。哲理法学理论能够引导我们跳出传统的法律框架，以更开阔的视野和更灵活的思维来应对这些新挑战。例如，在互联网时代，数据的保护和利用成为一个热点问题。哲理法学理论可以帮助我们深入思考数据权益的归属、数据安全的保障以及数据流动的规范等问题，为相关法律的制定和完善提供有益的启示。

（四）促进社会公正

哲理法学理论始终将社会公正作为法律的最高追求。它通过对法律价值的深入挖掘和阐释，引导我们在法律实践中坚持公平正义的原则，维护社会的和谐稳定。在哲理法学理论的指引下，我们能够更加关注弱势群体的权益保障，推动社会的公平发展。例如，在劳动法领域，哲理法学理论可以促使我们更加关注劳动者的合法权益，推动建立更加公平合理的劳动关系。在环境保护方面，哲理法学理论则能引导我们认识到人类与自然环境的和谐共生的重要性，推动制定更加严格的环保法规和政策。这些努力都有助于构建一个更加公正、和谐的社会环境。

（五）培养法律人的思辨能力

哲理法学理论对于法律人的思辨能力培养具有显著的作用。在传统的法学教育中，往往更注重法律条文的记忆和法律技能的训练，而忽视了对学生思辨能力的培养。然而，在实际的法律实践中，面对复杂多变的法律问题，单纯的法律条文和技能往往难以应对。此时，就需要法律人具备深厚的哲理法学理论素养，能够运用哲学思维去分析和解决法律问题。哲理法学理论的学习和研究过程，就是一个不断提出问题、分析问题、解决问题的过程。在这个过程中，法律人需要不断地进行反思和批判，从而锻炼了自己的思辨能力。这种思辨能力不仅能够帮助法律人更好地理解和适用法律条文，还能够促使他们在面对新的法律问题时，勇于探索和创新。

（六）推动跨学科交流与合作

哲理法学理论作为法学与哲学的交叉学科，具有天然的跨学科性质。在哲理法学理论的研究过程中，不仅需要法学知识，还需要借鉴哲学、社会学、历史学等多个学科的理论和方法。这种跨学科的研究方式有助于打破学科壁垒，推动不同学科之间的交流与合作。通过跨学科的交流与合作，我们可以从多个角度审视法律问题，获得更为全面和深入的认识。同时，这种交流与合作也有助于培养法律人的综合素养和创新能力，使他们能够更好地适应复杂多变的法律环境。

二、哲理法学理论的局限性

哲理法学理论，作为法学与哲学的交汇点，对于深化法律理解和推动法律发展具有重要意义。然而，如同任何学术理论一样，哲理法学理论也存在其局限性和不足之处。以下将详细阐述哲理法学理论的局限，从其抽象性、与实践的脱节、价值判断的主观性、对法律确定性的挑战、研究方法的局限性以及对法律职业的影响等多个方面进行探讨。

（一）抽象性与难以理解

哲理法学理论倾向于对法律进行深层次的哲学思考和探究，这往往导致其理论过于抽象和深奥。对于非专业人士来说，这些高度抽象的法律哲学概念往往难以理解，甚至可能让人感到晦涩难懂。这种抽象性不仅增加了学习和理解的难度，也可能阻碍哲理法学理论的普及和应用。此外，哲理法学理论的抽象性还可能导致其与实际法律问题的脱节。在处理具体法律案件时，过于抽象的哲理法学理论可能难以提供直接、具体的指导，从而使得法律实践者在面对实际问题时感到无所适从。

（二）与实践的脱节

哲理法学理论在追求法律的本质和价值的探索中，有时过于强调理论而忽略了法律实践的需求。这可能导致其理论与现实法律实践之间存在明显的鸿沟。虽然哲理法学理论为法律实践提供了深层次的思考和指导，但如果无法与实践相结合，其理论价值将大打折扣。例如，在一些复杂的法律案件中，哲理法学理论也可能难以提供具体的解决方案。此时，法律实践者可能更需要具体、实用的法律技巧和方法，而非深奥的哲学思考。因此，哲理法学理论需要更加注重与实践的结合，以便更好地服务于法律实践。

（三）价值判断的主观性

哲理法学理论在探讨法律的价值时，往往涉及到主观的价值判断。这些价值判断可能因个人的哲学观念、道德标准和文化背景而有所不同。因此，哲理法学理论的价值判断可能存在一定的主观性和不确定性。这种主观性可能导致哲理法学理论在指导法律实践时产生争议。不同的法律实践者可能基于不同的价值判断来解读和应用哲理法学理论，从而导致法律实践中的不一致性和混乱。为了减少这种主观性带来的问题，哲理法学理论需要更加注重客观性和实证性研究方法的运用。

（四）对法律确定性的挑战

哲理法学理论对法律的深层次思考和探究有时会挑战法律的确定性。在哲理法学理论的视角下，法律不再是固定不变的规则体系，而是一个不断发展、演变的过程。这种动态的法律观念虽然有助于我们理解法律的灵活性和适应性，但也可能导致法律的模糊性和不确定性增加。法律的确定性是法治社会的基础之一。如果法律过于模糊和不确定，将给法律实践带来极大的困扰。因此，哲理法学理论在追求法律的深层次理解的同时，也需要关注法律的确定性和稳定性。

（五）研究方法的局限性

哲理法学理论在研究方法上主要依赖于哲学思辨和逻辑推理。虽然这些方法在探究法律的本质和价值方面具有重要作用，但也存在一定的局限性。首先，哲学思辨和逻辑推理往往基于一定的假设和前提进行推导。如果这些假设和前提存在问题或争议，那么推导出的结论也可能存在偏差或错误。其次，这些方法过于注重理论推导而忽视实证研究的重要性。实证研究可以帮助我们了解法律在实践中的运行情况和问题所在，为理论推导提供有力的支持。因此，哲理法学理论在研究方法上需要更加注重实证研究的运用和完善。

（六）对法律职业的影响

哲理法学理论的深奥和抽象性可能对法律职业产生一定的影响。一方面，它提高了法律职业的门槛和要求。法律从业者需要具备深厚的哲学素养和思辨能力，才能更好地理解和应用哲理法学理论的理论成果。这有助于提升法律职业的整体素质和专业水平。然而，另一方面，过于强调哲理法学理论也可能导致法律职业出现偏离实际和过度理论化的倾向。在实际的法律工作中，除了深厚的理论知识外，还需要丰富的实践经验和技能以及灵活应对各种复杂情况的能力。因此，法律从业者需要在理论和实践之间找到平衡点，以更好地服务于社会和客户的需求。

第六节　哲理法学理论的历史地位和现代意义

哲理法学理论的特点是从哲学认识论的角度去深入研究和阐释法学课题，试图将法学与哲学紧密结合，从而更深刻地揭示"法"的本质。哲理法学理论从哲学的角度深入探究法的本质，不仅大大拓展了法学研究的领域和方法，而且为法学理论的整体发展奠定了良好的哲学基础，对于法学的发展具有独特的重要历史地位和现代意义。

一、哲理法学理论的历史地位

哲理法学理论在法学领域中独树一帜，其独特的研究视角和研究方法为法学本质的探讨和揭示注入了新的活力。这一学派的出现，不仅丰富了法学研究的内涵，还为法学的发展提供了宝贵的思路和方法。因此，哲理法学理论在法学史上具有不可替代的重要地位。

（一）独特的研究方法：哲学与法学的交融

哲理法学理论的研究方法颇具特色，它创新性地将哲学的研究方法引入法学领域，为法学研究开辟了新的天地。这一理论学派不仅关注法律制度的外在形式，更致力于深入探索法律的精神内核。通过形而上学的方式，哲理法学理论对法律制度的构建进行了深入剖析，揭示了法律概念和学说的完整性。在当时，这种跨学科的研究方法是独特且前卫的。它打破了传统法学研究的局限，使得法学研究不再拘泥于对法律条文的简单解读，而是深入到法律的本质层面。哲理法学理论的研究者们通过哲学的思考方式，对法律进行了更为全面和深入的分析，从而推动了法学研究的进步。哲理法学理论的这种研究方法，不仅为法学领域带来了新的视角，还促进了哲学与法学的深度融合。这种融合使得法学研究更加具有深度和广度，也为我们更全面地理解法律提供了有力的支持。

（二）对法律本质的深入探讨：揭示法律的精神内核

哲理法学理论并不满足于对法律条文的表面解读，而是致力于深入探讨法律的本质和目的。它试图从更高的哲学层面来阐释法律，挖掘法律背后的精神内核。在哲理法学理论看来，法律并非仅仅是一纸规定或者一系列条文，而是人类社会秩序和公正的象征。因此，对法律的理解不能仅仅停留在文字层面，而应该深入到其背后的价值和意义。它通过对法律本质的深入探讨，揭示了法律所蕴含的公正、平等、自由等核心价值，使得我们对法律有了更为深刻的认识。同时，哲理法学理论对法律目的的探讨也颇具深度。它认为，法律的制定并非仅仅是为了维护社会秩序或者惩罚犯罪，更重要的是保障每个人的权利和利益。这种以人为本的法律观念，对于我们理解法律的精神内核具有重要意义。

（三）对非实证法学的贡献：拓宽法学研究的视野

与实证法学不同，哲理法学理论更侧重于应然法的研究。实证法学主要关注实际存在的法律，即实然法；而哲理法学理论则更加关注法律应当是怎样的，即应然法。这种研究取向的差异使得哲理法学理论在法学研究中占据了独特的地位。哲理法学理论对非实证法学的贡献主要体现在以下几个方面：首先，它通过对应然法的研究，提出了许多具有前瞻性的法律理念和制度构想，为法学的发展提供了新的思路；其次，它强调法律的道德基础和价值取向，使得法学研究不再局限于法律条文的解读和案例的分析，而是深入到法律背后的道德和哲学层面；最后，它的研究方法和视角为非实证法学提供了宝贵的借鉴和启示。这种对非实证法学的贡献不仅拓宽了法学研究的视野和思路，还为我们更全面地理解法律提供了有力的支持。同时，哲理法学理论的研究也促进了法学与其他学科的交叉融合，为法学的发展注入了新的活力。

总的来说，哲理法学理论在法学史上具有重要的历史地位。其独特的研究方法和深刻的法律理念不仅丰富了法学研究的内涵，还为法学的发展提供了宝贵的启示和思路。同时，哲理法学理论对非实证法学的贡献也拓宽了法学研究的视野和领域，使得我们对法律有了更为全面和深入的认识。

二、哲理法学理论的现代意义

哲理法学理论，作为一种深邃的法学理论流派，不仅在历史上留下了深刻的烙印，更在现代社会中展现出无可替代的重要意义。其独特的研究视角和方法论，以及对法律本质的深入挖掘，都为现代社会的法律观念、法律教育和法律实践带来了深远的影响。

（一）跨学科的融合思维在现代社会的重要性

在当今这个信息爆炸、知识交融的时代，单一学科的研究已经难以应对日益复杂多变的社会问题。哲理法学理论所倡导的跨学科融合思维，尤其是法学与哲学的有机结合，为我们提供了一种全新的视角和方法论，用于解决现代法律领域的诸多问题。这种跨学科的融合思维，不仅拓宽了法学研究的视野，更促进了不同学科之间的交流与碰撞。通过借鉴哲学的深邃思考和法学的严谨逻辑，我们可以更全面地审视和理解法律问题，从而提出更为精准、有效的解决方案。这种思维模式的推广和应用，对于推动现代法学研究的发展具有重要意义。同时，跨学科的融合思维还有助于培养全面发展的法律人才。在传统的法学教育中，学生往往只注重法律知识的学习和掌握，而忽视了与其他学科的交融与互通。然而，在现代社会中，一个优秀的法律人才不仅需要具备扎实的法学功底，还需要具备广博的知识体系和敏锐的跨学科洞察力。哲理法学理论的跨学科融合思维，正是培养这类人才的重要手段。

（二）深化对法律价值的理解在现代社会的意义

随着社会的不断进步和发展，人们对法律的理解也逐渐深入。法律不再仅仅被视为一种规范和约束，更被看作是社会公正、平等、自由的守护者。哲理法学理论对于法律价值的深入探讨，帮助我们更好地理解了法律在现代社会中的角色和意义。首先，哲理法学理论强调法律的道德基础和价值取向。这使得我们在制定和实施法律时，不仅要考虑其形式上的合法性，更要关注其实质上的正当性和道德性。这种价值取向的引导，有助于我们构建更加公正、合理的法律体系，从而更好地保障人民的权利和利益。其次，哲理法学理论对法律目的的深入探讨也具有重要意义。它提醒我们，法律的制定和实施并非仅仅为了维护社会秩序或者惩罚犯罪，更重要的是为了实现社会的公正、平等和自由。这种以人为本的法律观念，使得我们在面对法律问题时能够更加注重人的价值和尊严。最后，哲理法学理论对法律价值的理解还有助于提升公众的法律意识和素养。当人们深刻理解到法律背后的价值和意义时，就会更加自觉地遵守和维护法律秩序。这对于建设法治社会、实现社会和谐稳定具有重要意义。

（三）对现代法律教育的启示与影响

哲理法学理论的研究方法和思路对于现代法律教育具有重要的启示意义。传统的法律教育往往注重法律知识的传授和技能的训练，而忽视了对学生哲学思维和法律素养的培养。然而，在现代社会中，一个优秀的法律人才不仅需要具备扎实的专业知识和技能，更需要具备深厚的哲学素养和独立思考能力。哲理法学理论鼓励学生在学习法律的过程中培养哲学思维。这种思维模式不仅有助于学生更深入地理解法律的本质和精神内核，还能够提高他们的批判性思维和创新能力。通过引入哲理法学理论的教育理念和方法论，我们可以培养出更加全面发展、具备独立思考能力的法律人才。同时，哲理法学理论对现代法律教育的影响还体现在课程设置和教学方法上。为了培养学生的哲学思维和法律素养，我们可以将哲学课程与法学课程相结合，引导学生从哲学的角度审视和理解法律问题。此外，还可以采用案例讨论、模拟法庭等实践教学方式来提高学生的实践能力和综合素质。

总的来说，哲理法学理论在现代社会中的意义是多方面的、深远的。它不仅为我们提供了一种全新的视角和方法论来审视和理解法律问题，还为我们培养全面发展的法律人才提供了重要的思路和启示。在未来的法学研究和法律教育中，我们应该更加注重哲理法学的理念和方法论的应用与推广，为推动法学的发展和进步作出更大的贡献。

第七节　经典案例分析

一、电车难题案

在一起绑架案中，绑匪在一个电车轨道上绑了 5 名人质，同时又在它的备用轨道上绑了另外 1 名人质。这时有一辆失控的电车飞速驶来，而解救人员身边正好有一个摇杆，解救人员可以推动摇杆来让电车驶入备用轨道，牺牲那 1 名人质，救下 5 名人质。解救人员也可以什么也不做，牺牲 5 名人质，救下 1 名人质。眼看电车就要驶入那片区域了，解救人员必须在很短的时间内作出决定，牺牲 1 名人质，救下 5 名人质，还是牺牲 5 名人质，救下 1 名人质。

从哲理法学理论的视角，可以对本案进行以下分析和思考：

一是法律与道德的界限。哲理法学强调法律与道德的紧密联系。在电车难题案例中，没有明确的法律规定来指导决策者的行为，这就需要决策者依靠自己的道德观念来做出选择。这里的挑战在于，道德观念是多样且主观的，不同的个体或文化可能有不同的道德判断。因此，这个问题触及了法律与道德之间的模糊地带，挑战了我们对"正义"和"道德责任"的传统理解。

二是个体权利与集体利益的冲突。哲理法学关注个体权利与集体利益之间的平衡。在电车难题中，这一冲突尤为明显。是牺牲一个人的生命来拯救五个人，还是让五个人丧生以保全一个人的生命？这种选择不仅涉及到对个体生命权的尊重，也涉及到对集体利益的考量。决策者需要在极短的时间内权衡这两种截然不同的价值取向。

三是法律的局限性与人的自由裁量权。在这个案例中，法律无法提供明确的指导，这体现了法律的局限性。在紧急情况下，人的自由裁量权变得尤为重要。哲理法学提醒我们，在某些极端情况下，我们可能需要依赖个体的道德判断和良知来做出决策。这既是对个体责任的强调，也是对法律体系完善性的反思。

四是正义与公平的考量。从哲理法学的角度看，任何决策都应该尽可能地追求正义和公平。然而，在电车难题中，无论决策者选择哪种方案，都似乎难以达到绝对的正义和公平。这引发了对正义和公平本身定义的思考。在某些极端情况下，我们是否应该重新审视和调整这些传统价值观？或者，我们是否应该接受在某些情况下，无法实现绝对的正义和公平？

二、洞穴奇案

案件发生在两千多年以后，公元 4299 年春末夏初的纽卡斯国。那年 5 月上旬，该国洞穴探险者协会的维特莫尔等五位成员进入位于联邦中央高原的石灰岩洞探险。但当他们深入洞内时发生了山崩，岩石挡住了石灰岩洞的唯一出口，5 位探险者发现受困后就在洞口附近等待救援。由于探险者未按时回家，他们的家属通知探险者协会，一个营救队伍火速赶往出事地点。由于洞穴地点地处偏远，山崩仍在继续，营救工作的困难大大超出了事前的预计，而在营救过程中的一次山崩更是夺去了 10 名营救人员的生命。与此同时，洞穴内 5 位探险者的情况也不容乐观。他们随身所带的食物有限，洞内也没有可以维持生命的动物或植物，探险者很可能会在出口打通前饿死。就在被困的第 20 天，营救人员获知探险者随身携带了一个可以收发信息的无线设备。洞外人员迅速通过通讯设施给受困的探险者取得了联络。当探险者问到还要多久才能获救时，工程师们的回答是至少需要 10 天。受困者于是向营救人员中的医生描述了各自的身体状况，然后询问医生，在没有食物的情况下，他们是否有可能再活 10 天。当医生给出否定的回答后，洞内的通讯设备沉寂了。8 小时后，通讯恢复，探险者要求再次与医生通话。维特莫尔代表本人以及四位同伴询问，如果吃掉其中一个成员的血肉，能否再活 10 天。纵然很不情愿，医生还是给予了肯定的答复。维特莫尔又问，通过抓阄决定吃掉他们中的哪一个是否可行。这当然是个医生无法回答的问题。当政府官员和牧师都不愿意回答这一问题时，洞内就没有再传来任何消息。在探险者被困洞穴的第 32 天，营救终获成功。但当营救人员进入洞穴后，人们才得知，就在受困的第 23 天，维特莫尔已经被他的同伴杀掉吃了。根据四位生还者的证词，在他们吃完随身携带的食物后，是维特莫尔首先提议吃掉一位同伴的血肉来保全其他 4 位，也是维特莫尔首先提议通过抓阄来决定吃掉谁，因为他身上刚好带了一副骰子。4 位生还者本来不同意如此残酷的提议，但在探险者们获得外界的信息后，他们接受了这一建议，并反复讨论了保证抓阄公平性的数学问题，最终选定了一种掷骰子的方法来决定他们的命运。掷骰子的结果把需要牺牲的对象指向维特莫尔，他于是被同伴吃掉了。

洞穴探险案是美国著名法学家富勒在 1949 年《哈佛法律评论》中所虚构的一则案例。从哲理法学理论的视角，可以对本案进行以下分析和思考。

一是法律与道德的交织。在洞穴奇案中，5 位探险者面临生死抉择，最终选择通过抓阄的方式牺牲一人以保全其他人。这一行为在法律上如何定性，是故意杀人还是紧急避险下的无奈之举？哲理法学提醒我们，法律判决不仅应基于法律条文，还需考虑道德和伦理因素。在此案中，探险者们的行为虽然违反了"不得杀人"的法律原则，但他们是在极端环境下为求生存而作出的选择，这使得法律判断变得复杂。

二是个体权利与集体生存的权衡。洞穴奇案触及了个体权利与集体生存之间的紧张关系。维特莫尔的牺牲是为了其他四人的生存，这里涉及到对个体生命权的限制与剥夺。哲理法学要求我们在权利冲突时寻求一种合理的平衡。本案中，探险者们在绝境中作出的选择，虽然残酷，但也可能被视为在极端条件下对集体生存权的合理追求。

三是正义的内涵与边界。正义是哲理法学的核心概念之一。在洞穴奇案中，正义的内涵和边界受到了严峻挑战。探险者们的行为是否符合正义？他们是否应该为求生而牺牲同伴？这些问题引发了关于正义的深度思考。从某种角度看，他们的行为可能是一种悲壮的正义，即在绝境中寻求最大多数人的最大幸福。然而，这种正义是否经得起法律和道德的双重审视，仍是一个开放的问题。

四是法律解释与适用的困境。洞穴奇案也揭示了法律解释与适用的困境。在极端情况下，现有的法律条文可能无法提供明确的指导。此时，法律解释者需要在尊重法律文本的同时，兼顾道德、伦理和社会正义。这一过程不仅需要法律智慧，更需要深刻的道德洞察力和对人性的理解。

五是人的自由裁量权与责任。在洞穴奇案中，探险者们在没有外界指导的情况下作出了重大决定。这体现了人在极端环境下的自由裁量权。然而，自由裁量权并不意味着可以免除责任。从哲理法学的角度看，即使面临绝境，人们仍需对自己的选择承担道德和法律责任。这不仅是对受害者的尊重，也是对法律和道德秩序的维护。

三、吉姆的困境案

吉姆从昏迷中醒来时，发现自己已经身处在南美一个小镇的中心广场上。被捆绑着靠墙站成一排的是20名印第安人。他们中的大多数充满恐惧，少数人的眼神却透露出轻蔑。站在他们面前的是几个身穿制服的持枪人，还有一个穿着汗渍斑斑的卡其布衬衫的大块头男子，是这伙人的队长。吉姆被这个大块头队长仔细询问了很久。当得知吉姆只是在植物学考察途中偶然经过这里时，队长向他解释说，这些印第安人是从最近参加抗议政府活动的当地居民中随机选出的一群人，他们正要被枪决，以此警告其他可能的抗议者。由于吉姆是从另一个国度来的尊贵客人，因此这个队长非常乐于向他提供针对客人的特殊优待，即由吉姆自己亲手杀死其中一个印第安人。如果吉姆同意这么做，那么作为这种特殊场合的象征，其他印第安人将被释放。而如果吉姆拒绝，由于没有其他特殊的理由，佩德罗（队长的下属）将要执行吉姆到达这里时原本就要执行的行动，即枪决所有20名印第安人。吉姆有些绝望地记起儿童文学中的虚构情节，怀疑自己如果有枪的话，是否就可以让队长、佩德罗以及其他士兵受制于自己的威胁。而当时的场景非常清楚地表明，那绝不会有任何作用：那样的企图将意味着所有的印第安人都会被杀死，连同吉姆自己。靠墙站立的人们，以及其他的村民，全都非常清楚这种状况，因而明显是在恳求吉姆接受队长的提议。

从哲理法学理论的视角，可以对本案进行以下分析和思考：

一是生命的价值与选择。在吉姆的困境中，他面临着一个极端的道德选择：是杀死一个印第安人以拯救其他19人，还是拒绝并导致所有人都被杀死。这里涉及到生命的绝对价值和相对价值的冲突。哲理法学强调对生命的尊重,但在这种极端情况下,如何权衡和选择成为一个巨大的挑战。吉姆的每一个决定都直接关系到20条生命的存亡,这要求他在极短的时间内做出最深思熟虑的道德判断。

二是正义与道德责任。队长给吉姆提出的"特殊优待"实际上是一个道德陷阱。如果吉姆接受,他将成为直接剥夺他人生命的刽子手,这显然违背了他作为一个植物学家和偶然路过的无辜者的初衷。然而,如果他拒绝,那么20名印第安人都将丧生。在这里,正义和道德责任似乎相互冲突。哲理法学提醒我们,正义不仅仅是遵循法律或规则,更关乎到对人类基本价值和道德底线的坚守。吉姆的决策过程必须充分考虑这些因素。

三是个体与集体的权衡。吉姆的决策不仅影响他自己,还影响到20名印第安人和整个村庄的未来。他的选择可能成为一个象征,影响其他潜在的抗议者和政府的互动方式。在这里,个体(吉姆)和集体(印第安人和村庄)的利益紧密相连。哲理法学强调,在做出决策时,必须考虑到更广泛的社会和政治影响。吉姆的选择不仅是个人的道德抉择,也是对整个社会正义的一次考量。

四是权力与无奈。队长和佩德罗等人代表着强权和不公。他们利用手中的权力威胁吉姆和印第安人的生命。在这种情况下,吉姆和印第安人都处于无奈和被动的地位。哲理法学对权力的滥用持批判态度,并强调法律应保护弱者免受强者的欺凌。然而,在这个特定的场景中,法律似乎无能为力,吉姆和印第安人只能依靠道德和伦理来做出最佳的选择。

思考题

1. 如何实现法的自由价值?

2. 试述实然法与应然法的关系。

3. 哲理法学理论如何认识法律的本质和意义?

4. 新哲理法学派的主要思想是什么?

第三章　历史法学理论专题

◆◇━ 内容提要 ━◇◆

历史法学理论是 18 世纪末期在德国兴起的法学理论流派。因反对古典自然法学派，主张法律由历史传统形成而得名。代表人物有胡果、萨维尼等。历史法学理论认为法律并不是"理性"的产物，而是世代相传的"民族精神"的体现；法律是随着历史的发展而自发地产生和发展起来的；法律渊源首先是习惯而不是立法等等。这一理论初期主要目的是维护封建习惯法，反对代表新兴资产阶级意志的立法。至 19 世纪后期，该学派渐趋衰落。作为西方法律思想发展史上的一个重要理论流派，历史法学理论对西方法律思想的发展作出了不可磨灭的贡献。它推动了法学理论的发展，促进了历史学科科学化和研究编撰方法的历史化。它对历史研究方法的倡导，对中世纪历史的关注，对历史连续性的强调带来了历史主义思潮的兴起。历史法学理论的出现促进了历史主义的繁荣，使 19 世纪成为真正的历史学的世纪。

◆◇━ 本章重点 ━◇◆

萨维尼的历史法学思想，梅因的历史法学观点，穗积陈重的法律进化论。

☞ 案例引入：制定《德国民法典》之争

　　围绕《德国民法典》编纂而展开的学术论战，以参加的人数之多，持续的时间之长，牵涉的问题之广，产生的影响之大，堪称法学史上的一个经典论战。历史法学理论就是在《德国民法典》编纂的背景之下产生的。

　　最早提出在德国编纂一部统一法典的是希罗塞尔，他于1777年出版了《关于制定一部完善的〈德国民法典〉的建议和计划》。1789年他又撰写了《论一般立法，特别关于〈普鲁士法典〉草案》一文，并论证了统一民法典编纂的必要性。瑞赫贝格《拿破仑法典及其引进到德国的问题》（1814年）一书的问世标志着德国是否应该制定一部统一民法典的学术辩论的开始，瑞赫贝格在书中认为德国制定法典无异于在市民生活关系领域中人为地发动一场革命。哲理法学派领袖蒂博见到此文后，立即发表了一篇持反对态度的评论，随即又觉得此问题十分重要，遂又于1814年撰写了《论制定一部统一的德国民法典的必要性》一文来批驳瑞赫贝格的观点。在这篇文章中，他倡导应根据《法国民法典》《奥地利民法典》，特别是以《拿破仑法典》为典范，制定全德统一的民法典。并借由法制的统一，最终达成德国民族的统一。他认为取代德意志地方邦法的统一法典可以成为德意志国家统一的基础，可以在政治上促使德意志四分五裂的各邦统一成一个民主国家。在该书中，尽管当时萨维尼还未作出学术反应，蒂博却点名批评了他。

　　对此，萨维尼于1814年撰写了著名的论战小册子《论立法与法学的当代使命》，提出了历史法学的著名观点，反对在德国进行法典编纂。事实上，萨维尼反对的并不是有计划的立法工作，或者编纂法典的工作。他坚持的是这些工作应该在专业阶层的特殊意识与民族精神不相抵触的范围内进行。他认为，当时的德国既不具备制定法典的能力，客观上也缺乏制定一部法典的社会经济基础。论战发展至此，已经清楚地表现出了历史主义的法律观和理性主义的法律诉求所引起的碰撞和交锋。《论立法与法学的当代使命》招致了更为激烈的反驳。曾经和他共事的时任巴伐利亚立法委员会成员的哥内尔在1815年针锋相对地出版了反对萨维尼的著作《论当代的立法和法理学》，用模仿萨维尼文章标题和结构的方式，逐字逐句、不留情面地反驳了萨维尼的观点。其行文的犀利和尖刻立即引发了萨维尼非常激烈的回应，萨维尼充满火药味地撰写了指名道姓的批判文章《对于哥内尔论立法的著作的批判》。1815 年，萨维尼创立了《历史法学时评》作为自己宣传和推动历史法学派发展的阵地。在第一期发刊词中，他把这场论战升华为"历史法学派"和"非历史法学派"之间的论战。蒂博对于"非历史法学派"这一封号十分不满，再次撰文反对这一划分。并且效仿萨维尼于 1818 年创办了《实践民法学汇编》作为己方的论战阵地。萨维尼与蒂博的论战持续了多年时间，直到 1840 年蒂博去世为止。

在萨维尼与蒂博的论战过程中，黑格尔加入到蒂博的阵营中，对萨维尼的历史法学理论进行了批判。在 1821 年出版的《法哲学原理》中，黑格尔用了相当的篇幅来谈及这场论战。他批判了萨维尼历史法学派反对编纂法典的观点。他认为："否认一个民族和它的法学界具有法典编纂的能力，这是对这一民族和它的法学界莫大的侮辱，因为这里的问题并不是要建立一个其内容完全是崭新的法律体系，而是认识即思维地理解现行法律内容被规定了的普遍性，然后把它适用于特殊事物。"他辛辣地指出："最近有人否认民族具有立法的使命，这不仅是侮辱，而且含有荒谬的想法，认为个别的人并不是具有这种才干把无数现行法律编成一个前后一贯的体系。其实，体系化，即提高到普遍物，正是我们时代无限迫切的追求。"黑格尔的参与导致黑格尔的阵营也卷入了这场论战。黑格尔的学生，时任柏林大学罗马法教授的冈斯多次与萨维尼论战，他攻击萨维尼的《中世纪罗马法史》由于用语过火，甚至引起了歌德的愤慨。但这场辩论却并未因而蒂博的去世而终结。1841 年，即在萨维尼出版其巨著《当代罗马法体系》（共 8 卷）的次年，斯泰因即在《哈勒年鉴》上发表了对其否定性的学术评论，批判了这一著作所表现出的历史保守主义思想。1842 年，青年的马克思在《历史法学派的哲学宣言》一书中用犀利、辛辣的文风批评了胡果的历史保守主义思想。随着辩论的深化，这场论战开始逐渐脱离了原来的中心，更多地引发了哲学层面的思考。

至此，围绕民法典编纂的论争并没有结束，即使在《德国民法典》编纂过程中，这种争论仍然很激烈。1871 年德意志帝国建立时，对于帝国是否有权制定统一的、普遍适用的民法，各邦没有达成一致的意见。两年以后，即1873年，帝国立法权终于被大多数邦承认。当时，在排除巴伐利亚的反对后，帝国立法权扩大至制定统一民法的提案获得通过。这为全国统一民法典的编纂提供了可能。1873年法典编纂预备委员会成立，次年成立了第一委员会。这两个委员会的成立不仅使编纂《德国民法典》的工作立即得以开展，而且也为帝国立法权扩大到全部民法提供了前提条件。1887年《德国民法典》第一部草案公布，草案既赢得了赞誉，也受到了抨击。其中以奥托·冯·基尔克的批评最引人注目，他的《民法典草案和德国法》被称为对《德国民法典》的起诉书，他认为，法律应反映人民真实的生活关系之中的规则，而草案完全忽视了那些起源于德国历史之中并且继续存在于人民生活之中的传统法律制度。同时该草案打破了存在于德国家庭和社会成员之间的伦理联系和相互信赖，而代以非人格化的极端个人主义原则。维也纳学界的社会主义学者安东·门格尔在题为《民法与无产的民众阶级》著作中，对契约自由原则提出了更为尖锐的批评。他认为契约自由原则在一定程度上导致社会弱者受制于社会强者的契约强制。私有制度和继承权制度通过对生产工具的永久使用权而获得利益，从而保护了有产阶级。然而这些批评收效甚微。1890年成立的草案起草第二委员会基本上只从事语言上的修正。第二草案在1896年夏季由帝国国会通过。

围绕《德国民法典》的编纂展开的激烈学术论战，对于《德国民法典》的最终形成以及其背后的法学理论发展产生了深远的影响。从历史法学理论的角度来看，这场论战反映了历史法学派与法典编纂派之间的根本分歧。

历史法学派，以萨维尼为代表，强调法律是民族精神的体现，是历史发展的产物，而非人类理性的构造。他们认为，法律应当从民族的历史和传统中自然演化而来，而非通过人为的立法来强加。在萨维尼看来，当时的德国社会并不具备编纂法典的条件，因为社会的经济基础和社会结构还未成熟到可以支撑一部统一的法典。此外，他还担心法典的编纂会破坏德国法律传统的多样性和丰富性。与此相反，以蒂博为代表的法典编纂派则主张通过理性的立法来推动法律的统一和进步。他们认为，法典编纂是实现法律统一、明确和可预测性的有效手段，有助于推动社会的现代化和法治化进程。蒂博甚至将法典编纂视为德国民族统一的基础和前提。这场论战不仅涉及到法律的性质和来源等根本问题，还涉及到法律与社会、法律与政治等复杂关系。论战的结果，虽然历史法学派在一段时间内占据了上风，但最终还是未能阻止《德国民法典》的编纂。然而，历史法学派的影响并未因此消失，反而在民法典的编纂过程中留下了深刻的印记。例如，《德国民法典》在编纂技术上采用了潘德克顿法学的方法，该方法强调法律的体系化和概念化，这与历史法学派对法律历史和传统的重视不谋而合。此外，《德国民法典》在语言风格上也体现出了历史法学派的影响，其条文表述清晰、准确、严谨，既体现了法律的权威性，又彰显了德国法律的精致和深邃。

第一节　历史法学理论的概念和特点

历史法学理论，作为法学的一个重要理论流派，在法学思想史上占据了举足轻重的地位。它不仅对法律的本质、来源和发展提出了独特的见解，还深刻影响了多个国家的法律实践和法学教育。在本节中，我们将详细阐述历史法学理论的概念和特点，以期能够更全面、更深入地理解这一法学流派。

一、历史法学理论的概念

历史法学理论，顾名思义，是从历史的角度来研究和理解法律的一种法学理论流派。它不仅仅是对法律条文和案例的简单解析，更是深入探索法律背后深厚的历史积淀和文化脉络。这一理论流派的出现，为我们打开了一个全新的视角，使我们得以更加全面、深入地理解法律的本质和意义。历史法学强调法律是历史发展的产物，认为法律的形成和发展是与特定社会、经济、文化背景紧密相连的。换句话说，法律不是孤立存在的，而是嵌入在一个更广阔的社会和历史框架中。这一观点与传统的法学观念形成了鲜明的对比。传统的法学往往将法律视为一种抽象的、普适的规范体系，而历史法学则更加注重法律的民族性和历史性。

那么，为什么历史法学如此强调法律的民族性和历史性呢？这主要源于对历史深入研究的洞察。历史法学认为，每个民族都有其独特的法律传统和法律文化，这些传统和文化是在长期的历史演进中逐渐形成的。它们不仅仅是一堆规则和条文，更是一种深深植根于民族心灵中的精神力量。这种力量影响着人们对法律的理解和接受程度，也塑造着法律在社会中的实际运作方式。因此，历史法学认为，法律应当反映和尊重这种民族性和历史性。这并不意味着排斥外来的法律理念或制度，而是要在借鉴和学习的基础上，保持对自身法律传统的敬畏和尊重。只有这样，法律才能真正地扎根于民族的文化土壤，成为维护社会秩序、保障人民权益的有力工具。

除了强调法律的民族性和历史性外，历史法学还关注法律的发展过程。它认为，法律的发展是一个缓慢而渐进的过程，受到社会、经济、文化等多种因素的影响。在这个过程中，法律的变革和创新应当基于对历史传统的深入理解和尊重。这并不是说要固守陈规，而是要在继承和发扬传统的基础上，寻求法律的创新和发展。这种对历史传统的尊重和创新精神的结合，正是历史法学的独特魅力所在。它提醒我们，法律不是一种僵化的规则体系，而是一种活生生的、不断发展变化的社会现象。要真正理解和运用法律，就必须深入探究其背后的历史背景和社会环境，理解其所蕴含的民族精神和文化内涵。同时，历史法学也对我们今天的法律实践具有重要的指导意义。在全球化的背景下，各国法律的交流和融合成为一种趋势。然而，这种交流和融合并不意味着要放弃自身的法律传统和文化特色。相反，我们应该在保持自身独特性的基础上，积极借鉴和学习其他国家的优秀法律制度和经验，以实现法律的持续创新和发展。此外，历史法学还强调了法律的稳定性和连续性。它认为，法律的变革应当在尊重传统的基础上进行，以实现法律的可持续发展。这一观点对于我们今天的法律改革具有重要的启示意义。在进行法律改革时，我们应该充分考虑传统因素和社会现实的需要，避免盲目追求时尚或潮流而忽视法律的稳定性和连续性。只有这样，我们才能确保法律改革的顺利进行，并最大限度地维护社会的稳定和公正。

总的来说，历史法学理论是一种独特而深刻的法学理论流派。它从历史的角度来研究和理解法律，强调法律的民族性和历史性，关注法律的发展过程和创新精神。同时，它也对我们今天的法律实践和法律改革具有重要的指导意义。通过深入学习和研究历史法学理论，我们可以更加全面、深入地理解法律的本质和意义，为推动社会的和谐稳定和公正发展作出更大的贡献。

二、历史法学理论的特点

历史法学理论，作为法学理论体系的一个重要分支，具有自身独特的理论体系及与此相应的特点。具体来说，历史法学理论的特点主要包括以下几个方面。

（一）强调法律的历史性和民族性

历史法学理论的这一特点深刻反映了其对法律本质的独特理解。法律，作为特定历史和民族文化的产物，不是孤立存在的，而是与社会、历史、文化紧密相连。每个民族在长期的历史演进中都形成了自己独特的法律传统和法律文化，这些传统和文化构成了法律的民族性。历史法学认为，在研究法律时，必须充分考虑其历史背景和民族文化特色，这不仅是对法律的尊重，也是对历史的尊重。这种对历史和文化的重视，使得历史法学在法律研究中具有独特的视角和方法。它不仅仅关注法律的条文和规则，更关注法律背后的历史积淀和文化脉络。通过对历史和文化的深入挖掘，历史法学试图揭示法律的真实面貌和深层含义，从而为我们提供更全面、更深入的法律理解。

（二）反对法律的理性构建

历史法学反对将法律视为人类理性设计的产物，这一观点与启蒙时代的理性主义法律观形成了鲜明对比。理性主义法律观认为，法律是人类通过理性思考设计出来的完美体系，可以通过逻辑推理和演绎来构建和完善。然而，历史法学却认为，法律不是人类理性设计的产物，而是社会历史的自然演化结果。在历史法学看来，法律的发展是一个自然演进的过程，受到社会、经济、文化等多种因素的影响。试图通过理性来改造或重构法律，往往会忽视法律的复杂性和多样性，从而破坏法律的稳定性和连续性。因此，历史法学强调对法律的尊重和理解，而不是试图通过理性来强行改变法律。这种对法律自然演化的尊重，使得历史法学在法律实践中更加注重法律的稳定性和连续性。它认为，法律的变革应当在尊重传统的基础上进行，以实现法律的可持续发展。这种谨慎的法律变革态度，不仅有助于维护法律的权威性和公信力，也有助于保障社会的稳定和公正。

（三）注重法律的实证研究

历史法学注重通过实证研究来揭示法律的本质和规律，这一特点体现了其对科学性和客观性的追求。实证研究是一种基于数据和事实的研究方法，它通过对实际存在的法律制度、法律实践和法律文化进行深入观察和分析，来揭示法律的真实面貌和作用。在历史法学看来，只有通过实证研究，我们才能真正理解法律的本质和作用。因此，它强调对法律史料的搜集和整理，以及对法律实践的深入观察和分析。这种实证研究的方法不仅提高了法律研究的科学性和客观性，也为我们提供了更丰富、更准确的法律信息。

（四）倡导法律的渐进变革

历史法学认为法律的变革应当是一个缓慢而渐进的过程，这一观点体现了其对法律稳定性和可预测性的重视。法律的稳定性和可预测性是法律权威性和公信力的基础，也是社会秩序和公正的保障。因此，历史法学倡导在尊重传统的基础上进行法律的渐进变革。这种渐进变革的思想不仅有助于维护法律的稳定性和连续性，也有助于减少法律变革带来的社会成本和风险。通过逐步调整和完善法律制度，我们可以更好地适应社会发展的需要，同时保障法律的权威性和公信力。

（五）对法律移植的谨慎态度

在法律全球化的大背景下，法律移植成为一个不可忽视的现象。然而，历史法学对法律移植持谨慎态度。它认为每个民族都有其独特的法律传统和法律文化，这些传统和文化是在长期的历史演进中逐渐形成的，具有深厚的民族根基和文化底蕴。因此，在进行法律移植时，我们必须充分考虑目标国家的历史背景、民族文化和社会环境等因素，以避免出现水土不服的情况。这种对法律移植的谨慎态度体现了历史法学对法律本土化和民族化的重视，也为我们提供了一种审慎对待法律移植的思路和方法。

（六）强调法律与习惯的紧密联系

历史法学派强调法律与习惯的紧密联系，这一特点反映了其对法律与社会互动关系的深刻理解。在历史法学看来，法律在很大程度上是从习惯中演变而来的，习惯是法律的重要渊源之一。习惯法作为一种非正式的法律制度，在社会生活中发挥着重要作用。因此，在研究法律时，历史法学派强调必须深入了解相关的习惯法，以便更好地理解法律的本质和含义。这种对习惯的重视不仅有助于我们更全面地理解法律，也有助于我们更好地把握法律与社会的关系。

第二节 历史法学理论形成的背景

历史法学，一般是指18世纪末19世纪初在德国形成的以胡果和萨维尼等为代表的，以历史的观点和历史的方法来研究法律的一种思潮，它是一种实证主义的法学流派。历史法学从历史中寻求理论的支撑点，进而上升到民族精神，以法的民族精神作为理论基石。历史法学的产生有着错综复杂的时代背景。

一、社会历史背景

历史法学理论的产生，有着自身独特的社会历史背景作为形成和发展的土壤。

（一）德意志长期的分裂

在 1806 年神圣罗马帝国消亡之前，德意志虽然在表面上看存在帝国，但实际上这些帝国的各个邦国都是独立自主的，可以自由地与其他国家建立外交关系。与此同时，19 世纪初的德国在文化和经济上呈现出巨大的差异。一方面，政治制度方面的巨大差异。东普鲁士还残存着农奴制。而西德意志在古代一部分曾属于罗马，自 17 世纪以来，一直处于法国的势力之下。由于曾被法国革命军占领过，获得了和法国同样的自由主义制度。另一方面，不同阶层对于国家统一的态度完全不同。邦主们担心破坏他们的独立，因此反对德意志的统一。而对于广大公众，如何使德意志民族走向统一，一直是他们的追求。

（二）法国大革命的影响

1789 年法国大革命的爆发在尚未实现民族统一的德意志激起了强烈的反响。虽然德意志帝国的联邦制结构阻碍了法国革命思想的传播，德意志革命的星星之火未能燃烧起来，但随之而来的拿破仑入侵加快了德意志封建制度的瓦解和资本主义的发展。值得一提的是拿破仑在德意志西部和西南部推行了资本主义改造，在拿破仑统治的法国影响下，德意志西部和西南部成为德意志境内资本主义发展最快的地区。这些资本主义性质的改革，一方面让德意志进步人士大开眼界；另一方面也给这些有识之士带来了压力。"法国大革命"为德意志提供了民族团结的范例，宣告了各民族的自由、平等。然而拿破仑在以"革命者"身份出现的同时，又是贪得无厌的掠夺狂。拿破仑的掠夺政策和强力压迫，导致了反对拿破仑的民族运动的形成。从 1800 年起，德意志掀起了猛烈的民族运动，特别是 1812 年拿破仑侵俄失败以后，以普鲁士为首在全德意志土地上开展了一场民族解放战争，进一步增强了德意志民族的认同感。

二、政治思想背景

历史法学理论的产生，还与当时欧洲复杂的政治思想的演变和发展密切相关。

（一）理性主义与民族主义的思想交锋

一方面，理性主义的盛行与反思。自 18 世纪启蒙运动蓬勃兴起，理性主义便逐渐成为欧洲社会的主导思想。这一思想体系推崇人类的理性能力，认为通过严谨的逻辑推理和实证观察，人类可以洞察世间万物的本质规律。在法律领域，理性主义者们坚信，存在着一套普遍适用的法律原则，这些原则可以通过人类的理性被发掘和制定。因此，他们致力于构建一个基于理性和普遍性原则的法律体系，以期实现社会的公正与秩序。然而，理性主义的盛行并非没有遭遇挑战。特别是在法国大革命之后，人们对理性主义法律的普适性和实施效果产生了深刻的质疑。尽管理性主义者们曾寄予厚望，认为通过理性的力量可以制定出完美的法律，从而实现社会的和谐与公正。但大革命的残酷现实却让人们看到，即便是在最为理性的法律框架下，社会仍然可能陷入混乱和暴力之中。这一现实促使人们开始反思理性主义法律的局限性，以及法律与社会、文化、历史等多重因素之间的复杂关系。此外，理性主义法律在实施过程中也暴露出不少问题。由于它过于强调普遍性和抽象性，往往忽视了具体社会情境中的复杂性和多样性。这导致法律在应对具体案件时显得僵化而缺乏灵活性，甚至可能引发不公正的结果。这些问题进一步加剧了人们对理性主义法律的怀疑和不满。

另一方面，民族主义与浪漫主义的崛起。在理性主义遭遇挑战的同时，民族主义和浪漫主义思想逐渐崛起。与理性主义不同，这两种思想强调各民族文化的独特性和历史传承的重要性。他们认为，每个民族都有其独特的历史、文化和社会背景，这些因素深刻影响着该民族的法律观念、价值判断和行为方式。因此，法律应当充分体现各民族的特性和需求，而非简单地追求普遍性和抽象性。民族主义者和浪漫主义者们进一步指出，法律不仅是一套规范体系，更是一种文化表达和价值传承的载体。它应当承载并反映各民族的历史记忆、文化传统和社会习俗。只有这样，法律才能真正扎根于民族的心灵深处，得到人们的认同和遵守。在这一思想背景下，历史法学派应运而生。他们深受民族主义和浪漫主义思想的影响，强调法律与民族历史、文化的紧密联系。他们认为，法律的发展是一个历史演进的过程，而非理性主义者所设想的那样可以通过理性构建来实现。因此，历史法学派致力于从历史的角度来审视和研究法律，以期揭示法律与民族历史、文化的深层关联。

（二）政治环境的变革与影响

一是法国大革命的影响。法国大革命作为欧洲历史上的一次重大事件，不仅对法国的政治、经济和社会结构产生了深远的影响，同时也对欧洲的法律思想产生了重要的推动作用。大革命所倡导的自由、平等、博爱等理念深刻影响了人们对法律的理解和期待。人们开始期望法律能够真正成为保障个人自由、促进社会平等的有力工具。同时，大革命期间对法律制度的改革尝试也引发了人们对法律与民族、历史关系的重新审视。革命者们试图通过制定新的法律来重塑社会秩序和推动社会进步。然而，这些改革尝试也暴露出法律与社会、文化等多重因素之间的复杂关系。人们开始意识到，法律并非孤立存在，而是深深植根于特定的社会历史背景之中。法国大革命的爆发和后续影响，让人们看到了法律在推动社会变革中的重要作用，同时也让人们更加关注法律与民族、历史之间的紧密联系。这种关注为历史法学派的兴起提供了重要的思想基础和社会背景。

二是拿破仑的军事失败与封建复辟。拿破仑的军事失败和封建复辟是欧洲政治历史上的又一重大事件。拿破仑曾以其卓越的军事才能和强大的政治手腕统一了法国并试图征服欧洲，然而他的失败也标志着理性主义政治理想的破灭。人们开始怀疑革命和理性主义所承诺的美好未来是否真的能够实现。与此同时，人们对法国民法典等理性主义法律制度的实际效果也产生了深刻的反思。尽管这些法律制度在理论上看起来完美无缺，但在实践中却往往难以达到预期的效果。人们开始意识到法律并非万能的，它受到社会、文化、历史等多重因素的制约和影响。在这一时期，人们开始更加关注法律与民族历史、文化的契合度问题。他们认识到只有深入了解一个民族的历史和文化传统才能制定出真正符合该民族特点和需求的法律制度，这样的法律才能在实践中得到有效的实施并得到人们的真心拥护，这种观念的形成进一步推动了历史法学派的发展。

三、法律文化背景

历史法学理论的形成与发展深受特定的法律文化背景影响。这种背景不仅涉及历史的积淀和政治思想的演变，还深受相应的法律文化背景的影响。具体来说，历史法学理论形成的法律文化背景主要包括以下几个方面内容。

（一）历史积淀与法律传统的承继

历史法学派强调法律的历史性和民族性，认为法律是历史发展的产物，是民族精神的体现。这一观点的形成，与欧洲深厚的历史积淀和法律传统的承继密不可分。在欧洲，法律的发展历经了多个世纪，从罗马法的辉煌到中世纪封建法的形成，再到近代民族国家的法典编纂，每一个历史时期都留下了丰富的法律文化遗产。这些遗产不仅构成了后来法律发展的基础，也深刻影响了人们对法律的理解和认知。历史法学派正是基于这样的历史背景，强调对法律传统的尊重和承继。他们认为，法律不是凭空创造的，而是在历史的长河中逐渐演化而来的。因此，在制定和解释法律时，必须充分考虑历史因素和民族特性，以确保法律的合理性和有效性。

（二）民族文化与法律观念的形成

民族文化是塑造法律观念的重要因素之一。在欧洲，不同的民族有着不同的文化传统和价值观念，这些差异也体现在了各自的法律体系中。例如，英美法系和大陆法系就存在明显的差异，这些差异在很大程度上源于两国不同的民族文化传统。历史法学派深知民族文化对法律观念的影响，因此他们强调在制定和解释法律时，必须充分考虑民族文化因素。他们认为，只有深入了解一个民族的文化传统和价值观念，才能制定出真正符合该民族特点和需求的法律制度。这样的法律制度不仅更容易得到人们的认同和遵守，也更能有效地维护社会秩序和公平正义。

（三）政治环境与法律发展的互动

政治环境也是影响历史法学派形成和发展的重要因素之一。在欧洲历史上，政治环境的变革往往伴随着法律制度的相应调整。例如，法国大革命后，拿破仑颁布的《法国民法典》就是为了适应新的政治环境而制定的。历史法学派认为，政治环境和法律制度之间存在着密切的互动关系。政治环境的变革会推动法律制度的发展和创新，而法律制度的完善也会反过来促进政治环境的稳定和发展。因此，在制定和解释法律时，必须充分考虑当前的政治环境和社会需求，以确保法律制度的时效性和针对性。

（四）古典自然法与历史法学的交融

古典自然法理论对历史法学也有着深远的影响。自然法强调理性、正义和平等，认为法律应当符合这些一般价值。然而，历史法学派在借鉴自然法理念的同时，也对其进行了批判和反思。历史法学派认为，虽然自然法理念具有普世性，但在具体实践中，必须结合各民族的历史和文化传统来加以应用。他们强调法律的民族性和历史性，认为只有充分考虑这些因素，才能制定出真正符合实际需求的法律制度。这种交融使得历史法学派在继承古典自然法理念的基础上，更加注重法律的实效性和可操作性。

（五）启蒙运动与理性主义的影响

启蒙运动所倡导的理性主义对历史法学派也产生了重要影响。理性主义强调人类的理性能力和普遍性原则，在历史法学派看来，这有助于推动法律的进步和发展。然而，历史法学派也指出，理性主义法律并非万能，它必须结合各民族的历史和文化传统来加以应用。在启蒙运动的影响下，人们开始追求更加公正、合理的法律制度。历史法学派在这一背景下应运而生，他们致力于从历史的角度来审视和研究法律，以期揭示法律与民族历史、文化的深层关联。这种关联不仅有助于人们更深入地理解法律的本质和意义，也为法律制度的改革和创新提供了重要的理论依据。

（六）浪漫主义与对历史传统的尊重

浪漫主义运动对历史法学派的影响同样不可忽视。浪漫主义强调对历史传统的尊重和传承，这与历史法学派的观点不谋而合。在浪漫主义的影响下，人们开始更加关注历史文化遗产的保护和传承问题，这也促使历史法学派更加深入地研究各民族的法律传统和历史背景。浪漫主义对历史法学派的贡献不仅在于提供了丰富的历史文化资源，还在于推动了人们对法律传统和民族特性的深入认识。这种认识有助于人们更全面地理解法律的本质和意义，也为法律制度的完善和发展提供了重要的文化支撑。

第三节　历史法学理论的主要代表人物和思想

历史法学理论对于法学理论的整体发展有着深远的影响，其代表人物的思想各具特色，共同构成了这一学派的丰富内涵。以下将以胡果、萨维尼、梅因、梅特兰、穗积陈重等人为典型，详细阐述历史法学派的主要代表人物及其思想。

一、胡果及其主要法律思想

（一）胡果的生平

古斯塔夫·胡果（1764—1844），德国法学家，被誉为历史法学的创始人。他的一生见证了德国法学界的重大变革，尤其是自然法学派与历史法学派之间的学术论战。胡果的学术生涯始于对罗马法和日耳曼法的深入研究，但他很快发现，单纯对古代法律条文的研究并不能完全揭示法律的本质和发展规律。因此，他开始将历史的方法和经验主义的视角引入法学研究，试图从更广阔的社会历史背景中理解法律。胡果早年就读于哥廷根大学，后转至莱比锡大学继续深造。这些经历为他日后创立历史法学理论奠定了坚实的基础。毕业后，胡果开始从事法学教育和研究工作，他的独特见解和深刻洞察很快就引起了学术界的广泛关注。

（二）胡果的主要法律思想

胡果反对脱离历史背景孤立地理解法律，坚持法律与社会历史发展之间的密切联系，相关思想主要体现在以下几个方面。

第一，法律的历史性与民族性。胡果认为，法律不是孤立存在的抽象体系，而是深深植根于特定的社会历史和文化背景之中。他强调法律的历史性和民族性，认为每个民族都有其独特的法律传统和法律文化，这些传统和文化是在长期的历史演进中逐渐形成的。因此，法律应当反映和尊重这种民族性和历史性，而不是简单地移植或借鉴其他国家的法律制度。胡果的这一观点对于理解法律的本质和发展规律具有重要意义。它揭示了法律与社会、历史、文化之间的紧密联系，强调了法律研究应当关注法律背后的社会历史背景和文化脉络。这种历史主义的法律观为后来的历史法学派奠定了理论基础。

第二，对纯理论自然法学的批判。胡果对纯理论的自然法学和法典化了的自然法思想提出了尖锐的批判。他认为，法学家从事的是文科研究，并不进行任何实验，因此法学家的一般性思索对立法没有实际价值。他反对将法律视为人类理性设计的产物，认为法律是社会历史的自然演化结果。在胡果看来，法律的发展是一个自然演进的过程，受到社会、经济、文化等多种因素的影响。试图通过理性来改造或重构法律，往往会忽视法律的复杂性和多样性，从而破坏法律的稳定性和连续性。胡果的这一批判对于破除自然法学派的理性主义迷信具有重要意义。它提醒我们，法律不是一种抽象的、普适的规范体系，而是与具体的社会历史和文化背景紧密相连的。这种对法律自然演化的尊重和理解，有助于我们更加全面、深入地理解法律的本质和作用。

第三，习惯法的重要性。胡果特别强调习惯法在法律体系中的重要地位。他认为，习惯法容易达到法律规范的固定性、明确性，因此应当放在现行法之上，高于现行法。法的渊源是习惯，这是事物的本性。胡果认为，习惯法是在长期的社会实践中逐渐形成的，它反映了民族的传统和文化特色，具有深厚的社会基础和广泛的民众认可。因此，在制定法律时应当充分考虑习惯法的因素，尊重和维护民族的传统和文化特色。胡果的这一观点对于理解法律与社会的关系具有重要意义。它强调了法律应当适应社会发展的需要，尊重和维护民族的传统和文化特色。这种对习惯法的重视和理解，有助于我们更加深入地理解法律与社会之间的互动关系，促进法律的可持续发展。

第四，法律研究的方法论。胡果在历史法学方法论方面也作出了重要贡献。他主张通过历史的、比较的方法从现存的事物中引导出将来应发生的法律规范。他认为，只有深入研究法律的历史背景和社会环境，才能真正理解法律的本质和作用。因此，他提倡在法学研究中注重实证研究和历史分析，强调对法律史料的搜集和整理以及对法律实践的深入观察和分析。胡果的这一方法论对于推动法学研究的科学化、客观化具有重要意义。它要求我们在研究法律时应当注重实证材料和历史事实的分析和解释，避免主观臆断和偏见。这种科学的研究方法有助于我们更加准确地揭示法律的本质和发展规律，为法律实践提供更加有力的理论支持。

第五，对德国民法发展的贡献。除了上述理论贡献外，胡果还对德国民法的发展作出了巨大贡献。他在其著作《作为实定法哲学的自然法论》和《潘德克顿教科书》中提出了"法人"和"法律行为"等重要概念，这些概念对于后来德国民法典的编纂产生了深远影响。胡果的这些贡献不仅丰富了德国民法的理论体系，也为德国民法典的编纂提供了重要的理论基础和实践指导。

胡果作为历史法学的创始人，他的生平和学术思想对于理解法律的本质和发展规律具有重要意义。他强调法律的历史性和民族性，反对纯理论的自然法学和法典化了的自然法思想，主张尊重和维护民族的传统和文化特色。同时，他还提出了科学的研究方法和重要的民法理论概念，为德国民法的发展作出了巨大贡献。胡果的思想和贡献不仅为后来的历史法学派奠定了理论基础，也为法学研究和法律实践提供了重要的启示和指导。

二、萨维尼及其主要法律思想

（一）萨维尼的生平

弗里德里希·卡尔·冯·萨维尼（1779—1861）是德国历史上最伟大的法学家之一，也是历史法学派的核心人物。他的学术生涯几乎贯穿了整个 19 世纪，对德国乃至整个欧洲的法学发展产生了深远的影响。萨维尼出生于一个法律世家，家族中有多位从事法律工作的人，这为他日后走上法学研究的道路奠定了基础。早年，萨维尼在莱比锡大学学习法律，期间受到了多位法学巨匠的熏陶。他的学业成绩优异，对罗马法有着浓厚的兴趣。毕业后，萨维尼开始了他的法律职业生涯，并很快在学术界崭露头角。他的研究范围广泛，包括罗马法、私法学理论、法学方法论等多个领域，尤其是在罗马法研究方面取得了卓越的成就。萨维尼的学术观点独特且深刻，他坚持认为法律是民族精神的体现，是随着民族的成长而自然演进的。这一观点在当时引起了广泛的争议和讨论，但也为后来的历史法学派奠定了理论基础。萨维尼的学术思想不仅影响了德国的法学界，也对欧洲乃至全世界的法学研究产生了重要影响。

（二）萨维尼的主要法律思想

萨维尼是历史法学理论的集大成者，其思想对历史法学派的存在与发展有着非常关键的作用。具体来说，萨维尼的主要思想包括以下方面内容。

第一，法的起源与发展。萨维尼对法的起源和发展有着独特的见解。他既否认法是理性的产物，也否认法是人的独断意志的产物，更否认自然法的存在。萨维尼认为，法同语言一样有自己的发展历史，是随着民族的成长而自然演进的。法律的产生不是人为设计的结果，而是民族精神的自然流露。在萨维尼看来，法律的发展经历了三个阶段：自然法阶段（习惯法阶段）、学术法阶段和编纂法典阶段。在自然法阶段，法律主要表现为民族历史中自然发生的习惯法，这些习惯法以口头或文字的形式世代传承，成为民族共同意识的一部分。在学术法阶段，法律开始体现在法学家的意识之中，法学家通过对习惯法的研究和整理，形成了系统的法学理论。在编纂法典阶段，习惯法与学术法达到了统一，法典的产生成为法律发展的必然结果。萨维尼认为，法律的发展是一个自然演进的过程，而不是人为设计的结果。他强调法律的稳定性和连续性，反对激进的法律改革和移植。萨维尼的这一观点对于维护法律的权威性和公信力具有重要意义。

第二，法的效力渊源。关于法的效力渊源，萨维尼认为不成文的习惯法和成文的实在法都是重要的法律渊源。他强调习惯法在法律体系中的重要地位，认为习惯法是法律的重要渊源之一。习惯法是在长期的社会实践中逐渐形成的，它反映了民族的传统和文化特色，具有深厚的社会基础和广泛的民众认可。因此，在制定法律时应当充分考虑习惯法的因素，尊重和维护民族的传统和文化特色。同时，萨维尼也承认成文法的存在和效力。他认为，成文法虽然不像习惯法那样自然发生，但也是法律的重要表现形式之一。然而，萨维尼强调实在法是从习惯法派生出来的，习惯法才是法律的根本和源泉。因此，在制定和解释法律时应当注重习惯法的因素和作用。

第三，法的性质与特征。萨维尼把法看作是"民族精神"或"民族共同意识"的体现。他认为法律的存在与民族的存在和特征紧密相关，法律是民族精神的重要组成部分。在萨维尼看来，每个民族都有其独特的法律传统和法律文化。这些传统和文化是在长期的历史演进中逐渐形成的，反映了民族的精神风貌和文化特色。萨维尼强调法律的民族性和历史性，认为法律应当反映和尊重民族的传统和文化特色。他反对简单地移植或借鉴其他国家的法律制度，认为这样做会破坏法律的民族性和历史性。萨维尼的这一观点对于维护法律的独特性和多样性具有重要意义。

第四，法律解释与法律关系。萨维尼认为法律要得到理解和遵守就必须对法律进行解释。他提出了包括逻辑、文法、历史和体系在内的四种法律解释方法，这些方法有助于我们更深入地理解法律条文背后的含义和精神实质。萨维尼强调法律解释应当尊重法律条文的本意和立法者的意图，同时也要考虑法律条文所处的历史背景和社会环境。在法律关系方面，萨维尼认为法律关系是由法律规定的人与人之间的关系。他将法律关系分为三种类型：一是人出生起就拥有的权利（原权）；二是将他人作为对象的法律关系（如财产关系、债权关系、婚姻关系等）；三是人与自然的关系（如所有权关系）。萨维尼的这些分类有助于我们更清晰地理解法律关系的本质和类型。

第五，国家起源与法律移植。在国家起源问题上，萨维尼反对社会契约论。他认为国家同法律一样也是民族精神的产物或者说是民族的传统和经验的结晶。萨维尼强调国家的神圣性和不可侵犯性，认为人民应当服从国家的统治和安排。这一观点在当时引起了广泛的争议和批评，但也反映了萨维尼对国家权威和统一性的重视。在法律移植问题上，萨维尼持谨慎态度。他认为每个民族都有其独特的法律传统和文化特色，因此在进行法律移植时必须充分考虑目标国家的历史背景、民族文化和社会环境等因素以避免出现水土不服的情况。萨维尼的这一观点对于维护法律的独特性和多样性具有重要意义，也为我们提供了一种审慎对待法律移植的思路和方法。

总体上来说，萨维尼的思想对后世法学的发展产生了深远的影响。他强调法律的历史性和民族性，反对法律的理性构建和移植，这些观点为后来的历史法学派奠定了理论基础。同时萨维尼对罗马法的研究、对私法学理论的发展以及对法学方法论的创新，也为德国乃至全世界的法学研究提供了重要的启示和借鉴。然而萨维尼的思想也存在一些争议和批评。一些人认为他过于强调法律的民族性和历史性忽视了法律的普遍性和全球性趋势；另一些人则认为他对法官角色的过分强调可能导致司法擅断和权力滥用等问题。尽管如此，萨维尼作为历史法学派的核心人物，其思想对法学研究和法律实践产生了深远的影响和启示作用。他提醒我们在理解和解释法律时，必须充分考虑其背后的历史背景和社会环境；同时他也倡导，在尊重传统的基础上进行法律的渐进变革，以实现法律的可持续发展。这些理念至今仍然具有重要的现实意义和价值。

三、梅因及其主要法律思想

（一）梅因的生平

亨利·詹姆斯·萨姆那·梅因（1822—1888），英国著名法律史专

家。作为比较法学的先驱，同时也是历史法学派的集大成者，梅因的一生
见证了 19 世纪法学领域的重大变革，尤其是历史法学派对自然法学派的
挑战以及法学研究方法的革新。梅因的学术贡献不仅在于他对法律史的深
入研究，更在于他对法律起源、发展以及法律与社会变迁关系的独到见
解。梅因早年就读于牛津大学，主修法律。在学术生涯的初期，梅因就展
现出了对法律史的浓厚兴趣。他深入研究了罗马法、日耳曼法以及英国法
等不同法系的法律制度和形式，这些研究为他日后创立独特的法律史观奠
定了坚实的基础。毕业后，梅因开始从事法学教育和研究工作，他的学术
观点和方法论对后来的法学研究产生了深远的影响。

（二）梅因的主要法律思想

同其他历史法学理论的代表人物相比，梅因更加在乎不同法系的比较
研究，并以此进而发现不同法律制度与相应的历史背景之间的联系，并以
此形成了自己独特的法律思想。具体来说，梅因的法律思想主要体现在以
下几个方面。

第一，历史方法与法律研究。梅因是英国第一位采用"历史方法"研
究法律的法学家。他认为，法律不是孤立存在的抽象体系，而是深深植根
于特定的社会历史和文化背景之中。因此，要真正理解法律的本质和发展
规律，就必须采用历史的方法，把法律作为一个历史发展过程来考察研
究。梅因的这一观点打破了传统法学研究的局限，将法学研究置于更广阔
的社会历史背景之下，从而揭示了法律与社会、历史、文化之间的紧密联
系。梅因的历史方法不仅强调对法律历史的研究，还注重观察人类历史的
真实情况，讲求调查研究，强调得出结论要根据实际材料，排除任何假设
和虚构。这种科学的研究方法使得梅因能够更准确地揭示法律的本质和发
展规律，为后来的法学研究提供了重要的方法论支持。

第二，法的起源与发展。梅因对法的起源和发展提出了独特的见解。
他认为法律观念及制度是伴随人类社会的产生和发展自然而然的产生和发
展的。法律的起源不是人为设计的结果，而是社会历史的自然演进过程。
梅因将法律的发展分为自发和自觉两个阶段，早期社会的判决是法律的萌
芽，习惯法才是真正的法律。随着社会的发展，人们开始自觉地制定成文

法来规范社会关系，但这并不意味着法律的自发发展过程已经结束，相反，成文法的出现只是法律发展过程中的一个阶段而已。梅因的这一观点对理解法律的本质和发展规律具有重要意义。它揭示了法律与社会、历史、文化之间的紧密联系，强调了法律研究应当关注法律背后的社会历史背景和文化脉络。同时，梅因也提醒我们，法律的发展是一个永无止境的过程，我们应当尊重法律的历史传统和文化特色，不断推进法律的改革和创新。

第三，对自然法的批判。梅因对 18 世纪的自然法理论进行了全面的批判。他认为自然法理论是一种浪漫主义的先天假设，其理论是非历史的、先验的和形而上学的。梅因认为自然法理论混淆了"过去"和"现在"，将许多不同习惯概括起来的"万民法"误认为是自古就有的自然法。实际上，自然法并不是自古就有的，而是现代社会的产物。梅因的这一批判对于破除自然法学派的迷信具有重要意义，它提醒我们法律不是抽象的、普适的规范体系，而是与具体的社会历史和文化背景紧密相连的。然而，梅因并没有完全否定自然法理论在历史上和现实中的作用。他认为自然法虽然存在缺陷，但它在对人的关注、倡导人本主义思想以及对世界产生的影响等方面都发挥了积极作用。因此，在批判自然法理论的同时，梅因也肯定了其历史价值和现实意义。

第四，"从身份到契约"的论断。梅因提出了著名的"从身份到契约"的论断。他认为在人类社会的发展过程中，家族依附关系逐渐消失，个人权利义务不断增长。这一变化在法律上表现为从身份到契约的转变。在以前的社会形态中，"人"的一切关系都被概括在"家族"关系中；而在新的社会形态下，"个人"成为民事法律考虑的单位，人与人之间的关系更多地通过契约来建立和调整。梅因的这一论断揭示了人类社会演变过程中人与人之间关系的变化规律，对于理解法律与社会变迁的关系具有重要意义。然而，梅因的"从身份到契约"的论断也存在一定的局限性。它过分美化了资本主义商品交换关系，忽视了资本主义社会中存在的阶级矛盾和不平等现象。尽管如此，梅因的这一论断仍然为我们提供了一种理解法律与社会变迁关系的独特视角和方法论支持。

第五，法律移植与比较法研究。梅因对法律移植持谨慎态度。他认为每个民族都有其独特的法律传统和文化特色，因此在进行法律移植时必须充分考虑目标国家的历史背景、民族文化和社会环境等因素，以避免出现水土不服的情况。同时梅因也强调比较法研究的重要性，认为通过比较不同国家的法律制度和文化特色，可以更好地理解法律的本质和发展规律，促进法律的改革和创新。

梅因的思想对后世法学的发展产生了深远的影响。他采用历史方法研究法律，将法学研究置于更广阔的社会历史背景之下，揭示了法律与社会、历史、文化之间的紧密联系。同时梅因对自然法理论的批判以及"从身份到契约"的论断，也为后来的法学研究提供了新的视角和方法论支持。梅因的比较法研究也为不同法系之间的交流和融合奠定了基础，促进了世界法学的发展。然而梅因的思想也存在一定的局限性。他过分强调法律的民族性和历史性，忽视了法律的普遍性和全球性趋势；同时他对资本主义商品交换关系的美化，也忽视了资本主义社会中存在的阶级矛盾和不平等现象。尽管如此，梅因作为历史法学派的集大成者，其思想对法学研究和法律实践产生了深远的影响和启示作用。他提醒我们在理解和解释法律时，必须充分考虑其背后的社会历史背景和文化脉络；同时他也倡导在尊重传统的基础上进行法律的改革和创新，以实现法律的可持续发展。

四、梅特兰及其主要法律思想

（一）梅特兰的生平

弗雷德里克·威廉·梅特兰（1850—1906）是英国法律史学的开创者，对英国法律史的研究作出了里程碑式的贡献。梅特兰的一生，是对英国法律历史深入挖掘、整理和研究的一生，他的学术成就不仅奠定了英国法律史研究的基石，也为后世研究法律史提供了宝贵方法和视角。梅特兰早年就读于剑桥大学，专攻法律学。他的学术生涯始于对罗马法和英国法的比较研究，但很快他意识到，要真正理解英国法的精髓，必须深入到其历史根源中去探寻。因此，梅特兰开始将研究的重心转向英国法律史，尤其是中世纪时期的法律文献和制度。在学术研究中，梅特兰注重原始资料的收集和整理。他创立了谢尔顿学会，专门致力于点校整理英格兰古代法律文献，并编辑了该学会的三套年鉴。这些原始资料为后世英国法律史的研究提供了宝贵的素材和依据，梅特兰的这一贡献无疑为英国法律史学界树立了标杆。除了整理资料外，梅特兰还积极撰写学术著作，阐述自己的法律史观点。他的代表作《英国法律史（爱德华一世以前时期）》填补了英国法律史研究的空白，对理解英国法的历史发展具有重要意义。这部著作不仅展现了梅特兰深厚的学术功底，也体现了他对英国法律史研究的独到见解和深刻洞察。

（二）梅特兰的主要法律思想

梅特兰是英国历史法学派的代表人物。与梅因专注于不同法系的比较研究，进而发现不同法律制度与其历史发展之间的关系不同，梅特兰与德国历史法学派的代表人物如萨维尼等的研究方法更为相似。他直接从英国的历史根源中寻求英国法的精髓，从而相较于梅因更具有典型的历史法学派特征。他的存在意味着历史法学理论已经超越了德国一国的界限，成为具有世界性影响的重要法学理论流派。具体来说，梅特兰的法律思想主要包括以下方面内容。

第一，法律与历史的不可分割性。梅特兰认为，法律与历史是密不可分的。他强调，法律不是孤立存在的抽象体系，而是深深植根于特定的社会历史和文化背景之中。因此，要真正理解法律的本质和发展规律，就必须将其置于更广阔的社会历史背景之下进行考察。梅特兰特别指出，英国的普通法本身就是悠久历史的产物。普通法的形成和发展经历了漫长的历史过程，其中包含了丰富的历史信息和文化内涵。只有借助于历史研究，才能揭示普通法的真谛和本质。梅特兰的这一观点对于理解英国法的历史渊源和文化特色具有重要意义。

第二，衡平法的形成与发展。梅特兰对衡平法的形成和发展进行了深入的研究。他认为，衡平法是在特定的历史背景下产生的，旨在弥补普通法的不足。随着资本主义的产生和发展，普通法面临着前所未有的问题和挑战。尤其是在处理新兴的经济关系和社会问题时，普通法显得力不从心。因此，衡平法应运而生，成为普通法的重要补充和完善。梅特兰指出，衡平法是由特殊的法院即衡平法院的大法官通过判决发展起来的。衡平法院的大法官们拥有很大的自由裁量权，可以根据案件的具体情况做出公正的判决。这种灵活性和适应性使得衡平法能够更好地适应社会的发展变化，满足人们对公平正义的追求。梅特兰还分析了衡平法产生的法律思想渊源。他认为，衡平法的产生与道德良心观念、自由裁量权思想以及教会法、罗马法等外部影响密切相关。这些思想和制度为衡平法的形成和发展提供了重要的理论支持和制度保障。

第三，对英国法律史研究的贡献。梅特兰对英国法律史研究的贡献主要体现在以下几个方面。一是整理和研究原始资料。梅特兰创立了谢尔顿学会，专门致力于点校整理英格兰古代法律文献。他编辑的年鉴为后世英国法律史的研究提供了宝贵的素材和依据。这些原始资料的整理和研究对于理解英国法的历史渊源和文化特色具有重要意义。二是奠定英国法律史研究基础。梅特兰的著作《英国法律史（爱德华一世以前时期)》填补了英国法律史研究的空白，为后世提供了研究英国法律史的宝贵视角和方法。这部著作不仅展现了梅特兰深厚的学术功底，也体现了他对英国法律史研究的独到见解和深刻洞察。三是强调法律与历史的不可分割性。梅特兰认为法律与历史是密不可分的，只有借助于历史研究才能揭示法律的真谛和本质。这一观点对于理解英国法的历史渊源和文化特色具有重要意义，也为后来的法律史研究提供了重要的方法论支持。四是深入分析衡平法的形成与发展。梅特兰对衡平法的形成和发展进行了深入的研究，揭示了衡平法产生的历史背景、思想渊源以及其在英国法律体系中的地位和作用。这一研究不仅丰富了英国法律史的内容，也为理解现代英国法提供了重要的历史参考。

梅特兰作为英国法律史学的开创者，其生平和学术思想对后世产生了深远的影响。他注重原始资料的整理和研究，强调法律与历史的不可分割性，深入分析衡平法的形成与发展，为英国法律史的研究奠定了坚实的基础。梅特兰的学术贡献不仅在于其具体的学术成果，更在于他提供了一种全新的研究视角和方法论支持，使得后来的法律史研究能够更加深入、全面和准确地揭示法律的本质和发展规律。

五、穗积陈重及其主要法律思想

（一）穗积陈重的生平

穗积陈重（1855—1926），日本近代法学界的杰出代表。他的一生是对日本法学研究和法制建设作出巨大贡献的一生。作为日本近代法律文化的主要奠基人，其学术生涯跨越了19世纪末至20世纪初的重要历史时期。他不仅是日本法理学学科的创立者，还是日本民法典编纂过程中的关键人物，对日本乃至东亚地区的法学研究和法制建设产生了深远的影响。穗积陈重出生于书香门第，自幼受到良好的学术熏陶。他早年就读于东京大学法学部，专攻法学。在学术道路上，穗积陈重展现出了对法律历史与文化的浓厚兴趣，他的研究不仅局限于日本法，更放眼于世界各国的法律制度和文化。正是这种广博的视野和深厚的学术积淀，为他日后创立日本法理学学科、提出法律进化论思想奠定了坚实的基础。穗积陈重的学术生涯始于对罗马法和日耳曼法的研究，但他很快意识到，要真正理解法律的本质和发展规律，必须深入研究法律的历史和文化背景。因此，他开始将研究重心转向法律史和比较法学，通过对不同国家和民族的法律制度和文化进行比较研究，探寻法律发展的普遍规律和特殊路径。在学术研究中，穗积陈重注重实证研究和历史分析，他广泛搜集和整理原始资料，对古代法律文献进行了深入的点校和整理工作。这些原始资料不仅为他的学术研究提供了宝贵的素材，也为后来的法律史研究提供了重要的参考。穗积陈重还积极参与学术交流和讨论，他的学术观点和思想影响了许多同代学者，对日本法学界的发展产生了重要影响。除了学术研究外，穗积陈重还积极参与日本的法治建设实践。他参与了日本民法典的编纂工作，对民法典的制定和完善提出了许多宝贵的建议，其思想和实践经验为日本民法典的编纂提供了重要的指导和支持。

（二）穗积陈重的主要法律思想

穗积陈重的主要思想集中在法律进化论上，他认为法律是一种社会力，是在公权力状态之下实施行为的规范。法律的发展是一个自然演进的过程，受到社会、经济、文化等多种因素的影响。穗积陈重的法律进化论思想对于理解法律的本质和发展规律具有重要意义，它揭示了法律与社会、历史、文化之间的紧密联系，强调了法律研究应当关注法律背后的社会历史背景和文化脉络。

第一，法律与社会力的关系。穗积陈重强调法律与社会力之间的密切联系，认为法律的发展受到社会力的推动和制约。社会力的变化和发展决定了法律的变化和发展方向。穗积陈重进一步将社会力分为动态和静态两种形态，认为法律作为社会力的一种也具有动态和静态两种不同的形态。静态的法律表现为行为的规范而动态的法律则表现为随着时间变化而产生的变化。穗积陈重的这一观点为我们理解法律与社会之间的关系提供了新的视角和方法论支持。

第二，法律进化的普遍规律。穗积陈重认为法律的发展是一个自然演进的过程，其中存在着普遍的规律。这些规律不仅适用于不同国家和民族的法律制度，也适用于同一国家、民族内部不同时期的法律制度。穗积陈重将法律进化论分为泛论与各论。泛论旨在探求法现象变迁的一般性法理，而各论则根据不同标准观察法现象的变化规律。他认为通过对不同国家和民族的法律制度进行比较研究，可以发现其中的共性和差异，从而揭示法律进化的普遍规律。

第三，法律进化的特殊性。穗积陈重在强调法律进化普遍规律的同时，也注意到了法律进化的特殊性。他认为不同国家和民族的法律制度具有各自独有的特征和路径。这是由于它们所处的社会历史背景和文化环境不同所导致的。因此在进行比较研究时，需要充分考虑到这些特殊性因素。以便更准确地揭示法律进化的规律。穗积陈重的这一观点提醒我们，在研究法律进化时需要保持开放和包容的态度，尊重不同国家和民族的法律传统和文化特色。

第四，法律进化的方法论。穗积陈重认为法律进化的研究需要采用科学的方法论，包括实证研究和历史分析等。他强调对原始资料的搜集和整理，以及对法律实践的深入观察和分析，这些工作是揭示法律进化规律的基础。同时他还认为法律进化的研究需要借助于其他学科的知识，如人类学、考古学、社会学、心理学等，以便更全面地理解法律与社会之间的关系。穗积陈重的这一方法论为我们研究法律进化提供了重要的指导和支持，使得我们能够更加深入地理解法律的本质和发展规律。

穗积陈重作为日本近代法律文化的主要奠基人，其生平和学术思想对后世产生了深远的影响。他创立了日本的法理学学科，并提出了法律进化论思想，为我们理解法律的本质和发展规律提供了新的视角和方法论支持。他的学术研究不仅丰富了日本法学界的内容，也为世界法学研究作出了重要贡献。同时他还积极参与日本的法治建设实践，为日本民法典的编纂提供了重要的指导和支持，使得日本民法典成为一部具有深远影响的法律文献。

第四节　历史法学理论的局限性及其衰落

历史法学理论，作为法学的一个重要理论流派，在 19 世纪初至中期曾经占据了重要的地位，对法学研究和法律实践产生了深远的影响。然而，随着时间的推移，历史法学理论逐渐显露出其局限性，并在 19 世纪末至 20 世纪初开始衰落。本节将探讨历史法学理论的局限性及其衰落的原因。

一、历史法学理论的局限性

历史法学理论，作为法学领域理论的重要流派之一，在法学研究和法律实践中曾经占据过举足轻重的地位。然而，随着时间的推移和法学研究的深入，历史法学理论的局限性逐渐显露出来。以下将从多个角度详细阐述历史法学理论的局限性，以期能够更全面地理解和评价这一理论流派。

（一）过分强调法律的历史性和民族性

历史法学理论的一个显著特征就是过分强调法律的历史性和民族性。它认为法律是特定历史和民族文化的产物，每个民族都有其独特的法律传统和文化。这一观点在一定程度上体现了法律与民族历史和文化之间的紧密联系，然而，它也带来了明显的局限性。一方面，过分强调法律的历史性和民族性容易导致对法律普遍性的忽视。法律作为社会规范的一种，其普遍性是法律存在的基础之一。法律普遍性指的是法律原则和规范在不同社会和文化中的普遍适用性和有效性。然而，历史法学理论过分强调法律的民族特殊性，往往将法律视为一种孤立存在的现象，忽视了法律在不同社会和文化中的普遍性和共性。这种局限性使得历史法学理论难以适应全球化时代对法律交流和融合的需求，也难以在全球化的背景下有效地解决跨国法律问题。另一方面，过分强调法律的历史性容易导致对法律发展的静态理解。历史法学理论将法律视为一种自然演进的过程，认为法律的发展完全受制于历史因素。对历史决定性作用的过分强调，而忽视了法律发展的多元性和复杂性。法律的发展不仅受到历史因素的影响，还受到社会、经济、文化等多种因素的影响。因此，历史法学理论在解释法律现象时显得过于单一和片面，难以全面揭示法律的本质和发展规律。

（二）忽视法律与经济的紧密联系

历史法学理论的另一个局限性是忽视法律与经济的紧密联系。它否认法律为社会物质生活条件所决定，否认法律与经济基础之间的相互作用关系。然而，马克思主义认为法是社会发展到一定阶段的产物，是阶级和阶级斗争的产物，是由社会经济基础决定的。法律与经济基础之间的相互作用关系是法律发展的根本动力。历史法学理论忽视法律与经济的紧密联系，将法律视为一种孤立存在的现象，难以全面理解法律的本质和发展规律。在现代社会中，法律与经济的关系日益紧密。经济活动的复杂性和多样性要求法律能够提供相应的规范和保障。同时，法律的发展也受到经济活动的深刻影响。例如，市场经济的发展促进了私法体系的完善和合同法、公司法等法律的制定和实施。然而，历史法学理论忽视法律与经济的紧密联系，使得其在面对现代社会的经济问题时显得力不从心。

（三）过分夸大习惯的作用

历史法学理论非常重视习惯的作用，强调习惯是法律的重要渊源。然而，它过分夸大了习惯的作用，将自己的研究局限于法律的起源问题。这种局限性表现在以下两个方面。一方面，过分夸大习惯的作用忽视了成文法在现代法律体系中的主导地位。成文法具有明确性、稳定性和可预测性等优点，能够更好地适应现代社会的需求。习惯法虽然在现代法律体系中仍占有一定地位，但其作用已经大大减弱。历史法学派过分强调习惯法的作用，导致其在法律实践中难以适应现代社会的发展变化。另一方面，过分夸大习惯的作用忽视了法律的社会功能。法律作为一种社会规范，其目的在于维护社会秩序、保障人权和促进社会公正。然而，历史法学派过分强调习惯的作用，往往将法律视为一种纯粹的文化现象或历史遗产，从而忽视了法律的社会功能和价值。这种局限性使得历史法学派往往在面对现代社会的法律问题时显得过于保守和封闭。

（四）政治立场倾向反动保守

历史法学派的核心代表人物萨维尼在政治倾向上表现出反动保守的特点。他认为所有政治事务都必须和历史中发展出来之国家的形态相联系，气候、民族性、语言、文化、宗教诸因素都共同决定这种特殊的形态。这种把国家、民族的地位放在首位的做法充分显示了他保守主义的立场。萨维尼反对法国大革命所代表的理性主义和普遍主义，认为革命会破坏既有的传统。他主张通过改革而非革命来实现社会的进步和发展。然而，这种保守主义的政治倾向使得历史法学派在面对社会变革和法律改革时显得过于保守和封闭。在现代社会中，社会变革和法律改革是不可避免的趋势。只有通过不断的改革和创新才能适应社会的发展变化并解决新的问题。然而，历史法学派的保守主义立场使得其在面对社会变革和法律改革时显得力不从心，甚至阻碍改革的进程。

（五）方法论上存在局限性

历史法学理论在方法论上也存在一定的局限性。它过分强调历史分析和文献研究的方法，忽视了实证研究和其他学科方法的运用。一方面，过分依赖历史分析和文献研究的方法，使得历史法学派的研究往往局限于对古代法律文献的整理和解释，缺乏对现实法律现象的深入观察和实证分析。这种研究方法难以全面揭示法律的本质和发展规律，也无法有效地解决现实问题。另一方面，历史法学派在解释法律现象时往往采用唯心史观的方法，忽视了社会、经济、文化等因素对法律发展的影响。这种唯心史观的方法使得历史法学派在法律解释上显得过于主观和片面，难以得到广泛的认可和接受。

综上所述，历史法学理论在过分强调法律的历史性和民族性、忽视法律与经济的紧密联系、过分夸大习惯的作用、政治倾向反动保守以及方法论上的局限性等方面存在明显的不足。这些局限性使得历史法学理论难以全面揭示法律的本质和发展规律，也难以适应现代社会的发展变化。因此，在法学研究和法律实践中，需要客观全面地看待历史法学理论的价值和局限性，并在批判继承的基础上推动法学研究的深入发展。同时，也需要不断探索和创造新的法学理论和方法，以适应社会的发展变化和解决新的问题。

二、历史法学理论的衰落

历史法学理论在 19 世纪上半期盛极一时，对法学研究和法律实践产生了深远的影响。然而，随着时间的推移和法学研究的深入，历史法学理论逐渐显露出其局限性，并在 19 世纪末至 20 世纪初开始走向衰落。本部分将从多个角度详细阐述历史法学理论的衰落过程及其原因。

（一）历史法学理论衰落的背景

历史法学理论在 19 世纪上半期盛极一时，其代表人物如萨维尼、梅因等人的观点在当时法学界产生了广泛的影响。然而，随着社会的快速发展和变化，法律也需要不断适应新的社会需求和挑战。在这一背景下，历史法学理论逐渐显露出其局限性，难以满足时代的需求。同时，其他法学流派的兴起也对历史法学理论构成了挑战。例如，分析法学派强调法律的逻辑结构和形式要素，注重法律的逻辑分析和概念界定；社会法学派则强调法律与社会的关系，注重法律的社会功能和效果。这些法学流派从不同的角度和方法论出发，对法律现象进行了更为全面和深入的研究，相比之下，历史法学理论显得过于单一和片面。

（二）历史法学理论衰落的标志

历史法学理论衰落的标志之一是学术界对历史法学理论的批判和质疑。1888年，斯坦姆勒在其《历史法学的方法》一书中，对历史法学予以了严厉的批判。他认为历史法学过分强调法律的历史性和民族性，忽视了法律的普遍性和全球性；同时，历史法学过分夸大习惯的作用，将自己的研究局限于法律的起源问题。斯坦姆勒的批判揭示了历史法学理论的局限性，对其衰落产生了重要影响。另一位历史学家也对历史法学理论提出了批评。他指出历史法学保守和对于法律进化的否定态度，认为历史法学忽视了法律与社会、经济等因素的相互作用关系。这种批评进一步揭示了历史法学理论的不足和局限性。1897年，霍姆斯在其著名的《法律的道路》一书中，对历史法学理论进行了更为深入的批判。他认为历史法学没有有意识地考察法律所体现的社会利益，对法律的改进持一种否定的态度，没有确立起一种有效的适用于现实需要的法律基本观念。霍姆斯的批判直击历史法学理论的核心问题，标志着历史法学开始走向衰落。

（三）历史法学理论衰落的原因

历史法学理论衰落的原因是多方面的。首先，历史法学理论过分强调法律的历史性和民族性，忽视了法律的普遍性和全球性。在全球化的背景下，各国法律之间的交流和融合日益增多，法律的普遍性和全球性日益凸显。历史法学理论在这一方面显得过于保守和封闭，难以满足全球化时代对法律交流和融合的需求。其次，历史法学理论忽视法律与经济的紧密联系。它否认法律为社会物质生活条件所决定，否认法律与经济基础之间的相互作用关系。然而，法律与经济基础之间的相互作用关系是法律发展的根本动力。历史法学理论忽视这一点，导致其在面对现代社会的经济问题时显得力不从心。再次，历史法学理论过分夸大习惯的作用，将自己的研究局限于法律的起源问题。它忽视了成文法在现代法律体系中的主导地位以及法律的社会功能和价值。这种局限性使得历史法学理论在面对现代社会的法律问题时显得过于保守和封闭。此外，历史法学派在政治倾向上表现出的反动保守态度也加速了其衰落的过程。萨维尼等代表人物反对社会变革和法律改革，主张通过改革而非革命来实现社会的进步和发展。然而，在现代社会中，社会变革和法律改革是不可避免的趋势。历史法学派的保守主义立场使得其在面对社会变革和法律改革时显得力不从心，甚至阻碍改革的进程。最后，历史法学理论在方法论上也存在局限性。它过分依赖历史分析和文献研究的方法，忽视了实证研究和其他学科方法的运用。这种局限性使得历史法学理论难以全面揭示法律的本质和发展规律，也无法有效地解决现实问题。

（四）历史法学理论衰落的影响

历史法学理论衰落对法学研究和法律实践产生了深远的影响。首先，它促进了法学研究的多元化和深入发展。随着历史法学理论的衰落，其他法学流派如分析法学、社会法学、经济法学等逐渐兴起并在法学研究中占据重要地位。这些法学流派从不同的角度和方法论出发对法律现象进行了更为全面和深入的研究，推动了法学研究的深入发展。其次，历史法学理论衰落也促进了法律实践的创新和发展。在面对现代社会的法律问题时，人们不再局限于历史法学的观点和方法，而是更加注重现实问题的分析和解决。这促进了法律实践的创新和发展，提高了法律解决现实问题的能力。最后，历史法学理论衰落还促进了法学教育的改革和发展。随着历史法学理论的衰落，法学教育也开始注重培养学生的批判性思维和创新能力，不再局限于传统的历史法学观点和方法。这一方面促进了法学教育的改革和发展，另一方面提高了法学教育的质量和水平。

历史法学理论作为法学重要理论流派之一，在19世纪上半期盛极一时，对法学研究和法律实践产生了深远的影响。然而随着时间的推移和法学研究的深入，历史法学理论逐渐显露出其局限性，并在19世纪末至20世纪初开始走向衰落。历史法学理论衰落的原因是多方面的，包括过分强调法律的历史性和民族性、忽视法律与经济的紧密联系、过分夸大习惯的作用以及政治倾向反动保守等。历史法学理论衰落对法学研究和法律实践产生了深远的影响，促进了法学研究的多元化和深入发展以及法律实践的创新和发展，同时也促进了法学教育的改革和发展。历史法学理论的衰落是一个复杂的过程，它既是时代变迁的结果，也是法学研究深入发展的必然产物。通过批判继承历史法学理论，我们可以更好地推动法学研究的深入发展，并为法律实践提供更为全面和深入的指导。

第五节　历史法学理论的贡献及其现代意义

虽然在 20 世纪初叶历史法学理论就已经衰微，并退出法学舞台，但历史法学理论在近一个世纪时间里对整个世界法学发展和法律文化的传承作出了重要贡献，在整个世界的法学舞台上发挥着重要影响。

一、历史法学理论的主要贡献

（一）有效推动了法律文化传承

历史法学理论代表人物在进行研究的过程中，收集、整理了大量的历史资料，这些史料为后来人们从事相关研究打下了坚实的基础。比如，萨维尼的《中世纪罗马法史》、梅因的《古代法制史讲演录》和《古代法》、梅特兰和波洛克的《英国法律史（爱德华一世以前时期)》以及穗积陈重的《法律进化论》等都有着丰富翔实的史料，这些史料涉及范围非常广泛，既有罗马法史料，也有人类古代社会史料，法律进化的史料。既有一般性的史料，也有国别类的史料，如英国法律史、日耳曼法等。这些史料对于后来人们从事相关研究是不可或缺的。同时，历史法学理论代表人物通过挖掘、整理、恢复和保存大量史料，为人类法律文化的传承作出了重要贡献。

（二）挖掘和整理了罗马法文献

作为罗马法学家，德国历史法学理论代表人物萨维尼对于罗马法的研究非常深入。他对罗马法的研究不仅促使了历史法学理论的形成，而且在研究中整理了大量的罗马法史料，特别是早期罗马法的一些史料。萨维尼的《中世纪罗马法史》（全卷）不仅收集了 11 世纪以前西欧各地区流传的罗马法文献，而且对注释法学形成以后各位学者研究罗马法的作品作了汇编、整理，对中世纪西欧各大学的罗马法教育做了考证和论述，从而成为一部罗马法的资料宝库。直至今日，西方学者在研究中世纪西欧法学史时，依据的主要还是萨维尼的这部作品。因此，作为研究中世纪罗马法的最伟大的历史学家，萨维尼依然是这一领域一切后来者绕不过去的权威。

（三）促进了近代民法学的形成和发展

《法国民法典》以新的资本主义的法律代替腐朽的封建法律，以准确和明晰著称，开创了资产阶级民法典的典范，有力地推动了法国乃至整个资本主义经济的发展。但是由于当时法国学术界对法典的过分崇拜，对习惯法和判例法的忽视，而仅以法典的条款为研究对象，并且持续时间长达近一个世纪之久，阻碍了民法科学的发展。与之相反，德国历史法学理论代表人物从罗马法和日耳曼法的基础性研究开始，从概念到体系，创立了一个庞大的民法学体系，形成了近代民法学学科。可以断言，如果没有历史法学理论，就不会有如此高水准的近代民法学。另外，日本历史法学理论也证实了这一点。围绕日本近代民法典的编纂，日本历史法学理论的代表人物穗积陈重专门撰写了《法典论》，对民法典的编纂进行了深入探讨。日本近代民法典的修订在很多方面借鉴了穗积陈重《法典论》的观点。这对于推动日本近代民法学的发展具有重要意义。

（四）有效地推动了法典编纂

历史法学理论虽然反对不分时空条件编纂法典，但实际上却推动了法典编纂，这看起来似乎是一个矛盾。事实上，历史法学理论并不反对编纂法典，而是要求法典编纂必须具备成熟的条件。萨维尼与蒂堡博因法典编纂进行的论战，最终以推迟制定全德统一的民法典而告终。从表面上，萨维尼阻碍了制定全德统一的民法典工作。事实上，就是因为推迟制定全德统一的民法典，才会使德国法学界赢得更多的时间对民法典的编纂做一些更加扎实的基础性工作，进而奉献给世界一部质量很高的民法典。可以说，德国历史法学理论后期的潘德克顿法学对于德国民法典的制定立下了汗马功劳。这些潘德克顿法学代表人物还参与了法典编纂工作。在日本历史上，围绕博瓦索纳德法典的实施，出现了以梅谦次郎为代表的断行派和以穗积陈重为代表的延期派之间的论争，并以延期派的胜利和博瓦索纳德法典实施的推迟而告终。从表面上看，这似乎影响了日本近代民法典的出台，但是应该看到，经过修订后的日本近代民法典不仅制定得更加精确，更加符合日本的国情民情，也消除了人们普遍存在的"民法出而忠孝亡"的疑虑。可以说，日本历史法学理论对日本近代民法典的编纂作出了重要贡献。同时，穗积陈重还参与了日本近代民法典的编纂工作，对于日本近代法制建设作出了重大贡献。

（五）创立了近代法学方法论

历史法学理论之所以能够取得如此之大的学术成就和社会影响，其中一个很重要的方面就是其采用的近代法学方法论。在 18 世纪是自然法世纪，自然法是形成当时社会生活的主要力量，支配了当时的法律与社会意识，并催生了一批具有明显自然法痕迹的法典。此时，历史法学理论教导法律家们应该具备历史意识，使法律家们相信历史思考模式具有形成与维持法秩序的力量。萨维尼正是促成这个转变的代表人物。萨维尼将法作为一个历史过程考察，重视法中包含的历史必然因素，这种历史的方法应该予以肯定。而梅因在此基础上，采用历史方法，取得法学研究的重要成就。历史法学理论创立的法学方法论被后来其他法学流派吸收，有效地推动了其他法学流派的研究。

历史法学理论除了上述几个方面的重要影响外，还拓宽了学者们的研究视野，丰富了学者们的研究内容。另外，历史法学理论代表人物的著名论断和观点至今仍有广泛影响，比如，梅因的"从身份到契约"的论断，目前仍为学界所赞誉不绝。穗积陈重不仅创造了日文汉字"法理学"一词，还对世界上的法律制度进行了划分，即分为五大法系，包括中华法系、印度法系、伊斯兰法系、英美法系和罗马法系，并指出这五大法系的进化规律。

二、历史法学理论的现代意义

历史法学理论虽然已不再占据主流地位，但其独特的方法论和思想观念在现代社会仍然具有重要意义。它不仅为我们提供了理解法律的新视角，还在法律制度的完善、跨学科研究以及法律教育等方面发挥着重要作用。以下将详细阐述历史法学理论的现代意义。

（一）方法论上的借鉴

历史法学理论主张通过考察法律的历史形态、历史演进进程来理解法律，这种方法论为现代法学研究提供了新的视角。在现代法学研究中，历史分析法仍然是一种重要的研究方法。通过对法律历史的研究，我们可以更深入地理解法律制度的起源、演变和发展趋势，从而更准确地把握法律现象的本质和规律。历史分析法在现代法学研究中的应用主要体现在以下几个方面：首先，它有助于我们理解法律制度的起源和发展脉络，揭示法律现象背后的历史动因和社会背景。其次，历史分析法可以帮助我们识别法律制度的演变规律和趋势，为法律制度的改革和完善提供历史依据和参考。最后，历史分析法还可以促进我们对不同法律文化、法律传统的理解和尊重，推动法律文化的交流和融合。

（二）对法律观的启示

历史法学理论认为法律是民族精神的体现，这一观点提醒我们在制定和实施法律时要考虑本国的历史文化传统和民族特性。在现代社会，全球化趋势下的法律移植和借鉴成为常态，但本土法律资源和法律文化仍然具有重要意义。历史法学理论启示我们，在制定法律时应当结合本国的实际情况，充分考虑民族特性和历史文化传统。具体来说，历史法学理论告诉我们，法律不是孤立的、抽象的存在，而是深深植根于特定的社会历史和文化背景之中。因此，在制定法律时，应当深入挖掘本土法律资源和法律文化，寻找符合本国国情和民族特性的法律制度和规范。同时，也应当尊重其他国家和民族的法律传统和文化，避免盲目移植和借鉴外国法律，导致法律制度的水土不服。

（三）利于法律制度的完善

通过研究历史法学理论，我们可以了解不同历史时期、不同国家的法律制度，从而为本国法律制度的完善提供借鉴。历史法学理论不仅为我们提供了丰富的法律历史资料，还为我们揭示了法律制度演变的一般规律和特殊路径。通过对历史法学理论的研究，我们可以发现历史上成功的法律制度和规范，为本国法律制度的完善提供有益的参考。以民法典的制定为例，可以借鉴历史上其他国家和地区民法典的成功经验，如法国民法典、德国民法典等。这些民法典在法律体系、法律原则、法律规则等方面都为我们提供了宝贵的借鉴参考。

（四）促进跨学科研究

历史法学理论的研究方法促进了法学与其他学科的跨学科研究。在现代社会，法学与历史学、人类学、社会学等学科的交叉研究越来越普遍。这种跨学科研究有助于我们更全面、深入地理解法律现象。历史法学理论强调法律与社会历史文化的紧密联系，这使得法学与其他学科的交叉研究成为可能。通过对法律历史的研究，我们可以更好地理解法律现象背后的社会历史动因和文化背景；通过对其他学科的借鉴和融合，我们可以更全面地揭示法律现象的本质和规律。这种跨学科研究不仅有助于推动法学研究的深入发展，还有助于促进不同学科之间的交流和融合。

（五）丰富法律教育的内容

历史法学理论的研究方法和成果可以丰富法律教育的内容，帮助学生更好地理解法律的历史渊源和文化背景。法律教育不仅是传授法律知识的过程，更是培养法律思维、法律素养和法律信仰的过程。通过引入历史法学理论的理论和方法，法律教育可以更加生动、有趣，提高学生的学习兴趣和效果。具体来说，我们可以在法律教育中设置专门的历史法学理论课程或模块，让学生系统地学习法律历史知识和理论。同时，我们也可以在法律教育中引入历史分析法的应用案例和实践操作，让学生亲身体验历史分析法在解决实际问题中的作用和价值。这种丰富多样的法律教育方式不仅可以提高学生的法律素养和综合能力，还可以培养学生的历史责任感和使命感。

第六节　经典案例分析

一、耶林法学思想的转变

耶林被誉为 19 世纪西欧最伟大的法学家，与萨维尼、祁克并列，也是新功利主义（目的）法学派的创始人，其思想不仅对西欧，而且对全世界都产生了巨大的影响。耶林在其学术生涯研究初期，坚信萨维尼的历史法学学说，并成为罗马学派最后一个代表人物，他认为：德国法学家的任务就是对德国历史上那些罗马法寻根究底，进行深入的研究，发现其中的内涵，区别其中哪些是有生命力的，哪些是已经死亡的。但当耶林深入研究了罗马法史后，他对德国历史法学派的态度有所转变，耶林认为，法具有"普遍精神"，是从各国的法治史实及各国文化价值的互相观摩仿效、取长补短中而来的，并不仅仅是从德国的"民族精神"中产生的。这也就意味着各国不同的法律文化、法律历史以及当代的法律都是相互汲取、相互继承的，是交替向前发展，而不仅仅是德国民族精神自发的产物。而后他开始对德国历史法学派关于法是土生土长的、盲目发展的、随着民族的产生而产生、随着民族的发展而发展、随着民族力量的加强而加强等观点进行批判，指出德国历史法学派的关于法的起源的这些观点是顽固、守旧的，不仅不符合法的发展史实，而且对于研究法律问题没什么帮助。特别是在论述法的产生时候，耶林自己承认，随着时间的推移，他改变了自己在大学时候的看法。耶林在《罗马法的精神》一书中，首先批判了历史法学派关于"法源自存在于国民自身和其历史之间最深层的本质中"的观点，耶林认为法律并不是可以自由创造的东西，而是受人类意识所支配并达到人类目的的东西，法律是人们自觉活动的产物。

随着历史法学的进一步发展和分化，耶林又加入了概念法学派。概念法学源于 19 世纪中叶以后由历史法学演变而来的"潘德克顿法学"，它以罗马《学说汇纂》为其理论体系和概念术语的历史基础，强调对法律概念的分析和构造法律的结构体系。"潘德克顿"是《学说汇纂》音译，该学派的主要特点表现在：一是对概念的分析、阐述十分完善；二是注重构造法律的结构体系，尤其是温德海得《潘德克顿教科书》中确立的五编制的民法学体系，成为《德国民法典》的渊源；三是以罗马《学说汇纂》作为其理论体系和概念术语的历史基础；四是在一定程度上具有脱离现实、从概念到概念、从条文到条文的倾向。耶林本属潘德克顿学派之嫡系，他们以萨维尼的后继者的身份，共同使 19 世纪的德国法学达到了最高的发展境界。耶林也同意和认可概念法学派的一些观点，认为法律是与社会相独立的制度，只要了解根据逻辑构成的法律概念，就可以借助思辨的方法解决问题。耶林不朽的名著《罗马法的精神》，就带有潘德克顿法学的色彩，这是一部将概念、体系等方法运用得极为纯熟的巨著。耶林在晚期作品中和与历史法学相联系的概念法学保持了一定的距离。取而代之的是，他转向了一种目的导向的法律思考。这就引发出一种非常有创造性的、实质导向的法学，耶林也从此坚决地转向于反对"法学概念绝对真实的假象"。他仍将概念视为"给定内容的形式"。对于先前从事的那些纯粹教义学工作，他现在开始表示怀疑。这些工作缺乏现实生活的具体方面。他认为是法的，只有那些"已经实现的"。只有在文化生活和经济生活中重新发现的概念和思想，才应当被看作是真实的。因此，法被他看作是服务于社会利益的工具。耶林关于目的导向的想法，使其显得比当代德国法学中通行的目的导向还要彻底得多。法律规则不再仅仅受到社会生活因素的引导，同时还要受到个人所追求目的的引导。同样还应承认客观的法律目的，它限定了社会利益的法律实现的边界。耶林并未认识到我们的法律体系对目的导向的限制。因此，可以说耶林推动了法科学向利益法学的转向，他是利益法学的开拓者。

从历史法学理论的角度来看，耶林的法律思想转变体现了他对法律本质和发展规律的深刻洞察。他早期坚守历史法学派的观点，尊重法律传统和民族特性；中期接受概念法学派的分析方法，注重法律概念的逻辑和体系；晚期转向目的法学，强调法律的社会利益导向。这种转变不仅反映了耶林个人学术思想的成熟和发展，也体现了法学理论在适应时代变迁中的动态进步。耶林的法学思想转变为我们理解法律的本质和发展规律提供了新的视角和方法论支持，尤其对更好地认识历史法学理论的兴起和衰落有着非常独特的典型意义。

二、日本制定民法典之争

近代日本真正意义上的民法典编纂工作是由法国人博瓦索纳德主持进行的。1879年博瓦索纳德开始受日本政府委托起草民法典工作，博瓦索纳德主要负责民法的总则、物权、债权部分的起草，而包括亲族法、继承法在内的家族法领域则由日本法学家组成的起草委员会负责起草，这种安排主要考虑到既要继受当时国外的先进法律制度，又要保留日本固有的风俗习惯。1889年7月，博瓦索纳德起草的部分首先提交元老院审议并通过，于1890年4月正式公布，剩下的部分也于同年10月公布于众，预定于1893年1月1日开始施行。这部民法典史称"博瓦索纳德民法典"或"旧民法典"。随着法典的公布，在日本社会引起了强烈反响，迅速形成了对这部法典的非难和论争。围绕博瓦索纳德民法典实施问题，在日本法学界形成了以梅谦次郎为代表的"断行派"（立即施行派），以穗积陈重为代表的"延期派"（延期施行，然后进行改废）。断行派倾向于法国法学派，而延期派则倾向于英国法学派。当时日本的法学教育以学习英国法和法国法为主，因此把学习英国法的称为英国法学派，把学习法国法的称为法国法学派。英国法学派倾向于历史法学理论和观点，法国法学派则倾向于自然法学的理论和观点。1889年，当博瓦索纳德民法典送交元老院审议并通过之时，由东京帝国大学、法科大学的毕业生组成的法学士会以《法学士会关于法典编纂的意见书》向总理大臣和枢密院议长提出延期实施民法典的建议。法学士会意见书的主要理由有两点：第一，意见书强调法的历史性和民族性，认为法并不是人为制定的，而是历史形成的。第二，意见书提出商法和诉讼法由德国人起草，而民法由法国人起草，这样就会因缺少体系的完整性引发互相之间矛盾和牵制的结果。在此之后，很多学者都参与进来，论争主要在延期派和断行派两大阵营之间展开。延期派的基本主张发表在代表英国法学派的"东京法学院"校刊上，断行派的基本主张发表在代表法国法学派的"和法法律学校"校刊上。这样，法律意见之争与流派之争、学派之争相结合，逐渐演变为政治思想和主张不同的派系之争，那些倾向于自由民权思想的政见者自然而然地成为了支持派，而主张以家长制为基石、建立保守型国家的国家主义者则加入反对派阵营。这种论争日益激烈。其中尤以穗积八束提出的"民法出而忠孝亡"的观点最为有名，由此可见民法中有关家族法的部分是双方争论的焦点。延期派提出，这部民法破坏了日本立国的基础，即绝对主义的家长权和至高无上的家族制度，破坏了传统的伦理纲常，与日本宪法的精神不符。家长权是尊严的、不可动摇的，正如天皇的大权是神圣不可侵犯的一样。动摇家族制就动摇了日本的立国之本。这样，法典论争由学术之争发展为政治斗争，由民法范围扩展到宪法与政治文化各方面。这场论争不仅影响到民法，也触及到由德国顾问主持下制定公布的商法。在大多数具有保守思想议员的把持下，1892 年，日本两院（贵族院和众议院）以压倒多数相继通过了民法商法延期施行案，将民法和商法的施行期都延长到 1896 年底。法典论争以延期派的彻底胜利而告终，致使博瓦索纳德民法典未实施即夭折。1893 年 8 月日本成立了以伊藤博文首相为总裁、西园寺公望为副总裁，以穗积陈重、富井政章、梅谦次郎三人为起草委员，另有数十人为委员组成的"法典调查会"，专门讨论法典修改问题。在法典调查会近 50 名委员中有不少是当时著名的法学家，其中尤以穗积陈重最著名。随后，日本政府重新任命了穗积陈重、富井政章、梅谦次郎为起草委员担任民法典的起草工作。这三人都是分别有过英国、法国、德国中的一国或两国留学 4—6 年经验的顶尖学者，分属延期派和断行派。他们当时考虑更广泛地参照各国法律，对旧民法典进行了修改。日本现行民法典一方面是对法国民法和德国民法的混合继受；另一方面也参考和引进了一些其他国家的法律制度。比如，英国的判例法等。因此应该说，日本民法典是一部名副其实的比较法的产物。同时，日本民法典并不是一部完全继受外国法的法典，它在很多方面还吸收了日本的传统的习惯法。明治《民法典》于 1899 年 7 月 16 日开始实施。明治民法具有以下几个方面特点：第一，明治民法的最大特点就是财产法的资本主义性和家族法的封建性。第二，明治民法具有很强妥协性。第三，明治民法是明治政府最初制定的重要法律之一，是"法制西化"的重要步骤和尝试。第四，明治民法具有重要启蒙性。日本现行民法颁布以来，其间虽经过几次修改，到目前为止已经实施了 100 多年。

从历史法学理论的角度对日本制定民法典之争进行分析，这一争论的存在和持续主要在于以下几方面原因。一是历史法学理论与民法典编纂的出发点。历史法学理论强调法律是民族精神的体现，是随着民族的发展而自然演进的。在这一理论框架下，法律制度的形成和变革应当根植于本民族的历史和文化传统之中。然而，在日本民法典编纂的过程中，明治政府面临了来自西方的强烈压力，要求通过引进西方先进的法律制度来修改不平等条约，特别是领事裁判权等治外法权。这迫使日本在民法典编纂时不得不考虑西方法律制度的因素。二是西方法律与民间习惯的冲突。延期派与断行派的争论实质上反映了西方法律与日本民间习惯的冲突。延期派强调法的历史性和民族性，认为引进西方法律制度会破坏日本传统的伦理纲常和家族制度，动摇国家的立国之本。这种担忧在一定程度上反映了历史法学理论对民族传统和习惯的重视。然而，断行派则倾向于接受西方法律制度，认为这有助于推动日本社会的现代化进程。三是英国法学派与法国法学派的法律家的阵地争夺。英国法学派倾向于历史法学理论，强调法律的历史性和民族性；而法国法学派则倾向于自然法学理论，强调法律的普遍性和理性。这种学术流派之争在日本民法典编纂过程中得到了体现。延期派和断行派的争论不仅涉及学术观点的差异，也反映了不同政治立场和社会利益的博弈。四是政府对断行和延期的判断。政府在决定是否立即实施民法典时，面临着废除治外法权的紧迫性与社会矛盾之间的调整。明治政府希望通过引进西方法律制度来修改不平等条约，恢复国家主权。然而，这一过程必然伴随着对日本传统法律制度的冲击和社会矛盾的激化。政府需要在推进现代化进程与维护社会稳定之间找到平衡点。

从历史法学理论的角度看，日本民法典编纂的过程体现了对传统与现代的平衡与妥协。明治政府在面临西方压力的同时，也努力保留和传承本民族的法律传统和文化特色。日本民法典最终成为一部混合继受西方法律制度和日本传统习惯法的产物，具有鲜明的比较法特色。这一过程不仅推动了日本社会的现代化进程，也为其他国家提供了有益的借鉴和启示。

思考题

1. 试述梅因的从身份到契约理论。

2. 试析法是民族精神的体现。

3. 简述习惯法在法律体系中的地位和作用。

4. 穗积陈重的法律进化论包括哪些内容？

第四章 分析法学理论专题

—❖← 内容提要 →❖—

与历史法学理论对自然法学理论的批判不同，分析法学理论将眼光转向现实的法律现象，以功利主义哲学为理论基础，以实证研究为基本研究方法，以边沁、奥斯丁为主要代表，在实在法材料的基础上进行概念分析、逻辑分析等种种分析。这一法学流派进一步瓦解了自然法学理论。

分析法学从实证角度出发，仅仅讨论"法律是什么"，而不涉及对法的价值判断的立场。分析法学的学者对法哲学的范围，法的概念的看法各有差别，但他们的思想一脉相承，认为法与道德不存在必然的联系，道德绝不是衡量法律好恶的标准。不符合道德规范的法律法规，只要它是通过适当的方式颁布运用的，就应视为有效的法律。虽然有的分析法学者也引进了法的"应当性"特征，但认为法的"应当性"与自然法的"应当性"存在"实际的法"和"应当的法"的严格分离。因此有的学者称分析法学派为"归类的机器人"。

—❖← 本章重点 →❖—

早期边沁与奥斯丁的法律思想，凯尔森的纯粹法学，哈特的法律思想。

☞ 案例引入：苏格拉底之死

公元前399年，雅典的伟大哲学家苏格拉底站在了由500名公民组成的陪审团面前，他面临着两项严重指控："拒绝承认城邦全体公民敬拜的神"和"腐蚀青年"。在激烈的辩论后，陪审团通过投票的方式进行了表决，最终苏格拉底以微弱的多数被判有罪。在定罪之后，陪审团需要决定对苏格拉底的处罚。尽管苏格拉底本人认为罚款已足够，但他的指控者坚持要求死刑。经过进一步的辩论，陪审团最终以更大的多数决定对苏格拉底处以死刑。苏格拉底在得知判决后，平静地接受了自己的命运，选择了从容赴死。苏格拉底之死不仅是哲学史上的重大事件，也是法律史上的经典案例。它反映了雅典民主制度的局限性和法律的复杂性。苏格拉底本人作为一位哲学家，他的言行常常挑战了当时社会的道德和宗教观念，从而引起了民众和统治者的不满。然而，他的死亡也引发了对法律、正义和道德之间关系的深刻思考。

对于苏格拉底之死这一经典案例，分析法学理论可以作为一种重要的分析工具。分析法学理论是法学领域的一个重要理论流派，它强调对法律进行逻辑和概念上的分析，将法律视为一种社会规则或规范体系，独立于其道德或政治内容。分析法学理论主张将法律研究限定在分析和描述法律规则、原则和概念的范围之内，认为法律是一种自给自足的体系，可以通过逻辑和语义学的方法进行分析和解释。首先，分析法学理论认为法律与道德是分离的，法律的有效性不依赖于其道德价值。在苏格拉底之死的案例中，尽管苏格拉底的审判和判决在道德上引起了广泛争议，但从分析法学理论的角度来看，法律的合法性来源于人们的实际遵行和法律的权威，而非其道德正确性。其次，分析法学理论强调法律的逻辑性和系统性，认为法律是一个由规则、原则和概念构成的完整体系。在苏格拉底之死的案例中，陪审团依据雅典的法律规则和程序对苏格拉底进行了审理和判决，这一过程体现了法律的逻辑性和系统性。然而，这一判决结果也引发了人们对法律规则本身是否公正合理的质疑。最后，分析法学理论主张法律的实证性，即法律是人们实际上遵守、人们实际上执行、人们实际上崇尚、人们实际上信仰的规则。在苏格拉底之死的案例中，尽管苏格拉底本人和许多人对判决结果持有异议，但雅典的法律制度本身并没有因为这一争议而动摇其权威性和有效性。这也体现了分析法学理论对法律实证性的强调。

第一节　分析法学理论的概念与特征

在法学领域，分析法学理论占据着重要的地位，它不仅为法学研究提供了一种独特的方法论，还对法律实践产生了深远的影响。分析法学理论起源于 19 世纪的英国，经过几代法学家的努力，逐渐发展成为现代法学中的一个重要流派。本节将详细阐述分析法学理论的概念与特征，以期对读者有所启示。

一、分析法学理论的概念

分析法学理论，也被称为实证法学理论或法律实证主义理论，这一理论强调对法律进行逻辑和概念上的深入分析，从而揭示法律的本质和特性。在分析法学理论的视角下，法律被视为一种独立的、自治的规则体系，它的存在和有效性不依赖于其背后的道德或政治因素，而是基于人们的实际遵行、法律权威以及人们对法律的信仰。

分析法学理论主张将法律视为一个独立的规则体系，这个体系有其自身的逻辑结构和内在规律。这种独立性体现在法律规则、原则和概念的自我完备性上，它们构成一个完整的系统，不需要借助外部的道德或政治因素来定义或解释。这种独立性的观点，在分析法学理论中占据了核心地位，它为我们提供了一种全新的视角来审视法律的本质。进一步来说，分析法学理论强调法律的有效性来源于人们的实际遵行和信仰。这意味着，法律的存在和运作不依赖于人们的道德判断或政治立场，而是基于人们实际上对法律的遵守和尊重。这种实证性的观点，使得分析法学理论在法学研究中具有独特的地位。它提醒我们，法律不是一纸空文，而是人们实际生活中的行为准则和信仰对象。在分析法学理论的框架下，法律研究被限定在对法律规则、原则和概念的逻辑结构和内在联系的分析上。这种分析方法强调对法律本身的深入剖析，而非简单地将其视为道德或政治的工具。通过分析法律规则、原则和概念之间的逻辑关系，我们可以更好地理解法律的本质和运作机制，从而为法律实践提供有力的指导。此外，分析法学理论还主张将法律视为一种客观存在的社会现象。这意味着法律不是人们主观臆造的产物，而是基于社会现实和历史背景形成的客观规则体系。这种客观性的观点使得分析法学理论在法律解释和适用上更加严谨和科学。它要求我们在理解和适用法律时，必须尊重法律本身的客观性和规律性，避免将个人情感或偏见带入法律实践之中。

那么，为什么分析法学理论会强调法律的实证性、逻辑性和客观性呢？这背后有着深刻的哲学和社会学基础。一方面，从哲学的角度，实证主义哲学强调对事实的客观观察和分析，认为只有通过科学方法才能揭示事物的本质和规律。这种哲学思想为分析法学理论提供了有力的理论支持，使得它能够在法学研究中坚持实证性的立场。另一方面，从社会学的角度，现代社会对法治的追求也为分析法学理论提供了实践基础。在法治社会中，法律被视为维护社会秩序和保障人权的重要手段，其权威性和有效性来源于人们的普遍认可和信仰。这种社会现实使得分析法学理论在法律实践中具有广泛的应用价值。

二、分析法学理论的特征

分析法学理论的核心特征在于其强调法律的实证性，即法律的有效性源于人们的实际遵行和信仰，而非道德或政治的正确性。该理论将法律视为一个逻辑严密、系统完整的规则体系，通过科学的方法对法律现象进行客观、中立的分析。它明确区分法律和道德，认为法律的存在和运作不依赖于道德价值，而是基于其内在的逻辑和社会功能。此外，分析法学理论还强调法律的普遍性和确定性，即法律规则应普遍适用于所有人和所有情况，并具有明确性和可预测性。这些特征共同构成了分析法学理论的基本立场和研究方法。具体来说，分析法学理论的特征主要包括以下方面内容。

（一）强调法律的实证性

分析法学理论的首要特征在于强调法律的实证性。它认为法律是一种客观存在的社会现象，可以通过科学的方法对其进行观察和分析。在分析法学理论看来，法律的有效性来源于人们的实际遵行和信仰，而非其道德正确性。它主张将法律视为一种独立的、自洽的规则体系，独立于其道德或政治内容。这一观点在分析法学理论中具有核心地位，贯穿于其整个理论体系之中。

（二）注重法律的逻辑性和系统性

分析法学理论强调法律的逻辑性和系统性。它认为法律是一个由规则、原则和概念构成的完整体系，这些规则、原则和概念之间存在着内在的逻辑联系和系统性。分析法学理论主张对法律进行逻辑和概念上的分析，揭示法律规则、原则和概念之间的内在联系和逻辑关系。它认为通过这种方法可以更好地理解法律的本质和特征，为法律实践提供有益的指导。

（三）主张法律与道德的分离

分析法学理论主张法律与道德的分离。它认为法律的有效性不依赖于其道德价值，法律规则、原则和概念的合法性来源于人们的实际遵行和信仰，而非其道德正确性。在分析法学理论看来，法律和道德是两个不同的领域，它们有着不同的标准和评价体系。法律关注的是人们的行为是否符合规则和要求，而道德则关注的是人们的行为是否符合道德规范和价值观。因此，分析法学理论主张将法律与道德进行明确的区分，避免将道德因素混入法律之中。

（四）关注法律的社会功能

尽管分析法学理论强调法律的实证性和逻辑性，但它并没有忽视法律的社会功能。它认为法律是一种社会规范体系，具有维护社会秩序、保障人权和促进社会公正等社会功能。分析法学理论主张通过科学的方法对法律的社会功能进行分析和研究，以便更好地发挥法律在社会中的作用。它认为通过了解法律的社会功能可以更好地理解法律的本质和特征，为法律实践提供有益的指导。

（五）强调法律的普遍性和客观性

分析法学理论强调法律的普遍性和客观性。它认为法律是一种普遍适用的社会规范体系，适用于所有人和所有情况。在分析法学理论看来，法律规则、原则和概念的合法性来源于其普遍性和客观性而非个别情况或个别人的主观判断。它主张通过科学的方法对法律的普遍性和客观性进行分析和研究以便更好地发挥法律在社会中的作用。这一观点在分析法学理论中具有重要意义，因为它有助于确保法律的公正性和权威性，并防止个别人或个别情况对法律的影响和干扰。

第二节　古典分析法学的产生及其主要思想

古典分析法学，作为法学领域中的一个重要理论流派，其产生和发展对法学研究产生了深远的影响。这一流派起源于19世纪，其理论形态最初表现为对法律进行逻辑和概念上的深入分析，从而揭示法律的本质和特性。古典分析法学的主要思想集中体现在对法律本质、法律与道德的关系、法律权威以及法律改革等方面的独特见解上。其中，两位灵魂人物，学派鼻祖边沁与早期代表奥斯丁的学术思想，更是古典分析法学派理论水平的集中体现。本节将详细阐述古典分析法学的产生背景、主要思想及其影响。

一、古典分析法学的产生背景

古典分析法学的产生并非偶然，它深深地根植于19世纪欧洲复杂多变的社会历史背景之中。这一时期，欧洲社会正经历着前所未有的变革，这些变革不仅重塑了社会结构，也深刻影响了人们对法律本质和功能的认识。古典分析法学的诞生，正是对这一变革的回应和反思。

（一）工业革命与城市化

19 世纪的欧洲，工业革命如火如荼地进行，它带来了生产力的巨大飞跃和物质财富的迅速积累。随着工业化的推进，城市化进程也加速进行，大量农村人口涌入城市，城市规模不断扩大，城市生活日益复杂。这种深刻的社会变革，使得传统的社会结构和秩序面临巨大的挑战。在工业革命和城市化的冲击下，传统的法律观念和法律制度逐渐显露出其局限性。传统的自然法学派强调法律与道德、正义之间的联系，认为法律应当追求普遍的道德价值。然而，在复杂多变的社会现实面前，这种抽象的法律观念显得苍白无力。人们开始意识到，法律不仅仅是道德和正义的体现，更是解决社会问题的工具。因此，一种更加关注法律的实际效果和社会功能的法学流派应运而生，这就是古典分析法学。

（二）民主运动的兴起

与此同时，19 世纪的欧洲还经历着民主运动的兴起。随着资产阶级力量的壮大和民众权利意识的觉醒，民主运动逐渐成为一种不可逆转的历史潮流。民主运动要求打破传统的政治格局和权力结构，实现政治权力的转移和民众权利的保障。在民主运动的推动下，法律制度也面临着深刻的变革。传统的法律制度往往维护的是少数人的利益，而忽视了大多数人的权益。民主运动要求法律制度更加公正、平等和民主，以保障大多数人的权益。这种变革需求，使得传统的自然法学派理论难以满足社会的需求。因此，一种更加关注法律的社会功能和实际效果的法学流派应运而生，这就是古典分析法学。

（三）法学研究的深入发展

除了社会历史背景的影响外，古典分析法学的产生还得益于法学研究的深入发展。在 19 世纪之前，法学研究主要集中在注释法学和评论法学等领域。这些领域的研究方法注重对法律条文的注释和解释，缺乏对法律本质和功能的深入探讨。然而，随着社会的变革和法律实践的深入发展，人们逐渐意识到这种研究方法的局限性。在法学研究的深入发展过程中，一些法学家开始关注法律与社会的互动关系，试图从社会的角度揭示法律的本质和功能。他们认为，法律不仅仅是文字的游戏或逻辑的演绎，更是社会现实的反映和调节机制。因此，他们开始运用实证主义的研究方法，对法律现象进行深入的观察和分析，以揭示法律的本质和规律。这种研究方法的转变，为古典分析法学的产生提供了重要的理论基础和方法论支持。

（四）法学流派之间的竞争与融合

此外，古典分析法学的产生还受到法学流派之间的竞争与融合的影响。在 19 世纪的欧洲法学界，自然法学派、历史法学派和分析法学派等多个流派并存。这些流派之间既有竞争也有融合，它们之间的争论和交流为古典分析法学的产生提供了重要的思想来源和理论支撑。自然法学派强调法律与道德、正义之间的联系，认为法律应当追求普遍的道德价值。然而，在复杂多变的社会现实面前，这种抽象的法律观念显得苍白无力。历史法学派则强调法律的历史性和民族性，认为法律是民族精神的体现。然而，这种观点也面临着忽视法律普遍性和客观性的质疑。在分析这些法学流派的基础上，古典分析法学试图找到一种更加全面、客观和实用的法学研究方法，以解决社会现实问题。因此，古典分析法学的产生，也是法学流派之间的竞争与融合的结果。

综上所述，古典分析法学的产生背景是多方面的。它既受到社会历史背景的影响，也与法学研究的深入发展密切相关。此外，法学流派之间的竞争与融合也为古典分析法学的产生提供了重要的思想来源和理论支撑。正是在这些因素的共同作用下，古典分析法学应运而生，成为法学领域中的一股重要力量。

二、古典分析法学的代表人物及其主要思想

19 世纪的欧洲，随着工业革命和民主运动的兴起，社会结构发生了深刻的变革，传统的自然法学派理论已难以满足社会的需求。在这样的背

景下，古典分析法学以其独特的视角和方法论，为法学研究开辟了新的道路。古典分析法学的思想，主要体现在代表人物边沁和奥斯丁的相关法律观念中。

（一）边沁的功利主义法律观

杰里米·边沁（1748—1832），英国法理学家、功利主义哲学家，古典分析法学的鼻祖。他生活在英国工业革命和民主运动蓬勃发展的时期。边沁的一生都在致力于法学和哲学的探索，他的理论思想对后世产生了深远的影响。

边沁在其所著的《道德与立法原理导论》中，对法律概念进行了细致的实证分析。这种分析方法后来成为分析法学派的重要理论基础。边沁在该书中详尽分析了法律与道德的关系，提出了功利主义的法律观，强调了法律的实际效果和利益最大化原则。功利主义法律观是边沁法学理论的核心。他认为，人类的基本规律是"避苦求乐"，即功利主义原则。在边沁看来，法律应当以实现人类的最大幸福为目的，而这种幸福是通过避免痛苦和追求快乐来实现的。因此，他将功利主义原则贯穿于立法、执法和守法的各个方面。在立法思想方面，边沁主张功利是法律正义与不正义的标准，法律效力的根源就是功利。他认为，立法的本质和目的在于"增进最大多数人的最大幸福"。具体而言，法律的目的在于保存生命、达到富裕、促进平等、维护安全，其中财产安全是法律的第一目标。边沁的这些观点，体现了他对法律功能的深刻认识，也反映了他对社会现实的关注。除了立法思想外，边沁还主张通过改革不成文法、习惯法和判例法的形式，提倡制定成文法，编纂法典。他认为，完整完美的法典有助于法律的执行和普及法律研究。这一观点在当时具有重要的现实意义，因为当时的法律体系混乱不堪，各种法律渊源并存，导致了法律适用的混乱和不确定性。边沁的这一主张，旨在通过法典编纂实现法律的统一性和明确性，为法律的执行和遵守提供清晰的指导。

边沁的一生都在致力于法学和哲学的探索，他的功利主义法律观为古典分析法学的发展奠定了坚实的基础。他的理论思想不仅影响了当时的法学界，也对后世产生了深远的影响。

（二）奥斯丁的法律实证主义

约翰·奥斯丁（1790—1859），英国法理学家，古典分析法学的早期代表。奥斯丁生活在英国工业革命和民主运动的高峰期。奥斯丁的学术思想主要渊源于霍布斯和边沁，他在继承和发展前人理论的基础上，形成了自己独特的法律实证主义理论。

奥斯丁认为，法律是一种命令，是主权者对政治劣势者制定的规则。他将法律分为严格意义上的法和并非严格意义上的法两类。严格意义上的法包括上帝为人类制定的"上帝法"、人类自己制定的"实在法"以及实际存在的社会道德规则。这些法律都具有"命令"的性质，是法理学以及与具体法律制度相关的法律科学的真正对象。奥斯丁的这一观点，强调了法律的实证性和客观性，将法律视为一种独立存在的社会现象。奥斯丁还区分了法律与道德、政治与伦理等领域的界限，认为法律应当独立于道德和政治而存在。他强调法律的实证性，即法律的存在和有效性不依赖于人们的道德判断或政治立场，而是取决于人们实际上的遵行和信仰。这一观点有助于保持法律研究的客观性和中立性，避免将道德因素混入法律之中。此外，奥斯丁还进一步阐述了法律具有的功利主义政府的工具性质。他认为法律是功利主义政府的工具，其主要目的在于增进社会公共利益和个人幸福。这一观点体现了奥斯丁对法律功能的认识，也反映了他对政治现实的关注。

奥斯丁的一生都在致力于法学研究，他的法律实证主义理论为古典分析法学的发展注入了新的活力。他的贡献主要体现在他的代表作《法理学的范围》一书中。在该书中，他设定了分析法学的基本规则，界定了法律实证主义的基本特征，并通过严格的科学程序创设法理学学科体系，从而被誉为近现代"法理学之父"。奥斯丁的这些工作，使得分析法学成为一个更加完善和系统的理论体系。

三、古典分析法学的影响与意义

古典分析法学的产生和发展对法学研究产生了深远的影响。首先，它强调对法律进行逻辑和概念上的深入分析，揭示了法律的本质和特性。这种方法论为法学研究提供了一种新的视角和工具，使得人们能够更加深入地理解和解释法律现象。其次，古典分析法学强调法律的实证性和客观性，将法律视为一种独立存在的社会现象。这种观点有助于保持法律研究的客观性和中立性，避免个人情感或偏见对法律研究的影响。最后古典分析法学还关注法律的社会功能和效果，强调法律应当服务于社会公共利益和个人幸福。这种观点有助于推动法律实践的不断改进和完善，提高法律的社会效益和影响力。

古典分析法学的产生和发展还具有重要的历史意义。它标志着法学研究从传统的注释法学和评论法学向更加深入和系统的分析法学转变。古典分析法学不仅为后来的法学流派提供了重要的理论支持和方法论指导，还为法学研究的深入发展奠定了坚实的基础。同时古典分析法学还对社会政治经济等领域产生了深远的影响，推动了社会的不断进步和发展。

第三节　纯粹法学的诞生及其代表人物

纯粹法学，作为法学领域中的一个独特流派，其诞生标志着分析法学理论研究进入了一个新的阶段。这一流派的产生，不仅与当时的社会历史背景密切相关，更是分析法学理论研究深入发展的必然结果。在纯粹法学的发展过程中，一位杰出的代表人物——汉斯·凯尔森，以其独特的理论观点和研究方法，为纯粹法学的发展奠定了坚实的基础。

一、纯粹法学的诞生背景

纯粹法学的诞生，并非偶然，而是源于对法律本质和功能的深入探索以及对传统法学理论的批判与反思。在 19 世纪末至 20 世纪初，欧洲乃至全球的社会结构经历了前所未有的变革，这些变革不仅重塑了社会秩序，也对传统的法律观念和法律实践提出了挑战。在这样的背景下，纯粹法学应运而生，为法学研究开辟了新的道路。

（一）社会变革与法律需求的转变

19世纪末至20世纪初，是欧洲社会经历剧烈变革的时期。工业革命和民主运动的兴起，使得社会结构发生了深刻的变化。城市化进程加速，农村人口大量涌入城市，导致城市规模迅速扩大，城市生活日益复杂。同时，工业化的推进使得生产力得到了极大的提高，物质财富迅速积累，但同时也带来了环境污染、资源枯竭等一系列问题。这些社会变革对传统的法律观念和法律制度提出了严峻的挑战。一方面，随着社会的复杂化，传统的法律制度已经难以满足社会的需求。传统的法律观念往往强调法律与道德、正义之间的联系，认为法律应当追求普遍的道德价值。然而，在复杂多变的社会现实面前，这种抽象的法律观念显得苍白无力。人们开始意识到，法律不仅仅是道德和正义的体现，更是解决社会问题的工具。因此，一种更加关注法律的实际效果和社会功能的法学流派应运而生，这就是纯粹法学。另一方面，民主运动的兴起也推动了法律制度的变革。民主运动要求打破传统的政治格局和权力结构，实现政治权力的转移和民众权利的保障。这种变革需求使得传统的法律制度面临着深刻的变革。传统的法律制度往往维护的是少数人的利益，而忽视了大多数人的权益。民主运动要求法律制度更加公正、平等和民主，以保障大多数人的权益。这种变革需求也推动了纯粹法学的产生和发展。

（二）传统法学理论的局限性

在19世纪末至20世纪初，传统的法学理论已经难以满足社会的需求。传统的自然法学派和历史法学派虽然各有其独特的见解和贡献，但在解释和解决现实法律问题时，往往显得力不从心。自然法学派强调法律与道德、正义之间的联系，认为法律应当追求普遍的道德价值。然而，这种抽象的法律观念在复杂多变的社会现实面前显得苍白无力。它无法为现实法律问题提供具体的解决方案，也无法满足社会对法律的实际需求。历史法学派则强调法律的历史性和民族性，认为法律是民族精神的体现。然而，这种观点也面临着忽视法律普遍性和客观性的质疑。历史法学派过于强调法律的历史传统和民族特性，忽视了法律在不同文化和历史背景下的普遍性和客观性。这种局限性使得历史法学派在解释和解决现实法律问题时显得力不从心。因此，面对社会变革和法律需求的转变以及传统法学理论的局限性，一些法学家开始寻求新的法学研究方法。他们试图从社会的角度揭示法律的本质和功能，关注法律的实际效果和社会功能。这种研究方法的转变，为纯粹法学的产生提供了重要的理论基础和方法论支持。

（三）纯粹法学的兴起

纯粹法学的兴起，正是对传统法学理论的批判与反思的结果。它强调对法律进行客观、中立的分析和研究，将非法律的因素排除在法学的研究之外。纯粹法学主张将法律视为一种独立存在的社会现象，通过科学的方法对其进行观察和分析。这种研究方法的转变，为法学研究提供了新的视角和工具，使得人们能够更加深入地理解和解释法律现象。纯粹法学的兴起，不仅是对传统法学理论的批判与反思，也是对社会变革和法律需求转变的回应。它试图从社会的角度揭示法律的本质和功能，关注法律的实际效果和社会功能。这种研究方法的转变，使得纯粹法学成为了一个更加关注社会现实和法律实践的法学流派。同时，纯粹法学也为法学研究的发展提供了新的思路和方向，推动了法学研究的深入发展。

二、纯粹法学的代表人物

汉斯·凯尔森作为纯粹法学的主要代表人物，其生平与学术思想对纯粹法学的发展产生了深远的影响。他的一生都在致力于法学研究和教育工作，为纯粹法学的创立和完善作出了卓越的贡献。

（一）凯尔森生平概述

汉斯·凯尔森（1881—1973）出生于布拉格（当时属于奥匈帝国），是一位美籍奥地利法学家。凯尔森的家庭背景充满了学术氛围，父亲是一位知名的法学家，这为他日后的学术道路奠定了坚实的基础。凯尔森早年就读于维也纳大学，专攻法学，并在那里接受了系统的法学教育。毕业后，他留校任教，开始了自己的学术生涯。凯尔森的学术生涯并非一帆风顺。他曾在第一次世界大战期间被征召入伍，这段经历对他的学术思想产生了一定的影响。战后，他继续致力于法学研究，并在维也纳大学担任教授职务。然而，由于政治原因，他被迫离开奥地利，前往美国继续自己的学术事业。在美国，凯尔森先后任教于哈佛大学、耶鲁大学等著名学府，成为法学界的重要人物。

（二）凯尔森主要学术思想

凯尔森的学术思想深受新康德主义的影响，强调法律的逻辑性和系统性。他认为，法律是一种规范体系，其有效性来源于人们的实际遵行和信仰。凯尔森主张将法律与道德、政治等因素相分离，强调法律的实证性和客观性。他认为，法律研究应当关注法律规则、原则和概念本身的逻辑结构和内在联系，而非其背后的道德或政治因素。凯尔森认为，纯粹法学应当致力于回答"法律是什么"和"法律如何成为法律"这样的问题，而不去回答"法律应当怎样"的问题。他认为，"何为正义"之类的问题是伦理学或者道德哲学研究的范围，应该被排除在科学的法理学研究范围之外。这种研究方法使得纯粹法学在法学研究中具有独特的地位和价值。在凯尔森看来，法律是一种封闭的系统。他认为，法律的有效性来源于其内部的逻辑结构和规则体系，而非外部的道德或政治因素。他强调法律的实证性，即法律的存在和有效性不依赖于人们的道德判断或政治立场，而是取决于人们实际上的遵行和信仰。这种观点使得纯粹法学在解释和解决现实法律问题时具有更强的客观性和中立性。

（三）凯尔森主要著作及其影响

凯尔森的主要学术著作包括《国家法概论》《国际法概论》及《法与国家的一般理论》等。这些著作不仅系统阐述了纯粹法学的理论观点和研究方法，也为后来的法学研究提供了重要的理论支持和方法论指导。在《国家法概论》中，凯尔森详细阐述了国家法的概念、原则和规则体系，强调了国家法在国际关系中的重要作用。在《国际法概论》中，他进一步探讨了国际法的性质、渊源和效力等问题，为国际法的研究提供了新的视角和工具。在《法与国家的一般理论》中，凯尔森对法律与国家的关系进行了深入的分析和探讨，提出了法律与国家是同一的观点，为法学研究提供了新的理论基础。

凯尔森的学术思想对纯粹法学的发展产生了深远的影响。他强调法律的逻辑性和系统性，主张将法律视为一种封闭的系统进行研究。这种研究方法使得纯粹法学在法学研究中具有独特的地位和价值。同时，凯尔森还强调法律的实证性和客观性，将法律与道德、政治等因素相分离，使得纯粹法学在解释和解决现实法律问题时具有更强的客观性和中立性。

凯尔森的一生都在致力于纯粹法学的探索和发展，其学术思想不仅影响了当时的法学界，也对后世产生了深远的影响。在凯尔森的引领下，纯粹法学逐渐成为法学研究中的一个重要流派，为法学研究的深入发展提供了有力的支持。凯尔森作为纯粹法学的代表人物，其生平与学术思想将永远铭记在法学史上。

第四节　新分析法学及其现代发展

在20世纪的法学领域中，新分析法学作为一个重要的流派，对法学研究产生了深远的影响。新分析法学在继承和发展传统分析法学的基础上，提出了许多新的观点和理论，为法学研究提供了新的视角和方法。本部分将详细阐述新分析法学的概念、主要思想以及其在现代的发展。

一、新分析法学的概念与主要思想

新分析法学是在传统分析法学的基础上发展而来的法学理论流派，其概念与主要思想既与传统分析法学有着非常密切的联系，又结合时代的发展有了新的内容和形式。以下即对新分析法学的概念与主要思想进行深入的阐述。

（一）新分析法学的概念与特点

新分析法学，作为分析法学在 20 世纪的重要发展和分支，主要是指在分析法学基础上形成的一种新的法学流派。它强调对法律进行逻辑和概念上的深入分析，关注法律规则、原则和概念本身的逻辑结构和内在联系，而非其背后的道德或政治因素。新分析法学主张将法律视为一种独立存在的社会现象，通过科学的方法对其进行观察和分析。新分析法学的主要代表人物包括牛津大学教授哈特等，他们在继承奥斯丁分析法学的基本理念的同时，也对传统分析法学进行了批判和超越。新分析法学试图在保持法律独立性的同时，重新审视法律与道德的关系，认为法律虽然不依赖于道德而存在，但在某些情况下，法律规则的制定和实施需要考虑到道德因素。此外，新分析法学还关注法律实践的问题，注重将理论分析与法律实践相结合，通过实证研究来检验法律规则的有效性和可行性。这种对法律实践的关注使得新分析法学在解释和解决现实法律问题时具有更强的灵活性和适应性。

新分析法学在理论根基上继承了奥斯丁分析法学的基本理念。奥斯丁的分析法学强调法律的实证性，即法律是主权者的命令，它关注法律的实际存在和人们的遵行，而非其背后的道德或政治因素。新分析法学在这一点上与奥斯丁的理论一脉相承，认为法律应当被视为一种独立存在的社会现象，通过科学的方法对其进行观察和分析。然而，新分析法学并非完全拘泥于奥斯丁的理论框架，它在某些方面对传统分析法学进行了批判和超越。这种批判和超越主要体现在以下几个方面。一是对法律规则的深入分析。新分析法学强调对法律规则进行逻辑和概念上的深入分析。它认为，法律规则、原则和概念本身具有严密的逻辑结构和内在联系，这些逻辑结构和内在联系构成了法律体系的基石。通过对法律规则、原则和概念的深入分析，可以揭示法律体系的内在规律和运作机制，从而更深入地理解法律的本质和功能。二是对法律与道德关系的重新审视。虽然新分析法学继承了奥斯丁关于法律实证性的观点，但它并没有完全排斥法律与道德的联系。相反，新分析法学试图在保持法律独立性的同时，重新审视法律与道德的关系。它认为，法律虽然不依赖于道德而存在，但在某些情况下，法律规则的制定和实施需要考虑到道德因素。这种对法律与道德关系的重新审视，使得新分析法学在解释和解决现实法律问题时，具有更强的灵活性和适应性。三是对法律实践的关注。新分析法学不仅关注法律规则的逻辑结构和内在联系，还关注法律规则在实际司法过程中的运作和效果。它认为，法律规则的存在不仅是为了解决理论问题，更是为了解决现实生活中的问题和纠纷。因此，新分析法学注重将理论分析与法律实践相结合，通过实证研究来检验法律规则的有效性和可行性。

（二）哈特及其主要思想

新分析法学，作为分析法学在 20 世纪的重要发展和分支，以其独特的视角和深入的分析，对法学领域产生了深远的影响。在这一学派中，哈特无疑是最为杰出的代表人物，他的生平经历、学术思想以及在新分析法学中的贡献，都值得我们深入探讨。

赫伯特·莱昂内尔·阿道弗斯·哈特（1907—1992）出生于英国伦敦的一个中产阶级家庭。哈特的早年教育经历十分丰富，先后在牛津大学贝利奥尔学院和巴黎大学学习法律和政治哲学。毕业后，哈特留校任教，成为牛津大学法学院的教授，并在那里度过了他大部分的学术生涯。哈特在学术上成就卓越，他的研究领域广泛，涉及法理学、宪法学、国际法等多个方面。他的主要著作包括《法律的概念》《法、自由和道德》等，这些作品不仅对新分析法学产生了深远的影响，也对整体法学理论的发展作出了重要的贡献。

哈特的新分析法学思想主要体现在以下几个方面。一是法律与道德的分离。哈特在新分析法学中坚持法律与道德的分离。他认为，法律的有效性来源于人们的实际遵行、法律权威以及人们对法律的信仰，而非其道德正确性。法律规则、原则和概念的合法性来源于其内在的逻辑结构和社会功能，而非其背后的道德价值。这种分离的观点有助于保持法律研究的客观性和中立性，避免将道德因素混入法律之中。二是法律规则理论。哈特提出了著名的法律规则理论。他认为，法律是由第一性规则和第二性规则结合而成的。第一性规则是设定义务的规则，要求人们做或不做某种行为。而第二性规则则是授予权利的规则，规定人们可以做某种行为。第二性规则包括承认规则、改变规则和审判规则。承认规则用于确定哪些行为规则属于法律；改变规则授权有关机构制定、修改或废除法律；审判规则规定法律纠纷的解决方式和程序。哈特认为，只有结合第一性规则和第二性规则，才能构成一个完整、独立的法律体系。三是最低限度的自然法。虽然哈特强调法律与道德的分离，但他并没有完全排斥法律与道德的联系。相反，他提出了"最低限度的自然法"的概念。哈特认为，在某些情况下，法律规则的制定和实施需要考虑到道德因素。这种"最低限度的自然法"是指人类社会中普遍存在的、基于人类本性的道德原则和价值观念。这些原则和价值观念虽然不直接构成法律规则的内容，但却是法律规则制定和实施的基础和前提。哈特认为，法律规则应当符合这些"最低限度的自然法"原则，以确保法律规则的公正性和合理性。四是法律实证主义。哈特的新分析法学思想深受法律实证主义的影响。他强调法律的实证性，即法律是人们实际上遵守、人们实际上执行、人们实际上崇尚、人们实际上信仰的规则。哈特认为，法律的存在和有效性不依赖于人们的道德判断或政治立场，而是取决于人们实际上的遵行和信仰。这种实证性的观点使得哈特的新分析法学在法律解释和适用上更加严谨和科学。

哈特作为新分析法学的代表人物，其学术思想对法学领域产生了深远的影响。首先，他的法律规则理论为理解法律的本质和功能提供了新的视角和方法。通过区分第一性规则和第二性规则，哈特揭示了法律体系的内在结构和运作机制，为法律实践提供了有益的指导。其次，哈特的"最低限度的自然法"概念为法律规则的制定和实施提供了道德基础和价值导向。这一概念的提出，有助于保持法律的公正性和合理性，维护社会的公平和正义。最后，哈特的新分析法学思想促进了法学研究的深入发展。他强调法律的实证性和逻辑性，注重将理论分析与法律实践相结合，推动了法学研究方法的革新和进步。

二、新分析法学的现代发展

新分析法学自其诞生以来，便以其独特的视角和深入的分析在法学领域中独树一帜。随着时间的推移，新分析法学不断吸收新的思想和方法，与现代社会的法律实践紧密结合，展现出了强大的生命力和广阔的发展前景。本部分将从新分析法学的理论演进、实践应用以及面临的挑战与机遇三个方面，详细阐述其现代发展。

（一）理论演进

新分析法学的理论演进主要体现在以下几个方面。一是法律与道德关系的再思考。虽然新分析法学强调法律与道德的分离，但在现代社会，法律与道德之间的关系愈发紧密。哈特等学者开始重新审视法律与道德的关系，提出了"最低限度的自然法"等概念。他们认为，法律虽然不依赖于道德而存在，但在某些情况下，法律规则的制定和实施需要考虑到道德因素。这种对法律与道德关系的再思考，不仅丰富了新分析法学的理论内涵，也使其更加贴近现实社会的法律实践。二是法律规则理论的深化。哈特提出的法律规则理论为新分析法学奠定了坚实的基础。随着研究的深入，学者们对法律规则的理解和应用也不断深化。他们开始关注法律规则在实际司法过程中的运作和效果，探讨如何提高司法效率和公正性等问题。这种对法律规则理论的深化，不仅有助于揭示法律体系的内在规律和运作机制，也为法律实践提供了有益的指导。三是跨学科研究的兴起。新分析法学在发展过程中，逐渐展现出跨学科研究的趋势。它开始吸收和借鉴其他学科的理论和方法，如社会学、心理学、经济学等，以丰富和完善自身的理论体系。这种跨学科研究的兴起，不仅拓宽了新分析法学的研究领域，也使其更加全面、深入地理解法律现象和问题。

（二）实践应用

新分析法学的实践应用主要体现在以下几个方面。一是法律改革与立法实践。新分析法学强调法律的实证性和逻辑性，注重将理论分析与法律实践相结合。在现代社会的法律改革和立法实践中，新分析法学的理论和方法得到了广泛应用。例如，在制定新的法律规则时，立法者会运用新分析法学的理论对法律规则进行逻辑分析，确保其合法性和合理性；在改革现有的法律制度时，也会借鉴新分析法学的思想和方法，以推动法律制度的完善和发展。二是司法审判与纠纷解决。在司法审判和纠纷解决领域，新分析法学的理论也发挥着重要作用。法官和律师会运用新分析法学的理论对案件进行逻辑分析，明确案件的法律关系和法律责任，以确保司法审判的公正性和权威性。同时，新分析法学也关注司法审判的效率和效果，提出了一系列提高司法效率和公正性的方法和措施。三是法律教育与普及。新分析法学的理论和方法也为法律教育和普及提供了有益的指导。在法律教育方面，新分析法学强调法律知识的系统性和逻辑性，注重培养学生的法律思维能力和实践能力。在法律普及方面，新分析法学通过简单明了的语言和生动的案例，向公众普及法律知识，提高公众的法律意识和法律素养。

（三）面临的挑战与机遇

新分析法学在发展过程中也面临着一些挑战和机遇。在挑战方面，随着社会的不断发展和变化，法律现象和问题也日益复杂多样。这对新分析法学的理论和方法提出了更高的要求。另外，新分析法学在强调法律实证性和逻辑性的同时，也面临着忽视法律的社会功能和价值的批评。如何在保持法律独立性的同时，更好地关注法律的社会功能和价值，是新分析法学需要思考和解决的问题。在机遇方面，随着全球化的加速发展，国际间的法律交流和合作日益增多。这为新分析法学提供了更广阔的发展空间和机遇。另外，随着科学技术的不断进步和应用，新分析法学可以借助先进的技术手段和方法，如大数据、人工智能等，来提高法律研究的效率和质量。最后，随着社会的不断进步和发展，人们对法律的需求也日益增长。这为新分析法学提供了更多的实践机会和挑战，也为其发展提供了更广阔的前景和动力。

第五节　制度法学理论及其创新性贡献

制度法学，作为 20 世纪 60、70 年代新兴的法学流派，以其独特的视角和方法论，对传统的分析法学理论产生了深远的影响。该流派以麦考密克和魏因贝格尔为代表，他们的思想为制度法学的发展奠定了坚实的基础。制度法学不再局限于法律实证主义或纯粹法学的框架，而是超越了这些传统理论，提出了以社会制度为基础的法律变化观。

一、制度法学的概念与特征

制度法学，作为一个法学流派，强调法律不仅是一系列规则和条文，更是一种复杂的社会制度。它突破了传统的法律实证主义和自然法的局限，提出了以社会制度为基础的法律观念。这一流派不再将法律视为孤立的、静态的规则集合，而是将其看作是与社会环境、文化习俗、经济结构等紧密相连的动态系统。

制度法学的特征主要体现在以下几个方面：一是整体性视角。制度法学从整体的角度审视法律，认为法律是社会整体制度的一部分，与其他社会制度相互关联、相互影响。二是动态性理解。制度法学强调法律的动态性和变化性，认为法律是随着社会环境的变化而不断发展的。三是多元性融合。制度法学在方法论上融合了法律实证主义和自然法的合理元素，既承认法律规则的重要性，也强调法律价值和社会道德对法律制度的影响。四是实践性导向。制度法学注重法律在实践中的应用和效果，强调法律应当符合社会实践的需要，而非仅仅停留在纸面上的规则。

二、制度法学产生的历史背景

制度法学的诞生，是特定历史时期的必然产物，它标志着法学领域对传统观念的反思与超越，也体现了法学研究对社会变迁的积极响应。20世纪中叶以后，全球范围内的社会、经济和政治格局都经历了前所未有的巨变。科技进步推动了工业化、城市化的快速发展，全球化进程加速，各种社会问题和矛盾也日益凸显。在这样的背景下，法律作为社会规范的重要组成部分，其理论与实践都面临着严峻的挑战。传统的法律实证主义，以其对法律规则的严谨分析和逻辑推理，为法学研究奠定了坚实的基础。然而，随着社会的复杂性和多样性不断增加，法律实证主义过于强调法律的规则性、形式性和逻辑性的做法，逐渐暴露出其局限性。它忽视了法律的社会性和价值性，使得法律在面对复杂多变的社会现象时显得捉襟见肘。这种偏重规则和形式的倾向，使得法律在某些情况下难以回应社会的真实需求和期待。与此同时，自然法理论也面临着类似的困境。自然法强调法律应当符合某种普遍的、永恒的道德原则，这种道德原则被认为是超越历史和文化的。然而，随着现代社会价值的多元化和复杂化，自然法所依赖的抽象道德原则越来越难以被普遍接受和应用。在面对具体的社会实践时，自然法理论往往显得空洞和无力。正是在这样的历史背景下，制度法学应运而生。它试图在传统法学理论之间寻找一种平衡，既不过于偏重规则和形式，也不过于依赖抽象的道德原则。制度法学吸收了法律实证主义和自然法的合理成分，同时摒弃了二者的极端倾向。它强调法律不仅是一系列规则和条文，更是一种复杂的社会制度，与社会环境、文化习俗、经济结构等紧密相连。

制度法学的出现，为法学研究注入了新的活力。它提供了一种更加全面、动态的法律观念，使得法律能够更好地回应社会的需求和期待。在制度法学的视野下，法律不再是一个孤立、静态的规则集合，而是一个与社会环境、文化习俗、经济结构等紧密相连的动态系统。这种观念的转变，不仅丰富了法学研究的内涵，也为解决现实问题提供了新的思路。制度法学还强调了法律的实践性和社会性。它认为法律应当符合社会实践的需要，而非仅仅停留在纸面上的规则。这种实践导向的研究方法，使得法律制度更加贴近现实，能够更好地解决现实问题。同时，它也强调了法律的社会性，认为法律制度是与社会环境、文化习俗等紧密相连的。这种社会性的强调，使得我们对法律的理解更加立体和多维。此外，制度法学的出现还为法学研究的创新和发展提供了新的思路。它鼓励学者们多角度、多层次地审视法律制度，推动法学研究的深入和发展。制度法学的实践导向也促使法学研究更加关注现实问题，为解决现实问题提供有益的参考和指导。这种关注现实的倾向，使得法学研究不再局限于抽象的理论探讨，而是更加贴近社会实际，更具现实意义。

三、制度法学的代表人物及主要思想

制度法学的代表人物主要有尼尔·麦考密克和奥塔·魏因贝格尔等

人，以下即对制度法学的代表人物及主要思想进行详细介绍。

（一）麦考密克及其主要法律思想

尼尔·麦考密克（1941—2009）出生于苏格兰，曾在牛津大学学习文学，之后在爱丁堡大学学习法律。麦考密克被誉为制度法学的杰出代表，其一生都致力于法学领域的深入研究和探索。他的学术背景和丰富的研究经验使他在法学界享有盛誉。麦考密克的学术生涯，可以说是对法律推理和法律学说不断挖掘和完善的过程。他不仅关注法学理论的发展，更重视法律在实践中的运用和实效。通过他的研究，我们可以更深入地理解法律推理的复杂性，以及法律学说在现代社会中的重要性。麦考密克的法律思想主要包括以下方面内容。

一是法律推理的综合性与实践理性。麦考密克深知法律推理在法学中的核心地位，他坚持认为法律推理远超过单纯的形式逻辑应用，而是一种高度综合的决策过程，体现了实践理性的精髓。在他看来，法律人在进行法律推理时，必须综合考虑多重因素，包括但不限于法律规定、具体案件的事实细节以及社会价值观念和公众期待。这样的推理过程旨在确保最终的法律判决既公正又合理，能够真正回应社会的需求和期望。他的这一观点具有深远的实践意义。在传统的法律推理中，往往过于强调法律条文的字面意义和形式逻辑的应用，而忽视了法律实践中的复杂性和多样性。麦考密克的法律推理理论则提醒我们，法律人需要具备一种更为全面和深入的推理能力，以应对各种复杂的法律实践问题。麦考密克进一步指出，实践理性在法律推理中的应用是不可或缺的。法律人需要在理解法律规定的基础上，结合具体的社会环境和价值观念，对法律规定进行合理解释和应用。这种解释和应用过程需要法律人具备丰富的实践经验和深厚的专业素养，以确保法律推理的准确性和公正性。通过强调法律推理的综合性和实践理性，麦考密克为法学研究和实践提供了新的思路和方法。他的这一思想对于培养具备全面素养的法律人才，提高法律实践的公正性和合理性具有重要的指导意义。

二是制度道德与社会实践的紧密相连。除了在法律推理方面有独到见解外，麦考密克还创新性地提出了"制度道德"的理念。他主张，法律制度应当遵循一定的道德准则，而这些道德准则并非空中楼阁，而是深深植根于社会实践和公众的共同理解之中。换句话说，法律不应当仅仅是冷冰冰的规则和条款，而应当体现社会的道德观念和价值取向。麦考密克认为，制度道德是法律制度的内在要求和精神支柱。一个缺乏道德支撑的法律制度是无法长久维持的，因为它无法获得公众的认同和支持。因此，法律制度的设计和实施必须充分考虑道德因素，确保法律与道德之间的良性互动。为了实现这一目标，麦考密克强调法律制度应当关注社会实践的需求和发展。法律制度不能脱离社会实践而存在，必须紧密联系实际，不断适应社会的变化和发展。同时，法律制度还应当积极引导和规范社会实践，促进社会道德水平的提升。

（二）魏因贝格尔及其主要法律思想

奥塔·魏因贝格尔出生于 1919 年的捷克斯洛伐克，1968 年移居奥地利。自 1972 年起，魏因贝格尔开始担任卡尔福伦兹大学哲学研究所的教授，专注于制度法理学的研究。魏因贝格尔作为制度法学的另一位领军人物，其研究领域广泛且深入。他不仅在规范逻辑的哲学和语义基础方面有着深厚的造诣，还对法律和法律文化的结构与理论问题进行了系统的研究。魏因贝格尔的学术贡献，不仅体现在对法律制度的精细分析上，更在于他将法律视为一种复杂的社会和文化现象的研究视角。魏因贝格尔的法律思想主要包括以下方面内容。

一是法律作为社会文化现象的深刻反映。在魏因贝格尔的学术视野中，法律被赋予了更深层次的社会文化意义。他坚决主张，法律不仅是一套用于维护社会秩序和公正的规范体系，更是一种深刻反映社会文化观念和实践的现象。换句话说，法律与社会文化之间存在着千丝万缕的联系，二者相互影响、相互塑造。魏因贝格尔强调法律的文化属性和社会价值对法律制度产生的深远影响。他认为，法律制度的设计和实施必须充分考虑社会文化因素，以确保法律能够真正回应社会的需求和期待。同时，法律也应当成为推动社会文化进步的重要力量，通过引导和规范社会实践，促进社会文化的繁荣和发展。为了更好地理解法律与社会文化之间的关系，魏因贝格尔提倡跨学科的研究方法。他鼓励法学家们积极借鉴社会学、文化学等其他学科的理论和方法，以更全面、更深入地揭示法律的社会文化本质和意义。这种跨学科的研究方法为法学研究带来了新的思路和视角，也推动了法学与其他学科的交流与融合。

二是制度逻辑的阐释与法律制度运行规律的揭示。魏因贝格尔提出的"制度逻辑"概念是其学术思想中的又一亮点。他通过这一概念深入剖析了法律制度的内在逻辑和运行机制，为我们理解法律制度的本质和运行规律提供了新的视角和工具。在魏因贝格尔看来，法律制度是由一系列相互关联、相互作用的规则和原则构成的复杂系统。这些规则和原则之间存在着严密的逻辑关系，它们共同维系着法律制度的稳定和高效运行。通过深入剖析这些规则和原则之间的逻辑关系，我们可以更准确地把握法律制度的内在结构和运行机制。魏因贝格尔进一步指出，制度逻辑不仅揭示了法律制度的内在结构和运行机制，还为法律制度的改革和完善提供了有力的理论支持。通过分析和优化法律制度的逻辑结构，我们可以发现制度中存在的漏洞和不足，进而提出针对性的改革措施，推动法律制度的不断完善和发展。

四、制度法学的创新性贡献

制度法学作为一种新兴的法学流派，其创新性贡献主要体现在以下几个方面。

（一）超越了传统的分析实证法学理论

传统的分析实证法学理论往往将法律视为一种纯粹的规则体系，忽视了法律的社会属性和价值内涵。而制度法学则超越了这种局限，将法律视为一种社会制度，强调法律的社会基础和价值意义。这一转变不仅扩大了法学研究的范围，还使我们对法律的理解更加全面和深入。具体来说，制度法学通过引入法律原则、法律目的论等元素，弥补了旧分析法学的不足之处。这些元素的加入使得法律制度更加灵活和富有弹性，能够更好地适应社会的变化和发展。同时，制度法学还强调法学研究不能脱离社会实际，应该将法律放入社会中去对比研究，重视法律的社会价值。这种研究方法使得我们对法律的理解更加深入和具体，也为法律制度的完善和创新提供了有益的参考。

（二）突破了自然法理论的局限性

自然法理论是西方法律思想史中的重要流派之一，它强调法律的正当性必须建立在某些客观价值或内在公正原则的基础上。然而，制度法学认为这种假设是不必要的，因为法律制度的存在和运行并不依赖于某些先验的价值或原则。相反，法律制度是基于人们的共同理解和认可而建立起来的，其正当性来源于人们的实践理性。制度法学的这一观点超越了自然法理论的局限，为我们理解法律的正当性提供了新的视角。它强调法律制度的实践性和社会性，使得我们对法律的理解更加贴近实际和具体。同时，制度法学也为我们提供了一种新的法律思维方式，即通过对实践理性的强调来理解和解释法律制度。

（三）推动了实证主义和自然法的融合

在法律实证主义与自然法相互排斥的时代背景下，制度法学试图在两者之间寻找一种平衡和融合。它认为法律实证主义和自然法都有其合理之处但也有其局限性，因此应该将两者结合起来以更全面地理解法律制度。具体来说，制度法学接受了法律实证主义关于法律规则体系的基本观点，但同时又强调了法律制度的价值意义和社会基础。这种融合使得我们对法律制度的理解更加全面和深入，也为法律制度的创新和完善提供了有益的参考意见。同时，制度法学还借鉴了自然法中关于人的权利和自由等基本价值的观点，将这些价值融入到法律制度中去以更好地保障人们的权益和自由。这种融合不仅丰富了法学研究的内涵还提高了法学研究的科学性和准确性。

第六节　分析法学理论对法学发展的重要意义

分析法学，作为西方法学中的重要流派，一直以其独特的视角和方法，对法学的发展产生了深远的影响。它强调对法律进行实证的分析，侧重于研究"实际存在的法律"（positive law），也就是那些已经由国家制定并实施的法律。这一流派的研究者们并不去过多探讨法律"应该是怎样的"，而是专注于解析和研究现有的法律制度。这样的研究方法，无疑为法学领域注入了更为严谨和科学的元素。以下将详细探讨分析法学对法学发展的重要意义。

一、科学性和精确性的显著提升

分析法学的出现对法学研究的科学性和精确性产生了深远的影响。在传统的法学研究中，模糊概念和不确定的法律解释是常见的问题，这给法律的执行和解释带来了很大的困扰。然而，分析法学的兴起为法学领域带来了新的曙光，使得法学研究的科学性和精确性得到了显著的提升。在传统法学中，许多法律概念和规则的表述往往含糊不清，导致在实际应用中产生诸多争议。这种情况不仅影响了法律的公正性和权威性，还给司法实践带来了极大的困扰。分析法学通过运用严谨的逻辑分析和语言分析，对法律概念和法律规则进行了深入的剖析，使得法律的含义和适用范围变得更为明确和具体。分析法学的这一贡献，得益于其对逻辑学和语言学的深入借鉴。逻辑学的严谨性和语言学的精确性为分析法学提供了有力的工具，使其能够对法律语言进行更为细致的分析。通过这种跨学科的研究方法，分析法学成功地揭示了法律规则背后的逻辑结构和价值取向，为法律的解释和适用提供了更为坚实的理论基础。分析法学还强调对法律概念和规则的精确定义，以确保法律语言的准确性和一致性。这种精确性的追求不仅体现在理论研究中，也贯穿于法律实践之中。在司法审判、法律咨询、立法建议等各个领域，分析法学都发挥着重要的作用，为法律的正确实施提供了有力的支持。此外，分析法学还推动了法学研究的量化分析。通过对大量法律案例的统计分析，分析法学能够揭示出法律规则在实际应用中的效果和存在的问题。这种量化分析的方法不仅提高了法学研究的客观性，还为法律的修订和完善提供了有力的依据。值得一提的是，分析法学的兴起还促进了法学与其他学科的交叉融合。在解决复杂的法律问题时，分析法学往往需要借鉴其他学科的理论和方法。这种跨学科的研究方法为法学领域注入了新的活力，推动了法学研究的不断创新和发展。

总的来说，分析法学的出现使得法学研究的科学性和精确性得到了显著的提升。通过严谨的逻辑分析和语言分析，分析法学成功地揭示了法律规则背后的逻辑结构和价值取向，为法律的正确实施提供了有力的支持。同时，分析法学的兴起还促进了法学与其他学科的交叉融合，推动了法学研究的不断创新和发展。

二、法律体系的完善与系统化

分析法学对于法律体系的完善和系统化有着不可磨灭的贡献。在传统的法学研究中，法律体系往往显得零散、混乱，缺乏一个清晰、统一的理论框架。这种情况不仅影响了法律的执行效率，还可能导致法律之间的冲突和矛盾。然而，分析法学的出现改变了这一现状，它通过对法律规则的分类、整理和解释，成功地构建了一个逻辑严密、条理清晰的法律体系。分析法学的系统化研究方法在完善法律体系方面发挥了关键作用。它首先对各种法律规则进行详细的分类和整理，明确各个规则之间的逻辑关系和适用范围。然后，通过分析这些规则背后的价值取向和社会目标，分析法学揭示出整个法律体系的内在逻辑和结构。这种方法不仅提高了法律的可操作性，还使得法律体系更加符合社会的实际需求。在法律体系的完善过程中，分析法学还注重对各种法律漏洞和不足的发现和弥补。通过对现有法律体系的深入分析，分析法学能够及时发现并解决法律体系中的问题和矛盾。这不仅有助于维护法律的权威性和稳定性，还为法律的修订和完善提供了有力的支持。此外，分析法学的系统化研究方法还为跨领域的法律问题的解决提供了有效的途径。在现代社会中，许多法律问题都涉及到多个领域和方面，需要综合考虑各种法律规则和价值观。分析法学通过构建一个逻辑严密、条理清晰的法律体系，为这类跨领域问题的解决提供了有力的理论支持。

总的来说，分析法学在完善和系统化法律体系方面发挥了重要的作用。通过其系统化研究方法，分析法学成功地构建了一个逻辑严密、条理清晰的法律体系，提高了法律的可操作性和可预测性。同时，它还为法律的修订和完善提供了有力的支持，推动了法学研究的不断进步和发展。

三、法律实施的指导与支持

分析法学在法律实施过程中的指导与支持作用不可忽视。法律的生命力在于实施，而实施的效果很大程度上取决于对法律规则的理解和解释。分析法学通过深入剖析法律规则的内涵和外延，为法律实施提供了明确的理论依据和解决方案。在实际的法律实践中，往往会出现各种复杂的情况和问题。如何准确地理解和适用法律规则，成为确保法律实施效果的关键。分析法学在这一方面发挥了重要的作用。它通过对法律规则的逻辑分析和语言解读，帮助实施者准确把握法律的精神和实质，确保法律在实践中得到正确、统一的适用。此外，分析法学还强调法律的权威性和稳定性。在法律实施过程中，必须严格遵守和执行法律的规定，确保法律的权威不受挑战。同时，分析法学也关注法律的稳定性，认为法律应该保持一定的连续性和稳定性，以便于人们预测自己行为的法律后果。这种观念有助于提升人们对法律的敬畏和尊重，从而确保法律的有效实施。分析法学还为法律实施过程中的疑难问题提供了解决思路。在法律实践中，难免会遇到一些模糊不清或存在争议的问题。分析法学通过其严谨的逻辑分析和精确的语言解读，为这些问题提供了合理的解决方案。这不仅提高了法律实施的效率和准确性，也增强了法律体系的适应性和灵活性。

总的来说，分析法学在法律实施过程中发挥了重要的指导与支持作用。它通过深入剖析法律规则和理解法律精神，为法律实施提供了明确的理论依据和解决方案。同时，它还强调法律的权威性和稳定性，提升了人们对法律的敬畏和尊重。这些都有助于确保法律的有效实施和维护社会的公正与秩序。

四、法学教育的创新与推动

分析法学的教学方法在法学教育中占据着举足轻重的地位，其强调的深入剖析法律概念和规则的教学方式，对于培养学生的逻辑思维能力、法律分析能力以及解决实际法律问题的能力具有显著的效果。这种教学方法不仅提升了学生的专业素养和技能水平，更为他们未来的法律职业生涯奠定了坚实的基础。在传统的法学教育中，往往更注重法律条文的记忆和法律理论的传授，而忽视了对学生逻辑思维和法律分析能力的培养。然而，分析法学的教学方法打破了这一传统模式，它鼓励学生通过深入剖析法律概念和规则，理解法律的内在逻辑和价值取向，从而提升他们的法律素养和解决实际问题的能力。此外，分析法学的跨学科性质还为法学教育注入了新的活力。它鼓励学生从哲学、社会学、政治学等多个角度审视法律问题，培养他们的创新思维和多元化解决问题的能力。这种跨学科的教学方法不仅拓宽了学生的知识视野，还激发了他们的创新思维和批判性思考。分析法学的教学方法还注重实践应用。它鼓励学生将所学的法律知识应用到实际案例中，通过分析和解决实际问题来提升自己的法律实践能力。这种以实践为导向的教学方法不仅增强了学生的法律实务能力，还使他们在未来的法律职业生涯中更具竞争力。

总的来说，分析法学的教学方法在法学教育中发挥了重要的作用。它通过深入剖析法律概念和规则、注重跨学科融合以及实践应用等方式，培养了学生的逻辑思维能力、法律分析能力以及解决实际法律问题的能力。这无疑为法学教育的创新与推动注入了强大的动力。

五、法律职业的专业化与提升

分析法学对法律职业的专业化起到了重要的推动作用。在传统的法律职业中，法律人的专业素养和技能水平参差不齐，这在一定程度上影响了法律服务的质量和效率。然而，随着分析法学的兴起和发展，法律职业开始逐渐走向专业化，法律人的专业素养和技能水平也得到了显著提升。首先，分析法学通过深入研究和剖析法律概念和规则，为法律职业者提供了更为明确和具体的理论指导。这使得法律职业者在处理法律问题时能够更加准确地把握法律的精髓和实质，提高了解决问题的效率和准确性。同时，分析法学还注重法律思维的训练和培养，帮助法律职业者形成良好的法律思维方式和习惯。其次，分析法学强调法律职业的伦理道德和职业操守。它认为法律职业者不仅应该具备扎实的法律知识和技能，还应该具备良好的职业道德和操守。这种观念对于提升法律职业的整体形象和地位具有重要的意义。在实际工作中，法律职业者需要时刻保持诚信、正直和勤勉的品质，以维护法律的公正和权威。此外，分析法学还推动了法律职业的继续教育和培训。在现代社会中，法律知识不断更新和发展，法律职业者需要不断学习和进步才能跟上时代的步伐。分析法学为法律职业者提供了丰富的学习资源和培训机会，帮助他们不断更新自己的知识和技能，提高专业素养和综合能力。

总的来说，分析法学对法律职业的专业化起到了重要的推动作用。它通过提供明确的理论指导、强调职业道德和操守以及推动继续教育和培训等方式，提升了法律职业者的专业素养和技能水平。这不仅有助于提高法律服务的质量和效率，还推动了整个法律行业的持续发展和进步。在未来的发展中，分析法学将继续发挥其在法律职业专业化方面的重要作用，为法律行业的繁荣和发展作出更大的贡献。

第七节　哈特与自然法学派论争下分析法学的困境

20世纪下半叶的第二次世界大战给人类带来了浩劫。法学理论界开始了对当时主流的分析法学理论的反思。分析法学过多地关注法律规则的形式和结构，而不是规则背后的道德和价值观的法律理念，无疑对第二次世界大战的灾难起到了推波助澜的负面作用。正是在这一反思中，强调法律道德性的新自然法学派在战后重新崛起，并开始了分析法学派与自然法学派之间在现代法学领域的长期论争。而哈特与自然法学者的三次交锋无疑是这些论争中最为引人注目的。他们的论争不仅涉及法律与道德的关系、法律解释的方法等核心法学问题，更揭示了分析法学理论在面对复杂法律现象时所遭遇的种种困境。以下将详细阐述这些论争以及分析法学理论所面临的几大困境。

一、哈特与自然法学派的三次论争

（一）哈特与富勒的论战

20 世纪中叶，随着社会的快速发展和法律体系的不断完善，两大法学流派——分析法学派和自然法学派之间的观念差异逐渐凸显出来。其中，分析法学派，以哈特为代表，强调法律的形式和实证性，即法律是由一系列明确的规则和原则构成的，这些规则和原则可以通过逻辑分析和语言分析的方法来揭示和理解。而自然法学派，以富勒为代表，则更加注重法律与道德、正义的内在联系，认为法律应当符合某些普遍的道德原则和价值观念。

哈特作为分析法学派的代表人物，提出了法律与道德应当分离的观点。他认为，法律是由社会规则构成的，这些规则的存在和内容是独立于道德判断的。换句话说，法律是一种社会事实，它的存在不依赖于人们对其道德性的评价。这种观点在当时的法学界引起了广泛的关注和争议，尤其是自然法学派的代表人物富勒对此表示了强烈地反对。富勒认为，法律和道德、实然法和应然法是不可分离的。他强调道德是法律秩序的基础，法律自身也包含着一定的道德性。在富勒看来，法律不仅仅是一种社会规则，更是一种道德秩序的表达和体现。因此，他反对将法律和道德截然分开的做法，认为这种做法忽视了法律与道德的内在联系。

这次论争缘于 1957 年 4 月哈特在哈佛大学作的一场题为"实证主义和法律与道德之分"的演讲。在这场演讲中，哈特为法律实证主义进行了辩护，并明确提出了法律和道德应当分离的观点。他认为，法律的存在和内容是独立于道德判断的，因此，我们不能将道德标准作为评价法律有效性的依据。富勒则针对哈特的演讲撰写了《实证主义和对法律的忠诚——答哈特教授》一文，对哈特的观点进行了批判。富勒认为，法律和道德是不可分离的，法律自身就包含着一定的道德性。他强调道德是法律秩序的基础，法律的存在和实施都离不开道德的支持和约束。因此，富勒反对将法律和道德截然分开的做法，认为这种做法不仅忽视了法律与道德的内在联系，而且也无法解释法律秩序的本质和意义。

哈特与富勒的论战主要围绕法律与道德的关系展开。哈特坚持实证主义的观点，认为法律的存在和内容不依赖于道德判断。他主张将法律和道德截然分开，认为只有这样才能保证法律的独立性和权威性。在哈特看来，法律是一种社会规则，它的存在和内容是由社会事实和人们的实践行为所决定的，而不是由道德判断所决定的。富勒则强调法律与道德之间的内在联系。他认为，法律不仅仅是一种社会规则，更是一种道德秩序的表达和体现。在富勒看来，道德是法律秩序的基础和目的，法律的存在和实施都离不开道德的支持和约束。因此，他反对将法律和道德截然分开的做法，认为这种做法无法解释法律秩序的本质和意义。

哈特与富勒的论战在法学界引起了广泛的关注和讨论。它不仅激发了人们对法律与道德关系的进一步思考，也让人们开始重新审视法律的独立性和权威性以及道德在法律中的地位和作用。这场论战不仅仅是对法律与道德关系的深入探讨，更是两种法学流派之间理论根基的一次大碰撞。通过这次论战，人们开始更加深入地思考法律与道德之间的关系以及它们在法律秩序中的作用和意义。同时，这场论战也推动了法学理论的发展和创新。哈特和富勒的观点在当时的法学界产生了深远的影响，为后来的法学研究提供了重要的思想资源和理论支撑。他们的观点不仅激发了人们对法律与道德关系的思考，也为后来的法学研究提供了新的视角和方法论基础。

（二）哈特与德富林的论战

在哈特与富勒论战之后，人们对于道德和法律的关系进行了更为深入的探讨。特别是在经历了二战的惨痛教训后，人们对于运用法律强制实施道德的合理性及其限度问题产生了更为浓厚的兴趣。德富林作为自然法学派的另一位代表人物，提出了与哈特截然不同的观点，从而引发了第二场激烈的论战。

这场论战的起因是英国议会的"同性恋犯罪和卖淫调查委员会报告"。该报告引发了社会对于道德和法律关系的广泛讨论。德富林认为，为了维护社会秩序和公共利益，法律应当强制实施某些道德规范。他主张通过法律手段来强制推行一些基本的道德规范，以确保社会的稳定和公共利益的最大化。而哈特则对此表示了强烈的反对，他认为道德规范的实施应当主要通过社会舆论、教育和个人的自觉行为来实现，而非过度依赖法律的强制手段。

哈特与德富林的论战主要围绕运用法律强制实施道德的合理性及其限度问题展开。德富林认为，法律应当强制实施某些道德规范，以维护社会秩序和公共利益。他主张将道德规范纳入法律体系，通过法律的强制力来推行道德规范，以确保社会的稳定和公共利益的最大化。哈特则强调道德规范的实施应当主要通过社会舆论、教育和个人的自觉行为来实现。他认为，如果法律过多地介入道德领域将会侵犯个人的自由和权利。在哈特看来，法律的主要任务是维护社会秩序和保护个人权利，而不是推行道德规范。因此，他反对将道德规范纳入法律体系，并强调法律的强制力应当谨慎使用。

哈特与德富林的论战进一步揭示了法律与道德之间的微妙关系以及运用法律强制实施道德的复杂性和争议性。这场论战引发了人们对法律与道德关系的更深入思考，并促进了不同法学流派之间的交流和碰撞。通过这次论战，人们开始更加深入地思考道德规范在法律体系中的地位和作用，以及运用法律强制实施道德的合理性和限度问题。同时，这场论战也为后来的法学研究和法律实践提供了重要的思想资源和理论支撑。它推动了人们对法律与道德关系的进一步探讨和研究，也为后来的法学理论发展注入了新的活力。此外，这场论战还促进了不同法学流派之间的交流和融合，为法学界的多元化和繁荣作出了重要贡献。

（三）哈特与德沃金的论战

随着社会的进步和法律体系的发展，人们对法律的解释和权利保护问题进行了更为深入的探讨。德沃金作为新兴的法学理论家，提出了与哈特不同的法律解释观点，从而引发了第三场激烈的论战。德沃金主张法律解释应当注重保护个人权利和自由，并强调法官在解释法律时应当考虑道德和正义因素。这与哈特坚持的法律的实证主义解释方法产生了分歧。

随着人权意识的崛起和法治原则的普及，法律解释和权利保护成为法学界关注的热点问题。德沃金主张法律解释应当注重保护个人权利和自由，他认为法律的最终目的是为了实现公平和正义。因此，在解释法律时，法官应当考虑道德和正义因素，以确保法律的公正性和合理性。这与哈特坚持的法律的实证主义解释方法产生了严重的分歧。哈特认为，法律的解释应当严格遵循法律文本的原意和立法者的意图，而不应过多地考虑道德和正义因素。

　　哈特与德沃金的论战主要围绕法律的解释和权利问题展开。德沃金主张法律解释应当注重保护个人权利和自由，并强调法官在解释法律时应当考虑道德和正义因素。他认为，法律的最终目的是为了实现公平和正义，因此，在解释法律时，我们应当注重保护个人的权利和自由，以确保法律的公正性和合理性。哈特则坚持法律的实证主义解释方法。他认为，法律的解释应当严格遵循法律文本的原意和立法者的意图，而不应过多地考虑道德和正义因素。在哈特看来，法律的权威性和稳定性是至关重要的，因此，我们应当尊重法律文本的原意和立法者的意图，以确保法律的确定性和可预测性。

　　哈特与德沃金的论战揭示了法律解释中的主观性和客观性问题以及权利保护在法律解释中的重要地位。这场论战促进了人们对法律解释方法和权利保护问题的深入思考，并为后来的法学研究和法律实践提供了重要的思想资源和理论支撑。同时，这场论战也推动了法学理论的创新和发展。它激发了人们对法律解释和权利保护问题的进一步探讨和研究，为法学界的多元化和繁荣作出了重要贡献。此外，这场论战还为人们提供了一种新的视角和方法论基础来审视和理解法律与道德、权利与义务之间的关系以及它们在法律秩序中的作用和意义。

　　综上所述，哈特与自然法学派的三次论争都是在特定的历史背景下展开的。这些论争不仅仅是对特定问题的探讨和争论，更是对法学理论和实践的深入反思和推进。通过这些论争，可以看到法学界对于法律与道德关系、法律解释方法等问题的不断探索和追求。这些论争丰富了法学理论的内容，为法学研究和法律实践提供了重要的思想资源和理论支撑。同时，这些论争也推动了法学理论的创新和发展，为法学界的多元化和繁荣作出了重要贡献。在未来的法学研究中，应当继续深入探讨这些问题，以推动法学理论的不断发展和完善。

二、分析法学理论的困境

在分析法学的发展历程中，哈特与自然法学派的三次论争无疑具有里程碑式的意义。这些论争不仅揭示了分析法学理论面临的困境，也为我们理解法律与道德的关系、法律的强制实施以及法律解释等问题提供了深刻的洞见。下面，我们将从这三个方面展开详细的阐述。

（一）法律与道德的关系难以界定

哈特与自然法学派在法律与道德关系上的分歧，实质上体现了分析法学理论在这一问题上的模糊性。分析法学派，以哈特为代表，试图将法律与道德严格分离，强调法律的实证性和独立性。他们认为，法律是一种社会规则，其存在和实施不依赖于道德判断。然而，在实践中，这种严格的分离往往难以实现。法律和道德在某些情况下是相互交织的，二者的界限很难明确划分。例如，在法律规范中，我们常常可以看到对公平、正义等道德价值的追求和体现。这些道德规范在法律中的融入，使得法律与道德的关系变得复杂而微妙。此外，法律在实施过程中也往往受到道德因素的影响。法官、律师和公众在理解和应用法律时，不可避免地会带入自己的道德观念和判断。这种法律与道德关系的模糊性，给分析法学理论带来了困境。一方面，分析法学派希望保持法律的独立性和客观性；但另一方面，法律与道德的紧密联系又使得这种独立性难以实现。这种困境反映了分析法学理论在法律与道德关系问题上的不足和局限。

（二）法律的强制实施与道德规范的冲突

哈特与德富林的论战揭示了法律的强制实施与道德规范之间的冲突。法律作为一种社会规则，其核心功能之一是维护社会秩序和公共利益。为了实现这一目标，法律有时需要强制实施某些道德规范，以确保社会的正常运转。然而，过度使用法律强制手段可能会引发一系列问题。首先，强制实施道德规范可能会侵犯个人的权利和自由，从而引发社会的不满和反抗。其次，法律的强制实施往往难以涵盖所有的道德问题。在某些情况下，道德规范的遵守更需要个人的自觉和内心的认同，而非外部的强制。这种冲突体现了分析法学理论在法律强制实施问题上的困境。分析法学派强调法律的实证性和权威性，但在处理法律与道德的关系时，往往难以找到恰当的平衡点。这种困境也反映了法律与道德在社会治理中的复杂性和微妙性。

（三）法律解释的困境

哈特与德沃金的论战则反映了法律解释面临的困境。分析法学派注重法律的实证主义解释方法，即根据法律文本的字面含义和立法者的原意来解释法律。这种方法强调法律的客观性和确定性，有助于维护法律的稳定性和可预测性。然而，实证主义解释方法也存在明显的问题。首先，它可能忽视道德和正义因素在法律解释中的作用。在某些情况下，严格按照法律文本的字面含义进行解释可能会导致不公平或不正义的结果。其次，实证主义解释方法可能使法律解释与社会现实脱节。随着社会的发展和变化，法律文本的原意可能已经无法适应新的社会环境和价值观念。相比之下，自然法学派则注重道德和正义因素在法律解释中的作用。他们认为，法律解释应该考虑社会的道德观念和正义原则，以确保法律的公正性和合理性。然而，这种解释方法也存在主观性和不确定性的问题。不同的法官和学者可能对道德和正义有不同的理解和判断，从而导致法律解释的不确定性和争议性。这种法律解释的困境体现了分析法学理论在法律解释问题上的不足和局限。分析法学派需要寻求一种更加全面和灵活的法律解释方法，以平衡法律的稳定性、可预测性与公正性、合理性之间的关系。

第八节　分析法学理论的现代发展趋势

分析法学理论，历经数百年的发展，凭借始终以其对法律概念、法律体系和法律推理的深入探究，在众多法学流派中独树一帜。然而，时代在变迁，社会在发展，法律环境也在不断演变。因此，分析法学也必须与时俱进，不断适应新的法律环境和社会需求。在现代，分析法学展现出了多方面的发展趋势，这些趋势既体现了分析法学对自身理论和方法的不断反思和完善，也彰显了分析法学对其他学科的开放性和包容性。以下，我们将从多个维度详细阐述分析法学理论的现代发展趋势，以期为读者提供一个全面而深入的了解。

一、法律与道德关系的重新审视

在传统的分析法学理论中，法律与道德被严格区分，法律被看作是一种独立的社会规范，其制定和实施均不依赖于道德判断。这种区分在一定程度上确保了法律的独立性和权威性，但也引发了不少争议。在现代社会，随着人们对法律与道德关系的深入理解，分析法学开始重新审视这一传统观点。一方面，现代分析法学认识到，法律和道德在实践中往往相互交织、相互影响，二者之间存在千丝万缕的联系。法律规范的制定和实施不可能完全摆脱道德因素的影响，道德规范也需要借助法律的力量来得以更好地实施。因此，现代分析法学开始尝试在法律与道德之间寻找一种平衡，以更好地理解和解释法律现象。这种平衡不仅体现在对法律规范的解释上，更体现在对法律实践的理解和把握上。另一方面，现代分析法学还开始关注法律与道德的互动关系在法律实践中的具体表现。例如，在法律裁判过程中，法官往往需要权衡各种利益，考虑社会公正和道德要求，从而作出更为合理的裁决。这种权衡过程实际上就体现了法律与道德的相互影响和制约关系。通过分析这种互动关系，现代分析法学试图为法律实践提供更为全面和深入的理解。

二、法律解释方法的创新与发展

法律解释是分析法学的重要研究领域之一，它涉及对法律规范的解读和理解。在现代，随着语言学、逻辑学和哲学解释学等学科的不断发展，分析法学也开始探索新的法律解释方法。这些方法不仅有助于准确理解法律文本的含义，还能为法律解释提供更为科学、客观的依据。一方面，现代分析法学开始注重语言学在法律解释中的应用。借助语言学的理论和方法，分析法学深入研究法律文本的语言结构、语义关系和语用环境等因素，试图揭示法律文本的真实含义和立法者的原意。这种方法的应用不仅提高了法律解释的准确性，还为法律实践提供了更为可靠的依据。另一方面，现代分析法学还开始借鉴哲学解释学的理论和方法进行法律解释。这种方法强调解释者与法律文本之间的对话和交流，认为法律解释不仅是一种单向的、客观的理解过程，还是一种双向的、主观的沟通过程。解释者需要通过自己的前理解、经验和价值观念等因素与法律文本进行对话和交流，以达成对法律文本意义的共同理解。这种方法为法律解释注入了更多的主观性和灵活性，也使得法律解释更加贴近社会实践和公众需求。此外，现代分析法学还尝试将多种解释方法相结合，以应对复杂的法律问题。例如，在面对涉及多方利益和复杂社会背景的案件时，分析法学家可能会综合运用语言学方法、哲学解释学方法以及其他相关学科的知识来进行深入剖析和解读。这种跨学科的综合应用不仅提高了法律解释的准确性和全面性，还为法律实践提供了更为丰富和多元的视角。

三、对法律体系内部结构的深入研究

在传统的分析法学理论中，法律体系通常被视为一种由不同法律部门组成的有机整体。然而，在现代社会，随着法律制度的不断复杂化和法律部门的不断增多，法律体系的内部结构也变得越来越复杂。因此，现代分析法学开始对法律体系的内部结构进行深入研究，以更好地理解和把握法律制度的整体性和协调性。一方面，现代分析法学关注不同法律部门之间的关系和相互影响。例如，在研究刑法与民法的关系时，分析法学不仅关注二者在规范内容上的联系和区别，还关注二者在实施过程中的相互影响和制约关系。这种对法律体系内部结构的深入研究有助于更好地理解法律

制度的整体性和协调性，也为法律制度的改革和完善提供了理论依据。另一方面，现代分析法学还开始关注法律体系内部的层级结构和逻辑关系。例如，对于宪法、基本法律和行政法规等不同层级的法律规范，分析法学深入研究它们之间的效力关系、调整范围和适用条件等问题。这种研究有助于揭示法律体系内部的逻辑关系和层级结构，为法律实践提供更为明确和具体的指导。

四、法律实证研究的兴起与应用

在现代分析法学中，越来越多的学者开始重视法律实证研究。他们通过收集和分析大量的法律数据、案例和调查结果等信息来验证法学理论和假设的有效性和可行性。这种方法的应用为法学研究提供了更为科学、客观的依据和支持，也使得法学研究更加贴近社会实践和公众需求。一方面，法律实证研究有助于揭示法律制度在实践中的运行情况和存在的问题。通过收集和分析实际案例和数据，研究者可以深入了解法律制度在实践中的实施效果和社会反响，从而发现其中存在的问题和不足之处。这种实证研究为法律制度的改革和完善提供了有针对性的建议和对策。另一方面，法律实证研究还可以为法律决策提供科学依据。在制定新的法律规范或政策时，决策者需要充分了解实际情况和公众需求，以确保决策的科学性和合理性。而法律实证研究可以为决策者提供大量的实际数据和案例分析，帮助他们做出更为明智和合理的决策。

五、跨学科研究的兴起与融合

随着社会的不断发展和变革，法律问题也日益复杂多变。为了更好地应对这些挑战，现代分析法学开始注重跨学科研究。它通过与其他学科如社会学、心理学、经济学等进行交叉融合来拓展自己的研究视野和方法论基础。这种跨学科研究不仅有助于揭示法律现象的复杂性和多样性，还为分析法学提供了新的研究思路和方法论支持。一方面，跨学科研究为分析法学提供了更为全面的视角和方法论支持。例如，在分析法律与社会的关系时，分析法学可以借鉴社会学的理论和方法来探究法律制度对社会结构、文化和价值观等因素的影响；在分析法律与经济的关系时，可以运用经济学的理论和方法来研究法律制度对资源配置、市场竞争和经济增长等方面的影响。这种跨学科研究不仅拓展了分析法学的研究视野，还为其提供了新的方法论支持。另一方面，跨学科研究还有助于解决复杂的法律问题。在现代社会中，许多法律问题都涉及到多个领域和方面，需要综合运用多种学科知识和方法来进行深入剖析和解读。例如，在环境保护领域，分析法学家可能需要与环境科学家、经济学家和社会学家等合作，共同研究如何制定更为有效的环境保护政策和法律规范。这种跨学科合作不仅提高了法律研究的科学性和全面性，还为解决复杂的法律问题提供了更为有效的途径和手段。

六、全球化背景下的分析法学发展

随着全球化的不断深入和发展，国际法和国际法律关系也日益成为分析法学的重要研究领域。现代分析法学开始关注国际法与国际政治、经济和文化等方面的关系以及国际法在国内法体系中的地位和作用等问题。这种关注不仅体现了分析法学对全球化背景下法律发展的敏锐洞察，也为其提供了新的研究机遇和挑战。一方面，全球化背景下的分析法学需要深入研究国际法的制定和实施过程。随着全球治理体系的不断完善和国际化程度的加深，国际法在国际关系中的地位和作用越来越重要。分析法学需要深入研究国际法的制定过程、实施机制以及与国际政治、经济和文化等方面的相互关系，以揭示国际法在全球治理中的作用和意义。另一方面，全球化背景下的分析法学还需要关注国际法与国内法的互动关系。在国内法体系中，国际法如何被接纳、转化和实施是一个重要的问题。分析法学需要深入研究这种互动关系，探讨国际法在国内法体系中的地位和作用，以及国内法如何对国际法产生影响等问题。这种研究有助于揭示国际法与国内法的相互关系，为国际法的实施和国内法的完善提供理论依据和支持。

七、技术革新对分析法学的影响

随着科技的飞速发展，尤其是信息技术和人工智能的广泛应用，法律领域也正经历着前所未有的变革。现代分析法学不仅需要关注传统法律领域的问题，还需要密切关注技术革新对法律体系、法律实践和法学研究带来的深远影响。首先，技术革新改变了法律服务的提供方式。例如，人工智能和大数据技术的应用使得法律服务更加智能化和高效化。现代分析法学需要研究这些技术如何影响法律服务的质量和效率，并探讨如何利用这些技术改进和完善法律体系。其次，技术革新也对法律实践产生了深远影响。例如，在证据收集、案件调查和法律推理等方面，新技术的应用为法律实践提供了更多的可能性和挑战。分析法学需要深入研究这些技术如何改变法律实践的模式和方法，并提出相应的应对策略和建议。最后，技术革新还为法学研究提供了新的方法和工具。例如，大数据分析、文本挖掘和机器学习等技术的应用为法学研究提供了更为丰富和多元的数据来源和分析方法。现代分析法学需要积极探索这些新技术在法学研究中的应用前景和潜力，以推动法学研究的创新和发展。

第九节　经典案例分析

英女王诉达德利和史蒂芬斯案

1884 年，英国发生了震惊世界的海难食人事件，并由此引出了"英女王诉达德利和史蒂芬斯案"。这一案件在法律历史上有着深远的影响，涉及到法律与道德的法理争辩，是法律史上颇具价值的经典案例，即使是现在，当时的审判结果依然备受争议。

1884 年 5 月 19 日，一艘英国游船玛格丽特号出海，船上一共有四名船员，船长达德利，大副史蒂芬斯和水手布鲁克斯，还有一名在船上做侍者的帕克。十八岁的帕克，是个孤儿，没有成家，这是他第一次出海。7月5日，在行驶到南大西洋、好望角西北约2600公里处时，遇到了大浪，玛格丽特号很快就沉没了，船员逃上了唯一的救生艇。没有水，没有食物，四人随波逐流。7月20日，帕克因为饥渴难耐，偷偷喝了海水，病得奄奄一息，蜷缩在一边。7月25日，大家都要坚持不下去了，船长达德利在绝望之下，提议四人抽签，决定谁先死，以救活其他人。布鲁克斯反对抽签，船长就用眼神示意布鲁克斯看着昏睡着的帕克，并怂恿史蒂芬斯说："没有其他的办法了，只能用帕克救大家的性命。"史蒂芬斯用小刀刺破了帕克的颈内静脉，杀死了他。后来的几天，这三名船员吃喝着帕克的血和肉，直到第四天，船长在获救当天的日记中写道："当我们吃着我们的早餐时，一艘船出现了……"。这个早餐就是十八岁帕克的尸体。在场的所有人都承认的当时情况：1.全部极度饥饿，几近死亡。2.视线内没有船只经过。3.如果没有人肉的坚持，他们绝对不会又坚持四天获救的。4.杀人前并没有集体投票谁应该死，而是在没有男孩的参与下，三个成年人考虑到自己的家庭，都不愿意死。5.那个男孩最虚弱，也没有自己的家庭，更没有反抗能力。被告提议杀死那个男孩！他们被德国船救起，很快回到了英国，接着遭到逮捕，以谋杀罪受到审判。

　　经过激烈的争论，最后法院宣判他们有罪并决定处以死刑。后来英国女王对他们进行了特赦，将刑期减至六个月。后来达德利移居了澳大利亚，他到死都觉得在这种情况下，他们做出的这种决定是无罪的。而到现在该案件仍引发着许多人的思考。

　　支持杀人的理由，主要是：在生存环境的逼迫下，为了让大多数人活下来，有人必须做出牺牲。况且，帕克是一个孤儿，没有家庭需要赡养。其他三名船员，都有家庭，救活了这三个人，也救活了三个家庭，与三名船员有影响的亲人都得到了利益，这不仅是一条生命对三条生命，而是一对十，一对二十，甚至更多。牺牲帕克，获得的总体利益，累积起来是最高的。因而，杀死帕克是正确的。

　　反对杀人的声音同样存在：谋杀就是谋杀。杀人这种行为，永远都是错的，任何人都没有权利将其他人的生命掌控在自己的手里。人吃人，即使增加了社会的"效用"，这行为本身在道德上也是不足取的。每个人都有与生俱来的生命权，这不是用来追求"效用"的工具，没有人能够剥夺。如果杀人行为被允许，身处社会的每个人都将惶惶不安，就像这些船员，杀死了帕克，他们还会再杀死下一个最弱的，如果不被获救，只要"由头"还在，杀人不会停止。

从分析法学理论的视角来看，"英女王诉达德利和史蒂芬斯案"涉及了法律与道德的复杂交织，并可以从以下几方面予以具体分析。

一是法律的实证分析与道德判断的分离。分析法学强调对法律进行实证的分析，即关注法律的实际规定和法律效力，而不是道德或伦理的考量。在此案中，法律明确规定谋杀是非法的，无论其背后的动机或情境如何。因此，从分析法学的角度来看，达德利和史蒂芬斯的行为违反了法律的规定，应当受到法律的制裁。

二是法律规则的适用与解释。一方面，分析法学注重法律规则的明确性和可预测性。在此案中，法律对于谋杀的定义和处罚是明确的。无论面临何种极端情况，法律规则本身并未提供在生存压力下杀人的例外条款。另一方面，法律解释应当受到限制。尽管案情极端且引人同情，但分析法学认为，法律解释不应超越法律文本本身的含义。法官在解释法律时应遵循法律的字面意义，而不是基于个人的道德或情感判断。

三是法律与道德的界限。一方面，道德考量与法律决策。在分析法学中，法律和道德是两个相对独立的领域。尽管道德考量在公众舆论和个别法律人的判断中可能占据一席之地，但法律决策应基于法律规定本身，而非外部的道德标准。另一方面，法律的普遍性与个案正义。法律具有普遍性，适用于所有人和所有情况。然而，在某些极端情况下，如本案所示，严格适用法律可能会导致个案中的"不正义"。分析法学认为，这是法律系统固有的局限性，应通过法律程序（如上诉、特赦等）而非任意改变法律规则来解决。

四是法律的社会功能与效果。一方面，法律需要维护社会秩序。通过对此案的判决，法律展示了其维护社会秩序和公共安全的功能。它向公众传递了一个明确的信息：即使在极端情况下，也不能以牺牲他人生命为代价来谋求自身的生存。另一方面，法律与道德存在复杂的互动。虽然分析法学强调法律与道德的分离，但此案也揭示了二者之间的复杂互动。法律判决可能引发公众对道德和正义的深入思考，进而推动社会对法律和道德关系的进一步探讨。

思考题

1. 分析法学如何推动了法律解释方法的创新与发展？
2. 如何把握法律体系的内部结构及法律部门间的关系？
3. 哈特的新分析法学理论的主要观点是什么？
4. 谈谈你对"恶法非法"和"恶法亦法"的认识。

第五章　社会法学理论专题

━━✦ 内容提要 ✦━━

　　社会法学理论起源于19世纪后半期的德国，盛行于20世纪西方各国。该理论学派代表人物有孔德等人，在美国系统地阐述这一学派观点的是庞德。社会法学派强调研究"现实的法学"，研究法律现实的各个方面，反对实证主义法学派仅仅对法律进行形式逻辑上的研究，但他们对法律实证主义的批判是从反科学的立场出发的。他们对于法律的来源性质和作用的论述，侧重社会性弱化阶级性。社会法学理论是西方法学中的一个重要理论流派，思想庞杂，包括欧洲的利益法学、美国的现实主义法学等。近年来在美国出现的经济分析法学、批判法律研究运动也可归入广义的社会法学的范围内。其代表人物政治观点很不一致，有人反对自由资本主义时期个人本位和国家不干预主义；有人则主张自由放任的政策。他们的共同观点大致包括：主张把法律现象作为一种社会现象研究；主张书本上的法与行动中的法的二元论；主张"应该是这样的法"与"实际是这样的法"的二元论；主张把法看作是社会控制，社会工程，是调整各种不同利益的工具。

━━✦ 本章重点 ✦━━

　　狄骥的社会连带主义法学，韦伯理性视角下的法律社会解析，庞德通过法律的社会控制思想，社会法学理论的现代创新和发展。

👉 案例引入：南京彭宇案

2006 年 11 月 20 日早晨，徐老太在南京市水西门广场一公交站台等 83 路汽车。人来人往中，徐老太被撞倒摔伤导致骨折，鉴定结果为 8 级伤残。徐老太指认撞人者是刚下车的彭宇，并告到法院向其索赔 13 万多元。彭宇表示无辜。他说道："当天有三辆公交车同时靠站，老太去赶第三辆公交车，自己从第二辆车的后门下来，看见一位老太太摔倒在地，就赶忙去扶她。一名中年男子随后也主动过来扶起老太太，而后大家一起来到了医院。"

彭宇在一审庭审中坚持"无碰撞"答辩，当时的民意也是先入为主，认为这就是一起好人办好事反被诬告的案件。最终，一审法官王浩判决双方均无过错，但按照公平的原则，当事人应对受害人的损失给予适当补偿。彭宇不服判决，表示要上诉。就在二审即将开庭之际，彭宇与徐老太却在庭前达成和解协议双方撤诉了。但是第一次开庭过程中，徐老太家属和一审法官王浩的一句"经验主义"的话——"不是你撞的，你为什么要扶"，彻底挑动了人们的神经，引得全国舆论大哗。（本案一审判决书详见南京市鼓楼区人民法院民事判决书［2007］鼓民一初字第 212 号。）

南京彭宇案深刻反映了法律与社会之间密切而又复杂的关系。社会法学强调法律与社会的相互关系，认为法律是社会现象的一部分，并且受到社会结构、文化、经济等多种因素的影响。从社会法学理论的角度对这一案例进行分析，南京彭宇案充分展现了法律判决如何受到社会舆论、媒体和民意的影响，并揭示了社会法学的一些核心理念。一是法律与社会的互动。在南京彭宇案中，法律判决并不仅仅是基于法律条文的解释和应用，而是受到了广泛的社会关注和影响。这反映了社会法学的一个核心观点：法律不是孤立存在的，而是与社会紧密相连。案件的处理过程中，媒体的大肆报道、民意的汹涌澎湃都对案件产生了深远影响。二是媒体的角色与影响。媒体在南京彭宇案中扮演了重要角色。由于缺乏官方信息，媒体基于彭宇方的说法进行了大量报道，这在一定程度上塑造了公众对此案的看法。社会法学认为，媒体不仅是信息传递的工具，还是社会舆论的塑造者。媒体的报道能够影响公众对法律的理解和态度，进而对法律实施产生间接影响。三是民意与司法的博弈。民意在此案中也发挥了显著作用。民众普遍对彭宇表示同情，认为他是做好事反被诬告。这种民意对司法判决形成了一定的压力。社会法学强调，司法判决不可能完全脱离社会环境和民意的影响。然而，司法机构也需要在尊重民意的同时，坚持法律的独立性和公正性。四是司法的应对策略。面对媒体和民意的压力，司法机关需要采取恰当的应对策略。一方面，司法机关应积极与媒体沟通，提供准确的信息，避免信息的误传和误解；另一方面，司法机关在判决时应坚持法律原则，不受外界因素的干扰。同时，司法机关还可以通过公开审判、发布判决书等方式，增强司法的透明度和公信力。

综上所述，南京彭宇案深刻诠释了法律与社会之间的内在复杂关系。社会法学理论认为，法律是社会现象的一部分，其制定、实施和解释都受到社会多种因素的影响。因此，在处理类似案件时，司法机关需要综合考虑法律条文、社会舆论、民意等多方面因素，以作出既合法又合理的判决。同时，司法机关还需要通过不断的实践和学习，提高自身的专业素养和应对复杂社会问题的能力。这样，才能在维护法律权威的同时，实现社会的公平与正义。

第一节　社会法学理论的概念和特点

现代法学理论体系包含了各种法学理论流派，它们以独特的视角和方法论，为我们揭示了法律的不同面貌，社会法学理论便是其中一个引人注目的分支。它不仅融合了法学的传统方法与社会学的理论框架，还特别关注法律在实际社会中的运作和影响。通过深入了解社会法学，我们可以发现法律并非孤立存在，而是与社会环境紧密相连，共同塑造着我们的社会秩序和价值观。

一、社会法学理论的概念

社会法学理论，也被称为社会学法学理论。作为一个当前主流的法学理论流派，其核心理念在于深入理解和关注社会现实与法律实践的关系。它不仅仅将法律视为纸面上的规则和条文，更将其看作是一种生动的、实际的社会现象。社会法学理论强调，法律不仅具有规范性，更是社会生活的反映和调节器，它的制定、实施和变革都深受社会各种因素的影响。

社会法学的理论框架融合了法学的传统方法与社会学的概念工具、研究方法。这一流派认为，法律并非孤立存在，而是嵌入到复杂多变的社会环境中。因此，研究法律不能仅停留在文本层面，而应深入到法律的实际运作过程中，探寻法律与社会之间的互动关系。法律现实主义是社会法学的一个重要观点。这一观点强调，法律不是僵化的规则，而是在实际社会中被不断解释、执行和适用的活生生的现实。社会法学派学者关注法律在现实生活中的运作情况，致力于揭示法律现象的本质和规律。他们通过实证研究、案例分析等方法，深入了解法律在社会中的实际效果和影响。法律的功利主义倾向也是社会法学的一个重要特征。这一流派在评价法律的好坏时，往往采用功利主义的标准，即关注法律是否能够最大程度地满足社会的整体利益。这种倾向体现了社会法学对法律实际效果和社会影响的重视。社会法学派学者认为，好的法律应当能够顺应社会发展的需要，有效调节社会关系，促进社会公正与和谐。此外，社会法学还强调法律的相对性。它认为法律并不是一成不变的，而是随着社会环境的变化而不断发展变化的。这种相对性的观点提醒我们，法律应当具有适应性和灵活性，能够随着社会变革而不断调整和完善。社会法学派学者在研究法律时，注重从历史和社会的角度考察法律的发展变迁，以期更好地理解法律的本质和功能。社会法学作为一个跨学科的法学流派，其研究方法也具有多样性。它不仅运用传统的法学研究方法，如逻辑推理、案例分析等，还广泛借鉴了社会学、经济学、政治学等其他学科的研究方法。这种跨学科的研究方法使得社会法学能够更全面地揭示法律现象的本质和规律。

总的来说，社会法学是一个注重实证研究、关注社会现实和法律实践关系的法学流派。它通过跨学科的研究方法，深入揭示法律现象的本质和规律，致力于推动法律的不断完善和创新。在未来的发展中，社会法学有望继续发挥其独特的理论优势和实践价值，为法学领域的发展作出更大的贡献。

二、社会法学理论的特点

社会法学理论，作为一种独特的法学理论流派，在法学理论领域中占据了重要的地位。它以其深入理解和关注社会现实与法律实践的关系而著称，强调法律的社会性、重视法律的实际效果、采用多元的研究方法、关注法律的动态性，并特别关心弱势群体的法律保护。以下，我们将详细阐述社会法学理论的这些显著特点。

（一）强调法律的社会性

社会法学理论首先强调法律的社会性。在社会法学理论的视野中，法律并非孤立存在，而是深深植根于复杂多变的社会环境中。法律规则、原则和法律制度的形成与发展，都紧密地与社会结构、文化传统、经济发展水平等多种社会因素相关联。这种社会性的强调，使得社会法学理论在研究法律时，总是将其放在更广泛的社会背景中进行考察。法律不再仅仅是冰冷的条文和规则，而是成为与社会紧密相连、反映社会生活的一面镜子。通过这面镜子，我们可以观察到社会的各种矛盾和问题，以及法律在解决这些问题中所起的作用。社会法学理论学者认为，法律作为社会控制的手段，其目的在于通过调整社会关系来维护社会秩序。他们深入研究法律与社会的互动关系，探寻法律如何影响社会，以及如何被社会所影响。这种双向的互动关系，使得法律成为社会变迁的反映和推动力量。

（二）重视法律的实际效果

与传统法学注重法律的形式逻辑和概念体系不同，社会法学理论更加关注法律在社会中的实际运行效果。它认为，法律的好坏不仅取决于其形式上的完美与否，更在于其是否能够满足社会的需要，是否能够在实际运行中达到预期的社会效果。这种对实际效果的重视，使得社会法学理论在研究法律时，总是以解决实际问题为出发点和落脚点。它关注法律在促进社会公正、平等、自由等方面的作用，致力于通过法律手段来解决社会问题，推动社会的进步和发展。社会法学理论还倡导一种"回应型"的法律观，即法律应当对社会需求和问题作出及时、有效的回应。这种回应不仅包括对新的社会现象的规范和调整，还包括对旧有法律制度的修正和完善。通过这种回应，法律能够更好地适应社会发展的需要，更好地服务于社会的整体利益。

（三）多元的研究方法

社会法学理论在研究方法上呈现出多元化的特点。它不仅运用传统的法学研究方法，如逻辑推理、案例分析等，以深入剖析法律条文和案例背后的社会意义和影响。同时，它还广泛借鉴了社会学、经济学、政治学等其他学科的研究方法，以更全面地揭示法律现象的本质和规律。这种跨学科的研究方法为社会法学理论提供了更为丰富和多元的视角。通过综合运用各种研究方法，社会法学理论能够更深入地探讨法律与社会、经济、政治等各个方面的关系，从而为我们提供更全面、更深入的法律理解。此外，社会法学理论还注重实证研究方法的运用。它通过对实际法律现象的观察、调查和实验，来验证和丰富理论假设，从而为我们提供更真实、更可靠的法律知识。这种实证研究方法的应用，使得社会法学理论的研究更加贴近实际、更具说服力。

（四）强调法律的动态性

社会法学理论认为法律不是一成不变的，而是随着社会环境的变化而不断发展变化的。因此，它在研究法律时，总是关注法律的动态发展过程，探讨法律如何适应社会发展的需要，如何不断进行自我完善和创新。这种动态性的强调使得社会法学理论能够更灵活地应对社会变革和法律发展的需要。它鼓励我们对现有的法律制度进行反思和批判，以发现其存在的问题和不足，并提出相应的改进建议。通过这种反思和批判，我们能够推动法律制度的不断完善和创新，以适应社会发展的需要。同时，社会法学理论也关注法律与社会变迁的相互关系。它认为社会的变迁必然会对法律产生影响，而法律的发展也会反作用于社会的变迁。因此，在研究法律时，社会法学理论总是将其放在社会变迁的大背景下进行考察，以揭示法律与社会变迁之间的内在联系和规律。

（五）关注弱势群体的法律保护

社会法学理论强调法律的公正性和平等性，并特别关注弱势群体的法律保护问题。它认为法律应当为所有人提供平等的保护，不应当因为个人的社会地位、财富等因素而受到歧视或不公正的待遇。在研究法律时，社会法学理论总是关注弱势群体的法律需求和权益保障问题。它致力于揭示弱势群体在法律面前所面临的困境和挑战，并提出相应的解决方案和建议。通过这种关注和研究，社会法学理论为我们提供了更深入地了解弱势群体的机会，也为我们推动法律的公正和平等提供了有力的支持。同时，社会法学理论也倡导一种"以人为本"的法律观。它认为法律应当以人为本，尊重和保护每个人的尊严和权利。这种以人为本的法律观使得社会法学理论在研究法律时，总是以人的需求和利益为出发点和落脚点，致力于推动法律的人性化和民主化进程。

总的来说，社会法学理论作为一种独特的法学理论流派，以其深入理解和关注社会现实与法律实践的关系而著称。它通过强调法律的社会性、重视法律的实际效果、采用多元的研究方法、关注法律的动态性以及特别关心弱势群体的法律保护等问题，为我们提供了更全面、更深入的法律理解。在未来的发展中，社会法学理论有望继续发挥其独特的理论优势和实践价值，为法学领域的发展作出更大的贡献。

第二节　社会法学理论的产生和发展

社会法学理论，是用社会学的观点和方法研究法律的科学理论，或者说是从社会学的角度研究法律问题的法学分支学科。它主要研究法律的社会目的和效果，强调不同社会利益的整合。作为法学的一门新兴学科，社会法学理论的产生和发展有着深刻的社会背景和理论渊源。

一、社会法学理论的产生背景

社会法学理论的产生，根植于 19 世纪末至 20 世纪初的深刻社会变革之中。这一时期，西方资本主义社会经历了由自由竞争资本主义向垄断资本主义的过渡，伴随着这一转变，社会经济结构、政治格局以及思想文化都发生了翻天覆地的变化。这些变化为社会法学的诞生提供了肥沃的土壤。

（一）社会经济结构的变迁

随着第二次工业革命的推进，生产力得到极大提高，资本主义经济得到迅猛发展。然而，这也导致了资本的高度集中，进而形成了垄断组织。垄断组织的出现，使得社会财富逐渐集中在少数人手中，加剧了社会贫富差距。这种经济结构的变迁，不仅改变了传统的经济秩序，也引发了人们对社会公平和正义的重新思考。在这种背景下，人们对法律的需求和期望也发生了变化。传统的法律主要关注个人权利和自由，但随着社会矛盾的加剧，人们开始期望法律能够在维护社会秩序、调节社会矛盾方面发挥更大的作用。这种期望为社会法学的产生提供了社会基础。

（二）政治格局的变化

随着垄断资本主义的发展，资本主义国家的政治格局也发生了显著变化。一方面，政府开始更多地干预经济活动，以缓解社会矛盾；另一方面，工人阶级和劳动群众的政治觉悟逐渐提高，他们开始组织起来，争取自己的合法权益。这种政治格局的变化对法律提出了新的要求。政府需要通过法律手段来调节社会矛盾，维护社会稳定；而工人阶级和劳动群众则期望法律能够保护他们的合法权益。这些需求共同推动了社会法学的产生和发展。

（三）思想文化的演变

19 世纪末至 20 世纪初，西方社会的思想文化也经历了深刻的变革。实用主义和怀疑主义成为这一时期社会思潮的主流。人们开始对传统观念进行反思，对既有的法律制度也产生了怀疑。特别是传统的自然法学和分析法学，在面对日益复杂多变的社会现实时，显得捉襟见肘，难以为解决社会问题提供有效的指导。在这种思想文化的演变中，人们开始寻求新的法学理论来解决现存的社会问题。社会法学便是在这样的背景下应运而生，它强调从社会的角度来研究法律，关注法律的社会效果和目的，为解决社会问题提供了新的思路和方法。

（四）社会科学的发展

19世纪末期，社会科学领域取得了重大进展，尤其是社会学这门新兴学科的崛起。社会学以实证研究为基础，深入剖析社会结构、社会关系以及社会变迁等复杂现象。社会学的理论和方法为法学研究提供了新的视角和工具，使得法学家们开始从更广阔的社会背景中去理解和研究法律。此外，其他学科如经济学、政治学等也取得了长足进步，它们的理论和方法同样对法学产生了深远影响。这些学科的发展为社会法学的产生提供了重要的理论支撑和方法论指导。

（五）法律实践的推动

随着社会的变革和发展，法律实践也面临着前所未有的挑战。一方面，新的社会问题不断涌现，如劳工问题、环境保护问题等，这些问题需要法律给予及时的回应和解决；另一方面，传统的法律制度在面对新的社会现实时显得力不从心，难以有效地维护社会秩序和公平正义。在这种情况下，法律实践迫切需要一种新的法学理论来指导。社会法学以其独特的视角和方法论为法律实践提供了新的思路和方法论指导，使得法律能够更好地适应社会的发展和变化。

综上所述，社会法学理论的产生是多种因素共同作用的结果。社会经济结构的变迁、政治格局的变化、思想文化的演变以及社会科学和法律实践的发展都为社会法学的产生提供了必要的条件和推动力。社会法学的诞生不仅丰富了法学的理论体系，也为解决社会问题提供了新的思路和方法论指导。

二、社会法学理论的发展历程

社会法学作为一种独特的法学研究方法，旨在深入探索法律与社会之间的相互关系及其在社会生活中的实际应用。其发展历程可以划分为几个关键阶段，每个阶段都有其独特的特点和重要的理论贡献。以下将详细阐述社会法学理论的发展历程。

（一）社会法学的萌芽与起源

社会法学的起源可以追溯到 19 世纪末的欧洲，更具体地说，是 19 世纪末至 20 世纪初的欧洲大陆。当时，资本主义社会由自由竞争阶段向垄断阶段过渡，工业化进程加速，城市人口急剧增长，社会问题也随之日益凸显。贫富差距的扩大、劳工权益的受损、社会不公正现象的加剧等，都使得人们开始对传统法学进行深入的反思。

传统法学往往将法律视为一堆规则和原则的组合，而忽略了法律与社会生活的紧密联系。然而，随着社会问题的加剧，法学家们开始意识到，法律并非孤立存在，而是深深植根于社会生活之中。法律的存在和发展，与社会经济、政治、文化等多个方面密切相关。在此背景下，一些具有前瞻性的法学家开始尝试从社会学的角度研究法律。他们关注法律的社会功能和效果，强调法律应当服务于社会的整体利益，而不仅仅是维护个人权利。这种思想的出现，为社会法学的产生奠定了坚实的基础。其中，德国法学家耶林被视为是社会法学的先驱者。他强调法律的目的性，认为法律应当服务于社会的实际需求。耶林的这一思想，对后来的社会法学发展产生了深远的影响。

（二）社会法学的形成与发展

进入 20 世纪后，随着社会变革的深入进行，社会法学逐渐形成了独立的学科体系。这一时期的社会法学家们开始系统地研究法律与社会的关系，他们运用社会学的理论和方法来深入剖析法律问题，提出了一系列新颖且富有洞察力的观点和理论。其中，美国法学家罗斯科·庞德是社会法学派的重要代表人物之一。他的著作《通过法律的社会控制》和《法律的任务》等，对社会法学的发展产生了深远影响。庞德认为，法律并非仅仅是一堆规则和判例的堆砌，而是一种重要的社会控制手段。他主张通过法律来调整社会关系，以达到维护社会秩序和稳定的目的。庞德的"社会利益说"更是强调了法律应当服务于社会的整体利益，而非仅仅局限于保护个人权利。这一观点在当时的社会背景下引起了极大的反响，也进一步推动了社会法学的发展。除了庞德之外，还有许多其他的社会法学家也作出了杰出的贡献。例如，欧根·埃利希提出了"活法"的概念，强调在法律实践中应当重视非正式的法律规范，如习惯、风俗等。这些非正式的法律规范在现实生活中往往比正式的法律规范更具影响力。埃利希的这一观点为社会法学的研究提供了新的视角和方法。此外，美国的现实主义法学也是广义的社会法学的一个重要分支。现实主义法学家们强调法律的不确定性，并认为法律应当根据实际情况进行灵活解释和应用。他们关注法官在判决过程中的主观性和创造性，从而揭示了法律在实际操作中的复杂性和多样性。这一阶段的社会法学研究呈现出多元化的特点，各种理论和观点层出不穷。这些理论和观点的不断涌现和碰撞，为社会法学的发展注入了新的活力。

（三）社会法学的深化与拓展

随着社会的不断发展和变革，社会法学也在不断深化和拓展。从 20 世纪中叶开始，社会法学进入了一个新的发展阶段。在这一阶段中，社会法学家们更加深入地研究了法律与社会、经济、政治等各个方面的关系，提出了许多富有创见性的理论和观点。在研究内容上，社会法学家们开始关注法律在社会生活中的实际运行效果。他们运用实证研究方法，收集大量的数据和案例来分析法律的实施情况及其对社会的影响。这种实证研究方法的应用使得社会法学的研究更加贴近现实生活，更具实践指导意义。同时，随着全球化进程的加速和科技的飞速发展，社会法学也面临着新的挑战和机遇。法学家们开始关注国际法、环境法、网络法等新兴领域中的法律问题。这些领域的研究不仅丰富了社会法学的研究内容，也推动了社会法学向更高层次的发展。在研究方法上，现代的社会法学更加注重跨学科的研究方法。法学家们开始综合运用社会学、经济学、政治学等多学科的理论和方法来研究法律问题。这种跨学科的研究方法为社会法学的发展注入了新的活力，也使得社会法学的研究更加深入和全面。例如，法经济学家运用经济学的理论和方法来分析法律问题，揭示了法律与经济之间的紧密联系；而法政治学家则运用政治学的理论和方法来研究法律与政治之间的互动关系。此外，在这一阶段中，社会法学还开始关注法律的全球化趋势以及国际法与国内法之间的互动关系。随着全球化进程的加速推进，各个国家之间的法律交流和合作也日益频繁。社会法学家们开始研究不同法律体系之间的相互影响和借鉴以及国际法在国内法中的适用等诸多问题。这些研究不仅有助于推动国际法治的发展，也为国内法律的完善提供了有益的参考和借鉴。

（四）社会法学的现代转变与影响

进入 21 世纪后，社会法学继续发展和演变，逐渐融入了更多的现代元素和思考。这一阶段的社会法学更加关注全球化、技术变革以及社会多样性对法律的影响。随着信息技术的飞速发展，网络法、数据保护法等新兴领域逐渐成为社会法学研究的热点。同时，社会法学也开始更多地关注法律的可持续性和环境保护方面的问题。随着环境问题的日益突出，环境法学作为社会法学的一个重要分支逐渐崭露头角。社会法学家们开始深入研究如何通过法律手段来保护环境、促进可持续发展以及应对气候变化等全球性问题。此外，在现代社会法学中，对于人权、平等和公正的讨论也变得更加深入。社会法学家们致力于通过法律手段来保障人权、促进社会公正和平等。他们关注弱势群体在法律面前的平等权利，推动法律制度的完善以更好地保护这些权利。总的来说，社会法学的发展历程是一个不断探索和进步的过程。从最初的萌芽与起源到现代的转变与影响，社会法学一直在不断地发展和完善自身。在未来，随着社会的不断变革和进步，社会法学将继续发挥重要作用，为推动全球法治建设和社会公正作出更大的贡献。

（五）社会法学的未来展望

展望未来，社会法学将继续在法学领域中扮演重要角色。随着社会的不断发展和变革，新的社会问题也将不断涌现，这需要社会法学进行持续的研究和应对。首先，随着科技的进步和互联网的普及，网络法律问题将日益突出。社会法学需要深入研究网络环境下的法律问题，如网络隐私保护、网络安全、网络犯罪等，为构建安全、有序的网络空间提供法律支持。其次，环境保护和可持续发展将成为社会法学的重要研究方向。面对全球气候变化和环境污染等严峻挑战，社会法学需要积极探索如何通过法律手段促进环境保护和可持续发展，推动人类社会与自然环境的和谐共生。此外，社会法学还将继续关注社会公正、人权保障等核心价值。通过深入研究法律在社会分配正义、保障人权等方面的作用，社会法学将为构建更加公正、平等的社会提供有力的法律支撑。最后，跨学科研究将成为社会法学的重要方法。未来，社会法学将更加注重与其他学科的交叉融合，借鉴和吸收其他学科的理论和方法，以丰富和完善自身的理论体系和研究方法。这将有助于社会法学更好地应对复杂多变的社会问题，推动法学的创新和发展。

第三节　社会法学理论的代表人物及其思想

社会法学派所包含的体系非常庞杂，如以狄骥为代表的社会连带主义法学，马克斯·韦伯理性视角下的法律社会解析，以庞德为代表的"社会控制论"法学等。以下仅就社会法学理论中影响较大的代表人物及其思想进行详细阐述。

一、孔德与社会法学理论的创立

社会法学理论的创始人可以归结为多位学者，他们各自对社会法学的发展作出了重要贡献。然而，如果必须选择一个最具代表性的创始人，那么通常认为是孔德。

奥古斯特·孔德（1798—1857），法国著名的哲学家，被誉为"社会学之父"，同时也是实证主义的创始人。他的一生致力于建立一门新的科学——社会学，以实证的方式研究社会现象，进而系统地研究社会现象和社会规律。他认为，社会学应当成为一门关于社会重建和稳定的科学，这与社会法学理论通过法律手段实现社会秩序和稳定这一目标高度契合，为社会法学理论的产生和发展奠定了理论基础。除此之外，孔德及其与社会法学理论相关的思想主要包括以下方面内容。

第一，科学分类与社会法学的定位。孔德将科学划分为不同的层次，其中社会学占据重要地位。这种科学的分类方式有助于明确社会法学在整个科学体系中的位置，即作为应用社会学的一个分支，专注于研究法律在社会发展中的作用。

第二，社会静力学与社会动力学的法律解读。孔德提出了社会静力学和社会动力学的概念。社会静力学关注社会的稳定和秩序，而社会动力学则研究社会的进步和变迁。这些概念为后来的社会法学提供了分析社会法律现象的新视角，特别是在探讨法律如何维持社会稳定和推动社会进步方面。

第三，法律与社会的互动关系。孔德强调法律与社会的紧密互动。他认为，法律不仅是社会秩序的维护者，也是社会进步的推动者。这一观点为社会法学研究法律与社会、经济、文化等因素的相互关系提供了理论基础。

第四，法律思想的实证主义倾向。孔德的实证主义哲学深刻影响了他的法律思想。他主张以实证的精神和方法来研究法律现象，强调法律的实践性和实用性。这种实证主义的法律思想对社会法学的发展产生了深远影响，推动了法学研究从传统的思辨模式向更加科学、实证的方向转变。

二、狄骥与社会连带主义法学

莱昂·狄骥（1859—1928），法国法学家。狄骥是社会连带主义法学派的创始人，这一学派在 20 世纪初的法国开始兴起。狄骥自 1886 年起一直担任法国波尔多大学法学教授，致力于法学研究与教学。他的学说主要受到实证主义哲学和社会连带主义理论的影响，尤其是受到法国社会学家埃米尔·迪尔凯姆（Emile Durkheim）在《社会劳动分工论》中所阐述的社会连带主义理论的启发。狄骥的主要法律思想包括以下方面内容。

第一，社会连带关系的基础地位。狄骥认为，社会连带关系是一切社会规范的基础。这种关系包括两种类型：一种是同求的连带关系，即人们有共同需要，只能通过共同生活来满足；另一种是分工的连带关系，即人们有不同的能力和需要，必须通过相互交换服务来满足各自的需求。这两种连带关系构成了社会的基本纽带。

第二，法律规范的地位。在狄骥的理论中，法律规范被视为最高的社会规范。他认为，违反法律规范将受到群众自发要求的、有组织的强力制裁。他将法律规范的整体称为"客观法"，并强调客观法高于国家制定的"实在法"。实在法是以客观法为生效条件的，并以实现客观法为目的。

第三，国家与法律的关系。狄骥认为，国家来源于强者和弱者的分化，是统治者与被统治者之间在政治上的分化结果。他反对法国《人权宣言》中关于国家主权和个人权利的原则，提出以他的国家公务观念代替传统的主权观念。在狄骥看来，掌握权力的人并没有主观权利，而只有运用其权力组织公务的义务。国家本身也受到客观法的限制，并以实现客观法为唯一目的。

第四，法律规则的种类。狄骥将法律规则分为两种：规范性的法律规则和建设性或技术性法律规则。前者是围绕社会连带关系命令或禁止人们的行为的规则；后者则是为实现前一类规则而制定的规则。这两类规则的存在都意味着国家的存在，而客观法却不是国家的产物，它高于并先于国家。

第五，社会规范与社会事实的关系。狄骥强调社会规范与人的社会行为是两种不可分离的事实。他把社会规范分为经济规范、道德规范和法律规范三种。这些规范都是人们社会生活的反映，并随着社会的变化而发展。

第六，客观法与实在法的区分。在狄骥的理论体系中，客观法与实在法有着明确的区分。他认为每一社会都有一种客观法或法律规则的概念存在，这种客观法是基于社会连带关系而产生的，并适用于所有自觉的个人和社会集体的成员。实在法则是国家制定和执行的法律，它以客观法为生效条件并以实现客观法为目的。因此，实在法是客观法的一种表现形式或实现手段。

第七，法律的社会功能。狄骥非常重视法律的社会功能。他认为法律的主要任务是维护社会连带关系并确保社会秩序的稳定。通过法律规范的实施和执行，可以调整社会关系、解决社会矛盾并促进社会进步和发展。

第八，对自然法学理论的批判与超越。虽然狄骥强调自己的学说是以观察到的不容争辩的事实为依据的实证主义法学思想，但他的社会连带主义理论仍然被一些西方法学家视为具有社会学外衣的自然法学理论。这主要是因为狄骥所强调的社会连带关系在某种程度上具有先验性，即它是一种不依赖于人们意志而存在的客观事实。然而，与传统的自然法学理论相比，狄骥的理论更加注重法律的社会功能和实际效果，因此可以说他在一定程度上超越了传统的自然法学理论。

狄骥的社会连带主义法学思想对后来的法学发展产生了深远的影响。他提出的"社会连带关系"概念为后来的法社会学和法人类学等学科提供了重要的理论基础。同时，他对客观法和实在法的区分以及对法律规范社会功能的强调，也为现代法学研究提供了新的视角和方法论指导。此外，狄骥的学说还激发了人们对法律与道德、法律与社会之间关系的深入探讨和研究兴趣。

三、埃利希的"活法"

尤金·埃利希（1862—1922），奥地利法学家。埃利希是欧洲社会学法学和自由法学的创始人之一，其生平和思想对法学领域产生了深远的影响。埃利希出生于布科维纳的切尔诺夫策的一个犹太人家庭。他早年在切尔诺夫策学习法律，后赴维也纳大学深造，并于1886年获得法学博士学位。此后，他开始了其丰富的职业生涯，做过维也纳大学的私法讲师，后成为切尔诺维茨大学的罗马法教授并担任该大学的校长。在学术生涯中，埃利希积极参与法律实践，兼任律师工作，这使他能够深入了解法律在实际操作中的运用。他的学术研究和法律实践相互促进，为他的法学理论提供了坚实的基础。

埃利希的法学思想主要体现在他对"活法"理论的阐述上。他认为，法律不仅仅是国家制定和执行的成文法，还包括在社会生活中实际起作用的"活的法律"。这种"活法"是社会组织的内在秩序，虽然在国家的成文法中没有明确地位，但它却在社会生活中发挥着实际的支配作用。尤金·埃利希的法律思想主要包括以下方面内容。

一是"活法"理论的提出。埃利希通过对社会生活的深入观察和研究，发现人们在日常生活中的行为往往受到多种规范的约束，这些规范并非全部来源于国家的成文法。相反，很多规范是由社会组织、行业协会或社区内部自发形成的。这些规范在社会生活中发挥着重要的调节作用，维护着社会秩序的稳定。埃利希将这些规范称为"活的法律"，以区别于国家制定的成文法。

二是法律与社会的关系。埃利希强调法律与社会的密切关系。他认为，法律是社会生活的产物，同时也是社会生活的调节器。法律的发展应该紧密跟随社会的变迁，不断适应新的社会需求和挑战。他批评了那种将法律视为孤立存在的观点，指出法律必须与社会生活紧密相连才能发挥其应有的作用。

三是倡导自由法学。作为自由法学的倡导者，埃利希主张法官在审理案件时应该摆脱僵化的法律规则的束缚，更加灵活地运用法律原则和精神来裁决案件。他认为，法官在审理案件时应该考虑案件的具体情况和当事人的实际利益诉求，以实现更加公正和合理的判决结果。这种思想体现了法律实用主义的精神，即强调法律的实际效果和社会作用。

四是对传统法学的挑战。埃利希的思想在当时对传统法学提出了挑战。传统法学往往过于注重法律的逻辑性和系统性，而忽视了法律与社会生活的紧密联系。埃利希则强调了法律的灵活性和适应性，提倡将法律与社会生活相结合来研究法律问题。他的这种思想为后来的法律社会学研究开辟了新的道路。

埃利希的法学思想对后世产生了深远的影响。他的"活法"理论揭示了法律与社会生活的紧密联系，为后来的法律社会学研究提供了重要的理论基础。同时，他作为自由法学的倡导者，推动了法学领域的变革和创新。然而，埃利希的思想也面临着一些批评和质疑。有人认为他的理论过于强

调法律的灵活性和实用性，而忽视了法律的稳定性和权威性。此外，他的
理论在某些情况下可能导致法律的滥用和司法的不公。尽管如此，埃利希
的法学思想仍然具有重要的学术价值和现实意义。他的理论提醒我们关注
法律与社会的关系，以及法律在实际操作中的运用效果。在当今社会背景
下，这种思想对于我们更好地理解法律的本质和作用具有重要的意义。

四、韦伯与理性视角下的法律社会解析

马克斯·韦伯（1864—1920）作为现代社会学的重要奠基人之一，其
思想深刻影响了社会法学理论的发展。1864 年 4 月 21 日，马克斯·韦伯
于德国图林根的埃尔富特市出生。他的家庭背景深厚，父亲是一位法官，
母亲则是受过高等教育的女性。这样的家庭环境为韦伯提供了良好的学术
氛围。他于 1882 年进入海德堡大学学习法律，并在接下来的学术生涯中
不断深化和扩展了他的研究领域。

韦伯的学术生涯可谓丰富多彩。他不仅深入研究了法律社会学，还在
经济学、政治学以及宗教社会学等多个领域取得了显著成就。他的学术思
想和研究成果，特别是他提出的社会行动理论、权威理论以及官僚制理论
等，都为社会法学理论的发展作出了重要贡献。韦伯的法律思想主要包括
以下方面内容。

一是社会行动理论。韦伯认为，人的行为是由意义和价值观念所驱动
的，而非仅仅由物质利益所决定。他将社会行动分为四种类型，即目的理
性行动、价值理性行动、情感行动和传统行动。这一分类不仅揭示了人类
行为的多样性，也为后续的社会学研究提供了重要的理论基础。在社会行
动理论的框架下，韦伯进一步探讨了法律与社会行动的关系。他认为，法
律是社会行为规范的重要组成部分，其形成和发展与社会行动密切相关。
法律不仅规范了人们的行为，还反映了社会的价值观念和道德准则。

二是权威理论。韦伯提出了三种权威形式：魅力权威、传统权威和法
理权威。这些权威形式在法律社会学中具有重要意义。魅力权威基于个人
魅力和领导力，传统权威则依赖于传统和习俗，而法理权威则建立在法律
和制度的基础上。韦伯认为，不同的权威形式对法律制度的发展和执行产

生深远影响。例如，在法理权威下，法律制度更加完善和规范化，而在魅力权威或传统权威下，法律制度可能更加灵活但缺乏稳定性。

三是官僚制理论。韦伯对官僚制进行了深入研究，他认为官僚制是一种高效的组织形式，但也存在一些问题，如缺乏创造性和灵活性等。在法律社会学领域，官僚制与法律制度的执行和实施密切相关。韦伯指出，官僚制在法律执行中具有重要作用，但也可能导致法律制度的僵化和官僚主义。

四是法律与理性的关系。韦伯将理性分为三个层次，即形式理性、实质理性和价值理性。他认为，法律的发展是一个不断理性化的过程。形式理性指的是追求效率、遵循规则和程序；实质理性是指追求物质利益和实用性；价值理性是指追求理想、信仰和道德价值。在法律领域，形式理性体现为法律的规范化和程序化，实质理性则关注法律的实际效果和利益分配，而价值理性则强调法律的价值追求和道德准则。韦伯认为，现代法律制度的发展是一个不断理性化的过程，但也面临着诸多挑战。例如，在形式理性和实质理性之间需要取得平衡，以确保法律的公正性和有效性。同时，价值理性在法律制度中也发挥着重要作用，它引导人们追求更高的道德标准和价值观念。

韦伯的社会行动理论、权威理论、官僚制理论以及关于法律与理性的观点，都为后续的社会法学研究提供了重要的理论基础和分析框架。韦伯的思想具有深刻的洞察力和前瞻性。他敏锐地捕捉到了社会变迁对法律制度的影响，并提出了许多富有洞见的观点。例如，他认识到法律制度的发展是一个不断理性化的过程，但同时也需要关注法律的实质理性和价值理性。这一观点对于理解和改进现代法律制度具有重要的指导意义。此外，韦伯的权威理论和官僚制理论也为深入理解法律制度与社会结构之间的关系提供了有力的分析工具。他的思想不仅揭示了法律制度的内在逻辑和运行机制，还为我们提供了一种全新的视角来审视法律与社会的关系。

五、庞德与"通过法律的社会控制"

罗斯科·庞德（1870—1964）是美国20世纪最负盛名的法学家之一。他出生于美国内布拉斯加州林肯市的一个法官家庭。庞德曾在内布拉斯加大学学习植物学，后来转向法学，并在哈佛大学法学院和西北大学法学院深造。他先后成为内布拉斯加大学和哈佛大学的法学院院长，并在法学领域取得了显著的成就。庞德还是"社会学法学"运动的奠基人，他的法学思想对当代法学理论的发展产生了重要影响。庞德一生著作颇丰，主要包括《社会学法学的范围和目的》《法律史解释》《法律与道德》《通过法律的社会控制》《普通法的精神》等，这些作品都体现了他在法学领域的广泛探索和深厚底蕴。其中，《通过法律的社会控制》更是庞德社会法学理论的集大成者。具体来说，庞德关于社会法学理论的法律思想主要包括以下方面内容。

一是法律作为社会控制的工具。庞德认为，法律是一种社会工程，是社会控制的主要工具之一。他主张通过法律来调整各种相互冲突的利益，以实现社会的稳定和秩序。在庞德看来，法律的任务不仅在于维护个人权利，更在于促进社会的整体利益。

二是强调法律的社会效果和作用。庞德衡量法的标准主要是看它是否有用、是否产生实际效果，而不是仅仅关注其抽象的内容。他强调法律在实际社会中的运作和其对社会行为的影响力。这种以效果为导向的法律观，体现了庞德对法律实用性的重视。

三是法律的"社会利益"保障。借鉴耶林的利益分类说，庞德将利益分为个人利益、公共利益和社会利益。他主张法律应对社会利益给予优先的考虑，而不是仅仅局限于保护个人利益。这一观点体现了庞德对社会整体福祉的关注。

四是对法律正义的理解。庞德认为，正义并非依赖于强力而存在，而是由文明社会的性质所决定。他强调法律的本质永远不同于强力，法律是人类社会自我控制的手段。在庞德的理论中，法律不仅是统治者制定的实在法，更是一种对实在法中的理想成分的鉴定和判断的标准。

第四节　社会法学理论的独特视角和贡献

社会法学理论起源于 19 世纪后半期的欧洲，并于 20 世纪在美国得到进一步发展。它强调法学的社会学研究方法和"法的社会化"思想，注重法律的社会目的和效果，强调不同利益整合的法学流派。其理论不仅拓展了法学的视野，也为现代法律制度的发展和改革提供了重要的理论支撑。以下将详细阐述社会法学理论的独特视角和贡献。

一、社会法学理论的独特视角

社会法学理论作为法学理论的一个重要分支，为法学领域带来了独特的理论视角和深刻的思考。它突破了传统法学的局限，从更宽广的社会背景去理解和解释法律。以下将详细阐述社会法学理论的三个独特视角：以社会为本位的价值观、动态的法律观以及多元化的法律渊源。

（一）以社会为本位的价值观

社会法学理论的学者们深刻认识到，法律不是孤立存在的，而是深深根植于社会之中。他们批判了那种仅从法律条文本身出发，孤立地探讨法律问题的做法，转而将法律置于更广阔的社会背景中进行考量。在他们看来，法律是社会生活的产物，同时也是社会生活的调节器，其存在和发展的根本目的在于满足社会的需要。这种以社会为本位的价值观，使得社会法学理论能够更全面地理解法律的本质和作用。他们关注法律在实际社会生活中的运用和效果，尤其是法律如何影响人们的行为，如何维护社会秩序，如何保障人们的权益。他们强调法律的社会功能和社会控制作用，认为法律应该成为推动社会进步、实现社会公平正义的重要工具。例如，在研究刑法时，社会法学理论不仅仅关注罪名的定义和刑罚的轻重，更关注刑罚对于犯罪行为的预防和控制作用，以及刑罚执行过程中对于犯罪人员改造和社会重新融入的影响。社会法学理论通过研究犯罪的社会原因和个体原因，探讨如何通过法律手段来减少犯罪的发生，如何通过教育、就业等社会政策来改善犯罪人的生存环境，从而减少犯罪的发生。

（二）动态的法律观

社会法学理论认为法律不是一成不变的规则体系，而是随着社会变迁而不断发展的动态过程。在他们看来，法律是社会的产物，同时也是推动社会发展的重要力量。法律的发展必须紧跟时代的步伐，不断适应社会的变化和发展。这种动态的法律观有助于我们更好地理解法律的生命力和适应性。法律不是僵化的教条，而是活生生的社会实践。社会法学理论注重研究法律与社会的互动关系，探讨法律如何适应社会的变化和发展，如何满足社会的需要。他们认为，只有不断适应社会的法律才能保持其生命力和权威性。例如，在互联网技术飞速发展的今天，社会法学理论关注网络法律的发展和完善，通过研究网络空间的特性，探讨如何制定有效的网络法律规范，以保护网络安全、维护网络秩序、保障网民的合法权益。同时，他们也关注网络法律实施过程中的问题和挑战，提出相应的解决方案和建议。

（三）多元化的法律渊源

社会法学理论的学者们不仅关注国家制定的成文法，还重视习惯、职业道德、行业规定等"活的法律"。他们认为这些非正式的法律渊源同样在社会生活中发挥着重要的调节作用。在他们看来，法律不仅仅是由国家制定和颁布的成文法，还包括那些在社会生活中自然形成并得到广泛认可和遵守的规则和规范。这种对多元化法律渊源的认可，有助于我们更全面地认识和理解法律的多样性和复杂性。在现实生活中，很多社会问题并不是仅仅依靠成文法就能解决的。习惯、职业道德、行业规定等非正式的法律渊源往往能够发挥更加具体和细致的作用。它们能够弥补成文法的不足，为社会提供更加全面和细致的法律保障。例如，在商业领域，除了国家的法律法规之外，还有商业惯例、行业规则等非正式的法律渊源在发挥着重要的调节作用。这些非正式的法律渊源为商业活动提供了更加具体和细致的行为准则，保障了商业活动的顺利进行。

二、社会法学理论的贡献

作为法学的一个重要理论流派，社会法学理论的贡献不仅在于法学理论的深化与拓展，更在于对现代法律实践的重要影响。以下将详细阐述社会法学理论的五大主要贡献。

（一）拓宽了法学研究的视野

传统的法学研究往往局限于法律条文和案例的分析，而社会法学理论则通过引入社会学的观点和方法，将法学研究的视野大大拓宽。社会法学理论的学者们不再仅仅关注法律本身，而是将法律置于更广泛的社会背景中进行考量。这一转变使得法学研究更加贴近现实生活，更具实践意义。社会法学理论关注法律与社会、经济、文化等多方面的联系，认为法律是社会生活的反映和调节器。学者们通过研究法律在社会中的实际运作，揭示了法律与社会之间的互动关系，为法学研究提供了新的视角和思考方式。这种跨学科的研究方法不仅丰富了法学研究的内容，也使得法学研究更加具有现实意义和实用价值。例如，在研究犯罪问题时，社会法学理论不仅关注犯罪行为的法律定义和刑罚的适用，还深入探讨犯罪的社会根源、犯罪人的心理动机以及犯罪行为对社会的影响等。这种全方位的研究视角有助于我们更全面地理解犯罪问题，为预防和打击犯罪提供更有针对性的措施。

（二）强调了法律的实际效果和社会作用

社会法学理论注重法律的实际效果和社会作用，而不仅仅是法律的逻辑性和形式合理性。学者们通过实证研究和分析，深入揭示了法律在实际社会生活中的运行机制和效果。这种以实际效果为导向的研究方法，使得社会法学理论能够更准确地评估法律的社会作用，为法律制度的改革和完善提供了有力的理论支撑。社会法学理论认为，法律的生命在于实施，而实施的效果是评价法律好坏的重要标准。因此，学者们关注法律在实际操作中的问题和挑战，通过收集和分析实际数据，评估法律的实施效果，提出改进的建议和方案。这种以实际效果为导向的研究方法不仅提高了法律制度的针对性和实效性，也使得法律制度更加符合社会的需求和期望。

（三）促进了法律与社会的协调发展

社会法学理论的理论家们致力于探索法律如何更好地适应社会的变

化和发展，以实现法律与社会的协调发展。他们深知法律不是孤立存在的，而是与社会紧密相连的。因此，他们关注社会各方面的利益诉求，强调法律在平衡不同利益群体之间的关系、促进社会公平正义方面的重要作用。社会法学理论通过研究和分析社会变迁对法律制度的影响，提出了一系列适应社会发展的法律改革方案。学者们倡导法律制度应该与时俱进，不断调整和完善以适应社会的变化和发展。这种协调发展的理念不仅有助于构建和谐社会，也使得法律制度更加具有生命力和可持续性。

（四）推动了跨学科的研究方法

社会法学理论倡导跨学科的研究方法，将法学与社会学、经济学、政治学等多学科相结合，形成了综合性的研究范式。这种跨学科的研究方法打破了传统法学的局限，使得我们能够更全面、深入地理解法律现象。通过引入其他学科的理论和方法，社会法学理论为法学研究提供了新的思路和方法论基础。学者们利用社会学的实证研究方法分析法律的实际效果；运用经济学的成本效益分析方法评估法律制度的效率；借鉴政治学的权力分析方法揭示法律制度背后的权力运作等。这种跨学科的研究方法不仅丰富了法学研究的内容和手段，也使得法学研究更加具有科学性和准确性。

（五）对现代法律制度的影响

社会法学理论对现代法律制度产生了深远的影响。许多国家的法律制度都吸收了社会法学理论的研究成果，注重法律的社会效果和实践意义。在立法过程中，越来越多的国家开始注重民意调查和公众参与，以确保法律的合理性和可行性。这种立法方式的转变不仅提高了法律的针对性和实效性，也使得法律制度更加符合民众的需求和期望。在司法实践中，社会法学理论也发挥了重要的作用。越来越多的法院开始注重调解和协商等非诉讼解决方式的应用，以降低诉讼成本并提高纠纷解决的效率。这种司法方式的转变不仅缓解了法院的办案压力，也使得纠纷解决更加高效和公正。

第五节　社会法学理论的局限性

社会法学理论作为法学理论的一个重要分支，虽然为我们理解法律与社会的关系提供了新的视角，但其同样存在一定的局限性。以下将详细阐述社会法学理论的局限性，主要从四个方面进行探讨。

一、理论框架的模糊性

社会法学理论作为法学领域的一个重要流派，其核心理念在于强调法律的社会性，即法律不是孤立存在的，而是与社会环境、文化背景、经济结构等紧密相连。然而，尽管这一理念为法学研究带来了新的视角，但在实际操作中，其相关理论框架却往往显得模糊而不够明确。

这种模糊性首先体现在对"法律的社会性"这一核心概念的定义上。社会性是一个宽泛而复杂的概念，它涉及到法律与社会各个层面的互动关系。然而，社会法学理论在定义这一概念时，往往依赖于研究者个人的主观理解和经验判断。不同的学者可能根据自己的研究领域、理论背景和个人兴趣，对法律的社会性有着截然不同的解读。这种主观性导致了社会法学理论内部见解的多样性和差异性，使得其理论体系难以形成统一的认识。由于缺乏明确和统一的标准，社会法学的理论体系相对松散，甚至在某些问题上存在争议。例如，关于法律与社会的关系、法律在社会变迁中的作用以及法律如何反映和维护社会利益等问题，不同的社会法学理论家可能给出截然不同的答案。这种理论上的分歧和争议，虽然在一定程度上促进了学术交流和思想碰撞，但也使得社会法学的理论体系难以形成稳定的共识，从而影响了其作为一门学科的严谨性和科学性。此外，理论框架的模糊性还给社会法学的研究方法带来了挑战。由于缺乏明确的理论指导，研究者在选择研究方法时往往面临困惑和争议。一些学者可能倾向于采用实证研究方法，通过田野调查、问卷调查等手段来收集数据和分析法律问题；而另一些学者则可能更偏向于规范研究，通过逻辑推理和演绎来探讨法律的本质和功能。这种研究方法上的多样性虽然丰富了社会法学的研究手段，但也使得其研究成果难以进行有效的比较和评价。更重要的是，理论框架的模糊性还可能导致社会法学在研究过程中陷入片面和碎片化的困境。由于缺乏统一的理论体系作为指导，研究者可能只关注到法律的某一方面或某一领域的社会性，而忽视了法律作为一个整体在社会中的复杂作用。这种片面性的研究不仅难以全面反映法律的社会性，还可能引发对法律制度的误解和误判。同时，由于缺乏系统性的理论支撑，社会法学的研究成果往往呈现出碎片化的特点，难以形成全面、系统的理论成果。综上所述，社会法学理论框架的模糊性给其带来了诸多挑战和困境。为了推动社会法学的发展和完善，我们需要加强对其理论框架的探讨和研究，努力构建更加明确、统一和系统的理论体系。这需要我们不断汲取新的理论资源和方法论支持，加强学术交流与合作，共同推动社会法学的繁荣与发展。同时，我们也应该保持开放和包容的态度，允许不同观点和见解的存在与碰撞，为社会法学的发展注入更多的活力与创新力量。除了上述提到的挑战外，这种模糊性还可能对法律实践产生一定的影响。由于社会法学的理论框架不够明确，这可能导致在法律实践中出现理解和应用上的困难。法律从业者可能难以准确把握社会法学的理念，从而在法律解释和适用上产生偏差。这不仅可能影响法律的公正性和权威性，还可能对社会的稳定和秩序造成不利影响。

因此，为了解决社会法学理论框架的模糊性问题，我们需要从多个方面入手。首先，学者们应该加强对话和交流，共同探讨和明确社会法学的核心概念和研究范畴。通过形成共识，我们可以为社会法学的发展提供更为坚实的基础。其次，研究者应该注重实证研究和案例分析，通过具体的数据和事实来验证和完善社会法学的理论。最后，我们还需要关注法律实践的需求，确保社会法学的理论与实际应用相结合，为法律实践提供有力的指导。

二、研究方法的局限性

社会法学理论作为法学理论的一个重要分支，其独特之处在于强调从社会的角度来研究和分析法律问题。为了实现这一目标，社会法学理论借鉴了社会学、人类学等多学科的研究方法。然而，这些方法在法律领域的适用性却存在一定的局限性，这些局限性不仅影响了研究的准确性和客观性，也限制了社会法学理论的深度和广度。

首先，社会法学理论常常采用社会学中的田野调查、深度访谈等定性研究方法。这些方法能够帮助研究者深入了解法律在实际运行中的情况，捕捉到法律与社会的复杂互动。然而，这些方法也存在明显的缺陷。一方面，定性研究的结果往往难以量化，因此难以进行精确的统计和分析。这使得研究者难以对研究结果进行客观、准确的评估，也降低了研究的可重复性和可比性。另一方面，这些方法容易受到研究者主观因素的影响。研究者的个人背景、价值观和经验都可能对研究结果产生影响，从而导致研究的偏差。

其次，社会法学理论在研究过程中过于强调法律的"实际效果"，即法律在社会中的实际运行情况和产生的社会效果。这种关注点是值得肯定的，因为它有助于我们更全面地理解法律的作用和影响。然而，过分强调实际效果可能导致对法律的规范性和普遍性的忽视。法律作为一种社会规范，具有明确的行为标准和价值取向，其规范性和普遍性是保证法律公正、稳定和可预测的基础。如果忽视了这一点，就可能导致对法律本质和功能的误解，甚至可能引发对法律制度的随意性和不确定性的担忧。

最后，社会法学理论的研究方法往往缺乏对法律制度内在逻辑和结构的深入分析。法律制度是一个复杂而精细的系统，其内部存在着严密的逻辑关系和结构安排。然而，社会法学理论的研究方法往往更侧重于揭示法律与社会的关系，而忽视了对法律制度本身的探究。这种偏向可能导致对法律制度的片面理解，甚至可能误导人们对法律制度的认识和评价。

三、忽视法律的规范性和普遍性

社会法学理论，作为法学的一个重要流派，其核心思想在于强调法律的社会性及其实际效果。然而，这种强调有时会导致对法律的另外两个重要属性——规范性和普遍性的忽视。这种忽视不仅可能影响我们对法律制度的全面理解，还可能使公众对法律制度的合法性和正当性产生质疑。

一方面，法律的规范性被忽视。法律的规范性，简而言之，就是法律为人们提供了明确的行为标准和价值取向。它告诉人们什么是可以做的，什么是不可以做的，以及违反这些规定将会面临什么样的后果。这种规范性是法律得以实施和执行的基础，也是法律维护社会秩序和公平正义的重要手段。然而，社会法学理论在研究过程中，往往过于关注法律在实际社会中的运行情况和产生的实际效果，而忽视了法律的规范性。他们可能会深入研究某一法律条款在实际操作中的具体应用，以及这种应用对社会各方面产生的影响，但却很少去探讨这条法律条款背后的规范性意义和价值取向。这种对法律规范性的忽视可能会带来几个问题。一是片面理解法律。如果只关注法律的实际效果，而忽视其规范性，那么我们可能只能看到法律的表面现象，而无法深入理解其背后的原则和精神。这样的理解是片面的，甚至可能是误导性的。二是削弱法律的权威性。法律的规范性是其权威性的重要来源。如果人们不再关注法律的规范性，只看重其实际效果，那么法律的权威性可能会受到削弱。因为人们可能会认为，法律只不过是一种可以随意更改和操纵的工具，而不是一种必须遵守的行为准则。三是破坏法治精神。法治的核心在于尊重法律的规范性和权威性。如果忽视了法律的规范性，那么法治的精神也可能会遭到破坏。因为在一个不尊重法律规范性的社会中，人们可能会更倾向于通过权力和金钱来解决问题，而不是通过法律途径。

另一方面，法律的普遍性被忽视。法律的普遍性则是指法律应当普遍适用于所有人，不应受到个别社会群体的特殊利益所影响。这是法律公平、公正的基本原则之一。然而，社会法学理论在研究过程中也可能会忽视这一点。学者们可能会过于关注某一特定社会群体在法律面前的特殊情况，而忽视了法律应当普遍适用于所有人的原则。例如，他们可能会深入研究某一弱势群体在法律面前的不利地位，并提出相应的改进措施。然而，在关注这些特殊情况的同时，他们可能会忘记强调法律的普遍性原则。这种对法律普遍性的忽视同样可能会带来几个问题。一是破坏法律的公平性。如果法律不能普遍适用于所有人，那么其公平性就可能会受到破坏。因为这意味着某些人或某些群体可能会因为特殊的身份或地位而受到不公正的待遇。二是引发社会不满和冲突。当法律的普遍性被忽视时，不同的社会群体可能会对法律产生不同的理解和期待。这可能会导致社会的不满和冲突，甚至可能引发更严重的社会问题。三是削弱法治的根基。法治的根基在于法律的公平性和普遍性。如果忽视了法律的普遍性，那么法治的根基也可能会被动摇。因为这意味着法律可能会沦为某些人或某些群体的工具，而不是维护社会公平和正义的有力武器。

四、难以应对复杂法律问题

社会法学理论的核心思想在于强调法律的社会性及其实际效果。然而，在面对复杂多变的法律问题时，社会法学理论的理论和方法有时会显得力不从心。由于过于强调法律的社会性和实际效果，社会法学理论在处理具体法律问题时，往往缺乏明确的理论指导和坚定的法律原则，这在一定程度上限制了其在解决复杂法律问题方面的作用。

一方面，缺乏明确的理论指导。社会法学理论强调从社会的角度研究和分析法律问题，这种方法论在处理简单、明确的法律问题时或许能够得心应手。然而，在面对复杂法律问题时，如跨国犯罪、网络犯罪等新型法律问题，社会法学理论的理论往往难以提供明确的分析框架。这些复杂法律问题通常涉及多个法律领域、多个国家和地区，甚至需要跨学科的知识来解决。而社会法学理论过于关注法律的社会性和实际效果，忽视了法律制度的内在逻辑和结构，导致在面对这类问题时缺乏系统的理论支撑。此外，社会法学理论在研究过程中往往过于依赖田野调查、深度访谈等定性研究方法，这些方法虽然能够帮助研究者深入了解法律在实际运行中的情况，但在处理复杂法律问题时，这些方法可能难以捕捉到问题的全貌和本质。因此，社会法学理论在处理复杂法律问题时，需要更加多元化的研究方法，包括定量研究和定性研究相结合的方法，以及注重法律制度内在逻辑和结构分析的方法等。

另一方面，缺乏坚定的法律原则。社会法学理论在强调法律的社会性和实际效果的同时，往往忽视了法律的规范性和普遍性。这导致在处理具体法律问题时，社会法学理论难以提供坚定的法律原则来指导实践。法律原则是法律制度的基石，是指导法律实践的重要依据。然而，由于社会法学理论过于关注法律的社会效果，往往忽视了法律原则的重要性。在面对复杂法律问题时，缺乏坚定的法律原则会导致解决方案的随意性和不确定性增加，从而影响法律的稳定性和可预测性。例如，在处理跨国犯罪问题时，由于涉及多个国家和地区的法律制度和文化背景，需要坚定的法律原则来指导各国之间的合作和协调。然而，社会法学理论的理论和方法往往难以提供这样的法律原则，导致在处理这类问题时出现混乱和冲突。

另外，社会法学理论还难以面对新型法律问题的挑战。随着社会的快速发展和科技的进步，新型法律问题层出不穷，如网络犯罪、人工智能的法律责任等。这些新型法律问题往往涉及复杂的法律关系和技术问题，需要跨学科的知识和方法来解决。然而，社会法学理论的理论和方法在面对这些新型法律问题时往往显得力不从心。一方面，社会法学理论过于依赖社会学、人类学等学科的研究方法，而忽视了对法律制度的深入研究和分析；另一方面，社会法学理论在处理具体法律问题时缺乏明确的理论指导和坚定的法律原则，导致在面对新型法律问题时难以提供具有针对性和可操作性的解决方案。

第六节　社会法学理论的现代创新和发展

社会法学理论始终关注法律与社会之间的互动关系，强调法律在社会中的实际效果和功能。在现代，社会法学理论经历了显著的创新和发展，这一进程中涌现出了许多杰出的法学家，他们的思想极大地丰富了社会法学的内涵和外延。以下将选取菲利浦·塞尔兹尼克和尼可拉斯·卢曼这两位代表人物，详细阐述他们的法律思想以及他们对社会法学理论的现代创新和发展所做的贡献。

一、社会法学理论在现代的主要代表人物及其思想

（一）塞尔兹尼克及其法律思想

菲利浦·塞尔兹尼克（1919—2010）是 20 世纪后半叶美国著名的社会法学家，他的法律思想深刻影响了社会法学的发展。塞尔兹尼克认为，法律不仅仅是规则和条文的堆砌，更是社会现象的一种表现形式，是社会控制的重要手段。他将法律置于更广阔的社会背景中进行考察，从而揭示了法律在社会中的实际功能和作用。

塞尔兹尼克的主要法律思想可以概括为以下几点。一是法律的社会控制功能。塞尔兹尼克强调法律作为社会控制手段的重要性。他认为，法律通过定分止争、维护社会治安、确认权利义务等方式，实现对社会的有效控制。法律不仅解决已经发生的冲突，还通过其预测功能预防未来类似事件的发生。二是法律与社会协作。在塞尔兹尼克看来，法律是促进社会协作的重要工具。通过明确产权、合同等法律手段，法律为人们之间的经济交往提供了保障，促进了社会的经济发展和协作。三是法律的伦理规范作用。塞尔兹尼克认为，法律不仅具有强制性，还承载着社会的伦理规范。法律通过其强制力保障人们履行权利和义务，同时也在具体适用过程中体现了社会的价值观和伦理观。塞尔兹尼克的法律思想体现了深厚的社会学底蕴和对法律实效性的关注。他的研究不仅丰富了社会法学的理论体系，还为后来的法学者提供了宝贵的研究方法和视角。

（二）卢曼及其法律思想

尼可拉斯·卢曼（1927—1998）出生在德国的吕讷堡，是一个啤酒厂主的儿子。他的学术生涯并非一帆风顺，早年曾从军服役，并在战后从事法律研究。然而，他最终转向社会学，并在这一领域取得了显著的成就。他在 39 岁时开始了作为社会学家的生涯，并在接下来的时间里出版了多部重要著作。卢曼一生著述颇丰，他的作品包括《正式组织的功能与后果》《宗教教义与社会演化》《权力》《信任：一个社会复杂性的简化机制》《社会的经济》《社会的法律》《法社会学》以及他的经典之作

《社会的社会》和《社会的艺术》等。他的作品涵盖了教育、宗教、政治、法律、经济等各个领域，为社会学领域作出了巨大的贡献。在个人生活中，卢曼曾经历了一段艰难的职业生涯初期，包括在行政法院和州文化和教育部从事公共行政法律事务的实际工作。然而，他始终保持对学术的兴趣和追求。在意识到自己的职业发展困难后，他选择前往哈佛大学深造，师从塔尔科特·帕森斯，这一经历对他的学术生涯产生了深远的影响。

卢曼是二战后欧洲大陆重要的社会法学家，他以其独特的系统论视角对社会法学进行了深入的探讨。卢曼的法律思想建立在其社会体系理论的基础之上，强调从系统的角度来分析法律现象。卢曼的系统论法社会学思想主要包括以下几个方面。一是法律的系统性分析。卢曼将法律视为一个复杂的社会系统，并运用系统论的方法对其进行分析。他认为，法律系统与其他社会系统(如政治系统、经济系统等)之间存在着密切的互动关系。这种互动关系不仅影响了法律系统的内部结构和功能，还决定了法律在社会中的实际效果。二是法律的进化和变迁。卢曼从进化论的角度考察了法律的变迁过程。他认为，法律作为社会系统的一部分，随着社会的变迁而不断发展和进化。这种进化过程既受到社会环境的制约，也受到法律系统内部因素的影响。三是法律的可预测性与实效性。卢曼强调了法律的可预测性对于其社会功能的重要性。他认为，法律的可预测性不仅关系到人们的行为选择和社会秩序的稳定，还影响着法律在社会中的实效性。同时，他也指出了法律实效性的多种表现形式，包括解决纠纷、控制行为、使社会统治正当化等。

二、社会法学理论的现代创新和发展

在现代社会背景下，社会法学理论经历了显著的创新和发展。这一演变过程不仅彰显了社会法学对于时代变迁的敏锐洞察，也体现了其作为一门学科的开放性和包容性。通过深入剖析塞尔兹尼克、卢曼等现代社会法学理论代表人物的思想，我们可以清晰地看到这些创新和发展的具体轨迹。

（一）跨学科研究的融合与创新

随着社会科学研究的不断深化，社会法学开始积极拥抱其他学科的理论和方法，以此来丰富和拓展自身的理论体系。这种跨学科的融合不仅为社会法学注入了新的活力，也使其在分析法律现象时更加全面和深入。一是与经济学的交融。社会法学与经济学的结合产生了经济分析法学这一新兴学科。通过引入经济学的成本——收益分析、博弈论等理论工具，社会法学能够更精确地评估法律制度的效率和公平性。例如，在分析知识产权保护制度时，经济分析法学可以帮助我们理解不同保护水平对社会福利和创新激励的影响。二是与政治学的互动。政治学关注权力分配、政治制度和社会治理等问题，这与社会法学的关注点有着密切的联系。通过借鉴政治学的理论，社会法学可以更深入地探讨法律与政治制度之间的相互作用，以及法律如何影响社会治理和权力运行。三是与心理学的结合。心理学为社会法学提供了对人类行为的深入洞察。通过引入心理学的实验方法和理论，社会法学可以更准确地把握个体在法律环境中的心理反应和行为选择。这对于设计更符合人性的法律制度具有重要意义。

（二）对新兴领域法律问题的关注与应对

科技的飞速发展和社会变革不断催生新的法律领域和问题。社会法学紧跟时代步伐，积极关注这些新兴领域中的法律问题，并提出相应的法律对策和建议。一是数据隐私保护的挑战。在大数据时代，个人数据的收集、使用和共享变得日益普遍。这引发了公众对数据隐私保护的强烈关注。社会法学通过深入研究数据隐私权的法律性质和保护范围，为制定更加合理的数据隐私保护制度提供了理论支持。二是网络安全的法律规制。随着网络犯罪的增多和网络攻击的不断升级，网络安全问题日益突出。社会法学通过分析网络犯罪的成因、特点和危害，提出了一系列加强网络安全的法律建议，包括完善网络安全法规、加强网络监管和打击网络犯罪等。三是人工智能的道德和法律责任。人工智能技术的快速发展带来了诸多便利，但也引发了一系列道德和法律责任问题。例如，当自动驾驶汽车发生交通事故时，应如何追究责任？社会法学通过深入探讨人工智能技术的法律地位和道德责任界限，为相关立法和司法实践提供了有益的参考。

（三）强调法律的实效性和社会功能

在现代社会法学研究中，越来越多的学者开始从实际效果出发来评估法律制度的好坏。他们关注法律在实际社会生活中的运行效果和影响，以及法律如何有效地解决社会问题、维护社会秩序和公平正义。一是以解决实际问题为导向。社会法学强调法律制度应着眼于解决实际问题。例如，在面对家庭暴力、校园欺凌等社会问题时，社会法学通过研究相关法律制度的实际效果，提出针对性的改进建议，以更好地保护受害者的权益。二是注重法律的预防功能。除了解决已经发生的问题外，社会法学还强调法律的预防功能。通过完善法律制度设计，降低犯罪行为的发生概率，从而达到维护社会稳定和公共安全的目的。

（四）全球视野下的法律合作与交流

在全球化背景下，各国之间的法律交流与合作变得日益重要。社会法学积极推动全球法律体系的完善和发展，关注跨国法律问题和国际合作。一是国际经济法的创新与发展。随着国际贸易和投资的不断增长，国际经济法面临着新的挑战和机遇。社会法学通过深入研究国际贸易规则、投资保护协定等法律问题，为推动国际经济法的创新与发展提供了有力支持。二是国际环境法的完善与实施。全球气候变化、生物多样性保护等环境问题已成为全球关注的焦点。社会法学通过关注国际环境法的完善与实施问题，提出了一系列加强国际合作、共同应对环境挑战的法律建议。

第七节　社会法学在中国

社会法学在中国的发展与应用是一个不断深化的过程，它涉及到法律与社会的相互关系，并在当时中国特定的社会背景下展现出独特的发展轨迹。以下即对社会法学在 20 世纪初期中国的起源和发展、现状以及必要性等方面进行详细的阐述。

一、社会法学在中国的起源与发展

社会法学作为一个跨学科的领域，融合了法学与社会学的理论与方法，旨在从社会的角度去理解和解释法律现象。这一学科在中国的传播与发展，经历了曲折而丰富的历程。

19 世纪后期至 20 世纪初期，中国社会正处于一个转型期，面临着内忧外患的复杂局面。在这样的时代背景下，社会法学开始在中国传播，为中国的法学研究注入了新的活力。其标志性事件是严复翻译并出版了法国启蒙思想家孟德斯鸠的《论法的精神》和英国社会学家斯宾塞的《社会学原理》。作为晚清时期的重要思想家和翻译家，严复的译作不仅将西方的法学思想和社会学理论引入中国，还为中国的法学研究提供了新的视角和方法。

《论法的精神》是孟德斯鸠的代表作，详细论述了法律与政体、自然环境、宗教、风俗习惯等多种社会因素的关系，强调了法律在社会中的重要作用。而斯宾塞的《社会学原理》则从社会学的角度探讨了社会的进化与发展，对法律与社会的关系进行了深入的剖析。这两部译作的出版，无疑为当时的中国法学界打开了一扇新的窗户，使中国的法学研究开始关注法律与社会的关系，从而为社会法学在中国的兴起奠定了基础。

到了 20 世纪 30、40 年代，随着中国社会的变革和学术思想的进一步开放，社会法学在中国的研究得到了进一步的推动。这一时期，国外社会学家的作品被大量译成中文，其中最具代表性的是罗斯科·庞德和莱昂·狄骥的作品。庞德是美国著名的法学家，他的社会法学理论对中国的法学研究产生了深远的影响。他在中国的讲座和担任法律顾问的经历，不仅推动了社会法学在中国的发展，还对中国的法学教育、立法和司法实践产生了积极的影响。狄骥则作为法国著名的法学家，他的社会学法学理论也对当时的中国法学界产生了重要的影响。

除了译作的大量出版，这一时期还涌现出了一批研究社会法学的中国学者。他们开始运用社会法学的理论和方法，对中国的法律问题进行了深入的研究。这些研究不仅丰富了中国的法学理论，还为中国的法律实践提供了有益的指导。

社会法学在中国的传播与发展，不仅推动了中国的法学研究向更深层次、更广领域拓展，还促进了中国法律制度的完善与发展。通过引入社会法学的视角和方法，中国的法学研究开始更加关注法律与社会的互动关系，强调法律在社会中的作用和价值。同时，社会法学的研究也为中国法律制度的改革与创新提供了理论支持和实践指导。

在社会法学的影响下，中国的法律制度逐渐从传统的封建法制向现代法制转变。法律不再仅仅是统治者手中的工具，而是成为维护社会秩序、保障人民权益的重要手段。在这一过程中，社会法学的研究者们发挥了重要的作用，他们通过深入研究和探索，为中国法制的现代化进程贡献了自己的智慧和力量。

总的来说，社会法学在中国的起源与发展是一个曲折而丰富的过程。从严复的译作到庞德、狄骥等国外社会学家的作品被译成中文，再到中国学者对社会法学理论的深入研究与应用，这一过程不仅推动了中国的法学研究向更高层次发展，还促进了中国法律制度的完善与创新。未来，随着社会法学的不断深入和发展，我们有理由相信中国的法学研究和法律制度将会取得更加辉煌的成就。

此外，社会法学在中国的兴起和发展，也对中国社会的各个方面产生了深远的影响。它使人们更加深刻地认识到法律与社会、法律与人的密切关系，提高了人们的法律意识和法律素养。同时，社会法学的研究也为中国社会的和谐稳定提供了理论支持和实践指导，推动了社会的全面进步和发展。

在未来，社会法学在中国的研究和应用将会更加广泛和深入。我们期待这一学科能够为中国法学研究和法律制度的发展注入更多的活力和创新元素，为中国社会的和谐稳定和全面进步作出更大的贡献。同时，我们也期待中国学者能够在社会法学领域取得更多的研究成果，为推动该学科的进一步发展贡献自己的智慧和力量。

二、社会法学在中国的现状

随着中国社会的全面发展和法治建设的不断推进，社会法学在中国的研究已经迎来了新的繁荣时期。这一学科的研究不仅深入到了法律制度的各个领域，还拓展到了与法律相关的社会现象和问题中。自 20 世纪 80 年代开始，中国法学界对社会法学的重新认识和关注度持续增加。在经济体制转型、社会结构变迁的大背景下，中国的法律界、学术界和政府都更加深刻地认识到社会法学在解决社会问题、推动法治进程中的重要性。这种认识上的转变，为社会法学在中国的研究和应用提供了更为广阔的空间。社会法学作为法学和社会学的交叉学科，旨在从社会的角度去理解和解释法律现象。在中国，随着社会的快速发展和变革，法律与社会的关系也变得越来越密切。因此，深入研究社会法学，对于理解和解决中国社会中的法律问题具有重要意义。

在经济方面，随着中国市场经济的建立和完善，各种经济纠纷和利益冲突也日益增多。社会法学的研究有助于我们更好地理解这些经济纠纷背后的社会因素和法律环境，为解决这些问题提供有益的参考。例如，在研究劳动合同法的过程中，社会法学家会关注劳动者与雇主之间的权力关系、劳动市场的变化以及法律制度对劳动关系的影响等因素，从而为完善劳动合同法律制度提供理论依据。在社会方面，随着中国城市化进程的加速和人口流动的增加，社会治安和犯罪问题也日益突出。社会法学的研究可以帮助我们深入了解犯罪背后的社会根源和个体动机，为预防和治理犯罪提供有效的策略。此外，社会法学还可以关注到弱势群体的法律保护问题，如妇女、儿童、老年人的权益保护等，为推动社会公平和正义提供理论支持。在法治建设方面，社会法学的研究对于推动中国的法治进程具有重要意义。通过深入研究法律制度在社会中的实际运行情况和人们的法律意识，我们可以发现法律制度存在的问题和不足，从而提出针对性的改进措施。同时，社会法学还可以关注到法律职业群体的形成和发展，以及他们在法治建设中的作用和影响。除了以上几个方面外，社会法学在中国的研究还涉及到了许多其他领域，如环境法律制度、知识产权保护、互联网法律问题等。这些研究领域都与社会发展密切相关，也是当前中国社会面临的热点和难点问题。

值得一提的是，在中国普法运动的推动下，法治观念已经逐渐深入人心。这不仅提高了人们的法律意识，也为社会法学的研究和应用提供了更为有利的社会环境。普法运动通过各种形式和渠道向公众普及法律知识，提升人们的法律素养和维权意识。在这个过程中，社会法学的研究者们也积极参与其中，他们运用自己的专业知识和研究成果为普法运动提供理论支持和实践指导。随着中国社会的全面发展和法治建设的不断推进，我们相信社会法学在中国的研究将会取得更加丰硕的成果。未来，我们期待社会法学能够在中国社会中发挥更大的作用，为解决社会问题、推动法治进程和促进社会和谐稳定作出更大的贡献。同时，我们也希望更多的学者能够加入到社会法学的研究队伍中来，共同推动这一学科的发展和创新。此外，随着全球化的不断深入和科技的飞速发展，社会法学也面临着新的挑战和机遇。例如，在全球化的背景下，跨国法律问题日益增多，这需要社会法学家具备更广阔的视野和跨文化的理解能力。同时，科技的发展也为社会法学的研究提供了新的方法和工具，如大数据分析、人工智能等技术的应用，可以帮助我们更深入地挖掘法律现象背后的社会规律和影响因素。

三、社会法学对中国法学发展的意义和必要性

社会法学在中国法学发展中扮演着举足轻重的角色，它不仅适应了社会转型的需要，还有助于解决社会实际问题，并为中国法学的丰富和发展提供了重要的推动力。以下将详细阐述社会法学对中国法学发展的意义和必要性。

（一）适应社会转型的需要

当前，中国社会正处于经济、文化等方面的深刻变革之中。这种变革既带来了前所未有的机遇，也伴随着诸多挑战。特别是随着市场经济体制的建立和完善，以及全球化进程的加速，中国社会的经济结构、文化观念、生活方式等方面都在发生着巨大的变化。这些变化对

法学提出了新的要求，需要法学界重新审视法律在社会中的作用和影响。社会法学作为一种关注法律与社会关系的研究方法，正好契合了这一需求。它强调从社会的角度去理解和解释法律现象，关注法律在社会中的实际运行情况和人们的法律意识。通过深入研究法律与社会的关系，社会法学能够帮助我们更好地理解法律在社会发展中的作用和影响，揭示法律背后的社会规律和影响因素。这对于中国社会的转型具有重要意义。

首先，社会法学的研究有助于我们认识到法律并不是孤立存在的，而是与社会紧密相连的。在社会转型的过程中，法律需要不断地调整和完善以适应社会的变化。通过社会法学的视角，我们可以更加清晰地看到法律与社会之间的互动关系，从而更好地把握法律的发展方向。其次，社会法学的研究还可以帮助我们预测和解决可能出现的法律问题。在社会转型的过程中，必然会出现许多新的法律问题，如环境污染、知识产权保护、网络安全等。通过社会法学的深入研究，我们可以及时发现这些问题的苗头，并提出有效的解决方案，从而避免或减少社会矛盾和冲突的发生。最后，社会法学的研究还有助于提升公众的法律意识和法律素养。在社会转型的过程中，公众对法律的需求和期望也在不断变化。通过社会法学的普及和教育，我们可以帮助公众更好地理解和运用法律，提高他们的法律意识和法律素养，从而推动社会的和谐稳定发展。

（二）解决社会实际问题的需要

在推进法治建设的过程中，我们面临着许多复杂的社会问题，如贫富差距、就业问题、环境污染等。这些问题不仅关系到社会的稳定和发展，也直接影响到人们的切身利益。因此，寻找有效的解决方案至关重要。社会法学作为一种关注法律与社会关系的研究方法，在解决这些社会问题方面发挥着重要作用。通过深入剖析这些问题的社会根源和法律背景，社会法学可以帮助我们找到问题的症结所在，并提出符合实际的解决方案。例如，在贫富差距问题上，社会法学可以通过研究收入分配制度、税收政策等方面的法律问题，提出改善收入分配不公的建议和措施。在就业问题上，社会法学可以关注劳动法律法规的实施情况，保障劳动者的合法权益，促进就业市场的公平和稳定。在环境污染问题上，社会法学可以研究环境保护法律法规的完善和执行情况，提出加强环境保护和治理的建议和对策。此外，社会法学还可以通过实证研究的方法，收集和分析相关数据和信息，为政策制定者提供科学依据和决策支持。这不仅有助于解决当前存在的社会问题，还可以为未来的社会发展提供有益的参考和借鉴。

（三）丰富和发展中国法学的需要

引入社会法学的理念和方法对中国法学的丰富和发展具有重要意义。首先，社会法学为中国法学的研究提供了新的视角和思路。传统的法学研究往往侧重于法律规范和法律制度的分析，而忽视了法律与社会的关系。社会法学则强调从社会的角度去理解和解释法律现象，关注法律在社会中的实际运行情况和人们的法律意识。这种新的研究视角和思路有助于我们更加全面地认识和理解法律的本质和作用。其次，通过借鉴和吸收国际上的先进经验，我们可以更好地完善中国的法律体系。随着全球化进程的加速和国际交流的增多，各国之间的法律交流也日益频繁。通过引入社会法学的理念和方法，我们可以更加深入地了解其他国家和地区的法律体系、法律文化以及法律实践情况。这对于我们借鉴和吸收国际上的先进经验、完善中国的法律体系具有重要意义。最后，引入社会法学的理念和方法还可以推动中国法学的创新和发展。随着社会的不断发展和变革，法律也需要不断地创新和发展以适应社会的需求。通过引入新的研究方法和视角，我们可以发现新的问题、提出新的观点和解决方案，从而推动中国法学的不断进步和发展。

综上所述，社会法学对中国法学的发展具有重要的意义和必要性。它不仅适应了社会转型的需要、有助于解决社会实际问题、丰富和发展中国法学，还为我们提供了一种全新的视角和方法来审视和理解法律与社会的关系。在未来的发展中，我们应该继续加强社会法学的研究和应用，为中国法学的繁荣和发展作出更大的贡献。

第八节 经典案例分析

一、广州许霆案

2006 年 4 月 21 日晚 10 点，山西籍青年许霆在广州市天河区黄埔大道一商业银行的 ATM 机取款时发现自己每取 1000 元账户才扣除 1 元，于是连取 54 次，得款 5.4 万元。之后许霆再次返回，经过多次操作，许霆前后共计取出 17.4 万元赃款后，为逃避警方的抓捕携款潜逃。2007 年 5 月，许霆将赃款挥霍殆尽后在陕西宝鸡被公安机关抓获。此案经过二审，由一审认定的盗窃罪，判处无期徒刑改判为认定构成盗窃罪，判处有期徒刑五年。（许霆案二审判决书详见广州市中级人民法院 [2007] 穗中法刑二初字第 196 号。）

该案初审在判决结果符合法律规定的情况下，仍然有大多数人为被告鸣不平，这说明法律在该案中的适用结果偏离了中国民众所共享的法律文化和社会正义的轨道。那么法院究竟应当铁面无私地服从法律还是顾及情理地迎合民意呢？这其中反映出了各种正义观之间的冲突和碰撞。本案中，许霆其盗窃金融机构且数额特别巨大的行为适用"无期徒刑或者死刑，并处没收财产"的刑罚似乎完全符合法律规定，但判决一经公布，质疑之声鹊起，大多数学者及民众都认为量刑过重，甚至还有相当一部分人认为许霆的行为乃是不当得利，并不构成犯罪，这些反对的声音也成为推动该案再审的一股潜在力量。

从社会法学理论的角度来看，广州许霆案反映了法律控制与社会正义之间的复杂关系，以及法律适用过程中可能出现的公正冲突。以下是从社会法学理论角度对该案例的深入分析。

一是法律与社会正义的冲突。一方面，法律条文与社会观念的偏离。在许霆案中，法律条文规定对盗窃金融机构且数额特别巨大的行为应予以重罚。然而，这一规定与民众对于"朴素正义"的感知产生了冲突。民众普遍认为，许霆的行为虽然违法，但刑罚过重，不符合他们心中的正义观念。另一方面，法律逻辑公正与社会简单公正的矛盾。法律追求的是逻辑上的公正，即根据法律条文和证据进行严格的逻辑推理。然而，社会的公正观念往往更加简单直接，注重结果是否符合道德、伦理和人情等因素。这种矛盾在许霆案中得到了体现，民众对于许霆的同情和对法律判决的不满正是这种矛盾的反映。

二是立法过程中的考虑因素。一方面，普遍性与根本性。立法者在制定法律时需要考虑相关因素的普遍性和根本性。在许霆案中，法律对于盗窃金融机构的刑罚规定可能过于刚性，没有充分考虑到案件的具体情况。这导致了在某些特定情况下，法律适用结果可能偏离社会正义。另一方面，利益平衡。立法过程中还需要对不同利益进行平衡。在许霆案中，法律可能过于倾向于保护金融机构的利益，而忽视了被告人的个人权益。这种利益平衡的不当可能导致公众对法律判决的不满和质疑。

三是社会法学视角下的反思。一方面，法律与道德的互动。社会法学强调法律与道德、伦理等社会规范的互动关系。在许霆案中，法律的判决结果与民众的道德观念产生了冲突，这提示我们在制定和执行法律时需要更多地考虑社会的道德和伦理因素。另一方面，法律的灵活性与滞后性。法律需要具有一定的灵活性以适应不断变化的社会环境。同时，法律也存在滞后性，可能无法及时反映社会生活的多样性和复杂性。在许霆案中，法律的滞后性可能导致了判决结果与社会正义的偏离。

二、陕西张扣扣案

2018 年 2 月 15 日，陕西省汉中市南郑区新集镇王坪村 14 组（原三门村 2 组）发生一起杀人案，犯罪嫌疑人张扣扣（男，35 岁）持刀将邻居王自新（男，71 岁）及其长子王校军（47 岁）当场杀死，王自新三子王正军（39 岁）被刺伤后抢救无效死亡，张扣扣作案后潜逃。2018 年 2 月 16 日夜，犯罪嫌疑人张扣扣欲潜回家中取钱，被巡逻民警、武警发现后翻墙趁夜逃脱，随即警方再次组织地毯式大搜捕行动。2 月 17 日，自感逃跑无望的犯罪嫌疑人张扣扣到新集派出所投案自首。2019 年 1 月 8日，陕西省汉中市中级人民法院刑事审判法庭公开开庭审理被告人张扣扣故意杀人，故意毁坏财物一案，法院最终以故意杀人罪、故意毁坏财物罪对张扣扣判处死刑。（张扣扣案一审判决书详见陕西省汉中市中级人民法院［2018］陕 07 刑初第 37 号。）

本案自宣判以来，在社会各界引发了广泛的关注。其中不乏关于法律和正义的讨论。本案牵涉张扣扣母亲之死：1996 年 8 月 27 日，因邻里纠纷，王自新三子王正军（时年 17 岁）故意伤害致张扣扣之母汪秀萍死亡。同年 12 月 5 日，王正军被原南郑县人民法院以故意伤害罪判处有期徒刑 7 年。之后虽然两家并未发生其他冲突，但张扣扣仍旧怀恨在心。

从社会法学理论的角度对张扣扣案件进行深入分析，我们可以看到法律、社会结构和公众舆论之间的复杂互动。这个案件不仅涉及到法律判决的公正性，还反映了社会结构、文化传统和公众期待对司法过程的影响。

一是法律与社会结构的互动。一方面，社会结构对法律判决的影响。在张扣扣案件中，社会结构对司法判决产生了一定的影响。由于案件涉及两个家庭的社会地位和背景，这在一定程度上影响了公众对案件的看法和期待。然而，显性的法律结构仍然是司法判决的核心，确保了法律的独立性和公正性。另一方面，法律对社会结构的反映。法律判决也在一定程度上反映了社会结构。尽管法律是独立的，但它在实施过程中不可避免地受到社会文化、价值观和公众期待的影响。在张扣扣案件中，法律判决需要平衡公正与公众期待，这体现了法律与社会结构的紧密关系。

二是公众舆论与司法判决的互动。一方面，公众舆论的形成。张扣扣案件引发了广泛的公众关注，形成了不同的舆论场。传统媒体、新媒体、专家学者和大众各自表达了不同的观点，这反映了社会多元性和复杂性。另一方面，舆论对司法判决的影响。虽然司法判决是独立的，但公众舆论在一定程度上会对判决产生影响。在张扣扣案件中，公众对"为母复仇"的道德合理性的倡导与法律的禁止私暴力报复之间形成了张力。这要求司法系统在判决时既要考虑法律的公正性，也要考虑社会的接受度和公众的期待。

三是法律与社会转型的互动。一方面，法律在社会转型中的作用。当前中国社会正处于经济转型时期，法律在维护社会稳定和促进市场经济发展中起着重要作用。张扣扣案件反映了法律在应对复杂社会问题时的挑战和机遇。另一方面，社会对法律的期待。在社会转型过程中，公众对法律的期待也在发生变化。人们希望法律既能维护公正，又能体现人情味和道德合理性。这要求法律在实施过程中更加灵活和人性化，以适应社会的变化和发展。

思考题

1. 简述庞德的利益分类理论。

2. 简述埃利希的活法理论及其影响。

3. 试述法律的伦理规范作用和社会控制功能。

4. 我国开展社会法学理论研究的必要性是什么？

第六章　经济分析法学理论专题

---◆◈ 内容提要 ◈◆---

　　美国经济分析法学理论的奠基人科斯在其论文《社会成本问题》中提出了运用经济学的方法研究法的问题的基本框架。在其后的十年内，经济分析的方法不仅被用来研究与经济有关的法律领域，而且还运用于几乎全部的法律制度和法律活动。以此方法为特征，在20世纪70年代初形成了经济分析学派并迅速流传于西欧各国。经济分析的方法依其传统主要有两种：一种是实证的方法，即通过经济的分析预测人们在不同的情况下会作何种反应。这种预测可用经验的证据来加以证实。常常用于预测某项法律实施后会产生何种影响的研究。另一种是规范的方法。它主要考虑社会、个人间各种资源分配的效率问题，旨在通过经济分析找出社会中的哪些方面没有达到资源的最佳利用，以评价这方面的法律是否合理，并提出改革法律的方案。这两种方法的共同点都是以人是有理性的使自我利益最大化者这一假定为前提，在成本——收益的比较中解释和评价法律，都注重对法律的定量研究。经济分析为法学的研究开辟了一个新的角度，促进了法学的繁荣与发展。但由于该方法只局限于经济因素，忽略了影响法律的其他因素，因而受到多方面的诘难。

---◆◈ 本章重点 ◈◆---

　　经济分析法学理论的概念和特点，经济分析法学的起源和历史发展，制度经济学，科斯定理，波斯纳的经济分析法学。

☞ 案例引入：“轻罪重判加重受害人的伤害”案

小李是一个性格内向、胆小的年轻人。某日，他在家中与朋友玩闹时，不慎将手中的玻璃杯砸向朋友小王，导致小王的额头受伤。小李非常惊慌，立即拨打了急救电话，同时陪同小王前往医院进行治疗。事后，小王选择了报警，警方介入调查。小李对自己的行为供认不讳，表示这只是一场意外，他并没有故意伤害小王的意图。然而，由于小王受伤的部位是额头，且伤口较大，流血较多，因此检察官在起诉时选择了较重的罪名——故意伤害罪。在法庭上，小李的辩护律师努力为其辩护，强调这只是一场意外，并非故意伤害。但法院最终仍然认定小李犯故意伤害罪，并判处其有期徒刑三年。这个判决对小李来说是一个沉重的打击。他本是一个胆小、内向的年轻人，对自己的误伤行为深感内疚和自责。然而，法院的判决却让他背负了更重的心理负担。在监狱中，小李遭受了身心的双重折磨。他不仅要面对监狱生活的艰辛，还要承受因犯罪而带来的社会压力和家庭破碎的痛苦。他的父母因为无法接受这个事实而病倒，家庭陷入了困境。同时，小王作为受害人，也因为小李的重判而受到了更加严重的伤害。小李因为本身经济条件不好，而且因为需要服刑，不能得到足够的收入来完全支付需要赔偿给小王的医疗费用，致使小王的伤害没有得到及时有效的治疗，不仅较正常治疗延长了住院时间，进一步加重了小王的负担，而且还在额头留下了永久性的伤疤。

经济分析法学理论强调对相关法律行为的评价应当以经济效果作为根本标准。从经济分析法学理论的角度分析，上述案例具有非常明显的“轻罪重判加重了受害人的伤害”，从而不符合经济学中资源有效配置原则的效果。产生这一效果的原因主要有以下几点。一是资源分配的效率问题。轻罪重判导致司法资源的不合理分配。在这个案例中，对小李的过重刑罚意味着司法系统在处理这一相对轻微的案件时投入了过多的资源和时间。这种资源的过度使用可能导致其他更严重或复杂的案件得不到足够的关注和处理，从而影响了整个司法系统的效率。二是经济赔偿能力的下降。由于小李被判入狱，他失去了在外部世界工作和赚取收入的能力。这直接导致他无法承担对小王的经济赔偿，包括医疗费用和可能的精神损害赔偿。正如案例所述，小李经济条件的恶化使得小王无法得到及时有效的治疗，延长了治疗时间，甚至留下了永久性伤疤。三是社会成本的增加。轻罪重判不仅影响小李本人和他的家庭，还对整个社会造成了负面影响。小李的家庭因他的入狱而陷入困境，这增加了社会福利系统的负担。同时，小王作为受害人，因得不到应有的赔偿而面临更长的康复时间和永久性的伤疤，这也增加了他的社会成本和心理负担。四是法律的威慑力与公正性的失衡。轻罪重判可能引发公众对法律制度公正性的质疑。如果公众认为法律对轻微犯罪行为的惩罚过重，他们可能会对法律的威慑力和公正性产生怀疑，这不利于维护法律的权威性和社会秩序。

第一节　经济分析法学理论的概念与特点

经济分析法学理论建立在经济学理论的基础之上，特别是微观经济学、公共选择理论等。它运用经济学的概念、方法和工具来分析法律制度，以揭示法律制度背后的经济逻辑和经济效果。

一、经济分析法学理论的概念

经济分析法学，又称为"法律的经济分析"或"法和经济学"，它是以经济学（主要是微观经济学）的理论和分析方法，尤其是运用价格理论（或称"供求均衡理论"）、福利经济学、公共选择理论、博弈论及其他有关实证和规范方法，考察和研究法律制度和法律问题，以及法律制度的产生、结构、过程、效果、效率及未来发展的学科。经济分析法学理论，则是一种运用经济学的理论和方法来研究法律制度的方法论。该理论主要关注法律制度的效率、公平以及与社会经济的关系。它着重于利用经济学，特别是微观经济学的观点和方法，分析评论法律制度及其功能和效果，以实现经济效益的目标并改革法律制度。经济分析法学理论作为一种新的法学研究方法论，将经济学看作是人与人之间交易关系的学问，并且假设人都是理性的，都会以最小成本获得最大收益为目标而做出决策。因此，所有法律活动，包括立法、执法、司法、诉讼等以及相关法律制度，事实上发挥着分配稀缺资源的作用。因此，所有法律活动都要以资源的有效配置和利用——即效率最大化为目的，一切的法律的制度和活动都应该以促进经济效率为目标。

经济分析法学理论是近三四十年来发展起来的一门法学理论和经济学理论的交叉学科理论，也是二战后当代西方经济学中的一个重要的法学理论流派。它产生于美国，目前在美国、英国、德国等西方国家发展很快，不仅理论著述层出不穷，而且还出现了大批以经济分析法学为研究方向的法学流派。经济分析法学理论的核心思想是"效益"，即要求任何法律的制定和执行都要有利于社会资源的有效配置和利用。具体而言，经济分析法学理论将所有法律现象看作是一种经济现象，并将经济学上的"成本——收益"分析方法引入到法学研究的各个领域，以"成本最小化、收益最大化"为出发点和归宿点，对法律制度的形成、结构、过程、效果、效率及未来发展进行评估和解释，从而为立法和司法活动提供更为合理的理论基础。

二、经济分析法学理论的特点

经济分析法学理论作为一种独特的法学研究方法论，其特点主要体现在以下几个方面，接下来我们将逐一进行深入分析和探讨。

（一）以"理性人"为假设前提

经济分析法学理论的一个核心前提是"理性人"假设。这一假设认为，个体在做出决策时，会理性地权衡各种可能的结果，并选择能够最大化自身利益的行动方案。这种理性人的概念不仅贯穿于经济学的各个领域，也成为经济分析法学理论的基本出发点。在法律环境中，"理性人"假设意味着人们在面对法律问题时会进行成本——收益分析，以追求个人利益最大化为目标。例如，在签订合同或进行诉讼时，个体会考虑各种可能的结果，并选择对自己最有利的方案。这种理性决策的过程不仅影响着个体的法律行为，也塑造了法律制度的设计和实施。经济分析法学理论通过"理性人"假设，建立了一个分析和预测人类行为的理论框架。在这个框架内，研究者可以更好地理解和解释人们在法律环境中的决策和行为模式，进而为法律制度的改革和完善提供科学依据。

（二）注重法律制度的经济效益

经济分析法学理论强调法律制度应当注重经济效益。这意味着在制定和实施法律时，需要充分考虑其对社会经济的影响，以确保法律能够促进资源的有效配置和利用，从而实现社会福祉的最大化。具体而言，经济分析法学理论主张在制定法律时应对其进行成本——收益分析，以评估法律制度的经济效益。这包括对法律制度的实施成本、可能带来的社会收益以及潜在的经济影响进行综合考量。通过这种方式，可以确保法律制度的设计既符合社会公正原则，又能实现经济效益的最大化。此外，经济分析法学理论还关注法律制度的实施效果。它强调在司法实践中应注重法律资源的有效利用，避免不必要的浪费和损失。例如，在诉讼过程中，应尽量简化程序、提高效率，以减少时间和资源的消耗。同时，对于复杂的法律问题，经济分析法学理论也提倡采用调解、仲裁等替代性纠纷解决方式，以降低诉讼成本并促进双方当事人的合作与和解。

（三）运用经济学的分析方法

经济分析法学理论借鉴了经济学的分析方法，特别是微观经济学中的相关理论和研究方法，来深入研究和解释法律制度。这种跨学科的研究方法使得经济分析法学理论能够更深入地剖析法律制度的内在逻辑和经济根源。其中，价格理论和供需均衡理论等微观经济学原理在经济分析法学理论中得到了广泛应用。例如，价格理论可以帮助我们理解法律制度如何影响市场行为和资源配置；供需均衡理论则可以用来分析法律制度对市场需求和供给的影响。这些经济学原理的应用不仅丰富了法学研究的方法论，还为法律制度的改革和完善提供了有力的理论支持。此外，经济分析法学理论还运用了实证研究方法，通过收集和分析实际数据来验证理论假设的有效性。这种方法使得经济分析法学理论的研究更加科学、客观和可信。

同时，实证研究也有助于揭示法律制度在实际运行中存在的问题和不足，为进一步的法律改革提供有力依据。

（四）强调法律的激励机制

经济分析法学理论认为，法律不仅仅是一种规范人们行为的准则，更是一种重要的激励机制。通过合理设计法律制度，可以引导人们做出符合社会利益的行为选择。这种激励机制的设计需要充分考虑到人们的行为动机和利益诉求，以确保法律制度的有效实施和社会福祉的最大化。具体而言，法律制度可以通过设定明确的权利和义务关系来激励人们的行为。例如，通过规定侵权行为的法律责任和赔偿机制，可以激励人们尊重他人的权利并避免侵权行为的发生。同时，通过设立奖励机制来表彰和鼓励那些作出贡献或创新行为的人，也可以激发社会的积极性和创造力。此外，经济分析法学理论还强调法律制度在解决信息不对称和市场失灵等问题上的作用。例如，通过建立信息披露制度和监管机制来减少信息不对称带来的负面影响；通过反垄断法和价格管制等手段来纠正市场失灵并提高资源配置效率等。这些措施都有助于构建一个公平、透明和高效的市场环境，从而激励人们做出更优的决策和行为选择。

（五）关注法律的分配功能

除了上述特点外，经济分析法学理论还高度关注法律的分配功能。这指的是法律如何在不同社会群体之间公平地分配权利和义务。经济分析法学理论通过经济学的视角，揭示了法律制度在资源配置和社会公正方面的重要作用。具体而言，法律制度可以通过设定合理的权利和义务关系，确保不同社会群体之间的公平分配。例如，在税收法律制度中，通过设定累进税率等措施来实现财富的合理再分配；在劳动法中，通过规定最低工资标准和劳动保护等措施来保障劳动者的合法权益等。这些法律制度的设计都体现了经济分析法学理论对公平分配的关注和追求。同时，经济分析法学理论也关注法律制度如何促进社会公正和减少贫富差距等问题。它认为，合理的法律制度应当既体现效率原则又兼顾公平原则，以实现社会福祉的整体最大化。因此，在经济分析法学理论的指导下进行法律制度设计和实施时需要充分考虑到不同社会群体的利益诉求和实际情况，以确保法律制度的公正性和有效性。

总之，经济分析法学理论的特点主要体现在以"理性人"为假设前提、注重法律制度的经济效益、运用经济学的分析方法、强调法律的激励机制以及关注法律的分配功能等方面。这些特点使得经济分析法学理论成为了一种独特的法学研究方法论，并为法律制度的改革和完善提供了有力的理论支持和实践指导。在未来的发展中，经济分析法学理论将继续发挥其重要作用，为推动法学研究的深入发展和社会进步作出更大的贡献。

第二节 经济分析法学理论的历史和理论渊源

经济分析法学理论不仅揭示了法律制度的经济学本质，也为法律制度的改革和完善提供了新的思路和方法。下面将详细阐述经济分析法学理论的历史和理论渊源。

一、经济分析法学理论的历史发展

经济分析法学理论的历史可以追溯到 20 世纪 60 年代，这一新兴学科融合了法学与经济学的理论和方法，为法学研究注入了新的活力。其发展历程经历了初创、成长和蓬勃发展三个阶段，且深受多种理论和哲学思想的影响，其中包括马克思的经济基础决定上层建筑理论和边沁的功利主义法学理论。

（一）初创阶段（20 世纪 60 年代）

20 世纪 60 年代，经济分析法学理论开始崭露头角。这一时期，经济学家如罗纳德·科斯和法学家如吉多·卡拉布雷西等人，开始将经济学的概念、工具和方法引入到法学研究中。科斯的《社会成本问题》一文，不仅提出了著名的"科斯定理"，更重要的是，它为法学与经济学的交融开辟了新的道路。这篇文章深入探讨了在存在交易成本的情况下，产权的初始分配如何影响经济效率，为后来经济分析法学理论的蓬勃发展提供了重要的理论基础。同时，这一阶段的经济分析法学理论开始尝试运用经济学的分析方法，特别是微观经济学中的价格理论，来研究和解释法律制度。这种方法论的创新使得法学研究不再局限于传统的法律条文和案例分析，而是开始从更宏观、更经济的角度去审视和理解法律问题。

（二）成长阶段（20 世纪 70 年代）

进入 20 世纪 70 年代，经济分析法学理论迎来了它的成长阶段。越来越多的法学家和经济学家加入到这一领域的研究中，推动了经济分析法学理论的快速发展。研究领域也逐渐从最初的财产法、侵权法等领域扩展到刑法、家庭法、劳工法等非市场行为的法律领域。在这一阶段，经济分析法学理论的研究方法也日臻完善。以成本——收益分析为核心的分析框架逐渐形成，这种分析方法不仅关注法律制度的直接经济效果，还考虑到了其对社会福利的整体影响。同时，经济分析法学理论也开始更多地关注法律的激励机制和分配功能，试图通过合理设计法律制度来引导人们做出符合社会利益的行为选择。此外，马克思的"经济基础决定上层建筑"理论对经济分析法学理论的发展也产生了深远影响。马克思认为，经济基础是社会发展的决定力量，它决定着社会的上层建筑，包括法律、政治、文化等方面。经济分析法学理论在成长阶段开始更加深入地探讨经济基础与法律制度之间的关系，试图揭示经济因素如何影响和塑造法律制度。

（三）蓬勃发展阶段（20 世纪 80 年代至今）

自 20 世纪 80 年代起，经济分析法学理论进入了蓬勃发展阶段。在这一时期，经济分析法学理论的研究领域进一步拓宽，涉及到环境保护、知识产权保护等众多新兴领域。同时，其应用也不仅限于美国，而是逐渐扩展到其他国家，成为一种具有全球影响力的法学研究方法。与此同时，经济分析法学理论也与其他法学流派进行了深入的交流和融合，形成了多元化的研究格局。其中，边沁的功利主义对经济分析法学理论的影响尤为显著。功利主义强调行为的后果和对最大多数人的最大幸福的影响。边沁的这种功利主义思想与经济分析法学理论的核心理念不谋而合，都强调法律制度应当追求社会总体福利的最大化。因此，在经济分析法学理论的蓬勃发展阶段，功利主义的思想和方法被广泛应用于法律制度的评价和设计。此外，在蓬勃发展阶段，经济分析法学理论还进一步深化了对法律制度经济效益的研究。它开始更多地关注法律制度的实施效果和社会影响，以及如何通过法律制度的创新来提高资源配置的效率和社会福利的水平。

二、经济分析法学理论的理论渊源

经济分析法学理论，这一融合了法学与经济学的交叉学科，其理论渊源广泛而深远。主要可以追溯到两个方面，即法学中的功利主义法学派和经济学中的芝加哥学派。然而，除了这两大主流影响之外，还有许多其他理论和思想对经济分析法学理论产生了重要影响。以下将详细阐述这些影响及其对经济分析法学理论的贡献。

（一）功利主义法学派的影响

功利主义法学派是 19 世纪末期在英国兴起的一个重要的法学流派，其代表人物是杰里米·边沁和约翰·斯图亚特·密尔。功利主义法学派的核心观点是，法律应当追求最大多数人的最大幸福，即社会的总体福利最大化。这一思想与经济分析法学理论中的经济效益观念有着密切的联系。边沁的功利主义原则强调行为的正确与否取决于其是否能够带来最大的幸福或最小的痛苦。他将这一原则应用于法律制度，认为法律应当以实现社会总体福利最大化为目标。经济分析法学理论借鉴了功利主义法学派的这一社会福利最大化目标，并将其具体化为法律制度的经济效益分析。换句话说，经济分析法学理论试图通过经济学的理论和方法来评估和优化法律制度，以实现社会福利的最大化。密尔进一步发展了边沁的功利主义思想，他强调了自由的重要性，并认为个人自由是实现社会总体福利最大化的重要手段。这一思想对经济分析法学理论也产生了重要影响，使得经济分析法学理论在追求经济效益的同时，也关注个人自由和权利的保护。总的来说，功利主义法学派为经济分析法学理论提供了重要的理论基础和价值导向，使得经济分析法学理论能够更加科学、全面地评估和优化法律制度。

（二）芝加哥学派的影响

芝加哥学派是 20 世纪中期在美国兴起的经济学流派，以米尔顿·弗里德曼和加里·贝克尔等为代表。该学派强调市场的自由竞争和资源配置效率，反对政府过度干预市场运行。这一思想对经济分析法学理论产生了深远的影响。经济分析法学理论借鉴了芝加哥学派的市场经济理念和分析方法，将市场经济的竞争机制和价格机制引入到法律制度的分析中。通过这种方式，经济分析法学理论试图揭示法律制度的经济本质和运行规律，以及如何通过法律制度的设计和优化来提高资源配置的效率。弗里德曼的自由市场经济理论强调了市场力量的自发性和有效性，认为政府应当尽量减少对市场的干预。这一思想启发了经济分析法学理论对市场机制在法律制度中的运用进行深入研究，探索如何通过法律制度的设计来保障市场的自由竞争和资源配置效率。贝克尔则将经济学的分析方法应用于非经济领域，如犯罪、家庭、教育等。他的这一创新为经济分析法学理论提供了更广阔的研究视野和方法论支持，使得经济分析法学理论能够更全面地评估和优化法律制度。

（三）新古典经济学的影响

新古典经济学为经济分析法学理论提供了重要的分析工具和方法论支持。新古典经济学的价格理论和供需均衡理论等基本概念被广泛应用于经济分析法学理论的研究中。价格理论是新古典经济学的核心内容之一，它揭示了市场价格的形成机制和资源配置的效率问题。经济分析法学理论借鉴了价格理论的分析方法，试图通过法律制度的设计来优化资源配置的效率。例如，在侵权法和财产法等领域，经济分析法学理论运用价格理论来评估不同法律制度对资源配置效率的影响。供需均衡理论则揭示了市场供需关系对资源配置的影响。经济分析法学理论借鉴了供需均衡理论的分析框架，试图通过法律制度的设计来平衡市场供需关系，提高资源配置的效率。例如，在劳动法领域，经济分析法学理论运用供需均衡理论来评估最低工资制度对劳动力市场的影响。

（四）制度经济学的影响

制度经济学对经济分析法学理论的制度设计和制度变迁研究产生了重要影响。制度经济学强调了制度在经济发展中的重要性，并认为制度是影响资源配置效率的关键因素之一。经济分析法学理论借鉴了制度经济学的观点和分析方法，试图通过法律制度的设计和优化来提高资源配置的效率。例如，在公司法领域，经济分析法学理论运用制度经济学的理论来评估公司治理结构的有效性及其对资源配置效率的影响。此外，制度经济学还强调了制度变迁的重要性和难度。经济分析法学理论也关注了法律制度的变迁问题，试图揭示法律制度变迁的动因、过程和影响。这有助于经济分析法学理论更全面地理解法律制度的本质和运行规律。

（五）法社会学的影响

法社会学为经济分析法学理论提供了实证研究方法的有益补充。法社会学强调了法律与社会之间的互动关系，并试图通过实证研究方法来揭示法律制度的实际效果和社会影响。经济分析法学理论借鉴了法社会学的实证研究方法，试图通过实证数据来评估和优化法律制度。例如，在刑法领域，经济分析法学理论可以运用法社会学的实证研究方法来评估不同刑罚制度对犯罪率的影响。这种跨学科的研究方法为经济分析法学理论提供了更科学、全面的研究视角。

综上所述，经济分析法学理论的渊源广泛而深远，不仅受到功利主义法学派和芝加哥学派的影响，还受到新古典经济学、制度经济学和法社会学等多种理论和思想的影响。这些理论和思想为经济分析法学理论提供了重要的理论基础和分析工具，推动了经济分析法学理论的不断发展和完善。

第三节　经济分析法学理论的产生与发展

经济分析法学理论，又称为法律经济学理论，是运用经济学的理论和方法来研究法学理论和法律问题的一个法学理论流派。这个流派的特点是把效率作为法律的基本价值目标和评价标准，认为立法、执法和司法活动都应该有利于社会资源的配置和社会财富的增值，同时要尽量减少社会成本。经济分析法学理论不仅涉及有关法律价值等具有法哲学意义上的法学理论问题，还广泛应用到具体的法律问题和各个部门法领域。经济分析法学理论的早期萌芽可以追溯到马克思的经济基础决定上层建筑的理论，以及边沁为代表的实用主义法学。经济分析法学理论的兴起可以追溯到20世纪50、60年代，当时主要在美国得到迅速发展，并逐渐传播到西方其他国家。这一学科的兴起与自由资本主义向垄断资本主义的过渡以及资本主义经济危机的反复爆发有关。在这个时期，国家和法律越来越多地直接参与到资源和产品的分配和配置中，经济活动也需要依靠法律的强制力来维护市场经济的大环境。因此，人们开始用经济学的理论和方法来分析法律问题，逐渐形成了经济分析法学理论这一独立的法学理论流派。随着经济分析法学理论的不断发展，其应用范围也逐渐扩大。最初主要集中在反垄断法、税法等与经济发展密切相关的领域，后来逐渐渗透到整个法律体系中，包括不直接调节经济关系的法律领域，如侵权法、刑法、宪法等。经济分析法学理论的广泛应用使其成为法学研究的重要组成部分，并为政治决策提供了有力的分析工具。

经济分析法学理论的产生和发展，与美国著名的经济学学术团体"芝加哥学派"有着直接的关联，以下即从"芝加哥学派"的介绍开始，详细阐述经济分析法学理论的产生和发展历程。

一、"芝加哥学派"与经济分析法学理论

芝加哥学派起源于20世纪初的芝加哥大学，这所学校以其严谨的学术氛围和开放的学术态度，为芝加哥学派的形成提供了肥沃的土壤。早期的芝加哥大学经济学家们，如弗兰克·奈特和亨利·赛门斯等，开始对传统经济学理论进行批判性思考，并提出了一系列新颖的观点。他们强调市场机制的重要性，反对过度的政府干预，这一思想为后续芝加哥学派的发展奠定了基调。在20世纪30年代，随着资本主义世界经济危机的爆发，

凯恩斯主义逐渐成为主流经济学说。然而，芝加哥大学的经济学家们却对凯恩斯主义提出了质疑和挑战。他们认为，政府过度干预经济会破坏市场经济的自然平衡，导致资源配置的效率下降。因此，他们提倡新古典主义经济学，强调市场机制和自由放任的经济政策。

芝加哥学派的理论基础主要建立在新古典主义经济学之上。新古典主义经济学强调市场的自发调节机制，认为在完全竞争的市场条件下，资源能够得到最优配置。芝加哥学派的经济学家们进一步发展了这一理论，提出了价格理论、货币主义等观点，用以解释市场经济的运行规律。其中，米尔顿·弗里德曼是芝加哥学派的代表人物之一。他提出了货币数量论、永久性收入假说等重要观点，对经济学理论产生了深远影响。弗里德曼认为，货币供应量的增加会导致通货膨胀，进而影响经济运行。因此，他主张通过控制货币供应量来稳定经济。此外，弗里德曼还倡导自由市场、负所得税、教育券等政策建议，这些建议都体现了芝加哥学派强调市场机制和自由放任的经济政策的特点。

芝加哥学派的经济学理论不仅对经济政策产生了影响，还逐渐渗透到法学领域，催生了经济分析法学理论这一新兴学科。经济分析法学理论将经济学的概念和方法应用到法学研究中，旨在通过经济学的视角来分析和解决法律问题。芝加哥学派的经济学家们认为，法律规则和经济规则在本质上是相通的。他们尝试用经济学的原理和方法来分析法律制度的效率和公平性。例如，他们运用成本－收益分析方法来评估法律制度的效果，提出了一系列旨在提高法律制度效率的改革建议。此外，芝加哥学派还强调法律制度的稳定性和可预测性。他们认为，法律制度的稳定性和可预测性是市场经济正常运行的重要保障。因此，他们主张通过完善法律制度来减少市场的不确定性，进而促进经济的稳定发展。

总的来说，芝加哥学派的由来与发展同经济分析法学理论紧密相连。该学派起源于20世纪初的芝加哥大学，以新古典主义经济学为基础，强调市场机制和自由放任的经济政策。随着时间的推移，芝加哥学派的理论逐渐渗透到法学领域，催生了经济分析法学理论这一新兴学科。通过经济学的视角来分析和解决法律问题，为法学研究提供了新的思路和方法。在经济分析法学理论的框架下，芝加哥学派的经济学家们不仅对经济政策产生了影响，还为法学研究注入了新的活力。他们用经济学的原理和方法来分析法律制度的效率和公平性，提出了一系列旨在提高法律制度效率的改革建议。这些建议对于完善法律制度、促进市场经济稳定发展具有重要意义。因此，深入了解芝加哥学派的由来与发展，对于我们更好地理解经济分析法学理论以及法学与经济学的交叉融合具有重要意义。

二、经济分析法学理论的兴起和发展

经济分析法学理论，是一个融合了法学与经济学的交叉学科理论。它将经济学的原理和方法应用于法律分析，特别是运用价格理论、公共选择理论、博弈论及其他有关实证和规范方法考察、研究法律和法律制度的形成、结构、过程、效果、效率及未来发展。它发端于美国，影响却波及全球。

经济分析法学理论的兴起可以追溯到 20 世纪 60 年代，这一时期，美国的经济学家和法学家们开始对传统法学进行深刻的反思。他们发现，传统法学过于强调法律的公平和正义，却忽视了法律在经济生活中的实际作用。于是，一些经济学家和法学家开始尝试将经济学的理论和方法引入到法学研究中，以期能够更全面地理解和解决法律问题。而经济分析法学理论的兴起，与美国的经济社会发展密切相关。随着市场经济的不断发展，经济活动日益复杂，法律在经济生活中的作用也日益凸显。人们开始意识到，法律不仅仅是一种规范，更是一种资源分配的手段。在这样的背景下，经济分析法学理论应运而生，它试图从经济学的角度揭示法律现象的本质和规律。

经济分析法学理论在兴起之后，得到了迅速的发展。一方面，越来越多的学者加入到这一研究领域，不断丰富和完善经济分析法学理论的理论体系；另一方面，经济分析法学理论也逐渐渗透到各个法律领域，为法律实践提供了有力的理论支持。经济分析法学理论在发展过程中，不断吸收和借鉴经济学的最新成果，完善自身的理论体系。它运用成本——收益分析、博弈论、信息经济学等理论工具，对法律问题进行深入剖析。例如，成本——收益分析方法被广泛应用于评估法律制度的效果，为法律改革提供了科学依据。经济分析法学理论不仅关注理论研究，还注重实践应用。它通过对法律制度的经济学分析，为立法、司法和执法提供了有益的指导。例如，在反垄断法领域，经济分析法学理论为反垄断政策的制定和实施提供了理论支持；在刑法领域，经济分析法学理论通过对犯罪行为的经济学分析，为刑事政策的制定提供了科学依据。随着全球化的不断深入，经济分析法学理论也呈现出国际化趋势。它不仅在美国得到了广泛应用，还逐渐传播到其他国家。越来越多的学者开始关注和研究经济分析法学理论，推动其在全球范围内的发展。

经济分析法学理论的兴起和发展对法学研究产生了深远的影响。它打破了传统法学的束缚，为法学研究注入了新的活力。通过经济学的视角和方法来分析和解决法律问题，使得法学研究更加贴近现实、更加科学化和实用化。同时，经济分析法学理论也对法律实践产生了积极的影响。它为立法、司法和执法提供了有益的指导，推动了法律制度的改革和完善。例如，在反垄断法、环境保护法等领域，经济分析法学理论为政策制定和实施提供了科学依据；在刑法领域，经济分析法学理论为刑事政策的制定和犯罪预防提供了有力支持。

总之，经济分析法学理论的兴起和发展是法学研究的重要里程碑。它将经济学的理论和方法引入到法学研究中，为法学研究提供了新的视角和方法论。随着经济社会的不断发展，经济分析法学理论将继续发挥其在法学研究和法律实践中的重要作用。

三、经济分析法学理论的一般观点

"效益"是经济学分析法学的核心理念，它是经济学理论中最重要、最基本的概念，它的根本目的就是为了实现价值最大化，或通过法律的介入，实现社会财富的最大化。所以，一切法律现象都建立在某种经济关系上，所有的法律规范（包括刑法）都有它的经济根源，而这些法律问题都是经济问题。换言之，一切法律规范、法律制度、法律活动（如立法、司法、诉讼），最终都是为了最大限度地利用自然资源，使社会的财富最大化。效益是法律确立的根本，也是法律的唯一起点和归宿。因此，经济分析法学理论家们主张，以经济学的视角与方法，尤其是从微观角度出发，对法律的作用进行分析与评估，以达到经济效益最大化为目的，对法律进行持续的变革。

经济分析必须把经济效益作为研究的起点和终点，这是由于经济分析的理论依据或基本假设，即"理性经济人假设"。从事经济分析的学者们一般地相信，社会中的每一个人都是"理性的主体"，他们以自我利益最大化为根本目的，因此，他们必然会做出对自己最有利的选择。尽管波斯纳等经济学家也试图将"理性主体"与传统的效用理论区分开来。但是，他们一致同意，在法学的世界里，无论人们是否意识到，经济学的一些基本的法则和原理，都以利己主义为目的，每个人都会考虑行为的代价和好处，也就是看自己的投资是否能达到最大的收益。人们在自己的法律行为中，往往存在着"值不值""亏不亏"等一系列的价值判断。例如，立法者总是要思考自己的法律法规、法律程序和法律体系是否能够产生最大的经济效益；在诉讼费用与利益最大化上，当事人总是会在利益最大化的基础上做出抉择，如果诉讼费用低，则可以得到更多的诉讼利益，那么，人们就会选择走诉讼途径，反之则不会选择诉讼。包括罪犯在内的每个"理性主体"，均基于机会代价和最大效用来确定人类的社会行为选择。如果一个罪犯理性地认为，抢劫是要付出自己的脑袋（机会成本），那么他就会放弃抢劫（最大利益或最好的行为）。反之，如果抢劫的风险和法律的严厉程度无法与抢劫所得的价值成正比，即抢劫的利润大于损失，那么，根据犯罪人的利益观念，他会毫不犹豫地去抢劫。总之，"理性主体"必须在利益和利益的对比中，选出最有利于自身利益的行为。经济分析法学就是对个体利益与社会利益的相互影响进行研究，目的在于对不能实现利益的成因进行分析，并对其进行法律矫正。

第四节　经济分析法学理论代表人物及其观点

经济学理论的中心思想是把经济学尤其是微观经济学的理论、观点和方法运用到法学中去,从利益最大化的角度对法律体系和法律的影响进行分析和评估,从而对法律体系进行改革。罗纳德·科斯和理查德·艾伦.波斯纳是经济分析法学理论的主要代表人物。

一、科斯与科斯定理

罗纳德·科斯(1910—2013)是 20 世纪著名的经济学家,于 1991 年获得诺贝尔经济学奖。科斯是新制度经济学的代表性人物,也是经济分析法学的创始人之一。科斯出生于英国,在伦敦政治经济学院完成本科学业,其后在多个大学任教,包括弗吉尼亚大学和芝加哥大学。他对经济学的贡献主要体现在他的两篇重要论文中:《企业的性质》和《社会成本问题》。在《企业的性质》一文中,科斯首次提出了"交易费用"的概念,用以解释企业存在的原因以及企业规模的界限。这篇文章奠定了新制度经济学的基础,并引发了对企业本质和边界的深入思考。而在《社会成本问题》中,科斯进一步探讨了外部性问题,并提出了著名的"科斯定理"。尽管科斯本人从未将这一思想归纳为定理,但后人将这一核心思想总结为"科斯定理",即在产权明确且交易成本为零或很小的条件下,无论最初将产权赋予谁,市场均衡的结果都是有效率的,能实现资源配置的帕累托最优。

"科斯定理"揭示了市场在解决外部性问题上的潜力,强调了产权的重要性,并指出在特定条件下,私人之间的交易可以达成社会最优的结果,而无需政府的干预。这一思想对新制度经济学和经济分析法学的发展产生了深远的影响。另外一名经济分析法学理论派的代表人物波林斯基,在他的著作《法与经济学概论》中,用个案的形式阐述了科斯定理。

假定某工厂排放烟尘污染并妨害了附近 5 户居民晾晒衣服。在没有任何补救措施的情况下,每户居民受到的损失是 75 美元,5 家共损失 375 美元。这时,法律在设定权利时有两种方法可以消除烟尘的损害。一是花 150 美元为工厂的烟筒安装一个防尘罩;二是每户居民各花 50 美元买一台电动烘干机。就这两种办法而言,安装防尘罩显然是有效益的,因为它只需要花 150 美元,就消除了 375 美元的损害,这比购买总价值 250 美元的烘干机要便宜得多。问题在于：通过什么样的权利设定，法律才能取得有益的成果？还是说，将清洁空气的权利分配到居民身上，或是将污染的权利交给工厂，对全社会而言，都会带来好处吗？假定居民能够无代价地召集在一起开会，在这种前提下，如果把空气清洁权分配给居民，那么，工厂就有三种选择：一是继续污染，同时付出 375 美元；二是花费 150 美元，安装防尘罩；三是花 250 美元，为每户居民购买一个烘干机。很显然，工厂将选择安装防尘罩这种最有效益的解决办法。如果法律将污染权分配给工厂，居民同样面临三种选择：一是遭受总价值 375 美元的损失；二是花 250 美元购买 5 个烘干机；三是花 150 美元为工厂购买一个防尘罩。很明显，居民也会选择购买防尘罩的方案。总之，在这种零交易成本的情况下，无论法律权利如何分配——给居民还是给工厂，都会达到有效益的结果，这就是科斯第一定理。

科斯第一定理是建立在交易费用为零的基础上，但实际上，这样的事情并不多见。由于纠纷双方往往要花费时间和金钱来商讨如何解决纠纷，甚至还要聘请律师，向律师支付代理费用，法庭还要花费时间、物力和财力来审理案件，有时候还要对判决进行强制执行，这样的交易费用就会很高。那么，当交易费用存在时，什么样的合法权益分配才能带来最大的利益？科斯第二定理的目的就是要解决这个问题。

科斯第二定理是指在交易成本大于零的情况下，不同的权利初始界定，会带来不同效率的资源配置。换句话说，当存在交易成本时，权利的初始分配会影响到最终的经济效率和结果。沿用前述例子来说明科斯第二定理。在之前的例子中，我们假设居民能够无代价地召集在一起开会，这实际上是一个零交易成本的环境。然而，在现实中，交易成本往往是大于零的。居民们可能需要花费时间和精力来组织和参与会议，这些都可以视为交易成本。现在，我们考虑一个存在交易成本的情况。假设居民们为了召集会议、协商并做出决策需要支付一定的费用，这个费用就是交易成本。这时，权利的初始分配就显得尤为重要。第一种方式，如果法律将清洁空气的权利初始分配给居民。工厂为了继续排放烟尘，需要与所有受影响的居民进行谈判并支付损害赔偿。由于存在交易成本，这个过程可能既耗时又耗钱。在这种情况下，工厂可能会更倾向于选择直接安装防尘罩

(150 美元)，因为这可能是一个更经济、更高效的解决方案，相比于与多个居民进行复杂的谈判和可能的法律纠纷，这种解决方案无疑对工厂更有利。第二种方式，如果法律将污染权初始分配给工厂。居民们现在需要联合起来，与工厂进行谈判，要求其安装防尘罩或支付损害赔偿。同样，由于交易成本的存在，这个过程也可能变得复杂和昂贵。居民们可能会发现，联合起来与工厂谈判的成本就超过 100 美元，而每户居民直接购买一个烘干机则是一个更简单、更直接的解决方案。综上所述，可以看到，在交易成本大于零的情况下，权利的初始分配会影响到最终的资源配置和经济效率。如果清洁空气的权利初始分配给居民，工厂可能更倾向于直接采取减排措施；而如果污染权初始分配给工厂，居民可能会选择直接自行购买烘干机。这就是科斯第二定理所描述的现象：在交易成本存在的情况下，不同的权利初始分配会导致不同的经济行为和结果。因此，科斯第二定理强调了在设计和实施政策时考虑交易成本的重要性，以及权利初始分配对经济效率和资源配置的潜在影响。

科斯第二定理是关于在交易费用大于零的条件下，产权的初始分配状态对经济运行效率的影响。具体来说，科斯第二定理有两层含义：首先，在交易成本大于零的现实世界里，由于交易成本的存在，产权的初始分配状态不能通过无成本的交易向最优状态变化。这意味着，如果交易成本不为零，那么仅仅依靠市场机制可能无法达到资源配置的最优状态。其次，权利的调整（即产权的重新分配）只有在有利于总产值增长时才会发生，而且这种调整必须是在其引起的产值增长大于调整时所需支出的交易成本时才会进行。这进一步强调了交易成本在产权调整和资源配置中的重要性。总的来说，科斯第二定理揭示了产权、交易成本和资源配置效率之间的关系，强调了产权初始分配和交易成本对经济运行效率的重要影响。这一定理为我们理解现实世界中复杂的经济现象提供了新的视角，也为政策制定者提供了有益的指导。

科斯定理的最大价值在于它为了解法律体系的利益原则提供了一把钥匙，说明任何法律规则的制定、司法判决的作出，都必须以利益最大化为中心。

二、波斯纳与《法律的经济分析》

理查德·艾伦·波斯纳 1939 年出生于美国，被誉为历史上最具影响力的法学家之一，也是经济分析法学理论的创始人之一，还是历史上文章被引用量最高的法学学者。他出生于美国纽约市的一个中产阶级家庭，父亲是律师，而母亲是一位公立学校的教师。1959 年以最优生的身份毕业于耶鲁大学英文系。1962 年以全年级第一名的成绩毕业于哈佛法学院，并在该期间担任过《哈佛法学评论》的主编。1962 年至 1963 年，波斯纳任美国最高法院大法官小威廉·布伦南的法律助手。之后的几年里，他在华盛顿担任不同官员的助理等职务，并开始自学经济学，逐步形成了他的学术思想。1968 年加入斯坦福大学法学院，成为副教授。1969 年起开始在芝加哥大学法学院任教。1973 年，发表了《法律的经济分析》一书，该书给法律界带来了一场"革命"。1978 年以后，成为芝加哥大学法学院的讲座教授。1981 年，被里根总统提名为联邦第七上诉法院（在芝加哥）的法官，至今仍然在此职位上，并在 1993 年到 2000 年间担任首席法官（院长）。

波斯纳无疑是经济分析法学理论最为杰出的代表人物。他主张将经济学的理论和经验方法，特别是微观经济学的原理，应用于法律分析中，为法学研究开辟了新的视角和思路。在波斯纳的代表作《法律的经济分析》中，他全面而深入地探讨了美国的各项法律制度、法律理论和法史学。这本书不仅仅是对法律制度的描述，更是对法律背后经济逻辑的深入挖掘。波斯纳试图通过经济学的理论和经验方法，来阐述法律领域中的各种争议和问题，从而为读者展现了一个全新的法学世界。

"财富最大化"的法律原则是波斯纳在书中提出的核心观点。他认为，法律的目标应该是促进社会的总体财富最大化。为了实现这一目标，法律应该引导人们在各个领域进行有效率的活动。这种思路与微观经济学的核心理念不谋而合，即资源的有效配置和利用是实现社会福祉最大化的关键。从"成本－收益"的角度来看，波斯纳认为每一项法律制度都应该进行成本效益分析。这种分析方法不仅仅关注法律制度的直接成本，还考虑到了其带来的间接效益和潜在成本。例如，在刑法领域，对于犯罪行为的惩罚不仅仅是为了实现报复或惩罚的目的，更重要的是要通过合理的刑罚制度来预防犯罪、保护社会安全，从而实现社会的长期稳定和繁荣。

波斯纳进一步将经济学的原理和方法应用于各种法律制度的效益分析和评价中。无论是财产法、合同法、家庭法，还是侵权法、刑法、反垄断法等，他都用经济学的视角进行了深入的剖析。这种跨学科的研究方法不仅仅丰富了法学的理论体系，还为法律制度的改革和完善提供了有力的理论支撑。例如，在财产法领域，波斯纳强调了产权的明确性和稳定性对于经济发展的重要性。他认为，明确的产权制度可以减少交易成本，提高资源的配置效率，从而促进经济的增长和社会的繁荣。这一观点与微观经济学中的产权理论相呼应，进一步证明了经济学与法学之间的紧密联系。在合同法领域，波斯纳则强调了合同的自由原则和效率原则。他认为，合同双方应该在自由、平等的基础上达成协议，同时合同的履行也应该符合效率原则。这种思路不仅仅体现了经济学的自由市场理念，还为合同法的完善提供了有益的建议。此外，在刑法、反垄断法等其他法律领域，波斯纳也运用经济学的原理和方法进行了深入的分析。他的这些研究不仅仅是对现有法律制度的评价，更是对未来法律制度改革的探索。

从经济分析法学的视角来看，波斯纳的《法律的经济分析》无疑是一部具有里程碑意义的著作。它不仅仅将经济学的理论和经验方法应用于法律分析中，还为法学和经济学之间的跨学科研究开辟了新的道路。更重要的是，波斯纳的研究为我们提供了一种全新的思考方式，即用经济学的视角来审视和评价法律制度，从而实现法律制度的优化和完善。值得一提的是，波斯纳的经济分析法学并不是要完全替代传统的法学研究方法，而是为其提供了一种有益的补充。在传统的法学研究中，我们往往更加注重法律的公正性、合法性和道德性等方面的探讨。而波斯纳的经济分析法学则为我们提供了一个更加全面、深入的视角来审视法律问题。

第五节　经济分析法学理论的显著优势及其不足

经济分析法学理论以经济学的理论和方法为工具，深入分析法律制度的经济逻辑和效果，为法学研究注入了新的活力。然而，任何一种理论或方法都不可能完美无缺，经济分析法学理论在具有其独特优势的同时，也不可避免地有着不容忽视的不足。

一、经济分析法学理论的显著优势

经济分析法学理论，作为法学与经济学交叉的新兴学科理论，其独特的研究方法和理论框架为我们重新审视和理解法律问题提供了全新的视角。这种跨学科的研究方法不仅深化了我们对法律现象的认识，还为法律制度的优化和创新提供了有力的理论支持。以下，我们将详细阐述经济分析法学理论的五大显著优势，并扩充说明其在现代法学研究中的重要性，以期为读者展现这一学科的丰富内涵和实践价值。

（一）跨学科的研究视角：融合法学与经济学的智慧

经济分析法学理论最显著的特点之一就是其跨学科的研究视角。传统法学研究往往局限于法律的规范性、逻辑性和道德性，而经济分析法学理论的出现打破了这种局限，将经济学的理论和方法引入到法学研究中。这种跨学科的研究视角不仅拓宽了法学研究的视野，还使得法学研究更加全面和深入。具体来说，经济分析法学理论借助经济学的成本——收益分析、效率原则等理论工具，对法律问题进行量化分析，从而为我们提供更加科学和客观的决策依据。例如，在制定或修改法律时，经济分析法学理论可以帮助我们评估不同法律方案的成本与收益，从而选择出最具效率的方案。这种以经济学为基础的法律决策方法，使得法律决策更加理性和科学，有助于提高法律制度的公信力和可执行性。此外，经济分析法学理论还借鉴了经济学的实证研究方法，通过对实际数据的收集和分析来检验法律制度的实际效果。这种方法论上的创新使得法学研究更加客观和严谨，有助于我们更准确地揭示法律现象背后的经济逻辑和因果关系。这种以数据为基础的研究方法不仅提高了法学研究的准确性和可信度，也推动了法学研究的科学化和现代化进程。

（二）强调法律的效率价值：优化资源配置，促进社会经济发展

经济分析法学理论强调法律的效率价值，即法律制度应追求社会资源的有效配置和利用。这一理念对于现代市场经济的发展具有重要意义。在市场经济条件下，资源是有限的，如何有效地配置和利用这些资源就显得尤为重要。经济分析法学理论认为，法律制度的设计应尽量减少交易成本，提高市场效率，从而促进经济增长和社会福利最大化。具体来说，经济分析法学理论通过明确产权、降低交易成本等措施来激发市场主体的积极性和创造力，推动经济的持续发展。例如，在知识产权保护方面，经济分析法学理论强调保护创新者的合法权益，打击侵权行为，从而降低创新成本，提高创新效率。这种以效率为导向的法律理念有助于引导法律制度的变革和创新，使之更加适应市场经济发展的需要。同时，强调法律的效率价值也有助于提升法律制度的公信力和可执行性。当法律制度能够高效地解决纠纷、保护权益时，公众对法律的信任和依赖也会相应增强。这种信任感的提升不仅有助于维护社会稳定和谐，还能为经济发展提供良好的法治环境。

（三）提供实证研究方法：以数据为基础，揭示法律现象背后的经济逻辑

经济分析法学理论倡导运用实证研究方法对传统法学研究方法进行重要补充。实证研究方法强调对实际数据的收集和分析以检验法律制度的实际效果。这种方法使得法学研究更加客观、科学，并有助于揭示法律现象背后的经济逻辑和因果关系。通过实证研究，我们可以了解法律制度在实际运行中的效果和问题，从而为法律制度的完善提供有针对性的建议。例如通过对犯罪率、司法效率等数据的分析我们可以评估现有法律制度在打击犯罪、维护社会稳定方面的效果进而提出改进意见。这种以数据为基础的研究方法不仅提高了法学研究的准确性和可信度，也为政策制定者提供了有力的决策依据。同时实证研究也为政策制定者提供了有力的决策依据，使得法律制度更加符合社会经济发展的实际需求。通过对实际数据的分析，政策制定者可以更加准确地把握社会经济发展的趋势和问题，从而制定出更加符合实际的法律政策。这种以数据为基础的决策方法，不仅提

高了政策制定的科学性和针对性也增强了政策实施的可操作性和有效性。

（四）推动法律制度的创新：寻求更加高效公平的法律解决方案

经济分析法学理论通过揭示法律与经济之间的相互关系，为法律制度的创新提供了理论支撑。它鼓励政策制定者从经济学的角度审视法律问题，并寻求更加高效、公平的法律解决方案。在传统法学研究中，法律制度的创新往往受到诸多限制和束缚。而经济分析法学理论则为我们提供了一种全新的视角和思考方式，使得我们能够更加灵活地运用法律手段来解决实际问题。例如，在环境保护领域，经济分析法学理论可以帮助我们制定更加科学的环境税收政策，通过经济激励来引导企业和个人减少污染排放、保护生态环境。这种以经济学为基础的法律制度创新，有助于推动社会的可持续发展和进步。此外，在劳动法、消费者权益保护等领域，经济分析法学理论也可以发挥重要作用。通过引入经济学的理论和方法，我们可以更加深入地分析劳动法律关系中的成本与收益，提出更加合理的劳动法律制度设计方案。同时，我们也可以运用经济学的实证研究方法，评估消费者权益保护法律制度的实际效果，为保护消费者合法权益提供更加科学的依据。

（五）增强法律预测功能：确保法律制度与时俱进

经济分析法学理论通过经济学的预测模型和方法提高了法律对未来社会经济变化的预测能力。这使得法律制度能够更好地适应未来发展的需要并减少因法律制度滞后而带来的社会成本。在现代社会中经济环境日新月异，法律制度需要不断地进行调整和完善以适应新的发展需要。然而由于法律制度的滞后性，往往导致其在面对新的社会经济问题时捉襟见肘。而经济分析法学理论通过引入经济学的预测模型和方法，使得我们能够更加准确地预测未来社会经济的发展趋势以及法律制度可能面临的挑战和问题。这种预测能力有助于我们提前制定应对策略和措施，确保法律制度始终保持与时俱进的状态。具体来说，在经济分析法学理论的指导下，我们可以利用经济学模型对未来社会经济的发展进行预测和模拟，从而及时发现和解决可能出现的法律问题。例如通过预测未来经济发展的趋势和变化，我们可以及时调整和完善相关的法律制度以适应新的发展需要。同时我们也可以通过模拟不同法律方案可能产生的效果，来选择最具可行性和效率的方案，为政策制定者提供有力的决策依据。此外增强法律的预测功能，也有助于提高法律制度的稳定性和可信度。当公众对法律制度的未来走向有明确的预期时，他们会更加信任和依赖法律制度，从而增强法律制度的执行力和公信力。这种稳定性和公信力的提升，不仅有助于维护社会稳定和谐，还能为经济发展提供良好的法治环境。

二、经济分析法学理论的不足

经济分析法学理论，尽管为我们提供了一种全新的视角来看待法律问题，但在其理论与应用中也存在一些明显的不足。以下是对经济分析法学理论不足的详细探讨。

（一）忽视法律的道德和伦理维度

经济分析法学理论在探讨法律问题时，往往将焦点集中在法律的经济效率和效果上，却相对忽视了法律的道德和伦理维度。这种偏向可能导致我们对法律制度的全面性和深度理解有所欠缺。首先，法律作为社会规范的一种，其存在的基础并不仅仅是为了追求经济效率，更重要的是为了维护社会的公平、正义和道德规范。当经济分析法学理论过度强调效率价值时，它可能会忽略那些难以用经济指标来衡量的重要价值，如社会公正、公平和人权等。这种偏向不仅可能使法律制度的设计偏离其原本的伦理和道德基础，而且可能导致法律实践中的伦理冲突和道德困境。其次，过度强调效率价值可能会损害社会的道德基础。在一个仅仅以经济效率为导向的法律制度中，那些无法直接转化为经济利益的价值可能会被忽视或低估。例如，在涉及伦理和道德的问题上，如生殖权利、安乐死等，如果仅仅从经济的角度去考虑，可能会得出与社会普遍接受的伦理和道德观念相悖的结论。这不仅会损害法律的公信力和正当性，也会破坏社会的道德秩序。再者，一个过度追求效率的法律制度可能会加剧社会的不平等现象。在法律实践中，如果富人和权力者可以通过金钱和影响力来影响法律决策，那么那些缺乏经济资源和社会地位的人可能会受到不公平的待遇。在这种情况下，法律制度不仅不能有效地维护社会的公平和正义，反而可能成为加剧社会不平等的工具。这显然与法律的初衷和道德要求背道而驰。

为了避免经济分析法学理论在道德和伦理方面的缺失，我们需要重新审视法律制度的多元价值目标。法律制度不仅应该追求经济效率，更应该注重维护社会的公平、正义和道德规范。同时，我们也需要在法律实践中加强对道德和伦理原则的考虑和应用，以确保法律制度能够真正地服务于社会的全面发展和进步。此外，在应用经济分析法学理论时，也需要注意到不同社会和文化背景下的道德和伦理差异。在不同的社会和文化环境中，人们对于公平、正义和道德的理解可能存在差异。因此，经济分析法学理论派在应用其理论时，需要充分考虑到这些差异，并尊重不同社会和文化背景下的道德和伦理选择。

（二）量化倾向的局限性

经济分析法学理论倾向于以量化方法来评估法律规则的效果，尤其是成本和收益的衡量。然而，这种量化倾向在实际应用中存在一定的局限性。首先，并非所有的法律价值和利益都能被准确地量化。法律涉及的权利、义务和关系往往具有复杂性和多维性，很多重要的法律价值和利益，如人权、公正、自由等，难以用纯粹的经济指标来衡量。这种量化倾向可能会忽略或低估这些无法量化的法律价值和利益，从而导致法律分析的片面性和不完整性。其次，量化方法在处理复杂法律问题时可能显得力不从心。法律问题往往涉及多方面的利益和复杂的社会关系，仅仅通过简单的成本和收益分析很难全面反映问题的本质和复杂性。例如，在处理涉及环境保护、社会公正或文化保护等复杂法律问题时，量化方法可能无法充分考虑到各种非经济因素和长期影响，从而得出片面甚至错误的结论。再者，过度依赖量化方法可能导致对法律制度的简化处理。量化方法往往倾向于将法律问题简化为具体的经济指标和数字，但这种简化可能忽略了法律制度的复杂性和多维性。法律制度的设计和实施需要考虑到各种社会、文化和政治因素，而不仅仅是经济效率和成本收益分析。

为了避免量化倾向的局限性，经济分析法学理论需要更加注重定性分析和综合评估方法的应用。定性分析可以帮助我们更深入地理解法律问题的本质和复杂性，而综合评估方法则可以将各种非经济因素和长期影响纳入考虑范围，从而得出更全面、准确的结论。同时，也需要认识到量化方法和定性分析方法各有优劣，应根据具体问题的特点和需求选择合适的方法进行分析和评估。只有将量化方法和定性分析方法相结合，我们才能更全面地理解和解决法律问题，推动法律制度的不断完善和发展。此外，经济分析法学理论还应关注到量化方法的适用范围和前提条件。在应用量化方法时，需要明确其假设和限制条件，并结合实际情况进行灵活运用。同时，也需要不断反思和改进量化方法本身存在的缺陷和不足，以提高其准确性和可靠性。

（三）对市场机制的过度依赖

经济分析法学理论在理论构建中往往对市场机制寄予厚望，认为市场机制能够有效地配置资源和解决纠纷。然而，这种对市场机制的过度依赖也存在一些问题。首先，市场机制并非万能。虽然市场机制在资源配置方面具有一定的优势，但在某些情况下，市场机制可能会失灵。例如，存在信息不对称、外部性、公共品以及市场垄断等问题时，市场机制可能无法有效运作，导致资源配置效率低下或社会不公。在这种情况下，过度依赖市场机制可能会使法律制度的设计出现偏差。其次，市场机制的自发性和无政府性也可能引发一系列问题。市场机制追求的是个体利益最大化，这在一定程度上会促进社会经济的发展，但也可能导致社会整体利益的损害。例如，环境污染、资源浪费等问题往往是由于市场机制下个体追求利益最大化所导致的。因此，过度依赖市场机制可能会忽视这些负面影响，进而对社会的可持续发展造成威胁。再者，市场机制无法解决所有的社会问题。例如，在贫困、教育不平等、公共卫生等领域，仅仅依靠市场机制是很难找到有效解决方案的。这些问题需要政府、社会组织和公众共同努力，通过法律、政策等手段进行干预和解决。

为了避免过度依赖市场机制所带来的问题，经济分析法学理论需要在理论构建中更加注重政府的角色和作用。政府作为公共利益的代表和维护者，有责任通过法律和政策手段来弥补市场机制的不足并解决社会问题。

同时，经济分析法学理论也需要关注到市场机制与其他社会因素的相互关系及其对社会发展的影响，以更加全面、客观地评估市场机制的优劣和适用范围。此外，经济分析法学理论还应积极探索多元化的纠纷解决机制和社会治理模式。除了市场机制外，还可以考虑引入其他非市场机制的解决方案，如调解、仲裁等替代性纠纷解决方式以及社区自治等社会治理模式。这些多元化的解决方案可以更好地满足不同社会群体的需求和利益诉求，促进社会的和谐稳定发展。

（四）忽视个体差异性

经济分析法学理论在理论构建中往往假设所有个体都是理性的经济人，追求自身利益最大化。然而，这种假设忽视了现实中个体的差异性，包括他们的偏好、价值观、行为模式等。这种忽视可能导致法律制度的实际效果与预期存在偏差。首先，个体在决策过程中并非完全理性。受到情感、认知偏差和社会影响等多种因素的作用，个体的决策可能偏离经济理性。例如，在面对复杂或抽象的法律问题时，个体可能因为缺乏相关知识或信息而做出非理性的决策。其次，个体的价值观和偏好也存在差异。不同的人对于公平、正义、自由等法律价值的理解和追求是不同的。经济分析法学理论过于强调经济效率，可能忽视了这些价值观的差异，从而导致法律制度在满足不同群体需求方面存在局限性。再者，个体的行为模式也受到社会、文化和历史等多种因素的影响。在不同的社会和文化背景下，个体对于法律制度的接受程度和遵守意愿可能存在差异。经济分析法学理论在构建法律制度时，需要充分考虑到这些行为模式的差异，以确保法律制度的实际效果与预期相符。

为了避免忽视个体差异性所带来的问题，经济分析法学理论需要更加注重对个体的深入研究。通过了解不同个体的偏好、价值观和行为模式，我们可以更准确地预测和评估法律制度的实际效果，并制定出更符合实际需求的法律制度。同时，我们也需要关注到个体差异性对于法律制度实施的影响，以确保法律制度能够在实际中得到有效执行。此外，经济分析法学理论还应积极探索多元化的法律解决方案。针对不同群体的需求和特点，我们可以设计出更加灵活和多样化的法律制度，以满足不同个体的实际需求。这种多元化的法律解决方案不仅可以提高法律制度的针对性和实效性，还可以促进社会的多元化和包容性发展。

（五）方法论上的争议

经济分析法学理论的方法论，尤其是其跨学科的研究方法，虽然为我们提供了新的视角，但也引发了一些争议。首先，这种跨学科的研究方法是否适用于所有法律问题是一个值得探讨的问题。虽然经济学和法学在某些方面存在交叉，但它们毕竟是两个不同的学科领域，有着不同的研究对象和方法论基础。直接将经济学的理论和方法应用于法学问题，可能会导致对法学特有价值和原则的误解或忽视。其次，经济分析法学理论在进行实证研究时，也面临着一些方法论上的挑战。例如，数据获取可能受到限制，模型构建可能过于简化或抽象，这些都可能影响研究的准确性和可靠性。同时，实证研究虽然可以帮助我们了解法律制度的实际效果，但它并不能完全替代其他研究方法，如规范分析和案例分析等。

为了避免方法论上的争议，经济分析法学理论需要在跨学科研究中更加注重学科的融合与互补。在借鉴经济学理论和方法的同时，也要充分考虑到法学的特点和需求，确保研究的准确性和适用性。同时，经济分析法学理论也应综合运用各种研究方法，以更全面、客观地揭示法律现象的本质和规律。

第六节　经济分析法学理论在中国

20 世纪 90 年代，随着中国市场经济体制的逐步建立和完善，以及对外开放的深入推进，西方的经济分析法学理论开始传入中国。这一理论的引入，为中国法学界提供了一种全新的研究视角和方法，使得法学研究更加贴近现实经济生活，更具实践指导意义。这一法学理论流派在中国的发展起步较晚，但近年来却呈现出越来越活跃的趋势。

一、经济分析法学在中国的兴起与发展

20 世纪 90 年代初，随着中国改革开放的深入推进和市场经济体制的逐步建立，中国法学界开始接触并引进西方的法学理论和方法。在这一背景下，经济分析法学作为一种新兴的法学研究方法，逐渐引起了中国学者的关注。最初，经济分析法学的理念主要是通过翻译和介绍国外的相关著作和论文而传入中国的。一些学者开始尝试运用经济学的理论和方法来分析法律问题，这种跨学科的研究方法在当时的中国法学界尚属新颖。随着时间的推移，越来越多的学者开始对经济分析法学产生兴趣，并尝试将其应用于中国的法律实践中。

在经济分析法学引入中国后，中国学者开始对其进行深入的探索和实践。他们不仅翻译和介绍了大量的国外经济分析法学的经典著作，还结合中国的实际情况，运用经济分析法学的理论和方法对中国的法律问题进行了深入的研究。在探索过程中，中国学者逐渐认识到经济分析法学在揭示法律规则背后的经济逻辑、评估法律制度的效率以及指导法律改革等方面的重要作用。他们开始尝试将经济分析法学的理念和方法应用于中国的法律实践中，以解决中国的实际问题。例如，在合同法领域，学者们运用经济分析法学的理论和方法对合同的成立、履行和违约责任等问题进行了深入的研究，提出了许多富有洞见的观点和建议。在侵权法领域，经济分析法学也被广泛应用于对侵权行为的认定、赔偿责任的确定以及侵权法改革等方面的研究。此外，在环境保护法、劳动法、知识产权法等领域，经济分析法学也发挥了重要的作用。学者们运用经济学的理论和方法对这些领域的法律问题进行了深入的分析和研究，提出了许多有针对性的解决方案和政策建议。

随着经济分析法学的深入发展，中国学者开始关注其本土化和创新问题。他们意识到，虽然经济分析法学起源于西方，但其理论和方法具有普适性，可以结合中国的实际情况进行本土化和创新。在本土化方面，中国学者注重将经济分析法学的理念和方法与中国的法律文化、法律制度和法律实践相结合。他们通过对中国传统法律文化和现代法律制度的深入研究，探索了经济分析法学在中国法律环境中的适用性和可行性。同时，他

们还关注中国法律实践中存在的具体问题，运用经济分析法学的理论和方法提出了切实可行的解决方案。在创新方面，中国学者在借鉴和吸收国外经济分析法学研究成果的基础上，结合中国的实际情况进行了创新性的研究。他们不仅对经济分析法学的理论和方法进行了完善和发展，还提出了许多新的研究视角和思路。例如，在环境保护法领域，有学者提出了基于经济分析的环境保护税制度设计方案；在劳动法领域，有学者运用经济分析法学的理论和方法对劳动合同制度进行了创新性的研究等。

尽管经济分析法学在中国取得了显著的发展成果，但它仍然面临着一些挑战和问题。首先，经济分析法学在中国的应用和发展还需要更多的实证研究支持。目前，虽然已有一些学者进行了实证研究，但总体来说还相对较少。未来需要更多的实证研究来验证经济分析法学的理论和方法在中国的适用性和有效性。其次，经济分析法学在中国的推广和应用还需要加强跨学科的合作与交流。经济分析法学是一种跨学科的研究方法，需要法学、经济学等多个学科的共同参与和合作。未来需要加强不同学科之间的合作与交流，推动经济分析法学在中国的深入发展。最后，经济分析法学在中国的本土化与创新还需要更多的探索和实践。虽然已有一些学者进行了本土化和创新性的研究，但还需要更多的学者参与到这一过程中来，推动经济分析法学在中国的本土化与创新发展。

展望未来，随着经济全球化的深入推进和中国市场经济的不断发展，经济分析法学在中国的发展前景将更加广阔。未来将有更多的学者参与到经济分析法学的研究中来，推动其在中国的发展与应用。同时，随着中国法律制度的不断完善和法律实践的深入发展，经济分析法学也将在中国的法律实践中发挥更加重要的作用。

二、中国经济分析法学发展的合理性与现实依据

中国经济分析法学的发展，其合理性与现实依据深深植根于当前社会的经济、法律和文化背景之中。以下，我们将从多个维度详细阐述这一发展的必然性和合理性。

（一）符合社会主义市场经济的内在要求

首先，我们必须明确，中国经济分析法学的发展是社会主义市场经济发展的内在要求。随着改革开放的深入推进，中国的经济体制已经从计划经济逐步转变为社会主义市场经济。在这一转变过程中，市场对资源配置的决定性作用日益凸显。这也意味着，法律的制定和实施需要更多地考虑市场经济的规律和要求。

经济分析法学，作为一种以经济学原理和方法来分析法律问题的新兴法学流派，正好契合了这一需求。它强调法律的效率价值，致力于通过法律手段优化资源配置，提高市场效率。这与市场经济的本质要求不谋而合，为中国经济分析法学的兴起提供了经济基础。

具体来说，经济分析法学通过运用成本—收益分析、供需理论等经济学原理，深入研究法律规则对市场经济活动的影响。它关注法律如何降低交易成本、促进信息流动、保护产权等问题，从而推动市场经济的健康发展。这种以经济学视角审视法律的方法，不仅有助于我们更深入地理解法律与市场经济的关系，也为中国法律的改革和完善提供了有益的参考。

（二）对传统法学理论的补充和发展

除了符合市场经济的内在要求外，中国经济分析法学的兴起还是对传统法学理论的补充和发展。传统法学往往侧重于公平正义等价值追求，而相对忽视法律的效率价值。然而，在现代社会中，效率已经成为一个重要的社会价值。特别是在市场经济条件下，提高效率、优化资源配置已经成为推动社会发展的重要手段。

经济分析法学将经济学的理论和方法引入法学研究，为法学研究提供了新的视角和工具。它不仅关注法律的公平正义价值，还强调法律的效率价值。这种跨学科的融合有助于更全面、深入地理解和解决法律问题，推动法学理论的创新和发展。

具体来说，经济分析法学通过运用经济学的理论和方法，对法律问题进行定量和定性分析。它不仅研究法律规则本身的合理性，还研究法律规则实施的效果和影响。这种研究方法有助于我们更准确地评估法律规则的实际效果，为法律的改革和完善提供科学依据。

（三）应对全球化趋势的必然选择

随着全球化的深入推进，国际经济交流与合作日益频繁。在这种背景下，中国经济分析法学的兴起也是应对全球化趋势的必然选择。一方面，全球化使得各国之间的经济联系更加紧密。中国作为世界上最大的发展中国家，需要更好地融入全球经济体系，提高国际竞争力。经济分析法学作为一种国际化的法学研究方法，有助于中国更深入地理解国际经济规则和惯例，从而更好地参与国际经济合作与竞争。另一方面，全球化也带来了法律文化的交流与融合。经济分析法学作为一种新兴的法学流派，在国际上得到了广泛的关注和认可。中国发展经济分析法学，有助于与国际法学界进行更深入的交流与合作，推动中国法学的国际化发展。

（四）政策支持和学术界的推动

中国经济分析法学的兴起还得益于政策支持和学术界的推动。近年来，中国政府高度重视法治建设，积极推动法学研究的创新与发展。经济分析法学作为一种新兴的法学流派，受到了政策层面的鼓励和支持。政府相关部门加大了对经济分析法学的投入和支持力度，为其在中国的发展提供了良好的政策环境。同时，越来越多的学者开始关注并投入到经济分析法学的研究中。他们通过翻译和介绍国外的相关著作和论文、组织学术会议和研讨会等方式，推动了经济分析法学在中国的研究和传播。这些学者的努力为中国经济分析法学的兴起提供了学术支持。

（五）社会现实的需要

随着中国社会经济的快速发展，人们对法律的需求也日益增长。特别是在市场经济条件下，各种经济纠纷和矛盾不断涌现。这就需要我们运用更加科学、合理的方法来分析和解决法律问题。经济分析法学以其独特的视角和方法，为我们提供了更加全面、深入的法律分析工具。它不仅关注法律的公平正义价值，还强调法律的效率价值。这种综合性的分析方法有助于我们更准确地理解和解决法律问题，满足社会现实的需要。

综上所述，中国经济分析法学的发展具有深厚的合理性和现实基础。它与市场经济的内在要求相契合，是对传统法学理论的补充和发展，也是应对全球化趋势的必然选择。在政策支持和学术界的共同推动以及社会现实的需要下，中国经济分析法学有望在未来取得更大的发展成果。

三、中国经济分析法学发展的阻碍因素

经济分析法学在中国的发展虽然取得了一定的进步，但仍面临着诸多阻碍因素。这些因素不仅影响了经济分析法学在中国的深入研究和广泛应用，也制约了其对中国法治建设的推动作用。以下是对中国经济分析法学发展阻碍因素的详细阐述。

（一）理论体系与本土化的挑战

经济分析法学作为一个新兴的理论流派，其理论体系在全球范围内都尚未完善。在中国，这一挑战更为突出。由于中西方在经济、文化、社会制度等方面存在显著差异，直接将西方的经济分析法学理论套用于中国实际，往往会出现水土不服的情况。因此，如何实现经济分析法学的本土化，使其真正融入中国法治建设的实践中，成为当前面临的重要问题。同时，经济分析法学在中国的理论体系构建也面临着诸多困难。一方面，由于缺乏足够的研究资源和实践经验，中国经济分析法学的理论体系尚不成熟，难以形成具有中国特色的理论框架。另一方面，由于经济分析法学涉及多个学科领域，如何整合这些学科的知识和方法，形成一个统一、协调的理论体系，也是一个亟待解决的问题。

（二）传统法学观念的束缚

在中国，传统法学观念对经济分析法学的发展产生了一定的束缚。这些传统观念往往强调法律的道德性、正义性和权威性，而忽视法律的经济性和效率性。因此，一些学者和从业者对经济分析法学持怀疑甚至抵制的态度，认为其过于强调经济效益，忽视了法律的其他重要价值。这种传统法学观念的束缚不仅影响了经济分析法学在中国的接受度和认可度，也限

制了其在中国法学界的影响力和应用范围。为了突破这种束缚，我们需要加强对经济分析法学的宣传和教育，提高人们对经济分析法学的认识和理解。同时，也需要鼓励更多的学者和从业者进行跨学科的研究和实践，推动经济分析法学与中国传统法学观念的融合和发展。

（三）研究方法和数据资源的限制

经济分析法学强调运用经济学的理论和方法来研究法律问题。然而，在中国，由于经济学和法学的学科壁垒以及研究方法的差异，导致经济分析法学的研究方法难以得到广泛应用。同时，由于缺乏相关的数据资源和研究工具，也使得经济分析法学的研究受到一定的限制。为了克服这些限制，我们需要加强经济学和法学之间的跨学科合作与交流，推动两大学科之间的融合与发展。同时，也需要加大对经济分析法学研究方法和数据资源的投入和支持，提高研究的科学性和准确性。此外，还可以通过建立相关的数据库和研究平台，为经济分析法学的研究提供更为便捷和高效的数据资源和分析工具。

（四）实践应用的困难与挑战

经济分析法学在中国的实践应用也面临着诸多困难与挑战。一方面，由于中国经济社会的复杂性和多样性，使得经济分析法学在具体实践中的应用难以一概而论。不同地区、不同行业、不同社会群体之间的法律需求和问题存在显著差异，如何根据具体情况运用经济分析法学进行指导和解决是一个重要问题。另一方面，实践应用中还面临着法律制度和政策环境的制约。虽然中国正在逐步完善市场经济体制和法治建设，但仍存在一些制度性和政策性的障碍，影响了经济分析法学在实践中的应用效果。例如，一些地区或行业可能存在保护主义或行政干预等问题，使得经济分析法学的应用受到限制或扭曲。为了克服这些困难与挑战，我们需要加强实践探索和经验总结，不断完善经济分析法学在实践中的应用方法和策略。同时，也需要加强与政府部门、企业和社会各界的沟通与合作，推动相关法律制度和政策的改革与完善，为经济分析法学的实践应用创造更为有利的环境和条件。

四、经济分析法学在我国法治建设中的应用

经济分析法学,这一融合了法学与经济学理论的学科,以其独特的视角和方法,为我国的法治建设注入了新的活力。通过运用经济学的理论工具来分析法律问题,经济分析法学不仅深化了我们对法律制度的理解,还为立法、执法和司法实践提供了有力的支持。以下,我们将从多个方面详细阐述经济分析法学在我国法治建设中的广泛应用及其深远影响。

(一)立法过程中的经济考量与分析

立法是法治建设的基础,而经济分析法学在立法过程中发挥着不可或缺的作用。传统的立法过程往往侧重于法律的道德和正义性,而经济分析法学则强调法律的经济效益和社会效益。通过经济分析,立法者可以更加科学地评估不同法律规则可能产生的经济影响,从而制定出更加合理、有效的法律。例如,在制定税法时,经济分析法学可以帮助立法者预测不同税率对企业投资、居民消费以及国家财政收入的影响。通过建立经济模型,分析各种税率方案的利弊,从而选择最能够平衡国家财政收入和经济社会发展的税率。这样的立法过程不仅更加科学,也更能体现法律的公平性和效率性。此外,经济分析法学还强调法律制度的激励机制设计。在立法过程中,通过合理的法律制度安排,可以引导人们的行为朝着社会最优的方向发展。以环保领域为例,立法者可以通过设置合理的排污费和环保补贴,激励企业减少污染排放,推动绿色技术的研发和应用,从而促进可持续发展。这种基于经济分析的激励机制设计,使得法律制度更加符合社会发展的需要,也更加具有可操作性和实效性。

(二)执法与司法实践中的经济分析应用

在执法和司法实践中,经济分析法学同样展现出其独特的价值。执法机构可以利用经济分析来优化资源配置,提高执法效率。在面对有限的执法资源时,如何合理分配力量、确保执法的针对性和有效性成为关键问题。经济分析法学提供了一种以成本效益为核心的分析方法,帮助执法机构确定在哪些领域加大执法力度能够带来最大的社会效益。在司法领域,

经济分析法学为法官审理案件提供了科学的分析工具。法官在裁决案件时，不仅要考虑法律的正义性，还要权衡各方利益，确保判决结果既符合法律精神，又能实现社会效益的最大化。经济分析可以帮助法官评估不同判决结果可能产生的经济影响，从而做出更加公正合理的判决。例如，在侵权案件中，通过经济分析确定合理的损害赔偿金额，既能保障受害人的合法权益，又能避免对侵权方造成过度的经济负担。同时，经济分析法学还有助于提升司法效率。传统的司法程序可能因繁琐、冗长而导致效率低下和资源浪费。而经济分析法学强调以最小的成本实现最大的正义，推动司法机关优化程序、减少不必要的环节，从而提高司法效率。

（三）经济分析法学在特定法律领域的深入应用

可以深入应用经济分析法学理论加强法治建设的特定法律领域主要包括以下方面。一是知识产权保护。在知识产权保护领域，经济分析法学为我们提供了一种全新的视角来审视这一复杂问题。知识产权制度的设立旨在保护创新者的合法权益，激励创新和技术进步。然而，过度保护可能导致技术垄断和市场失灵，而保护不足则可能削弱创新动力。经济分析法学通过量化分析不同知识产权保护水平对创新活动、市场竞争以及消费者福利的影响，为政策制定者提供了有力的决策依据。例如，通过分析专利制度对创新投入和产出的影响，我们可以调整专利的申请、审查和维权流程，以确保知识产权制度在促进创新和保护公共利益之间达到平衡。二是反垄断法的实施与监管。反垄断法是维护市场竞争秩序、防止市场垄断的重要法律工具。经济分析法学在反垄断法的实施中发挥着关键作用。它提供了一套系统的分析框架来评估市场结构、企业行为以及潜在的反竞争效果。例如，通过运用相关市场分析、市场份额计算以及并购审查等手段，我们可以判断企业是否构成垄断或滥用市场支配地位。此外，经济分析法学还关注反垄断政策的执行效率和成本效益问题。它致力于寻找在保护市场竞争和促进企业创新之间获得最佳平衡点的方式方法。三是环境法的制定与执行。面对日益严峻的环境问题，环境法的制定和执行显得尤为重要。经济分析法学在这一领域的应用主要体现在如何通过法律手段实现环境保护与经济发展的双赢局面。它强调在制定环境政策时要充分考虑各利益相关方的需求和成本效益分析。例如，通过设置合理的排污标准和环保税费制度来引导企业减少污染排放并投资于清洁生产技术；同时，通过设立绿色信贷、绿色采购等激励机制来推动可持续发展和绿色消费模式的形成。

（四）经济分析法学在法治教育中的推广与普及

除了在立法、执法和司法实践中的应用外，经济分析法学还在法治教育中占据着重要地位。随着经济社会的发展和法治建设的深入推进，培养具备跨学科视野和创新思维的法律人才显得尤为重要。因此，将经济分析法学的理念和方法引入法学教育成为必然趋势。通过向法学学生和法律从业者传授经济分析的方法和理念，我们可以提升他们对法律问题的深入理解和解决能力。这种跨学科的教育模式有助于培养一批既懂法律又懂经济的复合型人才，为我国的法治建设注入新的活力。同时，经济分析法学的普及还有助于提高公众对法律制度的认知度和信任度，从而增强法治的社会基础。为了实现这一目标，我们可以采取多种措施来推广经济分析法学在法治教育中的应用。例如，在法学课程中增加经济分析法学的内容；举办相关的学术研讨会和培训班；鼓励学者和教师进行跨学科研究等。这些举措将有助于提升经济分析法学在法学界的地位和影响力。

（五）经济分析法学面临的挑战与未来发展方向

尽管经济分析法学在我国法治建设中取得了显著成效并展现出广阔的应用前景，但它仍然面临一些挑战和问题。一方面，如何将西方的经济分析法学理论与中国实际相结合，实现本土化创新。这需要我们深入研究中国特色的法律制度和经济社会环境，探索适合中国国情的经济分析法学理论和方法。另一方面，如何提高经济分析法学在法律实践中的可操作性和实效性。为了克服这些挑战，我们需要不断加强理论与实践的结合，推动经济分析法学与其他学科的融合发展，并不断完善其方法论体系。展望未来，随着我国经济社会的不断发展和法治建设的深入推进，经济分析法学将在我国法治建设中发挥更加重要的作用。我们期待更多的学者和从业者能够深入研究和实践经济分析法学理论，为我国的法治建设贡献自己的力量。同时，我们也希望经济分析法学能够与其他法学流派相互借鉴、共同发展，为推动我国法治事业的全面进步作出更大的贡献。此外，随着大数据、人工智能等技术的快速发展，经济分析法学在数据收集、模型构建和预测分析等方面将迎来新的机遇。利用这些先进技术，我们可以更加精确地评估法律制度的经济效果和社会效益，为立法、执法和司法实践提供更加科学的支持。这将进一步提升经济分析法学在我国法治建设中的应用价值和影响力。

第七节　经典案例分析

一、科斯定理与无线电频谱分配案

罗纳德·科斯是经济分析法学理论的奠基人之一。他提出的科斯定理在经济分析法学理论中占有重要地位。科斯定理主要探讨了在交易成本为零或很小的条件下，外部性因素不会引起资源的不当配置，因为市场交易可以解决外部性问题。为了说明这一点，我们可以考虑无线电频谱的分配问题。在无线电频谱资源有限的情况下，如何有效、公平地分配这些资源成为一个关键问题。传统上，无线电频谱可能由政府进行分配，但这种方式可能不是最优的，因为它可能无法反映不同用户对不同频段的真实需求和价值。科斯定理提供了一个新的视角：如果交易成本足够低，那么频谱资源应该分配给那些对其评价最高，即愿意支付最高价格的用户。

从经济分析法学理论的角度，可以从以下方面进行深入分析。一是科斯定理的应用。科斯定理强调了市场在资源配置中的有效性。在无线电频谱分配中，如果允许市场自由交易，那么频谱资源将会流向那些最能利用其价值的用户，从而提高资源的使用效率。这反映了市场经济在资源配置上的优越性。二是交易成本的考虑。科斯定理也指出了交易成本的重要性。在实际操作中，无线电频谱的交易可能会涉及复杂的谈判、合同签订等过程，这些都会产生交易成本。因此，一个有效的市场设计需要考虑到如何降低这些交易成本，以促进资源的有效分配。三是政府与市场的关系。科斯定理并不完全否定政府在资源配置中的作用。特别是在交易成本较高或市场失灵的情况下，政府的干预可能是必要的。在无线电频谱分配中，政府可以设定基本的规则和框架，以确保市场的公平竞争和资源的合理利用。四是产权的重要性。科斯定理还强调了产权的重要性。明确的产权界定可以减少交易中的不确定性，降低交易成本，从而促进资源的有效分配。在无线电频谱分配中，明确的频谱使用权和转让权可以促进市场交易的进行。五是法律与经济的交叉。这个案例展示了法律和经济学的紧密联系。科斯定理不仅是一个经济学理论，也为法律制定和实施提供了重要的指导。在无线电频谱分配等实际问题中，法律需要考虑到经济学的原理和市场的实际需求，以制定出既公平又有效的规则。

综上所述，科斯定理与无线电频谱分配是一个典型的经济分析法学案例。它展示了市场在资源配置中的有效性，同时也指出了交易成本、政府干预和产权界定等重要因素的作用。这个案例不仅具有深刻的理论意义，也为实际问题的解决提供了有益的指导。

二、化工厂环境污染治理案

在某地区，一家大型化工厂由于长期排放未经处理的废水，导致周边河流和土壤受到严重污染，进而影响到当地居民的生活质量和健康状况。居民们意见很大，并向有关部门投诉。政府部门介入调查，发现该化工厂确实存在超标排放问题。为了解决这个问题，政府部门决定对该化工厂进行处罚，并要求其负责治理污染。化工厂则认为自己为当地经济作出了巨大贡献，而且治理污染需要大量资金，因此对此决定表示不满。这一事件引发了关于环境污染责任和治理成本的广泛讨论。

从经济分析法学理论的角度，可以对此案例进行以下方面的深入分析。一是外部性问题。此案例涉及到一个典型的外部性问题。化工厂在生产过程中产生的污染对周边环境造成了负面影响，而这种影响并未在其生产成本中体现，因此造成了市场失灵。这就需要政府或法律机构进行干预，以纠正这种市场失灵。二是"谁污染，谁治理"原则。在处理此类环境污染问题时,"谁污染,谁治理"原则被广泛应用。这一原则要求污染者承担治理污染的责任和成本。这不仅可以促使污染者减少污染行为,还可以确保污染问题得到及时有效的解决。在此案例中,政府部门要求化工厂负责治理污染,正是基于这一原则。三是成本与收益的权衡。化工厂认为自己已经为当地经济作出了贡献,因此不愿意承担额外的治理成本。然而,从社会的角度来看,环境保护和可持续发展更为重要。因此,政府需要在经济发展与环境保护之间进行权衡,制定出合理的政策来平衡各方利益。四是法律与政策的制定。此案例也引发了关于如何制定有效的法律和政策来解决环境污染问题的思考。政府需要制定出明确的环保法规和标准,并加大监管和执法力度,以确保污染者承担相应的责任。同时,政府还可以通过提供税收优惠、补贴等政策措施来鼓励企业采用更环保的生产方式。五是公众参与和舆论监督。此案例还体现了公众参与和舆论监督在解决环境问题中的重要性。居民的投诉和反馈促使政府部门介入调查并采取措施解决问题。这表明公众参与和舆论监督在推动环保事业发展中具有不可忽视的作用。

综上所述,这个案例展示了环境污染责任与治理成本分配的问题,并涉及到外部性、"谁污染、谁治理"原则、成本与收益的权衡、法律与政策制定以及公众参与和舆论监督等多个方面。它揭示了法经济学在环境保护领域的应用和重要性,并提醒我们在经济发展过程中要兼顾环境保护和可持续发展。

思考题

1. 试述碳排放交易的法理基础。

2. 简述科斯定理的主要内容。

3. 波斯纳的经济分析法学思想的主要内容是什么?

4. 试述外部性理论。

5. 简述经济分析法学研究对推动我国法治建设的作用。

第七章 现实主义法学理论专题

──◆── 内容提要 ──◆──

　　现实主义法学是美国现实主义哲学在法学领域的具体体现。现实主义法学认为，法律并非孤立存在，而是与社会、经济、文化等背景密切相关。法律应当反映社会的现实需求，而不仅仅是纸上的条文。现实主义法学家们注重研究法律在实际生活中的应用和效果，以及法律如何适应社会的变化。现实主义法学强调法律与现实之间的互动关系。一方面，法律对社会行为具有规范作用，能够引导人们的行为并维护社会秩序；另一方面，社会现实也在不断地对法律产生影响，推动法律的变革和发展。这种互动关系使得法律能够更好地适应社会的需求和发展。现实主义法学对现代法学理论产生了深远的影响，它挑战了传统法学的观念，提出了许多新颖的观点和方法。然而，现实主义法学也引发了一些争议。有些人认为它过于强调法律的现实适应性，忽视了法律的稳定性和权威性；而有些人则认为它为法学研究注入了新的活力和思考方式。

──◆── 本章重点 ──◆──

　　现实主义法学的理论基础，现实主义法学发展的四个阶段，现实主义法学的代表人物及其思想，现实主义法学的特点及其不足。

☞ 案例引入：苍蝇与判决书案

在一个阴天的早晨，某市的张法官在享用早餐时，发现一只苍蝇在他的食物上飞舞，这使得他整个早晨心情格外不好。恰好当天他有一场即将进行的庭审，是关于一起较为严重的交通肇事逃逸案的审理。庭审开始时，张法官仍然受到早餐时苍蝇事件的影响，心情颇为不佳。被告李某因被指控在酒后驾车撞人并逃逸出庭受审。案件事实清楚，证据确凿，李某也对自己的行为供认不讳。在审理过程中，张法官显得异常严肃，对被告的态度和辩解显得尤为不耐烦。在听取了双方律师的陈述和辩论后，张法官开始起草判决书。由于早餐时的不快经历，张法官在判决时不可避免地受到了个人情绪的影响。他在判决书中对被告李某进行了重判，判处了比通常类似案件更长的刑期。这一判决结果引起了外界的广泛关注和争议。

这个案例体现了现实主义法学理论中关于法官个人情感对判决可能产生影响的观点。尽管法律条文明确，法官应当公正无私地审理案件，但在现实中，法官作为人，其个人情绪、经验和背景不可避免地会对判决产生一定影响。在这个案例中，张法官因早餐时的苍蝇事件心情不佳，这种情绪可能在潜意识中影响了他的判决。这个案例也引发了关于司法公正和法官职业素养的深入讨论。一方面，人们认识到法官也是人，其情绪可能会影响判决的公正性；另一方面，这也提醒我们法官在审理案件时应尽量保持客观和公正，避免个人情绪对判决结果产生不当影响。

这个案例是现实主义法学理论的一个典型案例，它揭示了法律判决中人的因素的重要性，以及情绪、经验和背景如何可能影响法律的实施和解释。这也进一步强调了法官职业素养和司法公正的重要性。这个案例可以作为法律教育和职业培训的重要内容，用以提醒未来的法律从业者，在法律的实践中，不仅要注重法律条文的字面意义，更要关注其背后的社会、心理和人文因素。只有这样，才能更全面地理解和应用法律，实现真正的司法公正。

第一节　现实主义法学理论的概念与特点

现实主义法学，作为西方法学的一个重要分支，不仅挑战了传统的法学观念，还为我们提供了一种全新的视角来看待法律与社会现实的关系。其核心理念在于关注法律在现实中的应用与效果，而非仅仅停留在纸面上的法律条文。这种法学思想对现代法律体系的发展产生了深远的影响，并在全球范围内引发了广泛的讨论和研究。接下来，我们将详细阐述现实主义法学的概念和它所具有的特点。

一、现实主义法学理论的概念及其深层阐释

现实主义法学理论，或称实用主义法学理论、法律现实主义理论，强调法律与现实之间的密切联系，是法学领域中一种颇具影响力的理论观点。这一理论起源于 20 世纪初期的反法律形式主义思潮，并逐渐发展成为一个声势浩大的现实主义法律运动。它强调法律与社会现实的紧密联系，突破了传统法学的桎梏，为法学研究注入了新的活力。

法律形式主义曾一度在法律界占据主导地位，它认为法律是一套自给自足、逻辑严密的规则体系，法官只需机械地适用法律规则即可得出公正的判决。然而，现实主义法学对这种观点提出了质疑。现实主义法学家们认为，法律并非孤立存在，而是与社会、政治、经济等多种因素紧密相连。他们主张从现实出发，深入考察法律在实际生活中的运行情况，以及法律如何被解释和应用。现实主义法学理论的核心观点在于揭示法律的实质。法律不仅仅是一套抽象的规则，更是社会现实的反映和调节工具。在现实主义法学家们看来，法律规则的背后隐藏着复杂的社会关系和利益博弈。因此，他们强调在研究法律时，必须关注法律的实际效果和社会影响，而非仅仅停留在法律条文的字面意义上。此外，现实主义法学还着重探讨了法官在法律解释和应用中的重要作用。法官不仅是法律的执行者，更是法律的创造者和解释者。他们需要根据具体案

件的情况，灵活运用法律规则，以实现公正和合理的判决。这种灵活性和适应性使得法律体系能够更好地满足社会现实的需要。为了更深入地探讨法律与社会现实的关系，现实主义法学借鉴了社会学、心理学等多学科的研究方法。这种跨学科的研究方法不仅丰富了现实主义法学的研究内容和手段，还提高了其研究的科学性和准确性。通过这些研究方法，现实主义法学得以更全面、更深入地揭示法律规则在实际应用中的问题和挑战。

在 20 世纪 20、30 年代，现实主义法学在美国形成了规模宏大的法律运动，将现实主义法学推向了高潮。这场运动对美国的法律思想、法律实务和法学教育产生了深远的影响。许多著名的法学家和法官都受到了现实主义法学的影响，开始关注法律的实际效果和社会影响。现实主义法学的影响不仅限于美国，还波及到欧洲大陆和北欧等地区。这一流派的思想、观点和传统后来被行为法学、经济分析法学、批判主义法学等继承和发展。这些后继的法学流派在吸收现实主义法学精髓的基础上，进一步拓展了法学研究的领域和深度。然而，现实主义法学也面临着一些批评和争议。有些学者认为其过于强调法律的灵活性和实用性，可能会损害法律的稳定性和可预测性。尽管如此，这种争议也反映了现实主义法学在法学领域中的重要地位和影响力。无论如何评价其优劣得失，我们都不能否认现实主义法学对现代法律体系的重要贡献和影响。

总的来说，现实主义法学理论为我们提供了一种全新的视角来审视和评价法律体系。它提醒我们关注法律的实际效果和社会影响，强调法律的灵活性和适应性以满足社会现实的需要。在未来的法律实践中，我们需要继续关注现实主义法学的思想精髓和实践价值，以不断完善和优化现代法律体系。同时，我们也应该看到现实主义法学的局限性，并在实践中不断探索和创新。通过跨学科的研究方法和多元化的视角，我们可以更深入地了解法律与社会现实的关系，为构建更加公正、合理和有效的法治社会提供有力的理论支撑和实践指导。在未来的法学研究中，现实主义法学仍将继续发挥其重要的作用，为我们提供更深入、更全面的法律认识。

二、现实主义法学理论的特点

现实主义法学理论对法律与现实之间关系的强调，决定其具有典型的实用主义哲学的特征。以此为基础，现实主义法学理论的特征主要包括以下方面内容。

（一）实用主义哲学基础

现实主义法学最显著的特点之一是以实用主义哲学作为其理论基础。实用主义哲学，源于19世纪末的美国，强调实践、应用和实效性，这一哲学观念深刻地影响了现实主义法学的发展。在实用主义哲学的指导下，现实主义法学不再局限于抽象的法律原则和概念，而是着眼于法律在实际社会中的应用与效果。这种实用主义哲学基础使得现实主义法学更加注重法律的实际运行和效果，而非仅仅关注法律条文的字面含义。它鼓励法学家和法律工作者从实际出发，深入考察法律规则在实际案件中的具体应用，以及法律判决如何受到社会、政治和经济环境的深刻影响。这种以实用为导向的法学研究方法，为法律体系的完善和优化提供了有力的理论支撑。此外，实用主义哲学还强调知识的实用性，这也使得现实主义法学在追求法律知识的实用性和解决实际问题上更加务实。它鼓励法学家们从实践中汲取经验，不断完善和丰富法律知识体系，以满足社会的实际需求。这种以实用为导向的法学观念，不仅推动了法学研究的深入发展，也为法律体系的改革和创新提供了源源不断的动力。在现实主义法学的视角下，法律不再是一种孤立的存在，而是与社会现实紧密相连。法律规则的制定、实施和解释都需要考虑到社会的实际需求，以确保法律能够更好地服务于社会。这种以实用主义哲学为基础的现实主义法学观念，为我们提供了一种全新的视角来审视和评价法律体系，也为法律体系的完善和发展指明了方向。

（二）以法的客观社会现实为研究对象

现实主义法学将法的客观社会现实作为其研究对象，这是其与传统法学理论的显著区别。传统法学往往将法律视为一种孤立、静态的规范体系，而现实主义法学则强调法律与社会的紧密联系和互动。在现实主义法学的视野中，法律不是孤立存在的，而是在特定的社会和历史条件下形成和发展的。法律规则、原则和制度的产生，都与社会经济、政治、文化等因素密切相关。因此，现实主义法学将法律置于更广阔的社会背景中进行考察，以揭示法律与社会现实的相互关系。以法的客观社会现实为研究对象，现实主义法学关注法律在实际社会中的运行情况和实施效果。它深入探究法律规则在实际案件中的具体应用，以及法律判决如何受到社会各种因素的影响。这种研究方法不仅有助于我们更全面地了解法律体系的实际运行状况，还能为法律体系的改革和完善提供有益的参考。此外，现实主义法学还强调法律对社会现实的适应性和灵活性。它认为，法律应当随着社会变迁和时代需求的变化而不断调整和完善，以更好地服务于社会。这种以社会现实为基础的法律观念，为法律体系的动态发展提供了理论支持。总之，以法的客观社会现实为研究对象是现实主义法学的重要特点之一。它突破了传统法学的局限，将法律与社会现实紧密结合，为我们提供了一种全新的视角来审视和评价法律体系。这种研究方法不仅有助于我们更深入地了解法律体系的实际运行状况，还能为法律体系的改革和完善提供有益的指导和启示。

（三）强调法官行为和司法效果

现实主义法学特别强调法官在法律适用过程中的角色和行为，以及司法判决产生的社会效果。这一特点反映了现实主义法学对法律体系实际运行情况的深入关注。在传统法学理论中，法官通常被视为法律的执行者，其角色主要是根据法律规则对案件进行裁决。然而，现实主义法学认为，法官在法律适用过程中发挥着更为复杂和重要的作用。他们不仅是法律的执行者，还是法律的解释者和创造者。在具体案件中，法官需要根据案件的具体情况和社会的实际需求进行裁决，这就需要他们灵活运用法律规则，以实现公正且合理的判决。现实主义法学对法官行为的强调，也体现在对司法效果的关注上。司法效果是指法律判决对社会和个人产生的影响。现实主义法学认为，司法判决不仅应当符合法律规则的要求，还应当考虑到社会的实际需求，以实现法律效果与社会效果的统一。因此，现实主义法学倡导一种更加灵活和务实的法律解释和适用方法，以适应社会变迁并满足社会需求。这种对法官行为和司法效果的强调，使得现实主义法学在法律实践中具有更强的针对性和实用性。它鼓励法官在法律适用过程中充分发挥其主观能动性和创造性，以实现更加公正、合理和有效的法律判决。同时，它也提醒我们关注法律判决对社会和个人产生的深远影响，以推动法律体系的不断完善和优化。

（四）反法律形式主义倾向

现实主义法学具有明确的反法律形式主义倾向，这是其与传统法学观念的重要区别之一。法律形式主义，或称概念法学、形式主义法学，过于注重法律规范和逻辑推理，往往忽视了法律与社会的紧密联系。在形式主义法学的观念中，法律是一套自给自足、逻辑严密的规则体系，法官只需通过逻辑推理即可得出公正的判决。然而，现实主义法学对这种观点提出了质疑和挑战。它认为，法律并非孤立存在，而是深受社会各种因素的影响。法律规则的背后隐藏着复杂的社会关系和利益博弈。因此，不能简单地通过逻辑推理来适用法律规则，而需要考虑到具体案件的实际情况和社会的实际需求。现实主义法学倡导一种更加灵活和务实的法律解释和适用方法。它强调法官在法律适用过程中的重要作用，认为法官需要根据案件的具体情况灵活运用法律规则，以实现公正和合理的判决。这种灵活性和适应性使得法律体系能够更好地满足社会现实的需要。反法律形式主义倾向的现实主义法学，不仅揭示了形式主义法学的局限性，还为我们提供了一种更加全面、深入的法律认识方法。它鼓励我们从实际出发，深入考察法律在实际生活中的运行情况，以及法律如何被解释和应用。这种研究方法有助于我们更准确地理解法律的实质和意义，为法律体系的完善和优化提供有益的指导。

（五）广泛的传播和影响

现实主义法学不仅在美国法学界产生了深远的影响，其影响还延伸到欧洲大陆和北欧等地区。这一流派通过广泛的传播和被认可，对全球法学思想和实践产生了重要的影响。在美国，现实主义法学推动了法学研究的深入和法学教育的改革。它鼓励法学家和法律工作者从实际出发，关注法律的实际效果和社会影响。这种以实用为导向的法学观念，为美国法律体系的完善和优化提供了有力的理论支撑。同时，现实主义法学也促进了美国法学与其他学科的交流和融合，为跨学科研究提供了广阔的空间。在欧洲大陆和北欧地区，现实主义法学的影响同样显著。许多欧洲国家的法学家开始关注法律与社会的紧密联系，强调法律的灵活性和适应性。他们借鉴了现实主义法学的思想和方法，推动了本国法学研究的创新和发展。此外，现实主义法学的影响还体现在对后来法学流派和理论的启示上。许多后来的法学流派和理论，如行为法学、经济分析法学等，都在一定程度上继承了现实主义法学的思想和方法。这些流派和理论在吸收现实主义法学精髓的基础上，进一步拓展了法学研究的领域和深度。

第二节　美国的现实主义哲学

美国的现实主义哲学，又称实用主义哲学，是一种强调经验主义和实用主义的哲学观点。它主张从实际出发，注重现实世界的实际情况，反对空洞的思辨和过度的理论化。这种哲学观点在美国的哲学、文学、艺术等领域都有深远的影响。在美国文学中，现实主义哲学体现为对现实生活的深入描绘和对人性的真实刻画。现实主义作家通过小说、散文等文学形式，生动地展现了美国社会的各种问题和矛盾，以及人性的复杂性和多样性。他们的作品不仅反映了当时社会的现实情况，也通过艺术的手法揭示了人性的深层次问题。此外，现实主义哲学也影响了美国的社会科学和人文科学研究。在社会科学领域，现实主义哲学强调对社会的实地调查和实证研究，以深入了解社会的实际情况和问题。在人文科学领域，现实主义哲学则倡导对人类文化、历史、心理等方面的深入研究，以揭示人类的本质和意义。在法学领域，现实主义哲学则成为现实主义法学理论的哲学基础。

一、现实主义哲学的起源

现实主义哲学起源于 19 世纪末至 20 世纪初，这一时期的哲学思想经历了深刻的变革。在此之前，理想主义和唯心主义哲学占据了主导地位，它们强调理念、精神和意识的首要性，而物质世界只是这些精神理念的附属品。然而，随着科学的发展和社会的变迁，这种观念逐渐受到了挑战。现实主义哲学的出现，可以说是对理想主义和唯心主义的一种反动。它坚决反对过度依赖逻辑推理和先验观念，转而强调对现实世界的直接观察和实际经验的重视。现实主义者们认为，真正的知识应该来源于对现实世界的直接观察和实践经验，而不是通过逻辑推理或先验观念来推导。这一哲学观点的形成，与当时社会科学和自然科学的发展密切相关。19 世纪末至 20 世纪初，科学界开始发生翻天覆地的变化。科学家们不再满足于纯粹的理论推导，而是开始更加注重实证研究和观察。他们通过实验、调查和统计等方法，深入探索自然界的奥秘，力求获得更加准确和客观的知识。这种科学方法的转变，对哲学思考产生了深远的影响。现实主义者们开始借鉴科学研究的实证方法，强调对现实世界的直接观察和描述。他们认为，只有通过实地调查、实证研究，才能真正了解现实世界的本质和规律。这种哲学观点的转变，不仅推动了哲学思考的发展，也为后来的科学研究提供了重要的方法论指导。此外，现实主义哲学的起源还与当时的社会背景密切相关。19 世纪末至 20 世纪初，资本主义经济迅速发展，社会矛盾日益尖锐。人们开始对传统观念产生怀疑，对现实世界进行深入的反思。现实主义哲学应运而生，试图通过直接观察和描述现实世界，来揭示社会的本质和问题。在现实主义哲学的起源过程中，还涌现出了一批杰出的现实主义哲学家。他们以敏锐的洞察力和深刻的思考，对现实世界进行了深入的剖析和解读。他们的思想成果不仅丰富了现实主义哲学的理论体系，也为后来的哲学研究提供了宝贵的思想资源。

值得一提的是，现实主义哲学的起源并不是一蹴而就的。它是在与理想主义和唯心主义的不断争论中逐渐发展起来的。在这个过程中，现实主义者们不断吸收和借鉴其他哲学流派的优点，同时也不断完善和丰富自己的理论体系。最终，现实主义哲学在哲学史上占据了重要的地位，成为一种具有深远影响的哲学观点。同时，现实主义哲学的出现也标志着哲学思考方式的重要转变。它强调从实际出发，注重现实世界的实际情况，这种思考方式更加贴近人们的生活实际，也更容易被人们所接受和理解。因此，现实主义哲学在当时得到了广泛的传播和认同，成为当时哲学界的一股重要力量。

二、现实主义哲学的发展

随着时代的不断变迁，现实主义哲学不仅在学术界站稳了脚跟，还逐渐发展成为一种独立的哲学流派。这一流派的形成并不是一蹴而就的，而是经过了一系列的思想碰撞、理论探索和实证研究的积累。现实主义哲学从诞生之初，就表现出对经验主义和实用主义的强烈倾向。它坚决反对空洞的思辨和纯粹的逻辑推理，认为这些都无法真正触及现实世界的本质。相反，现实主义哲学家们主张，知识和真理必须建立在实际的经验和观察之上，这样的知识才是真实可靠的，才能指导我们的实践和生活。为了揭示现实世界的本质和规律，现实主义哲学家们积极投身于实证研究。他们深入到社会的各个角落，进行田野调查，收集第一手的数据和资料。通过这种方式，他们试图从实践中发现真理，从经验中提炼出普遍性的规律。这种实证研究方法，不仅增强了现实主义哲学的实践性和可操作性，也为其在学术界赢得了广泛的认可和尊重。在美国，现实主义哲学与实用主义哲学之间的联系尤为紧密。实用主义哲学认为，真理和价值应该以实际效果和实用性为标准。这一观点与现实主义哲学的经验主义和实用主义倾向不谋而合。两者都强调知识的实践性和实用性，都认为真理应该在实践中得到检验和证明。在这种思想氛围下，现实主义哲学得到了进一步的发展和完善，并成功实现了与实用主义哲学在理论和概念上的合流。它不仅在理论上更加丰富和成熟，还在实践应用中展现出了强大的生命力。例如，在社会科学领域，现实主义哲学为我们提供了一种全新的研究视角和方法论指导。它鼓励我们从实际出发，深入社会现实，去了解社会问题的根源和本质。通过这种方式，我们能够更加准确地把握社会现象，提出更加切实可行的解决方案。此外，现实主义哲学还对人们的价值观产生了深远的影响。它让人们意识到，真理并不是高高在上、遥不可及的，而是蕴藏在我们的日常生活和实践之中。只要我们用心去观察、去体验、去实践，就能够发现真理的踪迹，领略到现实世界的奥秘和美丽。

值得一提的是，现实主义哲学在发展过程中也面临着一些挑战和质疑。有些人认为它过于强调实际经验和观察，忽视了逻辑推理和理论构建的重要性。然而，现实主义哲学家们并不否认逻辑推理和理论构建的价值，而是强调它们应该建立在实际经验和观察的基础之上。只有这样，我们才能够获得更加真实、可靠和有用的知识。随着时代的不断发展，现实主义哲学也在不断地进行自我更新和完善。它积极吸收和借鉴其他哲学流派的优点和成果，不断丰富自己的理论体系和实践方法。同时，它也始终保持着对现实世界的关注和思考，试图为人们提供更加深入、全面的哲学解读和指导。

总的来说，现实主义哲学的发展是一个不断深化和拓展的过程。它从诞生之初就坚持着对现实世界的深入观察和实证研究，逐渐发展成为一种具有独特视角和方法论的哲学流派。在未来的发展中，现实主义哲学将继续保持着对现实世界的关注和思考，为人们提供更加深入、全面的哲学解读和指导。同时，它也将不断吸收和借鉴其他哲学流派的优点和成果，为自己的发展注入新的活力和动力。

三、现实主义哲学主要代表人物及其思想

现实主义哲学的发展过程中，涌现出了许多杰出的代表人物，他们的思想对后世产生了深远的影响。其中，约翰·杜威和威廉·詹姆斯是两位极具影响力的哲学家，他们的思想不仅丰富了现实主义哲学的内涵，还为后来的现实主义法学等领域提供了重要的理论支撑。

（一）杜威及其主要思想

约翰·杜威（1859—1952）是美国著名的哲学家、教育家、心理学家，是实用主义的代表人物，也是机能主义心理学和现代教育学的创始人之一。杜威出生在美国佛蒙特州的一个普通家庭里。他从小喜欢读书，由

于家庭经济困难，他在中学毕业后无钱继续升学。后来他曾到美国南部和中部的中学教书。在教书的同时，他开始了自己的哲学学习和研究。1882年，杜威进入当时美国最著名的学府之一——约翰·霍普金斯大学学习，并于1884年获得了哲学博士学位。此后，他先后在密歇根大学、芝加哥大学、哥伦比亚大学任教。他还曾访问过中国、日本、苏联、土耳其等国家。杜威于1919年五四运动前夕来华讲学，宣讲自己的实用主义哲学和教育思想，对20世纪前期的中国教育界、思想界产生了深远的影响，见证了五四运动，并与孙中山会面，培养了包括胡适、陶行知、郭秉文、张伯苓、蒋梦麟等一批国学大师和知名学者。

杜威是美国现实主义哲学或实用主义哲学的集大成者。他的思想深受现实主义哲学的影响，同时又将现实主义哲学推向了一个新的高度。杜威强调经验和实践在知识形成中的重要性，他认为知识是通过经验不断累积和修正的，而不是先验存在的。在杜威看来，经验是人类认识世界的基础，也是知识形成的源泉。他主张通过实践来获取经验，进而形成知识。这种知识不是静止不变的，而是随着实践的不断深入而不断发展变化的。杜威认为，真理并不是一成不变的，而是在实践中不断得到检验和修正的。因此，他强调实践的重要性，认为只有通过实践，人们才能真正地认识世界，掌握真理。杜威的思想对后来的现实主义法学产生了深远的影响。现实主义法学强调法律的实际效果和社会功能，这与杜威强调实践和经验的思想不谋而合。杜威的思想启发了现实主义法学家们从实际出发，深入探究法律现象的本质和规律，进而提出更加符合社会实际需求的法律解决方案。此外，杜威还提出了"教育即生活、生长即经验改造"的观点，强调教育应该与生活紧密相连，让学生在实践中学习和成长。这种教育理念也对后来的教育改革产生了深远的影响，推动了教育与实践的紧密结合。

（二）詹姆斯及其主要思想

威廉·詹姆斯（1842—1910）出生于纽约，是美国著名的心理学家和哲学家。他早年在哈佛大学接受教育，先后学习化学、比较解剖学和生理学。1867年赴德国留学，学习医学、生理学和心理学。1869年获得哈佛大学医学博士学位。詹姆斯在哈佛大学讲授解剖学和生理学，并逐渐转向心理学研究。1875 年，他在美国首开"生理学与心理学的关系"课程，并设立心理学实验室。他曾任哈佛大学生理学副教授、哲学副教授，最终成为心理学教授。詹姆斯是美国心理学会的创始人之一，并于 1904 年当选为该学会的主席。1906 年，他当选为美国国家科学院院士，进一步肯定了他在学术界的地位。

詹姆斯是现实主义哲学的另一位重要代表人物。他的现实主义哲学强调真理的实用性和实际效果，认为真理是相对于具体情境和目的的，而不是绝对和普遍的。在詹姆斯看来，真理并不是一种抽象的概念或理念，而是与人们的实际生活紧密相连的。他认为，一个观念或理论是否为真，并不取决于它是否符合某种先验的标准或原则，而是取决于它在实践中是否能够产生预期的效果。因此，他提出了"有用即真理"的观点，认为一个观念或理论只要能够在实践中发挥作用、解决问题，就可以被视为真理。詹姆斯的这种实用主义真理观对后来的现实主义法学产生了重要的影响。现实主义法学家们借鉴了詹姆斯的思想，强调法律的实际效果和社会功能。他们认为，法律并不是一种抽象的原则或规则，而是与社会的实际需求紧密相连的。因此，在制定和实施法律时，应该充分考虑社会的实际需求和人们的利益诉求，确保法律能够真正地发挥作用、解决问题。除了实用主义真理观之外，詹姆斯还对心理学领域作出了杰出的贡献。他提出了"意识流"的概念，认为人的意识是一个连续不断的流动过程，而不是由孤立的、静态的观念或意象组成的。这种心理学思想也对后来的心理学研究产生了深远的影响。

四、现实主义哲学对现实主义法学的影响

现实主义哲学作为一种关注现实生活、强调实际经验和理性思考的哲学思想，对现实主义法学产生了深远的影响。这种影响不仅体现在法学研究的方法论上，还渗透到法学的价值观念、法律实施以及法学教育等多个方面。

第一，现实主义哲学对现实主义法学的方法论产生了重要影响。现实

主义哲学强调从实际出发，认真对待现实生活中的问题和挑战。这一观念启发了现实主义法学派，他们开始将法律视为一种社会现象，并置于具体的社会背景中进行研究。法律不再是一堆抽象的规则和原则，而是与社会实践密切相关的实际工具。现实主义法学派注重法律的实证研究，通过观察法律在实际运行中的效果，来评估其有效性和合理性。这种方法论的转变，使得法学研究更加贴近现实，也更能够解决实际问题。

第二，现实主义哲学对现实主义法学的价值观念产生了影响。现实主义哲学认为，人们应该关注现实利益，通过努力工作和理性决策，实现个人和社会的繁荣与进步。这一观念在现实主义法学中得到了体现，法学家们开始强调法律的实际效果和社会功能。他们认为，法律的价值在于解决实际问题，使人们的生活更加公正和有序。因此，在制定和实施法律时，现实主义法学派更加注重法律的实用性和灵活性，以适应社会的实际需求。

第三，现实主义哲学对法律实施也产生了影响。现实主义哲学强调实践的重要性，认为只有通过实践才能验证理论的正确性和可行性。在现实主义法学的视角下，法律的实施不再是一种机械地套用规则和原则的过程，而是需要根据实际情况进行灵活调整和应用。法律实施者需要具备批判性思维，对各种观点和信息进行独立思考和评估，以确保法律的公正性和有效性。这种以实践为导向的法律实施方式，有助于提高法律的适应性和可操作性，从而更好地服务于社会现实。

第四，现实主义哲学还对法学教育产生了积极的影响。在现实主义哲学的指导下，法学教育开始注重培养学生的实践能力和批判性思维。学生们被鼓励去关注现实问题，通过实践和研究来深化对法律的理解和应用。这种教育方式的改革，有助于培养出更多具备实践经验和创新能力的法律人才，为社会的繁荣和进步作出贡献。

第五，需要指出的是，现实主义哲学对现实主义法学的影响并非单向的。在相互影响和融合的过程中，现实主义法学也反过来丰富了现实主义哲学的内涵和应用领域。法学领域的实践经验和研究成果，为现实主义哲学提供了更多的实证支持和理论验证。这种跨学科的交流和融合，有助于推动哲学和法学的共同发展，为社会的进步和繁荣提供有力的思想保障。

第三节 现实主义法学理论的产生与兴起

现实主义法学理论的产生与兴起，是 20 世纪法学领域一次重要的思想变革。它主要是在反对概念法学的过程中逐渐发展起来的，强调以现实主义哲学为基础，注重法的客观社会现实，突出法官行为和司法效果。现实主义法学理论的产生与兴起，是法学领域对传统法学观念的反思与突破。它提出了一种全新的法学思维模式，从关注书本上的法转向现实中的法，从关注法律规则的作用转向关注法官的司法活动。这种法学思想对后来的法学研究和法律实践产生了深远的影响，也为法学领域的发展注入了新的活力。

一、现实主义法学理论的产生

现实主义法学，作为法学领域中的一个重要流派，它的出现并非偶然，而是在深厚的历史、哲学和政治文化背景下逐渐形成的。这一理论的产生，不仅标志着法学研究方法的转变，更反映了当时社会对法律认知的深化与拓展。下面，我们将详细探讨这一理论产生的历史、哲学和政治文化背景。

（一）历史背景

历史是推动社会变革的重要力量，也是孕育各种思想理论的摇篮。现实主义法学的产生，与 19 世纪末至 20 世纪初西方社会的巨大变革密不可分。这一时期，工业革命席卷了整个西方世界，带来了生产力的飞速发展和经济结构的深刻变革。随着机器广泛应用和工厂制度的建立，社会分工日益精细，城市化进程加速，人口流动也变得更加频繁。这些变化不仅改变了人们的生活方式和思维模式，也对原有的社会秩序和法律体系提出了严峻的挑战。在法律领域，这种挑战表现得尤为明显。传统的法律观念和制度逐渐显露出其局限性，无法满足日益复杂多变的社会需求。法律形式主义，这一当时占据主导地位的法学理论，强调法律的确定性和逻辑性，认为法律规则是明确且固定的。然而，随着社会的快速发展，这种机械式的法律适用方式显得越来越僵化和不合时宜。正是在这样的历史背景下，现实主义法学应运而生。它强调法律的不确定性，认为法律应当根据社会现实进行灵活的解释和应用。这一观点与形式主义法学形成了鲜明的对比，也更好地适应了当时社会的变化和发展。现实主义法学家们敏锐地捕捉到了社会变革对法律领域的新要求，他们试图通过更加灵活和实用的方式来解释和应用法律，以适应不断变化的社会环境。此外，第一次世界大战和经济危机等历史事件也对现实主义法学的产生起到了推动作用。战争给人类带来了巨大的灾难和痛苦，也使得人们对社会和法律制度的信任度降低。经济危机更是加剧了社会矛盾和问题，使得人们对法律的期望和要求更加迫切。这些事件使得人们开始重新审视法律的作用和价值，也促使了现实主义法学的兴起。

（二）哲学背景

哲学是思考世界本原和普遍规律的学科，它对于法学理论的发展具有深远的影响。现实主义法学的产生，就深受当时哲学思想的影响，尤其是实证主义和现实主义哲学。实证主义哲学在 19 世纪末至 20 世纪初的西方盛极一时。它强调知识的客观性和可验证性，认为只有可以观察和验证的知识才是有意义的。在实证主义哲学的影响下，现实主义法学家们开始对传统法学理论进行反思。他们认为，传统的法学理论过于注重逻辑推理和形式主义，往往忽视了法律的社会功能和实际效果。为了弥补这一缺陷，他们提出了"法律现实主义"的观点，强调法律应当关注社会现实和实际需求，而非仅仅停留在纸面上的规则和原则。与此同时，现实主义哲学也对现实主义法学的产生起到了重要的推动作用。现实主义哲学是一种强调实践、注重效果的哲学思想。它认为知识的价值在于其实用性，即能否解决实际问题、满足人们的实际需求。在这种哲学思想的影响下，现实主义法学家们开始更加关注法律的实际效果和社会功能。他们主张根据社会的实际情况来灵活解释和应用法律，以实现法律的公平和正义。这种以实用为导向的法学理念使得现实主义法学更加贴近社会现实和实际需求。除了实证主义和现实主义哲学之外，其他哲学思想也对现实主义法学的产生和发展产生了影响。例如现象学、存在主义等哲学流派强调个体经验和主观意义的重要性，这也为现实主义法学关注个体权利和自由提供了哲学基础。这些多元化的哲学思想共同推动了现实主义法学的发展和完善。

（三）政治文化背景

政治文化背景是现实主义法学产生的又一重要因素。在19世纪末至20世纪初的西方社会，民主政治逐渐普及并深入人心。人们开始更加关注个体权利和自由，并要求法律制度能够更好地保障这些权利和自由。同时，随着工业化和城市化的快速发展，社会问题也日益凸显出来，如贫富分化、劳资矛盾、环境污染等。这些社会问题的出现对法律制度提出了新的挑战和要求。在这样的政治文化背景下，现实主义法学应运而生并得到了广泛的发展空间。它强调法律应当关注社会现实和个体权利，致力于解决社会问题并维护社会的公平和正义。现实主义法学家们认为法律并非一成不变的教条，而是应当根据社会发展的需要进行灵活的解释和应用。他们主张通过实证研究来了解法律在实际运行中的效果和问题，并根据实际情况进行相应的调整和改进。这种以社会现实为导向的法学理念使得现实主义法学更加具有实践性和可操作性。此外，当时的政治文化背景还体现在对科学方法的推崇上。科学方法强调实证和验证的重要性，注重数据的收集和分析以及结论的客观性和可重复性。这种思想对法学领域也产生了深远的影响，推动了法学研究的科学化和规范化进程。现实主义法学家们积极运用实证方法来研究法律问题，关注法律的实际效果和社会功能，使得法学研究更加贴近社会现实和实际需求。这种科学方法的运用不仅提升了法学研究的水平，也为现实主义法学的发展提供了有力的支持。同时，我们也不能忽视当时的文化氛围对现实主义法学产生的影响。在那一时期，文学、艺术等领域都出现了对传统观念的反思和突破，这种文化氛围也促使法学家们开始重新审视传统的法学理论和观念。现实主义法学就是在这样的文化氛围中孕育而生的，它试图打破形式主义的束缚，将法律与现实生活紧密相连。

二、现实主义法学理论的发展阶段

现实主义法学理论的发展可以分为四个阶段，这些阶段反映了该法学流派从启蒙、奠基、鼎盛、创新的整个过程。

（一）启蒙阶段

现实主义法学理论是从古典实证主义分析法学那里得到理论启发的，将英国法哲学的理论要义加以吸收。古典实证主义分析法学的观点是其理论的渊源之一，后经过美国法理学家的理论移植和本土化过程，完成了英美法理学的有效嫁接。在欧洲大陆，自由法学运动也给现实主义法学理论的成长提供了理论准备。它是在反对法律形式主义的过程中，出现了古典社会法学派、利益法学派、连带主义法学派、心理法学派和自由主义法学派等倡导关注社会现实的新型法学派，他们的法律主张和法律实践，为现实主义法学理论的成长提供了适宜的土壤。主要代表有威斯利·N·霍费尔德等。

（二）奠基阶段

现实主义法学理论在美国的奠基人当之无愧的是联邦最高法院的首席大法官奥利弗·温德尔·霍姆斯，他运用杜威的实用主义哲学，创立了美国现实主义法学理论。在其后的联邦最高法院的大法官本杰明·N·卡多佐，也为现实主义法学理论在美国的成长，作出了不可磨灭的贡献。现实主义法学理论在欧洲的奠基则涉及一系列与之相关的法学流派的代表人物及其思想，如自由法运动、利益法学派、连带主义法学派、心理法学派等。欧洲自由法运动中的代表人物主要有古典社会法学派的孔德、斯宾赛和耶林等。利益法学派的主要代表人物有德国图宾根大学法学教授菲利普·赫克、德国海德堡大学法学教授汉恩瑞奇·施托尔、德国柏林大学法学教授保尔·奥尔特曼。连带主义法学派的主要代表人物是法国公法理论家莱昂·狄骥。心理法学派的主要代表人物是法国社会学家和犯罪学家盖勃瑞尔·塔尔德、美国社会心理学家莱斯特·沃尔德和俄国彼得堡大学法哲学教授柳·彼得拉任斯基。自由法学派的主要代表人物有奥地利法学家尤根·埃利希、德国法学家康特洛维奇等。在北欧，主要就是斯堪的纳维亚的乌普萨拉学派，它是以瑞典乌普萨拉大学为核心，在对彼斯特罗姆主义哲学思想进行有力批判过程中形成的现实主义法学理论派。其创始人是该大学的实践哲学家艾科塞尔·哈盖尔斯特洛姆，以及他的门徒瑞典法学家威尔海姆·伦德斯特、卡尔·奥立弗克拉纳和丹麦法学家阿尔弗·罗斯。

（三）鼎盛阶段

鼎盛阶段是指美国的现实主义法律运动阶段，其代表人物非常多。主要集中在哥伦比亚大学法学院和耶鲁大学法学院。其中，哥伦比亚大学法学院主要有赫尔曼·奥利芬特、劳尔·多灵、安德赫尔·穆尔、尼古拉斯·玛瑞·巴特勒、哈兰·费斯科·斯通、爱德温·帕特森和卡尔·尼克森·卢埃林等。耶鲁大学法学院主要有阿瑟·科宾、威斯利·霍费尔德、阿瑟·T.哈德里、瓦特·威勒库克、爱德华·瑟斯通、罗伯特·M.赫钦兹、查理斯·E.克拉克、詹姆斯·偌兰德·安吉尔和杰洛姆·弗兰克等。

（四）创新阶段

第二次世界大战后的现实主义法学理论已经不再是传统意义上的独立法学理论流派，而是将其自身的主张融入美国的法学教育之中，并在与其他法学理论流派的不断交锋中得到提升，就连一直拒绝现实主义法学理论主张的哈佛大学法学院也接受了现实主义法学理论的一些基本主张。因此，这一阶段的代表人物也比较多，他们主要是耶鲁大学法学院的爱迪逊·米勒、弗瑞德瑞奇·凯斯勒，芝加哥大学的德迈尔克姆·夏普，哈佛大学法学院的菲利克斯·弗兰克伏特、艾文·格瑞斯沃尔德、G.爱德华·怀特和赫默顿·霍维茨等。

第四节　现实主义法学理论的主要代表人物及思想

现实主义法学理论的主要代表人物包括弗兰克、卢埃林、穆尔、奥利芬特以及早期的法学家霍姆斯和格雷。这些法学家持有不同的观点，但他们都以实用主义哲学为基础，强调法律在社会中的实际运作和效果。

一、弗兰克及其主要思想

杰罗姆·弗兰克（1889—1957）是一位美国法学家和心理学家，他以其在法律现实主义和心理学领域的贡献而闻名。弗兰克的学术生涯丰富多彩，他的法律观点独树一帜，对后世的法学研究和法律实践产生了深远的影响。

（一）生平介绍

弗兰克出生于美国的一个中产家庭。他在年轻时就表现出了对知识和智慧的渴望，这种渴望驱使他进入了芝加哥大学学习。在那里，他不仅接受了严格的法律训练，还深入研究了心理学，这为他后来的学术生涯奠定了坚实的基础。完成学业后，弗兰克开始了他的法律职业生涯，他曾在多个法律机构工作，包括担任法官和法律顾问。然而，他并不满足于仅仅实践法律，而是希望更深入地理解法律背后的逻辑和心理学原理。因此，他开始了对法律现实主义的研究，并逐渐成为该领域的领军人物。在法律领域之外，弗兰克还是一位多才多艺的学者。他对心理学有着深厚的兴趣，认为心理学与法律之间存在着密切的联系。他的这种观点在他的许多著作中都得到了体现，他试图通过心理学的角度来解读法律行为，为法律研究提供了新的视角。

（二）现实主义法学领域的主要思想

弗兰克是法律现实主义运动的重要代表人物之一。法律现实主义强调法律的不确定性，并主张法律应当更加灵活地适应社会的变化。弗兰克认为，法律并不是一成不变的规则体系，而是应当随着社会环境的变化而不断调整。他主张从"现实"的角度来研究法律，即法律应当反映社会的实际情况和需求。他批评传统的形式主义法学过于僵化，无法应对复杂多变的社会现实。在弗兰克看来，法律应当是一种"活的"制度，能够根据实际情况进行灵活调整。弗兰克还强调了法官在司法过程中的主观性和创造性。他认为，法官在裁决案件时，不可避免地会受到自己的经验、价值观和偏见的影响。因此，他提倡在司法过程中应当更加注重法官的主观判断和创造性思考，而不是机械地适用法律条文。此外，弗兰克还关注到了法律与心理学的联系。他认为，法律行为不仅仅是一种规范性的行为，更是一种心理行为。因此，在研究法律时，应当充分考虑人们的心理因素对法律行为的影响。这种跨学科的研究方法为法律研究提供了新的思路和方法。弗兰克的法律现实主义思想在当时引起了很大的争议，但也为后来的法学研究提供了新的视角和思考方式。他的思想启发了许多法学家和学者重新审视传统的法学理论和司法实践，推动了法学研究的进步和发展。

　　总的来说，弗兰克是一位具有远见卓识的法学家和心理学家。他的生平经历丰富多彩，学术成就卓越。他的法律现实主义思想为法学研究注入了新的活力，推动了法学理论的创新和发展。同时，他的跨学科研究方法也为后来的学者提供了宝贵的启示和借鉴。除了在法律现实主义领域的贡献外，弗兰克还关注到了法律与道德、法律与社会等多方面的联系。他认为，法律不仅仅是一种规范性的制度，更是社会道德和价值观的反映。因此，在研究法律时，应当充分考虑其与社会、道德等多个方面的联系和影响。这种全面的研究视角使得弗兰克的思想更加深邃和广博。弗兰克的思想对后世产生了深远的影响。他的法律现实主义观点启发了许多法学家和学者对传统法学理论进行反思和创新。同时，他的跨学科研究方法也为后来的法学研究提供了新的思路和方法论指导。在当今社会快速发展和变革的背景下，弗兰克的思想仍然具有重要的现实意义和指导价值。

二、卢埃林及其主要思想

　　卡尔·卢埃林（1893—1962）是美国现实主义法学派的主要代表之一，他的法律思想对20世纪的法学研究和法律实践产生了深远的影响。卢埃林不仅是一位杰出的法学家，还是一位才华横溢的学者和思想家。

（一）生平介绍

卢埃林出生于美国西雅图的一个普通家庭。他在年轻时就对法律产生了浓厚的兴趣，这种兴趣引导他进入了法学领域。卢埃林的学习生涯非常丰富，他曾在德国的梅克伦堡学习了三年，之后在耶鲁大学法学院接受教育。在耶鲁法学院期间，他因优异的成绩被选为《耶鲁法学杂志》的编辑，并在 1918 年以优等生的成绩毕业。毕业后，卢埃林开始了他的教学生涯，他先后在耶鲁大学、哥伦比亚大学和芝加哥大学等著名学府任教，培养了一大批优秀的法律人才。同时，他也是一位多产的学者，撰写了多部重要的法学著作，如《棘丛——法律及其研究》《普通法传统——上诉审》和《法理学：现实主义的理论和实践》等。除了教学和学术研究外，卢埃林还积极参与法律实践。他曾担任律师，并参与了《美国统一商法典》的起草工作，这使他能够深入了解法律在实际操作中的应用和问题。

（二）现实主义法学领域的主要思想

卢埃林是现实主义法学的代表人物，他主张从实际的社会效果来研究和分析法律。他认为，法律并非一成不变的规则体系，而是随着社会环境的变化而不断发展变化的。因此，他强调法学研究应当关注法律在实际操作中的效果和影响。卢埃林提出了"法律是官员解决纠纷的行为"的著名论断。他认为，法律并不仅仅是规则和原则的组合，更重要的是法官、律师、警察等在解决纠纷时的实际行为。这一观点突破了传统法学对法律的定义，使人们对法律的理解更加深入和全面。在现实主义法学的框架下，卢埃林对传统的法律规则表示怀疑。他认为，法律规则并不能完全指引法官的判决，因为在实际操作中，法官往往会受到各种因素的影响，如社会背景、个人经验、政治环境等。因此，他主张在研究法律时应当充分考虑这些因素对法律判决的影响。卢埃林还强调了法律的"功能性"特点。他认为，法律应当服务于社会的需要，并随着社会的变化而调整。在他的著作中，他详细分析了法律在解决社会纠纷、维护社会秩序等方面的作用，并提出了许多具有创新性的观点和建议。此外，卢埃林还关注到了法律与道德、法律与社会等多方面的联系。他认为，法律不仅仅是一种规范性的制度，更是社会道德和价值观的反映。因此，在研究法律时，应当充分考虑其与社会、道德等多个方面的联系和影响。这种全面的研究视角使得卢埃林的思想更加深邃和广博。同时，卢埃林也是法律现实主义的积极推动者。法律现实主义强调法律的不确定性，认为法律应当更加灵活地适应社会的变化。卢埃林认为，法律应当是一种"活的"制度，能够根据实际情况进行灵活调整。他主张从"现实"的角度来研究法律，即法律应当反映社会的实际情况和需求。这种思想在当时引起了很大的争议，但也为法学研究注入了新的活力。

卢埃林的法律思想具有鲜明的现实主义色彩和深刻的洞察力。他通过对传统法学的批判和反思，提出了许多具有创新性的观点和建议，为法学研究的发展作出了重要贡献。他的思想启发了许多法学家和学者重新审视传统的法学理论和司法实践，推动了法学研究的进步和发展。在今天看来，卢埃林的法律思想仍然具有重要的现实意义和指导价值，值得我们深入研究和借鉴。总的来说，卢埃林是一位具有远见卓识的法学家和思想家。他的生平经历丰富多彩，学术成就卓越。他的现实主义法学思想为法学研究注入了新的活力，推动了法学理论的创新和发展。同时，他的全面视角也为后来的学者提供了宝贵的启示。尽管他的某些观点可能存在一定的争议，但他的贡献和影响力是不可忽视的。我们应当充分认识和肯定卢埃林的贡献和价值，并将其思想作为宝贵的学术遗产加以传承和发展。

三、穆尔及其主要思想

威廉·尤金·穆尔作为法律现实主义运动的代表人物之一，他的思想和观点对法学界产生了深远的影响。穆尔不仅是一位深思熟虑的法学家，更是一位敢于挑战传统法学观念的改革者。他的法律现实主义思想，旨在揭示法律的实质，强调法律与社会的紧密联系，以及法官在判决中的主观能动性。

（一）穆尔的生平简介

穆尔生于 19 世纪末的美国，成长于一个充满学术氛围的家庭。他早年便表现出对法学的浓厚兴趣，后考入一所知名法学院深造，毕业后在法律领域取得了显著的成就。穆尔的法律职业生涯从一名普通的法律从业者开始，逐渐发展成为法律现实主义运动的领军人物。他的学术研究和法律实践相辅相成，为他在法学界的地位奠定了坚实基础。

（二）穆尔在现实主义法学领域的主要思想

穆尔在现实主义法学领域的主要思想包括以下方面内容。第一，法律的实质与形式。穆尔认为，法律的实质远比其形式重要。传统法学往往过于关注法律条文和规则，而忽视了法律在实际社会中的应用和效果。他主张从实际出发，研究法律在社会中的实际运作，以及法律规则是如何影响人们的行为和决策的。第二，法律与社会的紧密联系。穆尔强调法律与社会的紧密联系。他认为，法律不是孤立的，而是嵌入在社会结构和文化之中的。法律规则的产生、发展和变化都与社会环境、价值观念、经济利益等因素密切相关。因此，要全面理解法律，就必须深入研究法律与社会的关系。第三，法官的主观能动性。穆尔提出，法官在判决过程中并非机械地适用法律规则，而是根据案件的具体情况和自己的理解来做出判断。他认为，法官的主观能动性在法律适用过程中起着至关重要的作用。法官不仅需要理解法律条文的字面意思，更需要洞察其背后的社会意义和价值导向，从而做出公正、合理的判决。第四，对传统法学的批判与反思。穆尔对传统法学进行了深刻的批判和反思。他认为，传统法学过于僵化、教条，无法适应社会的发展和变化。他主张打破这种束缚，以更加开放、灵活的视角来研究法律。同时，他也强调了法学研究的跨学科性质，认为法学应该与其他社会科学相结合，共同推动法律的发展和进步。第五，法律的预测性与不确定性。穆尔认为，法律的一个重要功能是提供预测性，使人们能够预知自己行为的法律后果。然而，他也承认法律存在不确定性，因为法律规则往往无法涵盖所有可能的情况。在这种情况下，法官需要根据案件的具体情况和自己的理解来做出判断。这种不确定性既是法律的局限，也是其灵活性的体现。第六，法律的公平与正义。穆尔强调法律的公平与正义价值。他认为，法律应该保护弱者的权益，促进社会公正。在法律适用过程中，法官应该关注案件的社会背景，考虑当事人的实际情况，以实现真正的公平与正义。

穆尔的法律现实主义思想对法学界产生了深远的影响。他挑战了传统法学的僵化观念，推动了法学研究的创新与发展。他的思想启发了后来的学者更加关注法律在社会中的实际运作，以及法律规则背后的社会意义和价值导向。同时，他也为后来的法律现实主义运动奠定了基础，推动了法学研究的跨学科发展。威廉·尤金·穆尔作为法律现实主义运动的代表人物之一，他的思想和观点为法学界带来了新的视角和思考方式。他强调法律的实质重于形式，关注法律与社会的紧密联系，并提倡法官在判决过程中发挥主观能动性。穆尔的思想对后来的法学研究和法律实践产生了深远的影响，为法律现实主义运动的发展奠定了基础。在当今社会，我们仍然可以从穆尔的思想中汲取智慧，以更加开放、灵活的视角来看待和研究法律问题。穆尔的法律现实主义思想不仅在理论层面对法学产生了深远影响，其实践意义也同样重大。在当今社会，法律环境日益复杂，各种新型法律问题层出不穷。穆尔的思想提醒我们，法律并非一成不变的教条，而是应当随着社会环境的变化而不断发展。法官、律师等法律从业者需要具备灵活的思维，关注案件背后的社会因素，以实现真正的公平与正义。

四、霍姆斯及其主要思想

（一）人物生平

小奥利弗·温德尔·霍姆斯（1841—1935），简称 O.W. 霍姆斯，是美国法学界的一位杰出人物，但他的生涯和影响远远超出了法学的范畴。霍姆斯出生于美国波士顿的一个显赫家族。他的父亲老奥利弗·温德尔·霍姆斯是一位知名的诗人、作家以及哈佛大学医学院解剖学教授，其母亲阿梅莉亚·杰克逊·霍姆斯则来自波士顿地区的一个法官家庭，她性格谦逊、和蔼，并曾担任美国卫生委员会波士顿分会会长这一公职长达 30 年。霍姆斯延续了家族的传统，入读哈佛大学，并在 1861 年毕业。作为废奴运动的支持者，他加入了联邦军，并在军旅生涯中三次负伤。退役后，他在波士顿的一家律所执业，随后在 1870 年成为《美国法律评论》的编辑。霍姆斯的职业生涯在 1882 年迎来了重要的转折点，他不仅成为哈佛法学院的教授，还被提名为马萨诸塞州最高法院的一名法官。他的才华和贡献得到了广泛的认可，最终在 1902 年被时任美国总统罗斯福提名为美国最高法院大法官，直至 1932 年退休。在长达半个世纪的职业生涯中，霍姆斯通过一系列重大案件中的著名异议，展现了其深刻的法律见解和坚定的法律信仰，为美国法律的发展作出了不可磨灭的贡献。

（二）现实主义法学领域的主要思想

霍姆斯是现实主义法学的代表人物，他的法学思想深刻影响了美国乃至全球的法学发展。以下是他的主要法学思想。第一，法律的社会性。霍姆斯认为法律并非源自抽象的自然法或理性推论，而是一种社会现象，它在社会中形成并不断发展。他主张法律应从实际的社会关系和实践中获得支持和认可，这体现了其现实主义法学的核心观点。第二，法律的演进。霍姆斯强调法律是一个不断变化和适应的系统，必须与社会变革和需求保持一致。他反对将法律视为永恒不变的教条，主张根据实际情况和社会需求对法律进行调整和改革。这种灵活的法律观为美国法学的进步提供了重要的理论基础。第三，法律的实用主义。霍姆斯注重法律的实际效果和实用性。他认为法律的目的是解决争议和维护社会秩序，因此法律应具有实际可行性，并对于促进社会利益和公正至关重要。这一思想为后来的法律实践提供了重要的指导原则。第四，法官的角色。在霍姆斯看来，法官在解释和适用法律时，应以实际情况和社会需求为基础。他主张法官在判断案件时应注重对事实和现实情况的分析，并根据这些分析来作出公正的决策。这一观点赋予了法官更大的裁量权，同时也对法官的专业素养和道德品质提出了更高的要求。第五，立法权的限制。霍姆斯认为法律的制定应受到一定的限制，以避免过度干预个人自由和私人权益。他主张尊重合同自由、个人选择权和私有财产权等基本权利，这一思想体现了其对个人自由和权利的深刻关注。此外，霍姆斯还提出了"法律的生命不在于逻辑，而在于经验"的著名论断，即"法律经验论"。他认为法律不是逻辑推理的产物，而是基于社会经验和实际情况的总结。同时，他还提出了"法律预测论"，即从"坏人"的角度去认识法律，强调法律的可预测性和确定性。这些理论都为现实主义法学的发展奠定了坚实的基础。

总的来说，霍姆斯的主要思想体现了现实主义法学的核心理念和实践精神。他强调法律的社会性、实用性和灵活性，为美国法学的进步和发展作出了巨大的贡献。同时，他的思想也对全球法学界产生了深远的影响，为后来的法学家提供了宝贵的理论财富和实践指导。

五、格雷及其主要思想

（一）人物生平

约翰·奇普曼·格雷（1839—1915），美国法学家，是 19 世纪末 20 世纪初现实主义法学派的重要代表人物之一，为美国本土分析法学的开创者。他出生于一个学术氛围浓厚的家庭，早年便展现出对法学的浓厚兴趣。在求学过程中，他深入研究了各种法学理论，并逐渐形成了自己独特的法律观。格雷的职业生涯与法学研究紧密相连，他不仅是一位杰出的法学家，还是一位富有实践经验的律师。他的法律思想和实践经验对美国法学的发展产生了深远的影响。格雷的学术成就丰硕，他发表了大量法学论文和著作，其中许多都成为法学领域的经典之作。《法律的性质与渊源》无疑是他最具代表性的作品，也正是这本著作奠定了格雷美国现实主义法学代表人物的地位。他的研究涉及众多领域，包括财产法、合同法、侵权法等，为这些领域的发展作出了重要贡献。此外，格雷还积极参与法律实践活动，为众多案件提供了法律咨询和援助，赢得了广泛的赞誉。

（二）现实主义法学领域的主要思想

格雷在现实主义法学领域的贡献突出，他的主要思想可以归纳为以下几点。第一，法律的实质重于形式。格雷强调法律的实质应该重于形式。他认为，法律不仅仅是规则和条文的堆砌，更重要的是这些规则和条文背后所体现的社会关系和价值观念。因此，在研究法律时，应该深入探究其背后的社会、经济、政治等因素，以全面理解法律的实质。第二，法律的灵活性和适应性。格雷认为法律应该具有灵活性和适应性。他反对将法律视为僵化、不变的教条，而是主张法律应该随着社会环境的变化而不断调整和发展。这种灵活性和适应性是法律保持生命力和有效性的关键。第三，法官的能动作用。格雷非常重视法官在法律实施过程中的能动作用。他认为法官不仅仅是法律的执行者，更是法律的解释者和创造者。在处理案件时，法官应该根据具体情况灵活运用法律原则，以实现公平和正义。这种思想赋予了法官更大的裁量权，同时也对法官的专业素养和道德品质提出了更高的要求。第四，法律与社会的紧密联系。格雷认为法律与社会之间存在着紧密的联系。法律是社会关系的反映，同时也是维护社会秩序和促进社会发展的重要工具。因此，在研究法律时，必须将其置于更广泛的社会背景中进行考察，以全面理解法律的作用和意义。第五，对形式主义法学的批判。格雷对形式主义法学进行了深刻的批判。他认为形式主义法学过于注重法律的规则和条文，而忽视了法律的实质和社会效果。这种僵化的法学观念已经无法适应社会的发展和变化。因此，他主张打破形式主义的束缚，以更加开放、灵活的视角来研究和实践法律。

格雷的现实主义法学思想对美国乃至全球的法学发展产生了深远的影响。他的思想启发了后来的学者更加关注法律的实质和社会效果，推动了法学研究的创新和发展。同时，他的思想也为后来的法律实践提供了有益的指导，促进了法律的灵活性和适应性的提高。总的来说，格雷是一位杰出的现实主义法学家，他的思想和贡献为法学领域的发展注入了新的活力。他的现实主义法学思想强调法律的实质、灵活性和适应性以及法官的能动作用等观念，这些观念至今仍然具有重要的指导意义和实践价值。通过深入研究格雷的思想和贡献，我们可以更好地理解现实主义法学的核心理念和实践精神，为推动法学领域的进步和发展作出更大的贡献。

第五节 现实主义法学理论的贡献及其局限

现实主义法学理论在法律领域作出了显著的贡献，但同时也存在一些局限性。下面将分别对其贡献和局限进行阐述。

一、现实主义法学理论的贡献

现实主义法学，作为 20 世纪极具影响力的法学流派，对法学领域及更广泛的社会背景产生了深远而多维度的影响。其理论贡献不仅重塑了我们对法律的理解，还推动了法律实践、法学教育以及社会对法律的整体认知。以下，我们将从多个角度详细探讨现实主义法学的贡献。

（一）对法学理论的深刻影响

现实主义法学首先打破了传统法学理论的桎梏。传统法学往往过于倚重法律条文的字面解读和形式逻辑推演，而这种方式往往忽略了法律条文背后的社会、经济和政治背景，以及法律在实际运用中的效果和影响。现实主义法学则旗帜鲜明地提出，法律并非孤立存在，而是深深植根于社会现实之中，是社会力量对比和利益博弈的反映。这一观点极大地拓展了法学研究的视野和方法论。法学家们开始关注法律条文背后的社会意义，以及法律如何在实际社会中被解读、运用和变革。这种研究取向的转变，使得法学研究更加贴近社会现实，更加具有解释力和预测力。此外，现实主义法学提出的"活的法律"概念，更是对传统法学静态"法条主义"的有力挑战。传统法学往往将法律视为一套固定不变的规则体系，而现实主义法学则强调法律的动态性和实践性。在现实主义法学看来，法律并非一成不变的条文，而是在法律实践中由法官、律师、当事人等共同参与、不断塑造和发展的"活"的规则。这种对法律的动态理解，不仅揭示了法律实践中的复杂性和多样性，也为我们理解法律的发展和变革提供了新的视角。它鼓励法学家们从实践中去发现和揭示法律的真实面貌，而非仅仅停留在纸面上的法律条文。

（二）推动法律实践的革新

现实主义法学对法律实践的影响同样显著。首先，它改变了法律从业者对法律的理解和适用方式。在现实主义法学的启发下，法官和律师开始更加注重案件的具体情境和社会的实际需求，而非机械地适用法律条文。他们学会了如何在法律框架内灵活运用法律原则和精神，以更好地解决纠纷和维护社会公正。这种转变不仅提升了法律实践的灵活性和公正性，也使得法律更加贴近民众的生活和实际需求。民众不再觉得法律是遥不可及、晦涩难懂的规则体系，而是能够切实维护自身权益、解决实际问题的有力工具。其次，现实主义法学还推动了法律服务行业的变革。在传统的法律服务模式下，律师往往以法律条文为中心，为客户提供标准化的法律服务。然而，在现实主义法学的影响下，律师开始更加注重客户的实际需求和服务体验，致力于提供个性化、人性化的法律服务。这种以客户需求为导向的服务模式不仅提升了法律服务的质量和效率，还增强了律师与客户之间的信任和合作。它使得法律服务更加贴近民众的生活和实际需求，为民众提供了更加便捷、高效的法律帮助。

（三）引领法学教育的改革

现实主义法学对法学教育的改革也产生了深远的影响。传统的法学教育往往注重理论知识的传授和法条解析能力的培养，而忽视了对学生实践能力和批判性思维的训练。然而，在现实主义法学的推动下，法学教育开始更加注重实践教学和案例教学的重要性。通过引入真实的案例和模拟法庭等教学方式，学生们能够在实践中掌握法律知识、提升法律实务能力。他们不再是被动地接受法律知识，而是主动地参与到法律实践中去，通过实际操作来理解和掌握法律知识。这种以实践为导向的教学模式不仅提高了学生的学习兴趣和积极性，还为他们未来的法律职业生涯打下了坚实的基础。同时，现实主义法学还强调培养学生的批判性思维和独立思考能力。在传统的法学教育中，学生往往被要求接受和记忆既定的法律知识和观点。然而，现实主义法学鼓励学生勇于质疑和挑战传统的法律观念，通过独立思考和分析来形成自己的见解和判断。这种教育方式有助于培养学生的创新精神和实践能力，使他们能够更好地适应未来复杂多变的法律环境。它让学生们明白，法律并非一成不变的规则体系，而是需要随着社会的发展和变革而不断调整和发展的"活"的规则。因此，学生们需要具备独立思考和解决问题的能力，以应对未来法律职业中的各种挑战。

（四）深化社会对法律的认知

现实主义法学还对社会整体的法律认知产生了积极的影响。在传统的法律观念中，法律往往被视为一种神秘且高高在上的存在，普通人对其难以触及和理解。然而，现实主义法学强调法律的实用性和社会性，倡导法律应当贴近民众的生活，反映社会的实际需求。这种观念的转变有助于增强公众的法律意识和法治观念。人们开始认识到法律并非遥不可及的抽象规则，而是与自身生活息息相关的重要工具。通过了解和掌握法律知识，人们能够更好地维护自身权益，解决生活中的各种问题。同时，现实主义法学还推动了社会对法律功能的全面认识。法律不仅是维护社会秩序和公平正义的重要手段，还是保障个人权利和自由的重要工具。这种认知的转变有助于构建一个更加公正、透明和法治的社会环境，推动社会的和谐稳定发展。此外，现实主义法学还通过其独特的视角和方法论揭示了法律的复杂性和多样性。它让人们意识到法律并非一成不变的规则体系，而是随着社会、经济和政治环境的变化而不断发展的"活"的规则。这种对法律的深刻理解有助于增强公众对法律的信任和尊重，推动法律在社会中的有效实施。

二、现实主义法学理论的局限

尽管现实主义法学在法学界产生了深远的影响，为我们理解法律提供了新的视角，然而，任何一种理论都不可能是完美的，现实主义法学理论同样存在其固有的局限性和问题。下面，我们将详细探讨现实主义法学理论的局限，并对其可能产生的问题进行分析。

（一）过度强调法律的现实性和实用性

现实主义法学以法律的现实性和实用性为核心，主张法律应当紧密联系实际，灵活应对社会的变化。然而，当现实性和实用性被过分强调时，可能会引发一系列问题。首先，对现实性和实用性的过度追求可能导致对法律原则和价值的忽视。法律不仅仅是为了解决当前的具体问题，更重要的是维护社会的公平正义，保护公民的权利和自由。当法律沦为仅仅解决问题的工具时，其内在的价值和意义可能会被削弱，甚至丧失。其次，过度强调实用性可能损害法律的稳定性和权威性。法律需要具有一定的稳定性和持久性，以便公民能够预测自己行为的法律后果，从而做出合理的决策。如果法律频繁变动，以适应短期的现实需求，那么公民将难以对法律产生信任和尊重，法律的权威性也会受到损害。最后，对实用性的过度追求还可能导致法律的滥用和误用。当法律成为满足特定利益群体需求的工具时，就可能会牺牲其他人的权益，引发社会的不公和冲突。

（二）对法官主观性的过度依赖

现实主义法学强调法官在法律适用过程中的主观能动性，认为法官应根据案件的具体情况和社会的实际需求来灵活解释和适用法律。然而，过度依赖法官的主观性也会带来一系列问题。一方面，对法官主观性的依赖可能引发司法不公的问题。如果法官的个人偏见或主观意愿在判决中占据主导地位，那么法律的公正性将受到严重挑战。不同的法官可能对同一案件做出截然不同的判决，导致司法结果的不确定性和不可预测性。另一方面，过度依赖法官的主观性还可能滋生权力滥用和腐败现象。当法官拥有过大的自由裁量权时，他们可能会受到各种外部因素的影响，从而做出不公正的判决。这不仅会损害司法的公信力，还会对整个社会的法治环境造成负面影响。

（三）忽视法律的确定性和可预测性

现实主义法学对传统法学过于注重法律的确定性和可预测性持批评态度，认为这是形式主义的表现。然而，法律的确定性和可预测性对于维护社会秩序和保障公民权利具有重要意义。首先，法律的确定性是公民守法的基础。如果法律缺乏确定性，公民将难以明确自己的权利和义务，也无法预测自己行为的法律后果。这将导致社会的不稳定和混乱，不利于社会的长期发展。其次，法律的可预测性有助于维护司法的公信力和权威性。当公民能够预测法律判决的结果时，他们会更加信任和尊重司法制度。相反，如果法律判决充满不确定性和随意性，那么司法的公信力将受到严重损害。最后，忽视法律的确定性和可预测性还可能对经济发展产生负面影响。在商业活动中，合同双方需要明确各自的权利和义务以确保交易的顺利进行。如果法律缺乏确定性和可预测性，那么商业风险将大大增加，不利于经济的稳定和发展。

（四）理论上的片面性

现实主义法学在理论上存在一定的片面性，主要表现在过度强调法律的社会性和现实性而忽视法律的规范性和普遍性。首先，法律不仅仅是一种社会现象或工具，更是一种规范体系。它具有普遍约束力和指导意义，旨在维护社会的公平正义和秩序。现实主义法学在强调法律的社会性时往往忽视了这一点，导致对法律的片面理解。其次，法律的规范性和普遍性是其核心特征之一。法律需要为所有人提供平等保护并规范他们的行为。然而现实主义法学过于关注具体情境中的法律应用而忽视了法律的普遍性原则和价值追求。最后，这种片面性还可能导致对现实主义法学的误解和误用。当人们过于关注法律在现实中的应用效果时可能会忽视其背后的原则和价值基础，从而引发对法律的滥用或误读。

（五）实践中的操作难度

现实主义法学虽然提出了许多有益的理论观点，但在实践中往往难以操作，这主要体现在以下几个方面：首先，如何确定法官在适用法律时的主观能动性边界是一个难题。在现实主义法学中，法官被赋予了较大的自由裁量权以适应具体情境中的法律需求，然而这并不意味着法官可以随意解释和适用法律，他们需要在一定的框架和原则下行使这一权力，但现实主义法学并没有提供明确的标准或指导原则，来帮助法官确定其主观能动性的边界，这导致在实践中难以把握和操作。其次，平衡法律的现实性和规范性也是一个具有挑战性的任务。虽然现实主义法学强调了法律应当紧密联系实际并适应社会的发展变化，但同时也需要考虑到法律的规范性和稳定性因素，如何在两者之间找到平衡点，并制定出既符合实际需求又具有普遍约束力的法律规范，是一个复杂而棘手的问题。最后，现实主义法学在实践中的操作难度还体现在对法官素质的高要求上。由于法官在法律适用过程中具有较大的自由裁量权，因此他们需要具备高超的法律素养和职业道德，以确保公正、客观地行使权力，然而并非所有法官都能达到这一标准，这增加了现实主义法学在实践中的操作难度和不确定性。

第六节　现实主义法学理论对现代司法的重要意义

现实主义法学理论，作为法学领域的一个重要理论流派，其核心理念在于强调法律与社会的紧密联系，并倡导以实用和效果为导向的法律观念。这种理论对现代司法体系有着深远的影响，它不仅改变了人们对法律的理解，还为现代司法实践提供了重要的理论指导。以下将详细阐述现实主义法学理论对现代司法的重要意义。

一、推动司法的实证化与实用化

现实主义法学理论，作为法学领域的一个重要流派，其核心理念在于强调法律的实证性和实用性。这一理念对于现代司法体系的建设与发展具有深远的影响。在当今社会，法律不再是高高在上、脱离实际的抽象规则，而是与社会生活紧密相连、解决实际问题的有力工具。因此，推动司法的实证化与实用化，不仅有助于提高司法的效率和公正性，更能使法律真正贴近民生，服务于社会。

一方面，司法的实证化。实证化是现实主义法学理论的一个重要特点。它要求我们从实际出发，深入研究和理解法律在社会中的实际运作情况。这种实证研究方法的应用，使得现代司法体系更加注重对案件的实证研究。在司法实践中，实证化的一个重要体现就是对案例的深入研究和分析。通过收集和分析大量案例，我们可以了解到法律规则在实际运用中的效果，包括法律条文的解释、法律程序的执行情况以及判决结果的公正性等。这种实证研究不仅有助于我们发现法律规则存在的问题和不足，更能为法律的制定和修订提供科学依据。例如，在刑法领域，通过对大量刑事案件的分析，我们可以了解到不同犯罪行为的判决标准和量刑尺度，从而为刑法的修订和完善提供数据支持。在民法领域，通过对民事纠纷案例的研究，我们可以发现合同、侵权等法律规则在实际运用中的问题和争议点，进而推动相关法律的改进。此外，实证化还体现在对司法实践的监督和评估上。通过对司法实践的实证研究，我们可以了解到司法体系的运行效率、公正性以及公众对司法的信任度等，从而为司法改革提供有力支持。

另一方面，司法的实用化。实用化是现实主义法学理论的另一个核心理念。它强调法律应当适应社会发展的需要，解决实际问题。在司法实践中，实用化意味着法官在审理案件时，应当结合案件的具体情况，灵活运用法律规则，以实现公平正义。具体来说，实用化的司法理念要求法官在审理案件时，不仅要遵循法律条文的规定，更要考虑到案件的具体情况和社会背景。例如，在处理涉及家庭暴力的案件时，法官不仅要依法判决，还要考虑到受害者的心理和情感需求，以及施暴者的动机和背景等因素。这种实用化的审理方式，有助于实现更为公正且合理的判决结果。同时，实用化也要求司法体系不断适应社会发展的变化。随着科技的进步和社会的发展，新型法律问题层出不穷。司法体系需要不断学习和更新知识，以应对这些新的挑战。例如，随着互联网的普及，网络犯罪日益增多。司法体系需要加强对网络法律的研究和应对，以保护公民的合法权益。

推动司法的实证化与实用化对于现代法治社会的建设具有重要意义。首先，它有助于提高司法的效率和公正性。通过实证研究，我们可以更加准确地了解法律规则在实际运用中的效果和问题，从而及时进行修订和完善。同时，实用化的司法理念可以促使法官在审理案件时更加灵活和公正地运用法律规则，以实现更好的社会效果。其次，推动司法的实证化与实用化也有助于提高公众对司法的信任度。通过实证研究，我们可以了解到公众对司法的需求和期望，从而改进司法服务的质量和效率。同时，实用化的司法理念可以促使司法体系更加贴近民生，解决实际问题，进而提高公众对司法的满意度和信任度。最后，推动司法的实证化与实用化也是建设法治社会的必然要求。法治社会要求法律规则的科学性、合理性和公正性。通过实证研究和实用化的司法理念，我们可以不断完善法律规则，提高司法的公正性和效率性，从而推动法治社会的建设进程。

二、促进司法的社会化和民主化

现实主义法学理论强调法律与社会的紧密联系，认为法律应当反映社会的需求和价值观，并接受社会的监督和评价。在这一理念的指导下，司法的社会化和民主化成为了重要的发展方向。司法社会化意味着司法机构需要更加贴近社会，了解民众的需求和期望，以便更好地服务民众。而司法民主化则要求司法过程更加公开、透明，接受社会各界的监督，确保司法的公正性和权威性。

一方面，司法的社会化。司法社会化是现实主义法学理论的一个重要方面。它鼓励司法机构与社会各界保持密切联系，深入了解社会的需求和期望，使司法更加贴近民生、服务民众。这种社会化的司法理念有助于提高司法的公信力和权威性，让民众更加信任和支持司法体系。一是司法社会化体现在普法教育的开展上。为了让更多人了解法律、懂得法律，司法机构积极开展普法教育活动。这些活动包括举办法律讲座、制作普法宣传资料、开展法律咨询等，旨在提高民众的法律意识和法律素养。通过这些活动，民众可以更加深入地了解法律的内容和精神，从而更好地维护自己的合法权益。二是司法社会化还体现在法律援助中心的设立上。为了让经济困难或法律知识有限的民众能够获得及时的法律援助，司法机构设立了法律援助中心。这些中心为民众提供法律咨询、代理诉讼等服务，帮助他们解决法律问题，维护自己的合法权益。通过法律援助中心的帮助，民众可以更加平等地获得司法资源，实现社会公平正义。三是司法社会化还要求司法机构积极回应社会的关切和需求。例如，在涉及民生领域的案件中，司法机构需要更加注重保护弱势群体的合法权益，确保他们能够获得公正的审判和赔偿。同时，司法机构也需要加强与社区、学校等基层单位的合作，共同开展法治教育和预防犯罪工作，提高社会的法治意识和安全水平。

另一方面，司法的民主化。司法民主化是现实主义法学理论的另一个重要方面。它要求司法过程更加公开、透明，接受社会各界的监督，确保司法的公正性和权威性。这种民主化的司法理念有助于提高司法的公信力和民众的参与度，让民众更加信任和支持司法体系。一是司法民主化体现在公开审判原则上。公开审判是保障司法公正的重要手段之一。它要求法院在审理案件时应当公开进行，并允许民众旁听和媒体报道。通过公开审判，可以让民众了解案件的审理过程和判决结果，从而增强司法的透明度和公信力。同时，公开审判也可以对法官的审判行为进行监督，防止司法腐败和不公现象的发生。二是司法民主化还体现在陪审制度的实施上。陪审制度是指由普通公民组成的陪审团参与案件的审理和判决过程。通过陪审制度，可以让民众直接参与司法过程，表达自己的观点和意见，从而提高司法的民主性和代表性。同时，陪审制度也可以增强民众对司法的信任感和归属感，促进社会的和谐稳定。三是司法民主化还要求司法机构积极回应民众的意见和建议。例如，在案件审理过程中，法院应当充分听取各方面的意见并对证据进行质证，确保当事人的合法权益得到充分保障。同时，法院也应当接受民众的监督和建议，不断改进和完善自己的工作方式和方法，提高司法的质量和效率。

促进司法的社会化和民主化是现实主义法学理论的重要目标之一。通过加强司法机构与社会的联系、提高普法和法律援助工作的水平、实施公开审判和陪审制度等措施，可以推动司法的社会化和民主化进程，提高司法的公信力和权威性。同时，这些措施也可以促进社会的和谐稳定和发展进步，为建设法治社会奠定坚实的基础。在未来的发展中，我们应当继续加强司法改革和创新工作，不断完善司法的社会化和民主化机制，为人民群众提供更加优质、高效的司法服务。

三、提升司法的灵活性和创新性

现实主义法学理论在法律的灵活性和创新性方面提出了独到的见解，

对现代司法体系产生了深远的影响。这一理论鼓励法律与时俱进，不断适应社会的发展变化，以满足新的社会需求和应对各种挑战。下面，我们将详细阐述这一理念如何提升司法的灵活性和创新性。

（一）司法的灵活性

灵活性是现实主义法学理论所强调的一个重要方面。在传统观念中，法律往往被视为固定不变的规则，但在现实主义法学理论中，法律被赋予了更多的弹性和可塑性。这种灵活性主要体现在司法机构在审理案件时对法律规则的灵活运用上。首先，灵活运用法律规则意味着在审理案件时，法官不仅要依据法律条文，还要考虑案件的具体情况和背景。法律条文是抽象的，而案件却是具体的。每个案件都有其独特的事实和情境，因此，法官在审理案件时，需要根据案件的具体情况来理解和适用法律。例如，在处理家庭纠纷案件时，法官需要考虑到家庭成员之间的关系、经济状况、子女抚养等因素，以便作出更为合理和人性化的判决。其次，司法的灵活性还体现在对法律空白的填补上。由于社会的发展日新月异，新的法律问题层出不穷。在某些情况下，现有的法律条文可能无法涵盖所有的情况。此时，法官需要发挥主观能动性，运用法律原则和精神来填补这些空白。例如，在面对新型科技违法行为时，如果现有的法律没有明确规定，法官可以依据法律原则来判定行为人的责任（刑事责任除外）。此外，司法的灵活性还要求法官在审理案件时保持开放的心态，不拘泥于传统的法律观念。法律是不断发展的，法官需要不断更新自己的法律知识，接受新的法律理念，以便更好地适应社会的发展变化。

（二）司法的创新性

创新性是现实主义法学理论的另一个重要方面。它鼓励司法机构在面对新型案件和复杂情况时，敢于突破传统观念的束缚，探索新的解决方案。首先，司法的创新性体现在对新型法律问题的应对上。随着科技的进步和社会的发展，新型法律问题不断涌现。例如，在互联网时代，网络侵权、数据保护等问题日益突出。面对这些新型法律问题，司法机构需要发挥创新性思维，探索新的解决方案。通过制定新的法律规则或者运用现有的法律原则来解决这些问题，从而保护公民的合法权益。其次，司法的创新性还要求司法机构在审理案件时采用新的审判方式和方法。传统的审判方式可能无法完全适应现代社会的需求，因此，司法机构需要尝试新的审判方式来提高审判效率和公正性。例如，可以采用远程审判、电子证据等方式来简化审判程序，提高审判效率。此外，司法的创新性还要求司法机构加强与科技企业的合作，共同应对新型法律问题。科技企业是互联网时代的重要参与者，他们拥有丰富的技术资源和创新能力。通过与科技企业的合作，司法机构可以更好地了解互联网技术的发展趋势和新型法律问题的特点，从而制定更为有效的法律规则来应对这些问题。最后，需要强调的是，提升司法的灵活性和创新性并不意味着可以随意解释和适用法律。法官在审理案件时仍然需要遵循法律的原则和精神，确保判决的公正性和合理性。同时，司法机构也需要加强对法官的培训和教育，提高他们的专业素养和审判能力，以便更好地应对新型法律问题和复杂情况。

第七节　经典案例分析

一、布朗诉托皮卡教育局案

1951 年，在美国堪萨斯州的托皮卡市，奥利弗·布朗等十几位家长因他们的孩子被拒绝进入白人学校而提起诉讼，指控托皮卡教育局及其官员违反了宪法第十四条修正案的平等保护条款，因为该市的公立学校根据种族进行隔离。这就是著名的"布朗诉托皮卡教育局案"。1954 年 5 月 17 日，美国最高法院对此案进行了一致裁决，宣布公立学校的种族隔离制度是违宪的，因为它剥夺了黑人儿童的平等教育机会。这一裁决推翻了 1896 年"普莱西诉弗格森案"中确立的"种族隔离但平等"的原则，该原则曾允许公共设施（包括学校）中的种族隔离，只要这些设施在质量上是"平等"的。

从现实主义法学理论的角度，可以对这一案例进行以下方面的深入分析。一是法律与社会的紧密联系。此案例反映了现实主义法学的一个核心观点，即法律不是孤立存在的，而是与社会环境紧密相连。在"布朗诉托皮卡教育局案"中，最高法院的法官们认识到，尽管种族隔离的学校可能在物质条件上"平等"，但种族隔离本身对黑人儿童造成了心理伤害，阻碍了他们充分参与社会的能力。这种认识体现了法律对社会现实和民众需求的关注。二是法律的灵活性和创新性。此案例也展示了现实主义法学强调的法律的灵活性和创新性。最高法院没有拘泥于先前的法律原则（如"种族隔离但平等"），而是根据社会发展的需要和民众对平等的诉求，作出了创新的法律解释和判决。这种灵活性和创新性使得法律能够适应社会的变化和发展。三是法律的社会功能。此案例还体现了现实主义法学对法律社会功能的重视。最高法院通过这一裁决，不仅维护了宪法中的平等原则，还推动了美国社会的种族平等进程。这一裁决激发了后续的民权运动，并促使美国国会通过了《1964年民权法案》等重要立法。

"布朗诉托皮卡教育局案"是现实主义法学理念在法律实践中的一个经典案例。它展示了法律如何与社会环境紧密相连，如何根据社会发展的需要和民众的诉求进行灵活和创新的应用，以及如何通过法律的裁决来推动社会的进步和变革。这一案例不仅在美国法律史上具有里程碑意义，也为全球范围内的平等权利保护提供了重要的借鉴和启示。

二、米兰达诉亚利桑那州案

1963年，恩纳斯托·米兰达因涉嫌绑架和强奸而被捕。在审讯过程中，警方没有告知米兰达他有权保持沉默以及他的任何陈述都可能被用作呈堂证供。米兰达在审讯中作出了自证其罪的供述，后来这些供述被用作对他提起刑事指控的证据。米兰达被定罪后，他以警方未告知其宪法权利为由提起了上诉。1966年，美国最高法院在"米兰达诉亚利桑那州案"中作出裁决，确立了著名的"米兰达警告"，要求警方在审讯犯罪嫌疑人之前必须告知其有权保持沉默、其所说的一切都可能作为呈堂证供、有权请律师在场等权利。最高法院认为，如果警方未进行这样的告知，犯罪嫌疑人的供述将不能作为呈堂证供。

从现实主义法学理论的角度，可以对这一案例进行以下方面的深入分析。一是权利保护与社会公正。此案例凸显了现实主义法学对权利保护和社会公正的重视。最高法院通过此案强调了犯罪嫌疑人在面对审讯时的基本权利，包括知情权、沉默权和律师协助权。这样的裁决有助于确保审讯过程的公正性，防止因警方的不当行为而导致不公正的定罪。二是法律与程序的完善。此案推动了美国刑事司法程序的完善。米兰达警告成为美国刑事司法程序的一部分，确保了犯罪嫌疑人在接受审讯时能够充分了解自己的权利，从而有助于维护司法公正和防止权力滥用。三是法律的适应性与灵活性。此案例也展示了现实主义法学强调的法律的适应性和灵活性。最高法院没有拘泥于先前的惯例或程序，而是根据宪法原则和公正要求，对审讯程序进行了必要的调整和完善。这种灵活性使得法律能够更好地适应社会发展的需要，并保障个人的基本权利。

"米兰达诉亚利桑那州案"是现实主义法学在法律实践中的又一经典案例。它强调了权利保护、社会公正和法律程序的完善在司法实践中的重要性。此案不仅推动了美国刑事司法程序的改革，也为全球范围内的刑事司法公正提供了重要的参考和借鉴。同时，它也体现了现实主义法学对法律适应社会发展和保障个人权利的重视。

思考题

1. 现实主义法学理论如何解读法的本质？
2. 如何实现司法的社会化和民主化？
3. 司法的灵活性与创造性的关系如何处理？
4. 现实主义法学理论对现代司法的重要意义有哪些？

第八章　现代马克思主义法学理论专题

---✦✧ 内容提要 ✦✧---

　　现代马克思主义法学理论是在马克思主义思想指导下，与现代社会的具体情况相结合，以社会主义国家政权为依托，主张充分利用法律维护和稳定社会秩序，促进社会主义建设和发展的重要理论流派。与现代社会其他主流法学理论流派的产生和发展均以西方为主导不同，中国和苏联东欧等非西方社会主义国家在现代马克思主义法学理论产生和发展的过程中，起到了决定性的主导作用。作为法学领域的一股重要力量，现代马克思主义不仅继承了经典马克思主义法学的基本原理，还在社会主义革命取得胜利并掌握了国家政权的新的时代背景下进行了深入的拓展和创新。本章将系统阐述现代马克思主义法学理论的概念、特征、发展历程、代表人物及其思想，并探讨其对现代法学的影响和启示。通过引入具体案例，分析现代马克思主义法学理论的实际应用，展示其在法学研究和实践中的独特价值。

---✦✧ 本章重点 ✦✧---

　　现代马克思主义法学理论的概念和特征；现代马克思主义法学理论的发展历程；现代马克思主义法学理论的代表人物及其思想。

☞ 案例引入:《农村土地承包法》的修订与农民权益保护

在中国,《农村土地承包法》作为保障农民土地权益的重要法律,其修订过程充分体现了现代马克思主义法学理论在推动法律改革、维护人民利益方面的实践应用。20 世纪 80 年代初,中国农村实行了家庭联产承包责任制,极大地激发了农民的生产积极性,推动了农村经济的快速发展。

进入 21 世纪,为了进一步完善农村土地承包制度,保障农民的土地权益,中国于 2002 年颁布了《农村土地承包法》。然而,随着社会的发展,时代的变迁,原有的土地承包制度也逐渐暴露出一些不适应现有社会现实的问题,如土地承包期限不明确、土地流转不畅、农民权益保障不充分等。中国在 2018 年对《农村土地承包法》进行了修订。在这一修订过程中,现代马克思主义法学理论发挥了重要的指导作用。该理论强调法律应当服务于人民的利益,促进社会公平与正义。在 2018 年修订版的《农村土地承包法》中,这一原则得到充分体现。修订后的法律明确了土地承包期限,保障了农民对土地的长期使用权;同时,完善了土地流转机制,促进了土地资源的优化配置;此外,还加强了对农民权益的保护,确保农民在土地流转、征收补偿等过程中的合法权益不受侵犯。

这一案例充分展示了现代马克思主义法学理论在中国法律改革中的实际应用。它不仅推动了《农村土地承包法》的完善,还促进了农民权益的有效保护,为农村社会的稳定和发展提供了有力的法律保障。通过这一案例,我们可以看到现代马克思主义法学理论在指导法律改革、维护人民利益方面的独特价值和重要作用。它提醒我们,在推动法律发展的过程中,必须始终坚持人民的立场,以人民的利益为出发点和落脚点,不断推动法律的进步与完善。

第一节　现代马克思主义法学理论的概念和特征

一、现代马克思主义法学理论的概念

现代马克思主义法学理论，顾名思义，是在马克思主义基本原理的指导下，对法学领域进行深入研究而形成的一种理论体系。它不仅仅是对经典马克思主义法学思想的简单继承，更是在新的历史条件下，结合当代社会的法律实践，对马克思主义法学进行的创新和发展。这一理论体系的核心在于其对社会经济结构与法律关系的深刻揭示，为我们理解法律的本质、功能及其与社会经济结构的关系提供了新的视角和工具。现代马克思主义法学理论的形成，是马克思主义基本原理与法学研究相结合的产物。马克思主义作为一种科学的社会主义理论，其基本原理包括历史唯物主义、阶级斗争理论以及无产阶级革命理论等。这些基本原理为法学研究提供了新的视角和方法，使得法学研究不再局限于传统的法律条文和法律制度，而是深入到社会经济结构之中，探讨法律的本质和功能。

在现代马克思主义法学理论中，法律被看作是社会经济结构的一部分，是统治阶级意志的体现。这一观点打破了传统法学理论中法律超然于社会之上的观念，将法律置于社会经济结构之中，揭示了法律与社会经济结构的内在联系。同时，现代马克思主义法学理论还认为，法律不是一成不变的，而是随着社会经济结构的变化而发展变化。这一观点强调了法律的动态性和历史性，使得我们能够更好地理解法律在不同历史时期和不同社会经济条件下的功能和作用。要真正理解法律，就必须深入剖析其背后的社会经济结构。这是因为法律作为上层建筑的一部分，是由经济基础决定的。经济基础的变化必然导致法律的变化。例如，在资本主义社会中，法律是维护资产阶级利益、保障资本主义经济秩序的重要工具。而在社会主义社会中，法律则是维护无产阶级利益、保障社会主义经济秩序的重要工具。因此，要理解不同社会形态下的法律，就必须深入分析其背后的社会经济结构及其变化。此外，现代马克思主义法学理论还强调了法律的阶级性。它认为，法律是阶级斗争的产物，是统治阶级为了维护其统治而制定的规则。在阶级社会中，法律总是体现统治阶级的意志和利益。因此，要揭示法律的真正本质，就必须深入分析其背后的阶级关系及其斗争。

除了对社会经济结构与法律关系的深刻揭示外，现代马克思主义法学理论还结合了当代社会的法律实践进行了创新和发展。在当代社会中，法律面临着许多新的挑战和问题，如全球化、信息化、多元化等。这些问题对传统的法学理论提出了挑战，也要求法学理论进行创新和发展。现代马克思主义法学理论正是在这一背景下进行了深入研究和探索，提出了许多新的观点和理论。例如，在全球化背景下，现代马克思主义法学理论探讨了国际法与国内法的关系、跨国公司的法律地位和责任等问题。它认为，在全球化进程中，国际法与国内法的关系越来越密切，相互之间的影响也越来越大。同时，跨国公司作为全球化的重要推动力量，其法律地位和责任也需要得到重新审视和界定。这些观点为我们理解全球化背景下的法律问题提供了新的视角和思路。在信息化背景下，现代马克思主义法学理论探讨了信息技术对法律的影响、网络空间的法律规制等问题。它认为，信息技术的发展对法律产生了深远的影响，如电子合同的法律效力、网络犯罪的打击等。同时，网络空间作为一个新的社会领域，也需要建立相应的法律规制体系来维护其秩序和稳定。这些观点为我们理解信息化背景下的法律问题提供了新的思路和方法。在多元化背景下，现代马克思主义法学理论探讨了多元文化对法律的影响、少数群体的法律保护等问题。它认为，在多元化社会中，不同的文化、价值观和利益诉求相互交织、相互影响。因此，法律需要更加关注少数群体的利益诉求和文化差异，建立更加包容和多元的法律体系来维护社会的和谐与稳定。这些观点为我们理解多元化背景下的法律问题提供了新的视角和思路。

二、现代马克思主义法学理论的特征

现代马克思主义法学理论，作为马克思主义理论体系中的重要组成部分，不仅继承了经典马克思主义法学思想的核心精髓，还在新的历史条件和时代背景下进行了深入的创新与发展。这一理论体系以其独特的视角和深刻的洞察力，为我们理解法律的本质、功能及其与社会经济结构的关系提供了强有力的理论支持。以下将详细阐述现代马克思主义法学理论的几个主要特征。

（一）历史性与阶级性的统一

现代马克思主义法学理论首先强调法律的历史性和阶级性，这是其区别于其他法学理论的重要标志之一。一是历史性。从历史的角度来看，现代马克思主义法学理论认为法律是历史的产物，是随着社会经济的发展而逐渐形成的。它不是一成不变的，而是随着历史条件的变化而不断演变。这种历史性体现在法律的起源、发展、变革和消亡的整个过程中。正如马克思所言，"社会不是以法律为基础的，那是法学家的幻想。相反地，法律应该以社会为基础。"这意味着法律是社会经济关系的反映，是统治阶级为了维护其经济利益和社会秩序而制定的行为规范。二是阶级性。阶级性是现代马克思主义法学理论的另一个重要特征。它认为法律是统治阶级意志的体现，是为统治阶级的利益服务的。在阶级社会中，法律总是代表着统治阶级的意志和利益，对被统治阶级进行统治和压迫。因此，法律具有鲜明的阶级性。这种阶级性不仅体现在法律的制定过程中，还体现在法律的实施和适用过程中。统治阶级通过法律来巩固自己的统治地位，维护自己的经济利益和社会秩序。历史性与阶级性的统一是现代马克思主义法学理论的核心特征之一。它揭示了法律的本质属性，即法律是社会历史发展的产物，是统治阶级意志的体现。这种统一性使得我们能够更加深入地理解法律与社会经济结构之间的内在联系，从而更加准确地把握法律的本质和功能。

（二）经济基础与上层建筑的辩证关系

现代马克思主义法学理论还强调了经济基础与上层建筑之间的辩证关系，这是其理论体系中的另一个重要特征。一方面，经济基础决定上层建筑。按照马克思主义的基本原理，经济基础是社会生产关系的总和，是上层建筑赖以存在和发展的物质基础。上层建筑则包括政治、法律、宗教、艺术、哲学等社会意识形态以及与之相适应的政治法律制度和设施。现代马克思主义法学理论认为，法律作为上层建筑的重要组成部分，是由经济基础决定的。经济基础的变化必然导致法律的变化。例如，在资本主义社会中，随着资本主义经济的发展和生产关系的变革，资产阶级法律制度也随之不断完善和发展；而在社会主义社会中，随着社会主义经济制度的建立和发展，社会主义法律制度也逐渐形成并不断完善。另一方面，上层建筑反作用于经济基础。虽然经济基础决定上层建筑，但上层建筑并不是完全被动的。它也在一定程度上反作用于经济基础。现代马克思主义法学理论认为，法律作为上层建筑的一部分，不仅是对经济基础的反映和维护，还能够在一定程度上促进或阻碍经济基础的发展。当法律与经济基础相适应时，它能够维护经济基础的稳定和发展；而当法律与经济基础不相适应时，则会对经济基础的巩固和发展产生阻碍作用。因此，统治阶级在制定和实施法律时，必须充分考虑经济基础的发展状况和要求，使法律成为推动经济基础发展的有力工具。经济基础与上层建筑的辩证关系是现代马克思主义法学理论中的重要原理之一。它揭示了法律与经济基础之间的内在联系和相互作用机制，为我们理解法律的本质和功能提供了重要的理论支持。

三、法律的意识形态功能

现代马克思主义法学理论还强调了法律的意识形态功能，这是其理论体系中的另一个独特之处。在法律的意识形态属性方面，法律不仅是一种行为规范和社会控制工具，还具有鲜明的意识形态属性。它代表着统治阶级的意志和利益诉求，通过法律规范的形式将统治阶级的价值观、道德观等意识形态因素融入其中。这种意识形态属性使得法律成为统治阶级进行意识形态统治的重要工具之一。统治阶级通过制定和实施法律来传播自己的意识形态观念和价值追求，以维护自己的统治地位和社会秩序。在法律的意识形态功能方面，现代马克思主义法学理论认为，法律具有多种意识形态功能。首先，法律通过规定权利和义务来规范人们的行为方式和社会关系模式，从而塑造和强化特定的社会意识形态观念和价值追求。其次，法律通过制裁违法行为来维护社会秩序和稳定，保障统治阶级的利益诉求得到实现。这种制裁行为不仅是对违法者的惩罚和警示作用，更是对全社会成员的一种意识形态教育和引导作用。最后，法律还通过司法裁判和争议解决等方式来传递和弘扬统治阶级的意识形态观念和价值追求。司法裁判的过程不仅是解决纠纷和争议的过程更是对全社会成员进行意识形态教育和引导的过程。

四、法律的相对独立性与发展性

现代马克思主义法学理论还承认法律的相对独立性和发展性，这是其理论体系中的又一个重要特征。一方面，法律的相对独立性。法律的相对独立性是指法律虽然由经济基础决定，但一旦形成之后便具有相对独立的存在形式和发展规律。这种相对独立性体现在以下几个方面：首先法律具有自己的逻辑结构和规范体系，不同的法律规范之间存在一定的逻辑关系和内在联系；其次法律具有一定的稳定性和连续性不会因为经济基础的微小变化而频繁变动；最后法律还具有一定的自主性和能动性能够在一定程度上影响和制约经济基础的发展变化。另一方面，法律的发展性。法律的发展性是指法律随着社会经济条件的变化而不断发展和完善的过程。现代马克思主义法学理论认为法律的发展是一个历史过程它随着社会经济的发展而不断演变和完善。这种发展性体现在以下几个方面：首先随着生产力的提高和生产关系的变革新的社会现象和问题不断涌现需要新的法律规范来加以调整和规范；其次随着人们认识水平的提高和法律意识的增强对原有法律规范的认识和理解也会发生变化需要对其进行修改和完善；最后随着国际交流和合作的加强不同国家之间的法律制度也会相互影响和借鉴促进彼此之间的共同发展和进步。

五、实践性与革命性的结合

现代马克思主义法学理论还强调其实践性和革命性的结合这是其理论体系中的又一个显著特征。从实践性方面来讲，实践性是现代马克思主义法学理论的重要特征之一。它认为法学理论不仅仅是一种抽象的思辨和推理更是一种指导实践的重要工具。现代马克思主义法学理论强调法学研究必须紧密结合实际，关注现实的法律问题和社会矛盾，通过理论分析和实证研究为法律实践提供有力的支持和指导。同时现代马克思主义法学理论还鼓励人们积极参与法律实践，通过亲身实践来加深对法律的理解和认识，不断提高自己的法律素养和实践能力。从革命性方面来讲，革命性是现代马克思主义法学理论的另一个重要特征。它认为法学理论应当具有批判精神和创新精神，敢于对现有的法律制度和社会现象进行深刻的反思和批判，推动法律制度的不断变革和完善。现代马克思主义法学理论强调，法学研究必须关注社会进步和人类解放的事业，为无产阶级革命和社会主义事业提供有力的理论支持和思想武器。同时现代马克思主义法学理论还鼓励人们积极参与社会变革和革命斗争，通过自己的实际行动来推动社会的进步和发展。

第二节　现代马克思主义法学理论的发展历程

现代马克思主义法学理论的发展历程，可以从经典马克思主义法学的创立、现代马克思主义法学的发展及其在不同历史阶段的演变来详细阐述。

一、经典马克思主义法学的创立

经典马克思主义法学的创立是法学发展史上的伟大变革，它经历了从萌芽到成熟的过程，标志着法学理论的新纪元。这一过程主要可以分为几个关键阶段，每个阶段都伴随着马克思和恩格斯对西方法哲学的批判、吸收与创新。

（一）萌芽阶段：从唯心主义到唯物主义的转变

马克思的法学思想萌芽于他的学生时代和早期工作时期。在这个阶段，马克思从主观唯心主义出发，逐渐受到黑格尔法哲学的影响，形成了自己的法哲学思想体系。然而，这一时期的马克思法哲学体系还带有唯心主义的色彩。随着他对现实问题的深入思考和对社会矛盾的深刻洞察，马克思开始反思黑格尔法哲学的局限性，并逐步转向唯物主义。在《莱茵报》工作时期，马克思通过对社会实际问题的关注，特别是针对普鲁士政府的书报检查令和林木盗窃法的批判，使他深刻认识到法律与现实的紧密联系。他意识到，法律并非如黑格尔所言是由国家决定的，而是由社会经济关系决定的。这一认识促使马克思开始从唯心主义向唯物主义转变，为他后来的法学思想奠定了基础。经过这一时期的转变，马克思的法学思想逐渐摆脱了唯心主义的束缚，开始以唯物主义的视角审视法律问题。这一转变不仅为他的法学思想注入了新的活力，也为后来的马克思主义法学理论的创立提供了重要的思想基础。

（二）发展阶段：唯物史观的创立与法学思想的成熟

在经历了一段时间的探索和思考后，马克思和恩格斯在合作创作的过程中，逐步确立了唯物史观的基本原理，这一理论成果不仅为马克思主义法学的创立提供了坚实的哲学基础，也标志着马克思主义法学思想的正式形成。《德意志意识形态》是马克思和恩格斯合作完成的重要著作之一，它首次系统地阐述了历史唯物主义的基本原理，包括生产力决定生产关系、经济基础决定上层建筑等核心观点。这些原理的提出，为马克思主义法学提供了科学的理论基础。在该著作中，马克思和恩格斯不仅批判了黑格尔法哲学的唯心主义倾向，还阐明了法的物质制约性，即法律是社会经济关系的反映和保障。随着唯物史观的创立，马克思主义法学思想逐渐走向成熟。马克思在《共产党宣言》中明确提出了无产阶级建立新型社会主义法制的历史使命，进一步阐述了马克思主义法学的核心观点和价值取向。他认为，法律应当成为无产阶级解放的工具，而不是维护剥削阶级利益的手段。唯物史观的创立为马克思主义法学提供了坚实的哲学基础，使得法学思想更加成熟和系统化。随着《共产党宣言》的发表，马克思主义法学的核心观点和价值取向得以明确，为无产阶级革命和社会主义法制建设提供了重要的理论指导。

（三）成熟阶段：马克思主义法学的完整理论体系

在《共产党宣言》发表之后，马克思主义法学进一步发展和完善，逐渐形成了完整的理论体系。这一体系不仅包含了之前提出的唯物史观和法学基本观点，还进一步阐述了无产阶级革命的目标和任务，以及社会主义法制建设的原则和路径。《共产党宣言》的发表标志着马克思主义法学的成熟和完整理论体系的形成。在这部著作中，马克思和恩格斯不仅阐述了历史唯物主义的基本原理和马克思主义法学的基本观点，还明确提出了无产阶级革命的目标和任务。他们指出，无产阶级革命不仅要推翻旧的国家机器和法律制度，还要建立新型的社会主义法制体系，以保障人民的自由和权利。马克思和恩格斯在随后的著作中，如《资本论》等，进一步丰富和发展了马克思主义法学理论。他们通过对资本主义法律制度的深入剖析和批判，揭示了资本主义法律的虚伪性和剥削性，为无产阶级革命提供了有力的法学依据。随着《共产党宣言》的发表和后续著作的丰富，马克思主义法学逐渐形成了完整的理论体系。这一体系不仅为无产阶级革命提供了重要的理论指导，也为后来的社会主义法制建设奠定了坚实的基础。在现代社会，马克思主义法学理论仍然具有重要的指导意义和现实意义。

二、现代马克思主义法学理论的发展

自经典马克思主义法学创立以来，随着时代的变迁和社会的发展，马克思主义法学理论也在不断地丰富和发展。现代马克思主义法学理论在继承经典马克思主义法学基本原理的基础上，结合新的历史条件和社会实践，形成了具有时代特色的法学理论体系。

（一）列宁主义法学思想的形成与发展

在现代马克思主义法学的发展过程中，列宁主义法学思想的形成与发展占据了重要地位。列宁作为苏联社会主义革命的领袖和马克思主义理论的杰出代表，对马克思主义法学的发展作出了重要贡献。他结合俄国革命和建设的实际情况，提出了许多具有创新性的法学观点和思想。列宁强调法律在无产阶级革命和建设中的重要作用，认为法律是无产阶级专政的重要工具之一。他主张通过立法手段巩固无产阶级政权和社会主义制度，同时加强对法律实施的监督和检查。此外，列宁还提出了"无产阶级专政下的民主与法制"等重要思想，为社会主义法制建设提供了理论指导。列宁主义法学思想的形成与发展为现代马克思主义法学注入了新的活力。列宁结合俄国实际情况提出的创新性法学观点和思想，不仅丰富了马克思主义法学的理论体系，也为后来的社会主义法制建设提供了重要的理论指导和实践经验。

（二）中国化马克思主义法学思想的形成与发展

除了列宁主义法学思想外，中国化马克思主义法学思想也是现代马克思主义法学发展的重要组成部分。中国化马克思主义法学思想是指将马克思主义法学基本原理与中国具体国情相结合而形成的具有中国特色的法学理论体系。自新中国成立以来，中国共产党在领导人民进行革命、建设和改革的过程中，不断吸收和发挥马克思主义法学思想，形成了具有中国特色的马克思主义法律观。中国化马克思主义法学思想经历了多个历史阶段的演变和发展。在新民主主义革命时期，毛泽东等老一辈革命家结合中国革命的实际情况，提出了许多具有创新性的法学观点和思想。他们强调法律应当为无产阶级和广大人民的利益服务，反对封建主义和官僚资本主义的法律制度。在社会主义建设时期特别是改革开放以来，邓小平、江泽民、胡锦涛等领导人进一步丰富和发展了中国化马克思主义法学思想，提出了依法治国、建设社会主义法治国家等重要战略思想。党的十八大以来，以习近平同志为核心的党中央高度重视全面依法治国工作，提出了一系列新思想新观点新论断新要求。习近平法治思想作为习近平新时代中国特色社会主义思想的重要组成部分和全面依法治国的根本遵循和行动指南，为新时代中国特色社会主义法治建设提供了强大思想武器和行动纲领。中国化马克思主义法学思想的形成与发展是现代马克思主义法学的重要组成部分。通过将马克思主义法学基本原理与中国具体国情相结合，中国化马克思主义法学思想不仅丰富了马克思主义法学的理论体系，也为中国的革命、建设和改革提供了重要的理论指导和实践经验。在当今时代，中国化马克思主义法学思想所具有的重要指导意义和现实意义正在不断增强。

三、马克思主义法学理论同西方法学理论之间的交锋

马克思主义法学理论自创立以来就与西方法学理论之间存在着深刻的交锋和对话。这种交锋不仅体现在理论层面上的相互批判和借鉴上，也体现在实践层面上的相互影响和融合上。

（一）理论层面的交锋与借鉴

在理论层面上，马克思主义法学理论与西方法学理论之间存在着根本性的分歧和差异。马克思主义法学理论强调法律的社会经济基础和阶级性本质特征；而西方法学理论则往往从抽象的人性论或自然法观念出发来探讨法律问题。这种分歧导致了两者在法学基本问题上的不同认识和判断标准。然而，尽管存在根本性分歧和差异，但马克思主义法学理论与西方法学理论之间也存在着相互批判和借鉴的关系。马克思主义法学理论通过对西方法学理论的批判性反思和借鉴性吸收来不断丰富和发展自身理论体系；而西方法学理论也在与马克思主义法学理论的交锋中不断调整和完善自身理论体系以适应时代发展的需要。总的来说，在理论层面上，马克思主义法学理论与西方法学理论之间的交锋与借鉴是不可避免的。尽管两者存在着根本性的分歧和差异，但正是这种差异促使两者在相互批判和借鉴中不断发展和完善自身的理论体系。这种交锋与借鉴不仅丰富了法学理论的内涵，也为法学研究提供了新的视角和思考方式。

（二）实践层面的交锋与融合

在实践层面上，马克思主义法学理论与西方法学理论之间的交锋主要体现在不同社会制度和法律体系下的法律实践活动中。马克思主义法学理论指导下的社会主义法制建设与西方法制体系之间存在着明显的差异和对比。社会主义法制建设强调法律的阶级性和人民性特征，注重通过法律手段保障人民的自由和权利、维护社会的公平正义和稳定秩序；而西方法制

体系则往往更加注重个人权利和自由、强调司法独立和程序正义等方面的问题。这种差异和对比导致了两者在实践层面上的不同表现和特点。然而，值得注意的是，尽管存在实践层面的差异和对比，但马克思主义法学理论与西方法学理论之间也存在着相互影响和融合的趋势。随着全球化进程的加速和国际交流的增多，不同社会制度和法律体系下的法律实践活动也在相互借鉴和学习中不断发展和完善。这种相互影响和融合的趋势为马克思主义法学理论与西方法学理论之间的进一步交流和对话提供了广阔的空间和机遇。因此，在实践层面上，马克思主义法学理论与西方法学理论之间的交锋与融合是显而易见的。尽管两者在实践中存在着差异和对比，但正是这种差异促使两者在相互借鉴和学习中不断完善和发展自身的法律体系。同时，全球化进程的加速和国际交流的增多也为两者之间的进一步交流和对话提供了广阔的空间和机遇。这种交锋与融合不仅推动了法学实践的进步，也为全球法治建设提供了新的思路和方向。

第三节 现代马克思主义法学理论的代表人物及其思想

在现代马克思主义法学理论的发展历程中，涌现出了一大批杰出的代表人物，他们各自在法学领域作出了卓越的贡献，推动了马克思主义法学理论的深化与发展。以下将分别选取苏联、东欧、中国等社会主义国家的马克思主义法学理论代表人物，详细阐述其生平及相关法律思想。

一、苏联的马克思主义法学理论代表人物

弗拉基米尔·伊里奇·列宁作为苏维埃社会主义共和国联盟的缔造者，是伟大的马克思主义者，无产阶级革命家、政治家、理论家、思想家。他继承和发展了马克思主义，形成了列宁主义理论，被全世界共产主义者普遍认同为"国际无产阶级革命的伟大导师和精神领袖"。列宁

的法学思想是在领导俄国无产阶级革命和社会主义建设的实践中逐渐形成
的，他对马克思主义法学理论进行了丰富和发展。列宁强调法律是统治阶
级意志的体现，指出在社会主义国家，法律应当体现无产阶级和广大劳
动人民的意志和利益。他提出了社会主义法制建设的基本原则，包括立
法、执法、司法等各个环节，强调法律的权威性和统一性。列宁还特别重
视法律在巩固无产阶级政权和建设社会主义中的作用，他认为无产阶级在
革命胜利后必须建立和加强社会主义法制，以维护社会秩序和保障人民的
权益。他亲自领导了苏维埃政权的法制建设，颁布了一系列重要的法律文
件，为社会主义法制的发展奠定了基础。

　　叶夫根尼·帕舒卡尼斯是苏联著名的马克思主义法学家，"法的商品
交换学派"的主要创立者。他先后求学于圣彼得堡大学和慕尼黑大学，因
出版《法的一般理论与马克思主义》而声名显赫，在 20 世纪早期成为苏
联法学界的领军人物。然而，由于历史原因，帕舒卡尼斯的学说长期被排
斥在正统马克思主义法学理论之外，但其学术贡献和影响力仍不容忽视。
帕舒卡尼斯的法学思想主要体现在他的代表作《法的一般理论与马克思主
义》中。该书将马克思主义政治经济学的方法应用于法学研究，提出了"法
的商品交换论"，认为法律是商品交换关系的反映和保障。他强调法律不
是超历史的、永恒不变的，而是随着社会经济关系的变化而变化的。帕舒
卡尼斯还批判了传统法学理论中的超阶级性和形式主义倾向，指出法律具
有鲜明的阶级性，是统治阶级意志的体现。他进一步提出，在社会主义国
家，法律应当体现无产阶级和广大劳动人民的意志和利益，为社会主义建
设和人民权益的保障服务。帕舒卡尼斯的法学思想对苏联乃至国际法学界
产生了深远的影响，尽管他的学说在一段时间内受到压制和批判，但其独
特的视角和深刻的见解仍为后来的法学研究提供了重要的启示。

二、东欧的马克思主义法学理论代表人物

　　米洛万·吉拉斯是南斯拉夫实践派的主要代表人物之一。他不仅是哲
学家、政治活动家，还是南斯拉夫共产主义者联盟的重要成员。吉拉斯在
政治和哲学领域都有深厚的造诣，对南斯拉夫的社会主义改革和哲学发展

产生了重要影响。虽然吉拉斯并非专门以法学研究著称，但他在南斯拉夫社会主义法制建设中的贡献不可忽视。他强调法律应当服务于社会主义建设和人民权益的保障，反对法律的形式主义和官僚主义倾向。吉拉斯认为，法律应当具有灵活性和适应性，能够随着社会实践的发展而不断调整和完善。此外，吉拉斯还关注法律的民主性和公正性问题，认为法律应当体现人民的意志和利益，保障人民的民主权利和自由。他倡导建立一种更加民主、公正和高效的社会主义法制体系，以推动南斯拉夫的社会主义事业不断向前发展。

普雷德腊格·弗兰尼茨基是南斯拉夫著名的哲学家和马克思主义史学家，也是"实践派"中比较温和的重要代表人物。弗兰尼茨基在1939年考入萨格勒布大学医学系，但在校期间，他逐渐接受了马克思主义思想，并加入了南斯拉夫共青团，积极参与地下革命活动，期间曾两次被捕。1943年，弗兰尼茨基正式加入南斯拉夫共产党，开始了他的政治生涯。1945年，战争结束后，他返回萨格勒布大学，改学哲学，并在此后留校任教，逐渐在哲学领域崭露头角。他先后担任哲学系主任、萨格勒布大学校长等职务，并在国内外哲学界产生了广泛的影响。弗兰尼茨基长期致力于马克思主义的理论研究与实践活动，他的学术成果丰硕，对南斯拉夫乃至国际哲学界都产生了深远的影响。虽然弗兰尼茨基主要以哲学家和马克思主义史学家的身份著称，但他在法律思想方面也有独到的见解，这些见解主要体现在他对社会主义法制建设的批判性反思中。弗兰尼茨基认为，社会主义法制建设应当体现无产阶级和广大劳动人民的意志和利益，但传统社会主义法制中存在的官僚主义、形式主义和教条主义倾向却严重阻碍了这一目标的实现。另外，他强调法律应当具有高度的民主性和公正性，能够真正反映人民的意愿和需求，而不是成为少数人维护特权的工具。他还强调法律的实践性和适应性，认为法律不是静止不变的教条，而是随着社会实践的发展而不断调整和完善的。他主张法律应当紧密联系实际，关注社会变革中的新问题和新挑战，为社会主义事业的发展提供有力的法律保障。另外，弗兰尼茨基倡导依法治国方略。虽然弗兰尼茨基没有明确提出"依法治国"的概念，但他的思想中蕴含着依法治国的精神实质。他强调法律的权威性和统一性，要求全体人民都必须遵守法律，维护法律的尊严和权威。弗兰尼茨基还关注国际法制建设的问题，他主张各国应当加强在法制领域的交流与合作，共同应对全球性的挑战和问题。他认为，国际法制建设应当遵循平等、公正、合作的原则，推动全球范围内的法制进步和发展。

三、现代马克思主义法学理论中国化的代表人物及其思想

毛泽东是马克思主义中国化的伟大开拓者、毛泽东思想的倡导者和创始人。毛泽东法学思想是在领导中国革命和建设的过程中逐渐形成的，它深深植根于中国的土壤，具有鲜明的中国特色和时代特征。在长期的革命实践中，毛泽东深刻认识到法律作为上层建筑对于社会经济基础的反作用，他强调法律是阶级统治的工具，必须服务于无产阶级和广大劳动人民的根本利益。这一思想贯穿了他整个的革命和建设生涯，成为他法学思想的核心。毛泽东法学思想不仅具有鲜明的中国特色和时代特征，而且为马克思主义法学理论的中国化作出了重要贡献。他将马克思主义的法学理论与中国的实际相结合，提出了许多具有中国特色的法学理论和观点。中共十一届三中全会召开，中国开启了改革开放伟大历程。在社会主义建设时期特别是改革开放以来，邓小平、江泽民、胡锦涛等重要代表人物进一步丰富和发展了中国化马克思主义法学思想，提出了依法治国、建设社会主义法治国家等重要战略思想。

习近平是习近平法治思想的提出者和倡导者。习近平法治思想是现代马克思主义法学理论中国化的最新成果，是习近平新时代中国特色社会主义思想的重要组成部分。习近平法治思想可以概括为"十一个坚持"，包括：坚持党对全面依法治国的领导；坚持以人民为中心；坚持中国特色社会主义法治道路；坚持依宪治国、依宪执政；坚持在法治轨道上推进国家治理体系和治理能力现代化；坚持建设中国特色社会主义法治体系；坚持依法治国、依法执政、依法行政共同推进，法治国家、法治政府、法治社会一体建设；坚持全面推进科学立法、严格执法、公正司法、全民守法；坚持统筹推进国内法治和涉外法治；坚持建设德才兼备的高素质法治工作队伍；坚持抓住领导干部这个"关键少数"。这"十一个坚持"构成了习

近平法治思想的核心要义，为新时代推进全面依法治国提供了重要指导和遵循。

第四节　现代马克思主义法学理论对现代法学的影响

现代马克思主义法学理论作为法学领域的一个重要分支，自其形成以来，对现代法学产生了深远的影响。它不仅为法学研究提供了独特的理论视角和方法论基础，还推动了法学研究的深入发展和实践应用的广泛拓展。本节将从多个方面详细阐述现代马克思主义法学理论对现代法学的影响。

一、现代马克思主义法学理论的基本观点

现代马克思主义法学理论，作为法学领域的一个重要分支，其深厚的理论基础和独特的理论视角，为法学研究提供了丰富的思想资源和方法论指导。这一理论以唯物史观为核心，深入探讨了法律的社会根源、经济基础与法律的相互作用，以及阶级斗争与法律的变革等关键问题，为我们理解法律的本质、功能和发展提供了深刻的洞见。

（一）唯物史观与法律的社会根源

现代马克思主义法学理论以唯物史观为理论基础，这一观点强调社会存在决定社会意识，经济基础决定上层建筑。在马克思主义看来，法律不是超历史的、超阶级的抽象存在，而是特定社会历史条件下经济基础的上层建筑，是统治阶级意志的体现。第一，法律的社会根源。马克思主义法学理论认为，法律作为一种社会现象，其产生和发展是与社会历史条件紧密相连的。在原始社会，由于生产力水平低下，人们之间主要依靠习俗和习惯来调整社会关系。然而，随着生产力的发展和社会的进步，特别是私有制和阶级的出现，法律作为一种新的社会规范应运而生。它不仅是统治

阶级意志的体现，更是维护统治阶级利益、巩固其统治的重要工具。第二，法律的阶级属性。马克思主义法学理论进一步指出，法律具有鲜明的阶级属性。在阶级社会中，法律总是反映统治阶级的意志和利益，成为其维护统治、压迫被统治阶级的手段。因此，法律并不是一种超然于社会之上的普遍规范，而是深深植根于特定的社会历史条件和阶级关系之中。第三，对传统法学的批判。传统法学往往将法律视为一种超然、普遍的规范体系，忽视了其背后的社会关系和阶级利益。而马克思主义法学理论则打破了这种迷信，揭示了法律的本质和阶级属性。它使我们认识到，法律并不是一种中立的、客观的规范体系，而是深深植根于特定的社会历史条件和阶级关系之中，是统治阶级意志的体现和利益的维护者。

（二）经济基础与法律的相互作用

马克思主义法学理论还强调经济基础与法律的相互作用。这一观点认为，经济基础是决定上层建筑（包括法律）的根本因素，而上层建筑又必须适应经济基础的发展变化。同时，法律作为一种重要的上层建筑，也对经济基础具有反作用。一方面，经济基础对法律的决定作用。经济基础是指社会一定发展阶段上的生产关系的总和，它是决定上层建筑（包括法律）的根本因素。在马克思主义看来，法律作为一种上层建筑，其产生、发展和变革都是由经济基础决定的。不同的经济基础会产生不同的法律制度和法律规范，以适应其特定的生产关系和社会需求。另一方面，法律对经济基础的反作用。虽然经济基础是决定法律的根本因素，但法律并不是简单地反映经济基础的要求。相反，法律作为一种重要的上层建筑，对经济基础具有能动的反作用。它能够维护、促进或阻碍经济基础的发展。当法律适应经济基础的发展要求时，它能够促进经济基础的发展和社会进步；而当法律不适应经济基础的发展要求时，它则会阻碍经济基础的发展和社会进步。另外，马克思主义法学理论还强调法律与经济、社会等领域的相互关联和动态平衡。它认为，法律并不是孤立地存在的，而是与经济、政治、文化等社会领域紧密相连、相互作用的。因此，法学研究不能仅仅局限于法律本身，还必须关注其与经济、社会等领域的相互关系和动态平衡。这种研究视角不仅拓宽了法学研究的视野，也使我们更加深入地理解了法律的本质和功能。

（三）阶级斗争与法律的变革

阶级斗争是马克思主义理论的核心概念之一，也是现代马克思主义法学理论关注的重要问题。它认为法律是阶级斗争的产物和工具，随着阶级斗争的发展变化而不断变革。相关内容主要包括：第一，法律是阶级斗争的产物和工具。在阶级社会中，法律总是反映统治阶级的意志和利益，成为其维护统治、压迫被统治阶级的手段。因此，法律的产生和发展总是与阶级斗争紧密相连的。在阶级斗争中，统治阶级为了维护其统治和利益，会制定和运用法律来镇压被统治阶级的反抗和斗争。同时，被统治阶级也会利用法律来争取自身的权益和地位。因此，法律不仅是阶级斗争的产物，更是阶级斗争的重要工具。第二，法律变革的社会动力和历史必然性。马克思主义法学理论认为，法律的变革是由社会历史条件的变化和阶级斗争的发展所决定的。当社会历史条件发生变化时，特别是当生产力和生产关系发生变革时，法律也必须相应地进行调整和变革以适应新的社会历史条件。同时，阶级斗争的发展也会推动法律的变革。当被统治阶级的反抗和斗争达到一定程度时，统治阶级为了维护其统治和利益也会被迫进行法律的变革。因此，法律的变革是社会历史条件和阶级斗争发展的必然结果。第三，法学研究的历史洞察力。马克思主义法学理论对阶级斗争与法律变革的深入探讨为法学研究提供了深刻的历史洞察力。它使我们认识到法律并不是一种孤立的、静止的社会现象而是深深植根于特定的社会历史条件和阶级关系之中并随着阶级斗争的发展变化而不断变革的。这种历史洞察力不仅有助于我们理解法律的本质和功能还有助于我们预测和把握法律未来的发展趋势和变革方向。

二、现代马克思主义法学理论对现代法学研究的影响

现代马克思主义法学理论，作为法学领域的一个重要分支，以其独特的理论视角和方法论基础，对现代法学研究产生了深远的影响。它不仅拓展了法学研究的视野，推动了法学研究方法的创新，还促进了法学理论的

多元化发展。

（一）拓展法学研究视野

现代马克思主义法学理论不再局限于传统法学对法律文本、法律制度的解释和适用，而是将法律置于更广阔的社会历史背景中进行考察和分析。这种研究视野的拓展，使法学研究更加全面、深入，并具有更强的现实意义。在传统法学研究中，法律往往被视为一种孤立的社会现象，其研究主要集中在法律文本的解释、法律制度的构建以及法律条文的适用等方面。然而，现代马克思主义法学理论则认为，法律是社会历史发展的产物，它与社会经济、政治、文化等各个方面都有着密切的联系。因此，要深入理解法律现象，就必须将其置于广阔的社会历史背景中进行考察。现代马克思主义法学理论的这一研究视角，不仅关注法律本身的内在逻辑和结构，还注重分析法律与社会经济、政治、文化等外部因素之间的相互作用和影响。这种全面的研究方法，使得法学研究能够更加深入地揭示法律现象的本质和规律，为法学理论的发展提供了更加坚实的基础。

（二）推动法学研究方法的创新

现代马克思主义法学理论还推动了法学研究方法的创新。它强调历史唯物主义和辩证唯物主义的研究方法，要求法学研究从历史发展和社会实践的角度出发，运用矛盾分析和阶级分析等方法揭示法律现象的本质和规律。历史唯物主义和辩证唯物主义是马克思主义的基本方法论原则，它们为法学研究提供了新的思路和工具。历史唯物主义认为，法律是社会历史发展的产物，它随着社会经济、政治、文化等条件的变化而发展变化。因此，要深入研究法律现象，就必须将其置于历史的长河中进行考察，揭示其发展的内在逻辑和规律。辩证唯物主义则强调矛盾分析和阶级分析等方法在法学研究中的运用。它认为，法律现象中存在着各种矛盾和冲突，这些矛盾和冲突是推动法律发展的内在动力。因此，要深入揭示法律现象的本质和规律，就必须运用矛盾分析的方法，分析法律现象中的各种矛盾和冲突，并揭示其内在的联系和规律。同时，阶级分析也是法学研究中不可或缺的方法之一。在现代社会中，法律往往与阶级利益紧密相连，不同阶级在法律制定和实施过程中往往有着不同的立场和诉求。因此，要深入揭示法律现象的本质和规律，就必须运用阶级分析的方法，分析不同阶级在法律制定和实施过程中的作用和影响。现代马克思主义法学理论所强调的这些研究方法，为法学研究提供了新的思路和工具。它们不仅使得法学研究更加深入、全面，还推动了法学研究的创新和发展。在现代法学研究中，越来越多的学者开始运用历史唯物主义和辩证唯物主义的研究方法，从历史发展和社会实践的角度出发，深入揭示法律现象的本质和规律。这种研究方法的创新，不仅为法学理论的发展提供了新的动力，还为法律实践提供了更加科学的指导和依据。

（三）促进法学理论的多元化发展

现代马克思主义法学理论作为法学领域的一个重要分支，与其他法学流派之间形成了相互竞争、相互促进的关系。这种关系促进了法学理论的多元化发展。在现代法学研究中，各种法学流派纷呈并起，它们从不同的理论视角和方法论基础出发，对法律现象进行深入的研究和分析。这些法学流派之间虽然存在着一定的差异和竞争，但正是这种差异和竞争推动了法学理论的多元化发展。现代马克思主义法学理论作为其中的一个重要分支，以其独特的理论视角和方法论基础，为法学理论的多元化发展作出了重要的贡献。现代马克思主义法学理论与其他法学流派之间的争论和对话，不仅推动了各自理论的完善和发展，还促进了法学理论的整体进步和创新。在这种争论和对话中，各种法学流派相互借鉴、相互吸收对方的优点和长处，不断完善和发展自己的理论。同时，它们还通过对话和交流，共同探讨法学研究中的重大问题和前沿问题，推动法学理论的整体进步和创新。这种多元化的发展趋势，使得现代法学研究更加丰富多彩、充满活力。

三、现代马克思主义法学理论对现代法律实践的影响

现代马克思主义法学理论不仅对现代法学研究产生了深远的影响，还对现代法律实践产生了重要的指导作用。它指导着法律制度的构建和完善，推动着法律实践的公正性和效率性，并促进着国际法治交流与合作。

（一）指导法律制度的构建和完善

现代马克思主义法学理论为法律制度的构建和完善提供了重要的理论指导。它强调法律制度的阶级性和社会性，要求法律制度必须反映统治阶级的意志和利益，同时兼顾社会公共利益和个体权利保障。在现代社会中，法律制度是维护社会秩序、保障公民权利的重要工具。然而，法律制度的构建和完善并不是一件简单的事情。它需要考虑到各种复杂的社会因素和历史条件，需要平衡不同阶级、不同利益群体之间的诉求和冲突。在这个过程中，现代马克思主义法学理论发挥了重要的指导作用。它强调法律制度的阶级性和社会性，指出法律制度是统治阶级意志的体现，同时也是社会公共利益和个体权利保障的重要工具。因此，在构建和完善法律制度时，必须充分考虑到这些因素，确保法律制度能够真正反映社会的需求和人民的利益。在现代法律实践中，越来越多的国家开始借鉴和吸收现代马克思主义法学理论的成果，将其应用于法律制度的构建和完善中。例如，一些国家在制定宪法和法律时，明确规定了公民的基本权利和自由，并建立了相应的保障机制来确保这些权利和自由能够得到有效的保障。同时，这些国家还注重平衡不同阶级、不同利益群体之间的诉求和冲突，努力构建一个公正、合理、稳定的法律制度来维护社会秩序和保障公民权利。

（二）推动法律实践的公正性和效率性

现代马克思主义法学理论还强调法律实践的公正性和效率性。它认为法律实践应当遵循公正原则，保障人民群众的合法权益不受侵犯；同时，还应当注重效率原则，提高法律实施的效率和效果。在现代社会中，法律实践的公正性和效率性是衡量一个国家法治水平的重要标志。然而，在实践中，由于各种复杂的社会因素和历史条件的影响，法律实践的公正性和效率性往往受到一定的挑战和制约。为了解决这个问题，现代马克思主义法学理论提出了许多有益的思路和方案。它强调法律实践必须遵循公正原则，确保人民群众的合法权益能够得到有效的保障。同时，它还注重提高法律实施的效率和效果，要求司法机关和执法机关在处理案件时能够迅速、准确地作出判决和裁决，确保法律的权威性和有效性。在现代法律实践中，越来越多的国家开始注重提高法律实践的公正性和效率性。他们通过改革司法体制、加强执法力度、提高司法人员素质等措施来推动法律实践的进步和发展。同时，他们还积极借鉴和吸收现代马克思主义法学理论的成果来指导自己的法律实践工作。这些努力不仅有助于提高法律实践的公正性和效率性水平，还有助于推动整个社会的法治进步和发展。

（三）促进国际法治交流与合作

随着全球化的深入发展，国际法治交流与合作日益成为重要议题。现代马克思主义法学理论以其独特的国际视野和全球意识，为国际法治交流与合作提供了有益的思路和方案。在现代社会中，各国之间的联系和互动越来越紧密。这种紧密的联系和互动不仅促进了各国之间的经济、文化、科技等领域的交流与合作，也推动了国际法治领域的交流与合作。然而，在国际法治领域中，由于各国之间的政治制度、法律体系、文化传统等方面的差异和冲突，国际法治交流与合作往往面临着一定的挑战和困难。为了解决这个问题，现代马克思主义法学理论提出了许多有益的思路和方案。它强调各国法律制度的相互借鉴和融合，推动国际法治规则的统一和完善。同时，它还注重加强国际法律合作与援助，共同应对全球性挑战和问题。这些思路和方案为国际法治交流与合作提供了新的动力和方向。在现代国际社会中，越来越多的国家开始注重加强国际法治交流与合作。他们通过签订国际条约、参与国际组织、开展国际法律合作等方式来推动国际法治的进步和发展。同时，他们还积极借鉴和吸收其他国家的法律制度和法治经验来完善自己的法律体系和提高自己的法治水平。这些努力不仅有助于推动国际法治的交流与合作，还有助于促进整个世界的和平、稳定与发展。

第五节　对现代马克思主义法学理论的辩证分析

在现代法学领域，马克思主义法学理论以其独特的视角和深刻的洞察力，对法律现象的本质及其发展规律进行了深入的探讨，形成了一套系统的理论体系。本节将从正反两方面对现代马克思主义法学理论进行详细的辩证分析。

一、理论贡献与局限性

现代马克思主义法学理论在法学领域产生了深远的影响，其跨学科的研究方法、对法律与社会关系的深刻揭示、对法律意识形态功能的批判以及对法律实践的指导等方面都作出了显著的贡献。然而，任何理论都不是完美的，现代马克思主义法学理论也存在其固有的局限性。

（一）理论贡献

现代马克思主义法学理论的理论贡献主要包括以下部分内容。

一是跨学科研究方法的引入。现代马克思主义法学理论的一个重要贡献是引入了跨学科的研究方法。它不局限于法学本身，还结合了哲学、政治学、经济学和社会学等多学科的视角，全面深入地剖析法律问题。这种跨学科的研究方法拓宽了法学研究的视野，使我们能够从更广泛的角度理解和分析法律现象。例如，在研究法律与社会的关系时，我们可以借鉴社会学的研究方法，深入分析法律在社会结构中的作用和影响；在研究法律的意识形态功能时，我们可以运用政治学的研究方法，揭示法律在塑造社会意识和价值观方面的作用。

二是对法律与社会关系的深刻揭示。现代马克思主义法学理论不仅关注法律条文本身，更关注法律背后的社会结构、经济基础和阶级关系。它揭示了法律在维护社会秩序和推动社会变革中的重要作用。这种对法律与社会关系的深刻揭示使我们能够更好地理解法律的本质和功能。例如，在研究法律的阶级性时，我们可以深入分析法律如何反映统治阶级的意志和利益，以及法律如何被用来维护统治阶级的统治；在研究法律与社会变革的关系时，我们可以探讨法律在社会变革中的作用和局限性，以及如何通过法律改革来推动社会的进步和发展。

三是对法律意识形态功能的批判。现代马克思主义法学理论批判了法律作为统治阶级意志体现的工具性，强调了法律的意识形态功能。它揭示了法律在塑造社会意识和价值观方面的作用。这种对法律意识形态功能的批判使我们能够更加清醒地认识到法律背后的政治和社会因素，以及这些因素如何影响我们的法律观念和行为。例如，在研究法律的宣传教育功能时，我们可以分析法律如何通过宣传教育来塑造社会成员的法律意识和价值观，以及这种宣传教育如何受到统治阶级的意志和利益的影响。

四是对法律实践的指导。现代马克思主义法学理论不仅停留在理论层面，还通过参与立法、司法和法律援助等实践活动，推动了法律制度的完善和发展。它提高了法律实践的公正性和有效性，为社会的公平和正义作出了积极的贡献。例如，在立法过程中，我们可以运用马克思主义法学理论来分析法律草案的阶级性和社会性，提出修改和完善建议；在司法过程中，我们可以运用马克思主义法学理论来指导法官的裁判行为，确保裁判的公正性和合法性；在法律援助过程中，我们可以运用马克思主义法学理论来为弱势群体提供法律援助，维护他们的合法权益。

（二）局限性

尽管现代马克思主义法学理论具有诸多优点和贡献，但它也存在一些固有的局限性。

一是理论抽象性与实践具体性的矛盾。现代马克思主义法学理论往往侧重于宏观的理论分析和批判，但在具体法律实践中可能难以直接应用。这导致理论与实践之间存在一定的脱节。例如，该理论在揭示法律与社会关系的本质和规律方面具有很强的洞察力，但在具体法律案件的处理上可能缺乏具体的操作指南。因此，在实际应用中需要将理论与具体实践相结合，寻找适合具体情境的解决方案。

二是对法律独立性的忽视。在某些情况下，现代马克思主义法学理论过于强调法律与社会、经济、政治等因素的紧密联系，可能忽视了法律的独立性和专业性。这影响了法律制度的科学性和合理性。例如，在强调法律的阶级性时，可能忽视了法律作为公正裁判和社会秩序维护者的独立角色。因此，在运用该理论时需要保持对法律独立性的尊重和维护。

三是对法律改革的过度期望。现代马克思主义法学理论往往对法律改革抱有高度的期望，认为通过法律改革可以实现社会的公平和正义。然而，在实践中，法律改革往往受到各种政治、经济和社会因素的制约和影响，难以实现理论上的完美状态。因此，在运用该理论时需要保持对法律改革的现实性和可行性的清醒认识。

四是对全球化挑战的应对不足。随着全球化进程的加速推进，跨国法律问题日益凸显。然而，现代马克思主义法学理论在应对全球化挑战方面存在一定的不足。它过于关注国内的社会结构和阶级关系，而忽视了跨国法律问题的复杂性和多样性。因此，在全球化背景下，需要进一步发展和完善马克思主义法学理论，以更好地应对跨国法律问题的挑战。

二、方法论特点与争议

现代马克思主义法学理论在方法论上具有独特的特点，但同时也面临着一些争议和挑战。以下将详细阐述其方法论特点以及相关的争议。

（一）方法论特点

现代马克思主义在方法论方面的特点主要包括以下方面内容。

一是批判性思维。现代马克思主义法学理论的核心方法论特点之一是批判性思维。这一特点强调对现有法律制度的深入剖析和批判，揭示其背后的不合理性和局限性。批判性思维不仅是对法律条文的解读，更是对法律制度背后的社会、经济、政治等深层次因素的剖析。通过这种思维方式，马克思主义法学理论能够揭示出法律制度如何反映统治阶级的意志，以及法律制度在维护社会秩序和推动社会变革中的作用和局限性。批判性思维使现代马克思主义法学理论能够不断地质疑和挑战现有的法律观念和实践，从而推动法学理论的创新和发展。然而，这种思维方式也要求研究者保持客观、公正的态度，避免陷入主观臆断和片面的批判。

二是跨学科研究。跨学科研究是现代马克思主义法学理论的另一个重要方法论特点。该理论综合运用多学科的理论和方法，从多个角度对法律问题进行深入研究。这种跨学科的研究方法不仅拓宽了法学研究的视野，还提高了研究的全面性和深入性。通过跨学科研究，马克思主义法学理论能够借鉴其他学科的理论和方法，对法律问题进行更加全面和深入的分析。例如，在研究法律与社会的关系时，可以借鉴社会学的研究方法，深入分析法律在社会结构中的作用和影响；在研究法律的意识形态功能时，可以运用政治学的研究方法，揭示法律在塑造社会意识和价值观方面的作用。这种跨学科的研究方法使马克思主义法学理论能够更加深入地揭示法律问题的本质和规律。

三是理论与实践相结合。现代马克思主义法学理论注重将理论研究成果应用于法律实践。通过参与立法、司法和法律援助等活动，该理论推动法律制度的完善和发展。这种理论与实践相结合的方法论特点使马克思主义法学理论不仅具有理论价值，还具有实践意义。通过将理论研究成果应用于法律实践，马克思主义法学理论能够指导立法和司法活动，提高法律制度的公正性和有效性。同时，通过参与法律援助等活动，该理论还能够为弱势群体提供法律援助，维护他们的合法权益。这种理论与实践相结合的方法论特点使马克思主义法学理论在实际应用中具有更强的针对性和实效性。

（二）方法论争议

尽管现代马克思主义法学理论在方法论上具有独特的特点和优势，但也面临着一些争议和挑战。以下将详细阐述其方法论争议。

一是批判性思维的过度使用。现代马克思主义法学理论在运用批判性思维时可能存在过度使用的问题。过度的批判性思维可能导致对法律制度的全面否定，忽视其合理性和积极作用。这种全面的否定态度不仅不利于法学理论的发展和创新，还可能对法律制度造成不必要的破坏和冲击。因此，在运用批判性思维时，需要保持客观、公正的态度，避免陷入主观臆断和片面的批判。同时，也需要认识到法律制度在维护社会秩序和推动社会变革中的重要作用和积极意义。

二是跨学科研究的泛化问题。跨学科研究虽然有助于拓宽研究视野和提高研究的全面性和深入性，但也可能导致研究内容的泛化和浅化。在跨学科研究中，如果过于追求研究内容的广泛性和多样性，而忽视了对具体问题的深入分析和研究，就可能导致研究成果的泛化和浅化。这种泛化的研究成果可能缺乏针对性和实效性，无法对实际问题提供有效的解决方案。因此，在进行跨学科研究时，需要明确研究目标和问题，选择合适的学科和方法进行深入研究。同时，也需要注重研究成果的针对性和实效性，为实际问题提供有效的解决方案。

三是理论与实践的脱节。尽管现代马克思主义法学理论强调理论与实践相结合，但在实际操作中可能难以完全实现这一目标。理论与实践之间存在一定的差距和脱节现象。这种脱节现象可能导致理论研究成果无法有效地应用于法律实践，也无法为立法和司法活动提供有效的指导。造成理论与实践脱节的原因可能是多方面的。一方面，理论研究可能过于抽象和宏观，难以直接应用于具体的法律实践；另一方面，法律实践可能受到各种政治、经济和社会因素的制约和影响，无法实现理论上的完美状态。因此，在将理论研究成果应用于法律实践时，需要充分考虑实践中的复杂性和多样性，寻找适合具体情境的解决方案。为了克服理论与实践的脱节现象，需要不断加强理论与实践之间的互动和交流。一方面，理论研究者需要深入了解法律实践的实际需求和问题，为实践提供有针对性的理论指导和支持；另一方面，法律实践者也需要积极借鉴和吸收理论研究成果，推动法律制度的完善和发展。

三、实践意义与启示

现代马克思主义法学理论不仅在理论上具有独特性和创新性，更在实践中展现出其重要的价值和意义。以下将详细阐述其实践意义，并探讨其为我们带来的启示。

（一）实践意义

现代马克思主义的实践意义主要包括以下方面内容。

一是推动法律制度的完善。现代马克思主义法学理论通过批判性反思和跨学科研究，深入剖析了现有法律制度的内在逻辑和运行机制，揭示了其存在的不足和局限性。这种深入的理论研究为法律制度的完善提供了有力的理论支持和实践指导。在实践中，该理论鼓励我们对法律制度进行持续的审视和反思，推动法律制度的与时俱进，以适应社会发展的需要。具体来说，现代马克思主义法学理论在揭示法律制度不足的同时，也提出了具体的改革建议和方向。这些建议和方向不仅关注法律制度的表面问题，更深入到法律制度的本质和根源，为法律制度的根本性改革提供了理论支撑。在实践中，这些改革建议和方向被广泛应用于立法、司法和法律援助等领域，推动了法律制度的不断完善和发展。

二是促进社会公正与和谐。现代马克思主义法学理论强调法律在维护社会公正和推动社会变革中的重要作用。该理论认为，法律不仅是维护社会秩序的工具，更是实现社会公正和推动社会变革的重要手段。在实践中，该理论通过参与法律援助、推动司法公正建设等活动，积极促进了社会的公正与和谐。在法律援助方面，现代马克思主义法学理论强调为弱势群体提供有效的法律支持和保障。通过法律援助活动，该理论为那些因经济、社会等原因而无法获得充分法律保障的人群提供了必要的法律帮助，维护了他们的合法权益。在司法公正建设方面，该理论强调司法公正的重要性，并推动司法制度的改革和完善，以确保司法公正的实现。这些实践活动不仅促进了社会的公正与和谐，也提高了人们对法律制度的信任度和满意度。

三是提升法学教育的质量。现代马克思主义法学理论对法学教育产生了深远影响。该理论强调法学教育的实践性和创新性，推动了法学教育内容的更新和教学方法的改革。在实践中，该理论鼓励法学教育关注社会现实和法律实践的需要，培养具有批判性思维和跨学科研究能力的法学人才。具体来说，现代马克思主义法学理论在法学教育中的应用体现在多个方面。首先，该理论鼓励法学教育更新教育内容，引入最新的法学研究成果和实践经验，使学生能够及时掌握最新的法学知识和技能。其次，该理论推动法学教育方法的改革，强调实践性教学的重要性。通过模拟法庭、法律援助等实践活动，使学生能够在实践中学习和掌握法律知识，提高他们的实践能力和创新精神。这些改革措施不仅提升了法学教育的质量和效果，也为培养高素质的法学人才提供了有力支持。

（二）实践启示

现代马克思主义法学理论作为不同于传统资本主义法学理论，依托于社会主义国家政权的新型法学理论，对我国当前的法治建设尤其是法学研究有着以下方面的重要启示。

一是坚持批判性思维。现代马克思主义法学理论的实践意义启示我们在法学研究中应坚持批判性思维。批判性思维是法学研究的重要工具，它使我们能够勇于对现有法律制度进行反思和批判，揭示其背后的不合理性和局限性。在实践中，我们应保持对法律制度的敏锐洞察力，不断审视和反思法律制度的运行机制和效果，为推动法律制度的完善和发展提供有力的理论支持。同时，坚持批判性思维也要求我们在法学研究中保持客观、公正的态度。我们应避免陷入主观臆断和片面的批判，而是应以客观事实为基础，进行深入、全面的分析和研究。只有这样，我们才能得出准确、有价值的结论，为法律制度的完善和发展提供有益的指导。

二是注重跨学科研究。现代马克思主义法学理论的实践意义还启示我们在法学研究中应注重跨学科研究方法的运用。跨学科研究方法是法学研究的重要创新点，它使我们能够结合多学科的理论和方法对法律问题进行深入研究，提高研究的全面性和深入性。在实践中，我们应积极借鉴和吸收其他学科的研究成果和方法，为法学研究提供新的视角和思路。同时，注重跨学科研究也要求我们在法学研究中保持开放、包容的态度。我们应尊重不同学科之间的差异和多样性，寻求各学科之间的共同点和交叉点，以推动法学研究的创新和发展。通过这种跨学科的研究方法，我们可以更加全面、深入地揭示法律问题的本质和规律，为法律制度的完善和发展提供有力的理论支持。

三是强调理论实践结合。现代马克思主义法学理论的实践意义进一步启示我们在法学研究中应加强理论与实践相结合的原则。理论与实践相结合是法学研究的重要原则，它要求我们将理论研究成果应用于法律实践活动中，推动法律制度的完善和发展。在实践中，我们应积极参与立法、司法和法律援助等活动，将理论研究成果转化为实际的法律实践。同时，加强理论与实践相结合也要求我们在法学研究中注重实践经验的总结和提炼。我们应深入实践、了解实践、反思实践，将实践经验上升为理论认识，以推动法学理论的创新和发展。通过这种理论与实践相结合的研究方法，我们可以更加有效地推动法律制度的完善和发展，为社会的公正与和谐提供有力的法律保障。

四是关注弱势群体权益。现代马克思主义法学理论的实践意义还启示我们在法学研究中应关注弱势群体的权益保护问题。弱势群体是社会中需要特别关注和保护的群体，他们往往因为经济、社会等原因而无法获得充分的法律保障。在实践中，我们应积极参与法律援助和司法公正建设等活动，为弱势群体提供有效的法律支持和保障。同时，关注弱势群体权益也要求我们在法学研究中注重社会公正和人文关怀。我们应关注社会弱势群体所面临的法律问题和困境，积极寻求解决之道，以推动社会的公正与和谐。通过这种关注弱势群体权益的研究方法，我们可以更加深入地了解社会的法律需求和问题，为法学研究的创新和发展提供有益的启示。

第六节　现代马克思主义法学理论的未来发展

现代马克思主义法学理论作为马克思主义理论体系的重要组成部分，自诞生以来，就以其独特的视角和深刻的理论洞见，对法学领域产生了深远的影响。进入新时代，随着全球化和信息化的发展，马克思主义法学理论面临着新的机遇与挑战。本节将详细阐述现代马克思主义法学理论的未来发展，探讨其在新的历史条件下的理论创新与实践应用。

一、现代马克思主义法学理论的重要性与现状

（一）现代马克思主义法学理论的重要性

现代马克思主义法学理论在理论上继承和发展了唯物史观和辩证法，为法学研究提供了科学的世界观和方法论。这一理论体系不仅深刻揭示了法的本质、起源、作用和发展规律，而且为理解和解决现实社会中的法律问题提供了有力的理论武器。具体来说，现代马克思主义法学理论的重要性主要包括以下方面内容。

一是现代马克思主义法学理论与唯物史观。现代马克思主义法学理论坚持唯物史观，认为法是社会历史发展的产物，是社会经济基础的反映。它强调法与经济基础之间的紧密联系，以及法在社会变革中的重要作用。这种对法的社会历史性的深刻揭示，使我们能够更全面地理解法的本质和特征。

二是现代马克思主义法学理论与辩证法。现代马克思主义法学理论还继承了辩证法，强调对立面的统一和斗争，以及事物的量变和质变。在法学研究中，这意味着要全面、发展地看待法律问题，既要看到法的稳定性和连续性，也要看到法的变革性和创新性。这种辩证的思维方法使我们能够更深入地分析法律现象，揭示其内在的矛盾和运动规律。

三是现代马克思主义法学理论对法学研究的贡献。现代马克思主义法学理论为法学研究提供了科学的世界观和方法论，使法学研究更加深入、全面和科学。它强调法学研究必须紧密联系社会实际，关注社会变革和发展，为法学研究注入了新的活力和动力。同时，现代马克思主义法学理论还强调法学研究的阶级性和历史性，使我们能够更清醒地认识法学研究的政治立场和价值取向。

四是现代马克思主义法学理论在中国的重要性。在中国，现代马克思主义法学理论不仅是社会主义法治建设的理论指导，也是推进全面依法治国的重要思想武器。它帮助我国逐步建立和完善了社会主义法律体系，推动了社会公平正义的实现。在全面建设社会主义现代化国家的新征程中，现代马克思主义法学理论将继续发挥重要的指导作用。

（二）现代马克思主义法学理论的发展现状

近年来，随着全球化和信息化的发展，以及中国特色社会主义进入新时代，现代马克思主义法学理论也迎来了新的发展机遇。这一理论体系在不断适应时代变化的过程中，展现出了强大的生命力和创新力。具体来说，现代马克思主义法学理论的发展现状主要体现在以下几方面。

一是全球化和信息化对现代马克思主义法学理论的影响。全球化和信息化的发展对现代马克思主义法学理论产生了深远的影响。一方面，它们大大拓展了现代马克思主义法学理论发展的深度和广度，使我们能够更全面地认识和理解法的现象和本质。另一方面，它们也带来了前所未有的挑战，如跨国法律问题、网络法律问题等，这些问题对传统的法学理论和方法提出了新的挑战。然而，正是这些挑战推动了现代马克思主义法学理论的不断创新和发展。在全球化和信息化的背景下，现代马克思主义法学理论开始更加关注国际法、比较法以及新兴科技领域的法律问题。它努力探索如何在全球化和信息化的背景下维护国家主权和利益，如何推动国际法的公正和合理，以及如何应对新兴科技对法律体系的挑战。这些探索不仅丰富了现代马克思主义法学理论的理论内容，也为其在实践中的应用提供了新的思路和方法。

二是习近平法治思想对现代马克思主义法学理论的贡献。习近平法治思想是新时代中国特色社会主义法治理论的重要组成部分，它赋予了现代马克思主义法学理论新的时代内涵和实践特色。这一思想强调法治在国家治理和社会管理中的重要性，提出了全面依法治国的一系列新理念、新思想、新战略。习近平法治思想对现代马克思主义法学理论的贡献主要体现在以下几个方面：首先，它强调了法治在国家治理中的基础性地位，将法治作为实现国家治理体系和治理能力现代化的重要手段；其次，它提出了全面依法治国的总目标，即建设中国特色社会主义法治体系、建设社会主义法治国家；最后，它强调了法治与德治的相结合，注重发挥法治和德治在国家治理中的互补作用。习近平法治思想的提出，不仅为现代马克思主义法学理论注入了新的时代内涵和实践特色，也为其在未来的发展指明了方向。这一思想强调了法学研究与国家实践、社会治理的紧密结合，推动了现代马克思主义法学理论在理论创新和实践应用方面的不断发展。

三是国内外法学界对现代马克思主义法学理论的研究进展。近年来，国内外法学界对现代马克思主义法学理论的研究不断深入，涌现出大量优秀的研究成果。这些研究成果不仅推动了现代马克思主义法学理论的理论创新和发展，也为其在实践中的应用提供了有力的支持。在国内，许多学者致力于将现代马克思主义法学理论与中国实际相结合，探索适合中国国情的法治道路和模式。他们深入研究了中国特色社会主义法治建设的经验和规律，提出了一系列具有中国特色的法治理论成果。这些成果不仅丰富了现代马克思主义法学理论的理论内容，也为其在中国的实践提供了有力的指导。在国外，许多学者也开始关注现代马克思主义法学理论的研究和发展。他们从不同的角度和层面对现代马克思主义法学理论进行了深入的研究和探讨，提出了一些新的理论观点和研究方法。这些研究成果不仅拓宽了现代马克思主义法学理论的国际视野，也为其在全球范围内的传播和应用提供了有力的支持。

二、现代马克思主义法学理论的发展方向

进入新的世纪，现代马克思主义法学理论面临着复杂多变的国内外环境，其发展方向必须紧密围绕时代需求，坚持理论与实践相结合，不断推动理论创新与实践深化。以下详细阐述现代马克思主义法学理论的发展方向。

（一）深化基础理论研究，强化科学性

一是经典理论的再诠释。现代马克思主义法学理论的根基在于对经典著作的深入理解和准确诠释。随着学术研究的深入，我们需要运用现代科学方法，对马克思、恩格斯等经典作家的法学思想进行再诠释，挖掘其内在的逻辑联系和时代价值。这不仅包括对经典著作原文的精细解读，还包括对其思想在不同历史阶段和文化背景下的适用性分析，以确保理论的科学性和时代性。二是辩证唯物主义与历史唯物主义的深化应用。辩证唯物主义和历史唯物主义是现代马克思主义法学理论的核心世界观和方法论。在现代社会，我们需要进一步深化这两种方法论在法学研究中的应用。通过辩证思维分析法律现象，揭示其内在矛盾和运动规律；通过历史唯物主义分析法律与社会经济基础、上层建筑之间的关系，为法治建设提供科学指导。同时，还需关注全球化和信息化背景下法律现象的新变化，运用现代马克思主义法学理论进行解释和预测。

（二）推进中国化进程，形成具有中国特色的理论体系

一是结合中国实际，创新理论成果。现代马克思主义法学理论的中国化是其发展的重要方向之一。我们需要将现代马克思主义法学理论的基本原理与中国实际相结合，研究中国特色社会主义法治理论在不同阶段的发展成果，形成具有中国特色的社会主义法治理论体系。这一过程中，需要关注中

国法治建设中的重大现实问题，如经济全球化、科技革命等对法治的影响，提出具有针对性的解决方案和理论创新成果。二是回应时代需求，引领法治实践。现代马克思主义法学理论必须紧密关注时代需求，回应社会关切。在全面依法治国的大背景下，我们需要深入研究习近平法治思想，阐释其关于全面依法治国的重要论述和战略部署。同时，还需要关注人民群众对法治的新期待和新要求，为法治实践提供有力的理论支撑和指导。通过引领法治实践，不断检验和发展现代马克思主义法学理论的科学性和有效性。

（三）加强学科交叉融合，拓展研究领域

一是跨学科研究。现代马克思主义法学理论需要加强与其他学科的交叉融合，形成综合研究视角。通过与哲学、政治学、经济学、历史学等学科的交叉研究，我们可以更全面地认识和理解法律现象的本质和规律。同时，还可以借鉴其他学科的研究方法和成果，丰富和发展现代马克思主义法学理论的研究方法和理论体系。二是关注新兴领域。随着全球化、信息化的深入发展以及新兴科技的不断涌现，法律现象呈现出许多新的特点和趋势。现代马克思主义法学理论需要关注这些新兴领域的研究，如跨国法律问题、网络法律问题、人工智能与法律的关系等。通过深入研究这些新兴领域的问题和挑战，我们可以不断拓展现代马克思主义法学理论的研究领域和视野。

三、现代马克思主义法学理论的具体发展路径

为了实现上述发展方向，现代马克思主义法学理论需要采取具体的发展路径。以下详细阐述这些路径的具体内容和实施策略。

（一）加强基础理论研究，构建科学理论体系

一是经典著作研读与诠释。组织专家学者深入研究马克思主义经典著作中关于法学的论述，通过精读原文、撰写注释、发表解读文章等方式，深入挖掘经典理论的科学内涵和时代价值。同时，还可以开展经典著作研读班、研讨会等活动，促进学术交流与合作，提高经典著作研读的质量和水平。二是基本原理提炼与整合。在深入研读经典著作的基础上，提炼出

现代马克思主义法学理论的基本原理和核心观点，并进行整合和系统化处理。通过构建科学理论体系框架，明确各个原理之间的内在逻辑联系和相互支撑关系。同时，还需要关注基本原理在不同历史阶段和文化背景下的适用性分析，确保理论体系的科学性和时代性。

（二）推进中国化进程，形成中国特色理论体系

一是结合中国实际进行研究。紧密关注中国法治建设的实践进程和重大现实问题，结合中国实际开展现代马克思主义法学理论研究。通过调查研究、案例分析、数据统计等方式收集第一手资料和数据信息；通过理论分析和实证研究相结合的方法揭示问题本质和规律；提出具有针对性和可操作性的解决方案和政策建议。同时还需要关注人民群众对法治的新期待和新要求及时回应社会关切。二是阐释习近平法治思想。深入学习阐释习近平法治思想中关于全面依法治国的重要论述和战略部署。通过组织专家学者撰写解读文章、召开研讨会等方式深入阐释习近平法治思想的科学内涵和实践要求；结合中国法治建设实践提出贯彻落实习近平法治思想的具体措施和路径；推动习近平法治思想在法学研究和法治实践中的广泛应用和深入发展。

（三）加强学科交叉融合，拓展研究领域和视野

一是促进跨学科交流与合作。加强与哲学、政治学、经济学、历史学等学科的交流与合作，促进跨学科研究的深入发展。通过组织跨学科研讨会、合作项目等方式促进不同学科之间的学术交流与合作；借鉴其他学科的研究方法和成果丰富和发展现代马克思主义法学理论的研究方法和理论体系；形成综合研究视角提高法学研究的深度和广度。二是关注新兴领域研究。紧跟时代步伐关注新兴领域的研究动态和发展趋势。组织专家学者深入研究跨国法律问题、网络法律问题、人工智能与法律的关系等新兴领域的问题和挑战；通过发表学术论文、出版专著等方式推动新兴领域研究的深入发展；拓展现代马克思主义法学理论的研究领域和视野为法治实践提供有力支撑和指导。

（四）培养高素质人才队伍，推动理论创新与实践深化

一是加强人才培养与引进。注重培养高素质的现代马克思主义法学理

论人才队伍。通过加强高等教育和职业教育中的现代马克思主义法学理论教育培养具有扎实理论基础和丰富实践经验的法学人才；同时积极引进国内外优秀人才充实现代马克思主义法学理论研究队伍提高研究水平和创新能力。二是推动理论创新与实践深化。鼓励和支持专家学者开展理论创新活动推动现代马克思主义法学理论的不断发展与完善。通过设立科研项目、发表学术成果等方式激励专家学者积极探索新领域、新问题提出新观点、新方法；同时注重将理论研究成果转化为实践成果推动法治实践的深入发展；通过实践检验和发展理论成果确保理论的科学性和有效性。

（五）加强国际交流与合作，提升国际影响力

一是积极参与国际法学交流与合作。积极参与国际法学学术会议和论坛等活动加强与国际法学界的交流与合作。通过发表学术论文、参与讨论等方式展示中国现代马克思主义法学理论的研究成果和理论贡献；同时借鉴国际法学界的先进理念和做法推动中国现代马克思主义法学理论的创新与发展；提升中国现代马克思主义法学理论在国际法学界的影响力和地位。二是传播中国法治经验和智慧。通过国际交流与合作积极传播中国法治建设的经验和智慧。通过组织国际研讨会、出版外文著作等方式向国际社会介绍中国法治建设的成就和经验；同时注重将中国法治建设的成功实践转化为可借鉴的理论成果为国际社会提供有益的参考和借鉴；推动中国法治智慧在全球范围内的传播和应用。

第七节　经典案例分析

罗莎·卢森堡案：工人阶级的斗争与法律的阶级性

罗莎·卢森堡是德国社会民主党的重要领袖，1919 年，她因参与和组织工人运动而被捕，并最终被判处死刑。她的案件不仅是一起政治审判，也深刻揭示了工人阶级斗争与法律阶级性之间的关系。

从现代马克思主义法学理论的视角来看，罗莎·卢森堡案的影响和意义主要体现在以下几个方面：一是法律的阶级性与工具性。此案生动展示了法律作为资产阶级统治工具的特性。卢森堡因组织工人运动、挑战资产阶级统治秩序而被捕并判处死刑，这充分暴露了法律在维护阶级统治方面的作用。现代马克思主义法学理论认为，法律是统治阶级意志的体现，其制定和实施都是为了维护统治阶级的利益。二是工人阶级的斗争与反抗。卢森堡案也体现了工人阶级在面对资产阶级压迫时的斗争与反抗精神。她坚持自己的信仰和理念，不畏强权，勇于挑战不公的统治秩序。这种斗争精神是工人阶级解放的重要动力，也是推动社会变革和现代马克思主义法学理论发展的重要力量。三是法律的公正性与相对性。此案还引发了人们对法律公正性的思考。虽然法律在表面上宣称公正、平等，但在实际执行中却往往偏袒统治阶级。卢森堡的遭遇就充分说明了这一点。现代马克思主义法学理论认为，法律的公正性是相对的，它受到统治阶级意志和利益的影响和制约。

罗莎·卢森堡案是现代马克思主义法学理论中的一个经典案例，它深刻揭示了法律的阶级性、工人阶级的斗争与反抗以及法律的公正性与相对性等多个方面的问题。这个案例不仅具有历史意义，而且对于我们理解现代马克思主义法学的核心观点和原理具有重要的启示作用。

思考题

1. 现代马克思主义法学理论在全球化和信息化背景下如何进行理论创新？

2. 探讨现代马克思主义法学理论如何通过跨学科研究拓展研究领域。

3. 试述现代马克思主义法学理论的主要贡献与局限性。

第九章　西方马克思主义法学理论专题

━━━ 内容提要 ━━━

　　西方马克思主义者所关注的重点并非法律问题，而是在讨论其他议题的时候附随着研究与议题有关的法律问题。这些学派、学者及其他相关人物的马克思主义法律思想和见解共同铸就了西方马克思主义法学的基石，也就是西方马克思主义的法律思想和观点。学者们分别从不同的角度来解析西方马克思主义法学，如从自然法角度、经济分析角度、社会法学角度等。还有的从反面角度来看待西方马克思主义法学。西方马克思主义法学是一个极其庞大而又杂乱的思想潮流，所以其兴起与发展并不像其他法学流派一样，专门性地研究该派法学思想，而是具有明显的分散性。比如哈贝马斯，其既有专门的法学著作，又有分布于其他非法学著作的局部西方马克思主义法学思想叙述。另一位典型代表就是卡尔伦纳，其代表著作《私法制度及其社会功能》被公认为是西方马克思主义法学的奠基石和开山之作，但他本人却不被认为是一个西方马克思主义者。西方马克思主义法学自产生开始，大量的学者大家对其做了不同的解读，由此形成西方马克思主义法学百花齐放的局面，但因其根本也是马克思主义理论，其命运和马克思主义在西方世界一样，受到了资本主义社会和各种学派的打压。

━━━ 本章重点 ━━━

　　西方马克思主义法学的概念、范围以及兴起与发展的历程，西方马克思主义法学的代表人物及其思想，西方马克思主义法学的特点及其不足。

☞ 案例引入："生活世界殖民化"案

在现代西方社会，社交媒体已成为人们日常生活的重要组成部分。这些平台原本是为了方便人们分享生活、交流信息而设计的，但随着时间的推移，它们逐渐被商业化和体制化，导致了"生活世界殖民化"的现象。从哈贝马斯的交往行为理论角度来看，"生活世界殖民化"是指体制对生活世界的过度侵蚀，导致原本属于私人领域和公共空间的非市场和非商品化的活动受到市场机制和科层化权力的控制。

通过上述案例，可以引出西方马克思主义法学理论的一些核心观点和分析角度。西方马克思主义法学理论，作为一种法学思潮，深受马克思主义理论的影响，它强调法律与社会、经济、政治等结构的紧密联系，并批判地审视法律在维护现有社会秩序中的作用。该法学流派认为，法律并非孤立存在，而是社会经济关系的反映，同时也是统治阶级意志的体现。从西方马克思主义法学理论的角度，可以对这一案例进行以下方面分析。一是法律与社会的互动关系。在社交媒体"生活世界殖民化"的案例中，我们可以看到法律与社会之间存在着密切的互动关系。一方面，社交媒体平台的发展受到了法律的规范和约束；另一方面，社交媒体平台的商业化、体制化又在一定程度上影响了社会交往行为和法律环境。二是法律的阶级性。西方马克思主义法学认为，法律是统治阶级意志的体现。在社交媒体案例中，商业化和体制化的趋势实际上反映了资本家的利益需求，而这些需求往往通过法律手段得到巩固和保护。例如，用户数据的收集和使用往往受到隐私法律的规范，但这些法律可能在某种程度上偏向于保护企业的商业利益。三是法律的批判性审视。西方马克思主义法学强调对法律的批判性审视。在社交媒体案例中，我们需要审视的是，现有的法律框架是否足以保护用户的隐私权和信息安全，以及是否能够有效遏制"生活世界殖民化"的趋势。显然，随着社交媒体平台的快速发展，现有的法律体系可能存在一定的滞后性和不足之处。四是法律与社会变革。西方马克思主义法学认为，法律是社会变革的重要工具。在面对社交媒体"生活世界殖民化"的问题时，我们需要通过法律手段来推动社会变革，保护用户的合法权益，促进社交媒体的健康发展。例如，可以制定更加严格的隐私保护法律和数据安全法律，以限制社交媒体平台对用户数据的过度收集和使用。

第一节　西方马克思主义法学理论的概念和特征

在近现代西方哲学和社会科学领域中，马克思主义一直是核心的理论框架之一。尽管西方马克思主义法学并非占据主导地位，但它始终作为一种批判性的声音，对当前法律体系及其背后的社会经济结构进行审视。西方马克思主义法学理论不仅继承了马克思主义的基本原理，更在西方特定的社会文化背景下，对法学理论进行了深入的探讨和发展。以下将详细阐述西方马克思主义法学理论的概念和范围，为后续进一步论述奠定相应的理论基础。

一、西方马克思主义法学理论的概念

西方马克思主义法学理论，是一个产生于 20 世纪初的法学理论流派，主要由西方共产党人和学者在当代资本主义社会背景下，对马克思主义法学进行反思、重新理解和运用而形成。它致力于批判性地研究和发展马克思主义法学理论。西方马克思主义法学理论的根源可以追溯到对经典马克思主义的重新解读与发展，特别是在法学这一专业领域的深度应用。提及这一学派，就不得不提及其与苏联式马克思主义法学的显著区别。后者更多地停留在理论层面，强调法律的阶级性和为统治阶级服务的本质，而前者则更倾向于深入探索和研究法律在复杂的资本主义社会中的实际运作机制。这种差异并不是偶然的。西方马克思主义法学认为，法律不仅仅是统治阶级的工具，它更是一个独立的社会现象，与经济、政治和文化等多个领域存在千丝万缕的联系。换言之，法律并不是孤立存在的，而是嵌入在整个社会结构之中，受到各种社会因素的影响和制约。

批判和反思是西方马克思主义法学理论流派的两大核心思想。这一学派敏锐地指出了资产阶级法学的片面性和局限性。在资产阶级法学中，法律往往被描绘成中立、公正的，但实际上，它更多地反映了资产阶级的利益和意志。与此同时，西方马克思主义法学也对苏联式的马克思主义法学进行了深刻的反思。它认为，那种将法律简单地视为统治阶级意志的体现的观点，过于机械和教条，忽略了法律在社会中的复杂性和多样性。为了进一步揭示法律的真相，西方马克思主义法学致力于深入挖掘法律背后的阶级关系和权力结构。它认为，法律在很大程度上是统治阶级为了维护自身利益而制定的。但这并不意味着法律是固定不变的。相反，随着社会结构和阶级关系的变化，法律也会发生相应的调整和变革。此外，西方马克思主义法学还特别关注法律如何被用来维护社会不平等和压迫。它认为，虽然法律在某些方面确实起到了维护社会秩序和公正的作用，但在很多情况下，它也被用来为特定的阶级或群体谋取私利，从而加剧了社会的不平等和冲突。

与经典马克思主义法学理论相比，西方马克思主义法学理论有着自己独特的视角和关注点。经典马克思主义法学更多地从经济基础出发，探讨法律与统治阶级意志的关系。而西方马克思主义法学则更加注重法律在社会中的实际作用和影响，特别是它如何被用来构建和维护特定的社会秩序。总的来说，西方马克思主义法学理论为我们提供了一个全新的视角来审视和理解法律。它不仅仅是一个学术理论流派，更是一种对社会现实的深刻反思和批判。通过这一理论的研究，我们可以更加深入地了解法律的真相，从而为推动社会的公正和平等作出更大的贡献。

二、西方马克思主义法学理论的特征

在西方法学的众多流派中，马克思主义法学以其独特的视角和深刻的理论洞察，占据了重要的地位。它不仅仅是对马克思主义理论的法学解读，更是在新的社会背景下对法学基本问题的重新思考和阐释。西方马克思主义法学理论的特征，体现在其内容的丰富性、理论形式的多样性、研究方法的创新性、研究特色的本质性，以及其对当代法学领域影响力的独特性上。接下来，我们将从这五个方面详细探讨西方马克思主义法学的特征。

（一）内容的丰富性

西方马克思主义法学在内容上具有相当的广泛性和深度，从而具有显著的内容丰富性特征。它不仅对马克思主义法理论本身进行了全面的评价，还在此基础上进行了构建，同时深入探讨了马克思主义法理论的运用和实践。这种全方位的研究，使得西方马克思主义法学在内容上呈现出一种全面而深入的特点。首先，就马克思主义法理论本身的评价而言，西方马克思主义法学对其进行了深入的剖析和解读。它充分肯定了马克思主义法学理论在揭示法的本质和功能方面的贡献，同时也指出了其在某些方面的局限性和需要改进的地方。这种评价是客观而全面的，既没有盲目崇拜，也没有一概否定，而是以一种科学的态度对待马克思主义法理论。其次，在构建方面，西方马克思主义法学在继承马克思主义法理论的基础上，结合新的社会背景和时代特点，对其进行了创新和发展。它不仅对法的本质和功能进行了更为深入的探讨，还提出了一系列新的观点和理论，如法的阶级性、民主与法的关系、法与社会主义的关系等。这些新观点和理论，不仅丰富了马克思主义法学的内容，也为其在当代社会的发展提供了有力的理论支撑。最后，在实践方面，西方马克思主义法学强调将理论与实际相结合，通过实践来检验和发展理论。它认为，法不仅是一种理论构建，更是一种社会实践。因此，在研究法的问题时，必须紧密结合社会实践，从实践中发现问题、分析问题并解决问题。这种实践导向的研究方法，使得西方马克思主义法学在实践中不断得到检验和发展，保持了其理论的活力和生命力。

西方马克思主义法学在内容方面的特征还体现在对经济基础与上层建筑关系的深入探讨上。它认为法律作为上层建筑的一部分，与经济基础之间存在着密切的联系。经济基础决定上层建筑，而上层建筑又对经济基础具有反作用。这种相互作用的关系，使得法律在社会发展中扮演着重要的角色。同时，西方马克思主义法学还对阶级划分问题进行了深入研究，认为法律是统治阶级意志的体现，是维护统治阶级利益的重要工具。这一观点揭示了法律的本质和功能，为我们理解法律提供了新的视角。此外，西方马克思主义法学还关注民主问题、法与社会主义的关系问题以及法的消亡问题等马克思主义理论中的基本问题。它认为民主是社会主义法的重要特征之一，是人民当家作主的重要体现。同时，它也探讨了法与社会主义的关系问题，认为社会主义法是社会主义制度的重要组成部分，是维护社会主义制度的重要保障。对于法的消亡问题，西方马克思主义法学也进行了深入的探讨，认为随着社会主义制度的建立和完善以及人们思想觉悟的提高和法律意识的增强，法将逐渐消亡。

（二）理论形式的多元性

在理论形式上，西方马克思主义法学以多元的形态展现在世人面前。其内部包含了诸多不同的理论和观点，这些理论和观点在继承马克思主义法学的基础上，结合特定的社会背景和学术思潮，形成了各具特色的理论分支。其中，工具主义马克思主义和结构主义马克思主义是两种具有代表性的理论形态。工具主义马克思主义以科林斯等为代表，他们强调法的内容及法与其他社会政治现象的关系，并以阶级性为基础。在他们看来，法律是统治阶级意志的体现，是维护统治阶级利益的重要工具。法律的内容和功能都受到阶级关系的影响，并随着阶级关系的变化而变化。这种观点揭示了法律在阶级社会中的本质和功能，为我们理解法律提供了阶级分析的视角。与工具主义马克思主义不同，结构主义马克思主义以阿尔都塞等为代表，他们主张"多元决定论"，认为法和国家是社会各种力量平衡凝聚而成，并强调法的相对独立性。在他们看来，法律不仅仅是经济基础的反映，还受到其他社会因素的影响和制约。法律的发展是一个复杂的过程，受到多种因素的共同作用。这种观点突破了简单的经济决定论，为我们理解法律的复杂性提供了新的思路。在理论本质上，西方马克思主义法学反对简单的经济决定论，强调上层建筑的相对独立性，特别是意识形态的作用和法律的意识形态功能。它认为法律不仅仅是经济基础的简单反映，更是统治阶级意志的体现。法律通过强制性的国家机器以及意识形态的国家机器来实现其功能，维护统治阶级的利益和社会秩序。这种观点揭示了法律在意识形态领域的重要作用，为我们理解法律的社会功能提供了新的视角。

（三）研究方法的创新性

西方马克思主义法学在研究过程中采用了多种创新性的研究方法以深入探究法律的本质和功能。这些方法上的创新不仅丰富了法学研究的手段，还为揭示法律与社会现实之间的复杂关系提供了有力的工具。西方马克思主义法学理论在研究方法上创新的最典型表现是现象学方法和存在主义方法的广泛使用。现象学方法是西方马克思主义法学中常用的一种研究方法。它通过深入观察和分析法律现象的本质特征来揭示法律的真实面貌。这种方法强调对法律现象的直观把握和深入理解，有助于我们更好地认识法律的本质和功能。存在主义方法也是西方马克思主义法学中的重要研究方法之一。它从人的存在角度出发来探讨法律的意义和价值。这种方法认为法律不仅仅是一种规范体系，更是人类存在的一种方式。通过深入探究法律与人的存在之间的关系，我们可以更好地理解法律在人类生活中的作用和意义。除了上述两种方法外，西方马克思主义法学还采用了其他多种研究方法，如历史分析法、比较分析法等。这些方法各具特色，相互补充，共同构成了西方马克思主义法学独特的研究方法体系。

（四）研究特色的本质性

在研究特色上，西方马克思主义法学强调法律的自治性和自主性以及法在市民社会中的运作机制，从而更深入地揭示了法律与社会现实之间的本质性。它认为法律不仅仅是一种国家权力工具，更是市民社会中各种力量相互博弈的结果。因此，在研究法律时，必须充分考虑市民社会的各种因素和法律在其中的运作机制。这种研究特色使得西方马克思主义法学能够更加深入地揭示法律与社会现实之间的复杂关系。总的来说，西方马克思主义法学的研究特色为我们深入理解法律的本质和功能提供了新的视角和思路。通过强调法律的自治性和自主性以及法在市民社会中的运作机制等特色研究内容，我们可以更加全面地认识和理解法律的真实面貌及其在社会生活中的作用和意义。

（五）对当代法学领域影响力的独特性

尽管在法律实证主义和自然法学等主流法学派别的映衬下，西方马克思主义法学的影响力可能并不显得那么突出，但其在当代西方法学领域中始终有着独特的影响力，并占据着举足轻重的地位。这一地位的确立，源于其深刻的理论洞察和独特的分析视角，为法学研究注入了新的活力。许多西方学者从学术角度对马克思主义法学展开研究，不仅丰富了其理论内涵，还为其在当代社会的发展提供了源源不断的智力支持。这些学者通过运用马克思主义法学的理论和方法，对当代社会的法律问题进行了深入剖析，提出了一系列新思想和新观点。这些新思想和新观点不仅拓展了马克思主义法学的理论视野，还为其在当代社会的发展提供了新的思路。同时，西方马克思主义法学的影响力也体现在其对实践领域的指导意义上。它强调法律与社会现实的紧密联系，提倡从社会实践中发现问题、分析问题并解决问题。这种实践导向的研究方法使得西方马克思主义法学在实践中具有较强的指导意义和应用价值。无论是在立法、司法还是法律服务等各个领域，西方马克思主义法学都为我们提供了一种独特的分析视角和解决方法。

三、西方马克思主义法学理论的范围

西方马克思主义法学理论作为一个独特且重要的法学理论流派，其范围涵盖了众多领域和方面，不仅包括代表人物及其思想观点，还涉及广泛的研究范畴和深入探讨的问题。以下将详细阐述西方马克思主义法学的范围。

（一）人物范围

西方马克思主义法学理论的代表人物及其思想是构成该流派的重要组成部分。这些代表人物来自不同的国家和背景，但他们都以马克思主义为理论基础，对法学进行了深入的研究和探讨。早期代表人物包括卢卡奇、霍克海默、哈贝马斯等人。另外，还有一大批西方学者对西方马克思主义法学进行了深入的研究和探讨。这些学者运用马克思主义的基本原理和方法，对西方法律体系进行了深入的剖析和批判。他们的研究不仅丰富了西方马克思主义法学的内容，也为其发展提供了坚实的学术基础。

（二）研究范围

西方马克思主义法学理论的研究范围广泛且深入，涵盖了法理学的各个方面以及具体法律领域的实际问题。第一，法学基础理论方面。包括了法律的形式、功能和本质、权利与义务的关系、法律的意识形态功能等方面。第二，具体法律领域。除了法理学方面的探讨外，西方马克思主义法学还涉及具体法律领域的实际问题，主要涉及两个领域。一方面是国内法领域。在民法领域，该流派关注民事纠纷的解决机制以及合同、侵权等具体问题的处理方式。它批判了民法中的形式主义倾向，并提出了更加符合社会现实的处理方式。在刑法领域，西方马克思主义法学探讨了刑事责任的认定问题以及刑罚的适用原则等。它认为刑法应该体现公正和合理性，而不是简单地惩罚犯罪行为。另一方面是国际法领域。在国际法领域，该流派关注国际法的制定和实施问题以及国际关系的处理原则等。它强调国际法应该维护国际秩序和公平正义，而不是成为某些国家谋取私利的工具。第三，跨学科研究方面。西方马克思主义法学还涉及一系列与法律相关的哲学、政治和道德问题。它探讨了权利理论、自由与平等的关系以及法律与道德的联系等深层次问题。这些问题不仅关乎法律制度的本质和意义，也涉及到人类社会的价值观和伦理观。因此，西方马克思主义法学的研究范围不仅仅局限于法学领域本身，还涵盖了更广泛的哲学、政治和道德等领域的问题探讨。这种跨学科的研究方法为西方马克思主义法学的发展提供了更加广阔的视野和思考空间。

第二节　西方马克思主义法学理论的兴起和发展

西方马克思主义法学理论从马克思主义者的法律思想中兴起，兴盛于西方学者对马克思主义法学的研究。西方马克思主义法学理论产生于 20 世纪初，至 20 世纪 70、80 年代兴盛，其底色都是马克思主义，在这之上发展出观点纷呈的西方马克思主义法学思想。

一、西方马克思主义法学理论兴起的原因

西方马克思主义法学理论的兴起，是 20 世纪初社会历史变革的重要组成部分。在复杂多变的社会历史背景下，这一理论逐渐崭露头角，成为法学领域的一股新兴力量。接下来，我们将从社会历史背景和思想背景两方面，详细探讨西方马克思主义法学理论兴起的原因。

（一）西方马克思主义法学理论兴起的社会历史背景

20 世纪初，全球政治、经济和文化格局的动荡与变革为西方马克思主义法学理论的兴起提供了肥沃的土壤。这一时期，资本主义国家经历了前所未有的发展，但也暴露出诸多社会问题。首先，资本主义的快速发展带来了社会结构的深刻变化。工业化、城市化的推进使得大量农民涌入城市，成为工人阶级的一员。然而，资本主义的繁荣并未惠及所有人，贫富差距逐渐扩大，劳工权益受到严重损害。环境污染、社会不公等问题也日益凸显，这些现象引起了人们对资本主义制度的深刻反思。其次，两次世界大战的爆发给人类社会带来了巨大的灾难。战争不仅导致了生命的消逝和财产的损失，还加剧了国际关系的紧张与对立。这一时期，人们对和平与稳定的渴望愈发强烈，对传统的价值观念、社会制度和法律体系产生了深刻的怀疑和反思。最后，社会主义国家的兴起打破了资本主义一统天下的格局。尤其是苏联的建立和发展，为全球带来了新的社会制度选择。冷战的开始更是将社会主义与资本主义两大阵营的对立推向了高潮。在这样的背景下，人们对资本主义法律制度及其背后的意识形态产生了更深刻的审视和批判需求。

正是基于这样的社会历史背景，西方马克思主义法学理论应运而生。它试图从新的视角审视和批判资本主义社会的法律制度及其背后的意识形态，为法学研究注入了新的活力。

（二）西方马克思主义法学理论兴起的思想背景

西方马克思主义法学理论并非是对传统马克思主义法学的简单延续或模仿，而是一种全新的、具有批判性的法学视角和理论体系。这一理论的诞生具有当时复杂历史背景下的多元化思想背景。首先，西方马克思主义者对资本主义社会的深刻批判为法学理论提供了新的视角和方法论基础。他们通过对资本主义社会的全面剖析，揭示了其内在的矛盾和不合理之处。这些批判性观点为法学研究提供了新的思路和方法论指导，使得人们能够更深入地审视资本主义法律制度及其背后的意识形态。其次，跨学科的研究方法也为西方马克思主义法学理论的发展提供了有力支持。该理论借鉴了哲学、社会学、政治学等多个学科的理论和方法来全面、深入地理解法律现象及其背后的社会关系和意识形态。这种跨学科的研究方法使得西方马克思主义法学理论能够更全面地揭示法律制度的本质和运作机制。最后，对弱势群体的关注也是推动西方马克思主义法学理论发展的重要力量。在资本主义社会中，弱势群体往往因为经济、社会地位等因素而受到不公平待遇和歧视。西方马克思主义法学理论通过揭示这些不公平现象并为弱势群体的权益保护提供理论支持来彰显其社会责任感和公正意识。这种关注不仅体现在理论研究上，还贯穿于法律实践之中，为推动社会公平和正义发挥了积极作用。西方马克思主义法学理论的诞生标志着法学领域的一种新思潮的兴起。它试图从批判的角度审视资本主义社会的法律制度及其背后的意识形态，揭示其本质和局限性。同时，该理论也致力于探索更为公正、合理的法律制度安排，为推动社会变革提供了重要的理论支持。

二、西方马克思主义法学理论发展演变

西方马克思主义法学理论自诞生以来，经历了多个发展阶段，每个阶段都有其独特的理论特色和发展重点。

（一）起源与早期批判（20世纪初至30年代）

西方马克思主义法学理论的起源深深植根于20世纪初的欧洲社会背

景之中。这一时期，资本主义经济得到了空前的发展，工业化、城市化的进程加速，社会结构和阶级关系也随之发生了深刻的变化。然而，这种繁荣的背后却隐藏着深刻的社会矛盾和危机。正是在这样的历史背景下，西方马克思主义者们开始将马克思主义的基本原理引入到法学领域，试图从阶级和阶级斗争的角度去分析和批判资本主义的法律制度。他们认为，法律并非孤立存在，而是深深镶嵌在社会结构和阶级关系之中。在资本主义社会中，法律不仅仅是维护社会秩序和公平正义的工具，更是统治阶级意志的体现，是阶级斗争的重要手段。资产阶级通过法律来巩固自身的经济地位，维护其社会权益，而无产阶级和广大劳动人民则往往在法律面前处于弱势地位。

在这一阶段，西方马克思主义法学家们对资本主义法律制度进行了初步的批判。他们敏锐地指出了法律制度的阶级性，揭示了法律在维护资产阶级利益方面的实质性作用。他们观察到，虽然资本主义法律在形式上宣称平等、公正，但在实际操作中却往往偏向于资产阶级，为资产阶级的利益服务。这种批判不仅揭示了资本主义法律制度的虚伪性，也为人们认清法律制度的本质提供了重要的思想武器。同时，这些法学家们也关注到了法律在实施过程中存在的不平等和不公正现象。他们发现，尽管法律条文可能看似公正，但在具体执行过程中却常常受到各种因素的影响，导致司法腐败、法律歧视等问题的出现。例如，在某些案件中，富有的被告可能通过聘请昂贵的律师团队来逃避法律的制裁，而贫穷的被告则可能因为无法承担律师费用而遭受不公的判决。这些现象都表明了资本主义法律制度在实际运作中的不公平性。这一阶段西方马克思主义法学家的批判不仅仅停留在理论层面，他们还通过实证研究和分析来支撑自己的观点。他们深入到社会基层，了解无产阶级和劳动人民的生活状况和法律困境，从而更加深刻地揭示了资本主义法律制度的弊端和问题。这些实证研究和分析为后来的法律改革提供了重要的理论依据和实践指导。此外，这一阶段西方马克思主义法学家的批判还具有重要的历史意义。他们的观点和思想为后来的法学研究开辟了新的视角和方法论途径，推动了法学理论的创新和发展。同时，他们的批判也激发了更多学者对资本主义法律制度的深入研究，为后来的法律改革和社会进步奠定了坚实的基础。

（二）法兰克福学派与批判理论的兴起（20 世纪 30 至 60 年代）

在 20 世纪 30 年代，法兰克福学派在德国应运而生，它的出现无疑为西方马克思主义法学理论注入了新的活力，成为其发展的重要推动力量。法兰克福学派的成员包括一批杰出的学者，如霍克海默尔、阿多诺、马尔库塞、哈贝马斯等，他们以深厚的学术底蕴和敏锐的社会洞察力，将马克思主义的观点和方法灵活地运用到对资本主义社会的全面批判中。

法兰克福学派提出的批判理论，在法学领域掀起了一场深刻的变革。这一理论不仅挑战了传统法律观念的局限性，更在法律实践中引发了广泛的思考。首先，批判理论认为，法律并非仅仅是统治阶级意志的简单体现，它更是社会成员之间沟通与协调的重要桥梁。这一观点突破了传统法律理论将法律视为单纯规范体系的局限，强调了法律在社会互动中的核心作用。其次，法兰克福学派对资本主义法律制度中的不平等和不公正现象进行了深刻的揭露和批判。他们通过细致的实证研究和分析，指出了资本主义法律制度在维护资产阶级利益方面的多重弊端。例如，他们发现法律制度在某些情况下成为了资产阶级巩固自身权益的工具，而忽视了无产阶级和广大劳动人民的需求和权益。这种批判不仅揭示了资本主义法律制度的内在矛盾，也为后来的法律改革提供了有力的理论依据。再次，在这一阶段，法兰克福学派的学者们还深入探讨了法律与道德、法律与权力之间的关系。他们认为，法律与道德之间存在着密切的联系，法律不仅应该体现社会的公平正义，还应该引导人们形成良好的道德风尚。同时，他们也关注到了法律与权力之间的微妙关系，指出法律在某些情况下可能成为权力滥用的工具，因此需要加强对权力的监督和制约。最后，法兰克福学派还强调了法律教育的重要性。他们认为，通过普及法律知识、提高公民的法律意识，可以推动社会的进步和发展。这种观念在当时的社会背景下具有重要的现实意义，也为后来的法律教育事业提供了有益的启示。值得一提的是，法兰克福学派的批判理论并非仅仅停留在对资本主义法律制度的批判上，他们还积极探讨了未来社会主义法律制度的构想。他们认为，在未来的社会主义社会中，法律应该更加关注人民的利益和需求，体现社会的公平正义。这种前瞻性的思考为后来的社会主义法治建设提供了宝贵的思想资源。

（三）法律意识形态批判与阶级斗争的深化（20世纪60至80年代）

在20世纪60—80年代这一阶段，西方马克思主义法学家们将批判的矛头指向了法律意识形态。他们深刻地认识到，法律意识形态并非简单的法律观念或法律思想，而是统治阶级为了维护自身利益而精心塑造的一种观念体系。这种观念体系通过掩盖法律制度的阶级性和不平等性，使得被统治阶级在不知不觉中接受了统治阶级的法律观念和规则。西方马克思主义法学家们对法律意识形态的批判，主要集中在其虚伪性和欺骗性上。他们指出，统治阶级通过法律意识形态，将自身的利益诉求包装成普遍适用的法律规范，以此来约束和控制被统治阶级。这种做法不仅掩盖了法律制度的阶级性，还使得被统治阶级在追求自身权益时受到种种限制和束缚。因此，揭示法律意识形态的虚伪性和欺骗性，成为这一阶段西方马克思主义法学理论的重要任务。

在这一批判过程中，西方马克思主义法学家们还深入探讨了法律与阶级斗争之间的关系。他们认为，法律不仅是统治阶级维护自身利益的工具，也是阶级斗争的重要领域。随着无产阶级和劳动群众的觉醒，他们开始意识到自身在资本主义社会中的弱势地位，并试图通过法律途径来争取自身权益。这种阶级斗争在法律领域的深化，推动了资本主义法律制度的不断变革和完善。无产阶级和劳动群众通过法律斗争，不仅争取到了更多的权益和保障，还促进了西方马克思主义法学理论的进一步发展。在这一阶段，无产阶级和劳动群众的法律斗争成为了推动社会进步的重要力量。

同时，这一阶段也是西方马克思主义法学理论与其他法学流派进行交流和碰撞的时期。在面对其他法学流派的质疑和挑战时，西方马克思主义法学家们坚持了自己的立场和观点，通过深入研究和探讨，不断完善和发展了自己的法学理论。这种学术交流和碰撞不仅丰富了法学研究的视野和方法论途径，还推动了整个法学领域的创新和发展。此外，这一阶段西方马克思主义法学理论的发展还受到了国际共产主义运动的影响。随着国际共产主义运动的兴起和发展，无产阶级和劳动群众在全球范围内展开了广泛的斗争。这种斗争不仅推动了各国资本主义法律制度的变革和完善，还为西方马克思主义法学理论提供了丰富的实践经验和思想资源。

（四）后现代法学与西方马克思主义法学的交融与反思（20世纪 80 年代以来）

自 20 世纪 80 年代起，后现代主义思潮在学术界逐渐兴起，并迅速渗透到各个学科领域，法学亦不例外。后现代法学作为这一思潮在法学领域的体现，它强调法律的多元性、相对性和不确定性，这种新的理论视角对传统的法学观念构成了有力的挑战。传统法学往往倾向于将法律视为一种绝对、普遍且确定的知识体系，而后现代法学则试图打破这种固有的认知框架，引导人们从一个更加多元和开放的角度来审视和理解法律。与此同时，西方马克思主义法学作为一种具有深厚历史底蕴和鲜明政治立场的法学理论，也在不断地发展和演变。尽管后现代法学与西方马克思主义法学在理论根基、方法论以及对于法律现象的具体解释上存在着显著的差异，但两者在批判资本主义法律制度方面却展现出了惊人的共通性。这种共通性主要体现在它们都对资本主义法律制度所固有的阶级性、不平等性以及其背后的意识形态操控进行了深刻的揭露和批判。正是这种共通性，为后现代法学与西方马克思主义法学的交融提供了可能。一方面，西方马克思主义法学积极地从后现代法学中汲取有益的学术营养。后现代法学对于法律多元性、相对性的强调，促使西方马克思主义法学更加关注法律现象中的复杂性和多样性，从而在理论上更加丰满和立体。同时，后现代法学对于传统法学观念的挑战，也激发了西方马克思主义法学在理论创新方面的活力，使其能够不断地与时俱进，保持理论的先进性和战斗力。另一方面，后现代法学也从西方马克思主义法学中获得了宝贵的理论资源和政治立场。西方马克思主义法学对于资本主义法律制度的深刻批判，为后现代法学提供了坚实的理论基础和批判武器。同时，西方马克思主义法学的政治立场和价值取向，也引导后现代法学在追求法律多元性和相对性的同时，不忘坚守社会公正和人民利益的底线。

这种交融并非一帆风顺，而是在不断地反思和论争中得以深化。在这一过程中，西方马克思主义法学家们对资本主义法律制度进行了更加全面和深入的反思。他们不仅从阶级斗争的角度揭示了资本主义法律制度的阶级性和不平等性，还进一步指出了这一制度在维护社会稳定和促进社会发展方面的严重局限性。例如，他们批判了资本主义法律制度在保护私有财产权、维护市场秩序以及处理劳动争议等方面的种种弊端，揭示了这些制度设计如何在无形中加剧了社会的不平等和分裂。更为重要的是，面对这些批判和反思，西方马克思主义法学家们并没有止步于揭露问题，而是积极地提出了改革和完善资本主义法律制度的建议和方案。他们呼吁通过加强劳动法律保护、推动社会公正立法以及完善法律援助制度等措施来弥补现有法律制度的不足，从而为实现更加公正、平等的社会秩序提供有力的法律保障。

第三节　西方马克思主义法学理论的代表人物及其思想

西方马克思主义法学理论的发展过程中，涌现出了一批重要的代表人物，他们的思想对该流派的发展产生了深远的影响。主要代表人物包括早期西方马克思主义的奠基人卢卡奇，法兰克福学派的代表人物霍克海默尔、哈贝马斯，新马克思主义法学派的代表人物阿尔都塞等。以下是对其中几位代表人物及其思想的简要介绍。

一、西方马克思主义的鼻祖——卢卡奇

格奥尔格·卢卡奇（1885—1971）是匈牙利著名的哲学家、文学批评家和共产主义运动领导人。以下从他的生平和对西方马克思主义法学理论的贡献两方面进行详细阐述。

（一）卢卡奇生平简述

卢卡奇于1885年4月13日出生于匈牙利布达佩斯的一个富有的犹太家庭。他从小受到良好的教育，先后在布达佩斯和德国的柏林、海德堡等

地学习法学、国民经济学、文学艺术和哲学。1906 年在科罗茨瓦获法学博士学位，1909 年在布达佩斯大学获哲学博士学位。卢卡奇在哲学、文学批评和美学等领域都有显著的贡献。他的代表作品包括《心灵与形式》《小说理论》等，这些作品使他在学术界声名鹊起。此外，他还写了许多哲学和文学批评的论文，对后世影响深远。卢卡奇在第一次世界大战期间成为匈牙利"星期日俱乐部"的知识领袖，并在 1918 年参加了共产党。他在匈牙利共产主义运动中扮演了重要角色，曾于 1919 年担任教育和文化部长。然而，他的政治生涯并非一帆风顺，多次受到政治攻击和批判。1919 年匈牙利公社崩溃后，卢卡奇逃离匈牙利，在奥地利、德国和俄国等地过上了侨居生活。直到 1945 年，他才回到匈牙利，继续从事党的地下工作和学术研究。卢卡奇在晚年依然笔耕不辍，完成了多部重要著作。他于 1971 年 6 月 4 日在布达佩斯逝世，享年 86 岁。

（二）卢卡奇对西方马克思主义法学理论的主要贡献

卢卡奇，作为匈牙利杰出的哲学家、文学批评家和共产主义运动的领军人物，被誉为"西方马克思主义的鼻祖"。尽管他的主要研究领域并非直接聚焦于法学，但其对马克思主义的独到解读，无疑对后世的法学理论产生了不可估量的影响。以下将从物化理论与法律批判、总体性辩证法与法律体系、阶级意识与法律斗争三个方面，深入探讨卢卡奇对西方马克思主义法学理论的杰出贡献。

一是物化理论与法律批判。卢卡奇在《历史与阶级意识》等经典著作中，对物化现象及其对人的意识产生的影响进行了鞭辟入里的分析。他指出，在资本主义社会的运作机制下，人与人之间的关系逐渐被物与物之间的关系所取代，人的真实情感和需求被商品的交换价值所遮蔽。这种物化现象不仅渗透到了经济、政治、文化等各个领域，更在人们的意识深处悄然生根，使得个体逐渐丧失了对自我和社会的真实认知。在法律领域，物化意识的侵蚀同样显著。原本旨在维护社会公平正义的法律，在资本主义的染指下，逐渐沦为了维护既定秩序和利益格局的工具。法律不再是保障个体权利和自由的屏障，反而成为压迫和束缚的枷锁。卢卡奇敏锐地捕捉到了这一变化，并通过物化理论对其进行了深刻的批判。卢卡奇的物化理论为后来的马克思主义法学家提供了一面明镜，使他们能够更清晰地看到资本主义法律制度背后的真实面目。这些法学家沿着卢卡奇的思路，进一步揭示了法律在资本主义社会中的双重角色：一方面，法律作为统治阶级意志的体现，维护着既得利益者的权益；另一方面，法律又在一定程度上反映了社会发展的客观要求，为社会的进步提供了一定的制度保障。然而，当法律的天平过度倾向于统治阶级时，其公正性和合理性便受到了严重的质疑。

二是总体性辩证法与法律体系。卢卡奇所倡导的总体性辩证法，为我们提供了一种全新的认识社会和历史现象的方法论视角。他强调，任何社会现象都不是孤立的、静止的，而是处于不断变化和发展中的。要准确把握这些现象的本质和规律，就必须将其置于更广泛的社会历史背景中进行考察。在法律体系的研究中，总体性辩证法的运用同样具有重要意义。法律体系作为社会整体的一部分，其形成和发展必然受到社会经济、政治、文化等多重因素的共同影响。因此，我们不能仅仅从法律条文本身出发去理解和分析法律体系，而应该将其置于更宏大的社会历史框架中进行审视。通过总体性辩证法的运用，我们可以更深入地揭示法律体系的本质和功能。例如，在资本主义社会中，法律体系不仅承载着维护社会秩序和公平正义的使命，更在无形中成为统治阶级维护自身利益的重要工具。同时，法律体系也与其他社会系统如经济、政治、文化等存在着密切的相互作用和关联。这些复杂的关系网络共同构成了法律体系所处的社会历史环境。卢卡奇的总体性辩证法为后来的马克思主义法学研究提供了重要的方法论指导。在这一方法论的指引下，法学家们开始更加关注法律体系与社会环境之间的内在联系和相互作用机制。他们试图从更广阔的视角出发去揭示法律体系的真实面目和发展规律，从而为推动社会的公平正义和进步贡献自己的力量。

三是阶级意识与法律斗争。卢卡奇认为无产阶级的阶级意识在推翻资本主义制度、实现社会主义革命的过程中发挥着至关重要的作用。这种阶级意识不仅是对自身历史使命和阶级利益的深刻认识，更是推动社会变革的强大精神力量。在法律斗争中，无产阶级需要充分发挥自己的阶级意识，通过法律手段来维护自身权益并推动社会的进步和发展。卢卡奇的这一观点为后来的马克思主义法学家提供了将法律斗争与阶级斗争相结合的理论基础。这些法学家认为法律斗争是无产阶级阶级斗争的重要组成部分。通过法律手段争取和维护自身权益不仅可以改善无产阶级的生活状况还可以为推翻资本主义制度、实现社会主义革命创造有利的条件和环境。在无产阶级的法律斗争中，卢卡奇的阶级意识理论具有重要的指导意义。首先，无产阶级需要明确自己的历史使命和阶级利益，认识到自己作为社会变革的主力军所肩负的责任和义务。其次，无产阶级需要学会运用法律武器来维护自身权益，通过合法的途径和方式来表达自己的诉求和愿望。最后，无产阶级还需要在斗争中不断提高自己的组织性和纪律性，以更加坚定的信念和决心投入到推翻资本主义制度的伟大事业中去。

二、法兰克福学派的首脑人物——霍克海默尔

麦克斯·霍克海默尔（1895—1973），德国哲学家、社会学家，法兰克福学派的创始人和首脑人物。霍克海默尔的思想对20世纪的社会批判理论产生了深远影响。以下将从他的生平和对西方马克思主义法学理论的贡献两方面进行详细阐述。

（一）霍克海默尔生平简述

霍克海默尔于1895年出生于德国斯图加特的一个犹太资产阶级家庭。他先后在慕尼黑大学、弗莱堡大学和法兰克福大学求学，深厚的学术背景为他日后的理论研究打下了坚实的基础。1922年，在法兰克福大学教授考尔乃里斯的指导下，他凭借论文《康德判断力批判》获得了哲学博士学位，这也标志着他学术生涯的正式开始。1930年，霍克海默尔晋升为法兰克福大学教授，并担任社会研究所所长，这一职位使他得以将自己的学术理念付诸实践。在他的领导下，法兰克福社会研究所逐渐发展成一个举世瞩目的西方马克思主义流派，即法兰克福学派。该学派以社会批判理论著称，对现代资本主义社会进行了深入且多方面的批判。在纳粹上台后，霍克海默尔率领法兰克福学派的成员流亡西欧，后移居美国。在流亡期间，他并未停止学术研究，而是继续深化和发展了社会批判理论。第二次

世界大战结束后，他返回德国，恢复了在法兰克福大学的教授职务，并继续领导社会研究所的工作。霍克海默尔在理论上的主要贡献是创建了"社会批判理论"。他认为马克思主义本质上就是一种批判理论，并致力于恢复马克思主义的批判性。他的这一理论对现代资本主义社会从哲学、社会学、经济学、心理学等多方面进行了深入的研究和批判。此外，霍克海默尔还提出了许多具有创新性的观点，如理论与实践的辩证法、启蒙思想的自我毁灭等。他的这些思想在学术界产生了广泛的影响，并激发了后续学者对马克思主义和社会批判理论的进一步研究。1959 年，霍克海默尔退休，由阿多诺接替他担任社会研究所所长。此后，他逐渐淡出学术圈，但并未完全停止思考和研究。他的晚年思想更加关注人类自由和公平问题，对这些问题进行了深刻的论述。1973 年 7 月 7 日，霍克海默尔在纽伦堡病逝，结束了他辉煌而富有成果的一生。

（二）霍克海默尔对西方马克思主义法学理论的贡献

霍克海默尔是法兰克福学派的创始人和领袖人物，不仅在哲学、社会学领域留下了深刻的烙印，更对西方马克思主义法学理论产生了深远的影响。以下将详细阐述他对该理论的四大主要贡献。

一是恢复并发展了马克思主义的批判性。霍克海默尔坚信马克思主义是批判理论的核心，他不仅在理论上对这一点进行了深入的阐述，更致力于在实践中恢复并进一步发展马克思主义的批判性。在法学领域，这一贡献显得尤为突出。传统法律观念往往被视为固定不变的、神圣的，但在霍克海默尔看来，任何观念、制度都应当接受批判和审视。他挑战了这些传统观念，指出法律并非孤立存在，而是深深植根于社会关系和权力结构之中。通过他的社会批判理论，我们得以更加清晰地看到法律背后的这些复杂关系和结构。霍克海默尔的这一批判不仅停留在理论层面，他更进一步地反思了现有的法律制度。他认为，法律不仅仅是规则和条文的集合，更是社会关系和利益的反映。因此，对法律的批判不仅是对其内容的批判，更是对其背后所代表的社会关系和利益的批判。在他的引领下，越来越多的学者开始用批判的眼光审视法律，从而深化了我们对法律本质的理解。这种批判性的恢复和发展，不仅为法学研究注入了新的活力，也为法律的改革和完善提供了有力的理论支撑。

二是多维度批判现代资本主义社会。霍克海默尔的社会批判理论并非仅限于某一领域或某一方面，而是对现代资本主义社会进行了全面、多维度的批判。在法学方面，他的这一批判显得尤为尖锐和深刻。他深入分析了资本主义法律制度如何维护现有的社会秩序和利益格局。在霍克海默尔看来，法律并非中立，而是服务于特定的社会阶级和利益集团。他指出了法律在调节社会矛盾、维护社会稳定方面的双重作用：一方面，法律确实能够在一定程度上缓解社会矛盾，维护社会的相对稳定；但另一方面，法律也可能成为压迫和剥削的工具，进一步加剧社会矛盾。更为难能可贵的是，霍克海默尔并没有停留在批判的层面，他还进一步揭示了法律在资本主义社会中的局限性和问题所在。例如，他指出了法律在保护私有财产、维护资本家利益方面的偏向性，以及法律在实施过程中的种种问题和不公。通过这些批判，霍克海默尔不仅揭示了资本主义法律制度的真实面目，也为后来的学者提供了深入研究和改革法律制度的重要思路。

三是提出并实践了理论与实践的辩证法。霍克海默尔深知理论与实践的紧密联系，他强调理论应指导实践，并接受实践的检验；而实践又能为理论提供新的素材和视角，推动理论的发展和完善。在法学领域，他更是倡导并亲身实践了这一辩证法。他认为，法律理论不应仅仅停留在书本和课堂上，而应走入实践、指导实践。因此，他积极参与并推动了多项法律改革和实践项目，将自己的理论应用于实际问题的解决中。通过这些实践，他不仅验证了自己的理论的正确性，也发现了理论中的不足和需要改进的地方。同时，霍克海默尔还从实践中汲取了新的素材和视角，不断丰富和完善自己的法律理论。他深知实践是检验真理的唯一标准，只有紧密结合实践，法律理论才能不断发展、永葆活力。这种理论与实践的辩证法在霍克海默尔的研究中得到了充分的体现，也为后来的学者提供了宝贵的方法论启示。越来越多的学者开始重视理论与实践的结合，从而推动了马克思主义法学理论的进一步发展和完善。

四是对自由与公平的深刻论述。在霍克海默尔的晚年，他更加关注人类自由和公平问题，并对这些问题进行了深刻的论述。他认为在资本主义社会中，个人的自由往往受到各种形式的限制和剥夺。这些限制可能来自于法律制度、社会结构、文化传统等多个方面。因此，他提出了要实现真正的自由就必须打破这些束缚和限制的观点。与此同时，霍克海默尔也深刻认识到公平在资本主义社会中的相对性。他指出在资本主义制度下公平往往只是形式上的而非实质上的，因为资源和权力的不平等分配导致了机会的不平等和社会的不公正，很多人因为出身、种族、性别等因素而受到不公平的待遇。为了实现真正的自由和公平，霍克海默尔提出了一系列具体的观点和建议，包括改革法律制度以保障个人的基本权利和自由、推动社会资源的公平分配以减少贫富差距、提高教育水平以增加个人的发展机会等。这些观点和建议不仅具有深刻的理论意义，更具有现实的指导意义，为后来的学者和改革者提供了宝贵的思路和启示。

三、法兰克福学派的代表人物——哈贝马斯

尤尔根·哈贝马斯是德国当代最重要的哲学家之一，同时也是作家和社会学家。作为法兰克福学派第二代的旗手，哈贝马斯将批判理论与当代社会问题紧密结合，对诸多社会现象进行了深入剖析。

（一）哈贝马斯生平简述

1929 年 6 月 18 日，哈贝马斯出生于德国科隆附近的小城谷默斯巴赫。1949—1954 年，哈贝马斯先后在哥廷根大学、苏黎世大学和波恩大学学习哲学、心理学、历史学、德国文学和经济学。期间 1953 年的海德格尔事件对他触动很大。这一年，海德格尔只字未改地发表了 1935 年所作的演讲稿《形而上学导论》，阐述他的国家社会主义理论，为纳粹德国进行辩解。这使他认识到哲学和政治并不是两个彼此隔绝的领域。1955 年，哈贝马斯来到法兰克福，进入霍克海默和阿尔多诺领导的社会研究所。正是法兰克福学派对马克思主义学说的重视引发了他对马克思主义理论的兴趣。1964—1971 年，哈贝马斯担任法兰克福大学哲学和社会学系教授。20 世纪 60 年代中期，哈贝马斯发表的许多政论性文章在青年学生中产生了巨大影响。他的思想和理论成为 1968 年学生抗议运动的精神力量。由于对联邦德国当时形势的认识分歧，他同学生"德国社会主

义学生联合会"决裂。他指责学生们脱离现实、理论立场上过于教条主义，认为议会中的不民主现象只能采取说服或者启蒙的形式解决，而不应该借用暴力。学生运动领导人则宣称哈贝马斯是"文化革命的叛徒"。由于这种矛盾，哈贝马斯于 1971 年离开法兰克福，到慕尼黑市郊的斯塔恩贝格，担任马克斯·普朗克学会科技时代生活条件研究所所长。1983年，哈贝马斯重新回到法兰克福大学任哲学和社会学教授，直到 1994 年退休。哈贝马斯著述甚丰，除散见于报刊杂志的数量可观的文章外，出版的著作有 30 多部，主要代表作品有《公共领域的结构转型》(1962)、《理论和实践》(1963)、《社会科学的逻辑》(1967)、《作为意识形态的技术和科学》(1968)、《认识和兴趣》(1968)、《重建历史唯物主义》(1976)、《交往行为理论》(1981)、《后形而上学思想》(1988) 等。

（二）哈贝马斯对西方马克思主义法学理论的贡献

哈贝马斯是法兰克福学派的第二代领军人物，在哲学、社会学领域均有着高深的造诣，也是同时代西方马克思主义法学理论的主要代表，并对西方马克思主义法学理论作出了独特的贡献。以下是哈贝马斯对西方马克思主义法学理论贡献的主要内容。

一是交往行为理论。哈贝马斯的交往行为理论是一个复杂且深远的理论体系，它主要探讨了语言、交往理性以及社会合理化等问题。哈贝马斯从理论上阐述了什么是交往行为和交往理性。哈贝马斯将交往行为定义为两个或两个以上言谈与行为主体以达到理解为意向而进行的活动。这种交往是由符号协调的，且这些符号是被双方承认和理解的。而交往合理性，则是内在于交往行为之中的、语言性的、互主体性、程序性的、开放性的合理性。哈贝马斯认为交往合理性是比目的合理性更广泛、更全面的合理性概念。哈贝马斯的交往行为理论有两个核心概念。其一是交往合理性。这是交往行为理论的基石。它蕴含于以语言为媒介的相互理解的交往结构中，这种合理性更多地与运用知识的方式联系在一起，而不仅仅是与知识有关。其二是生活世界。这是构成交往行为理论的重要补充，它是指人际交往的背景和共识基础，为交往行为提供了丰富的资源和情境。哈贝马斯在《交往行动理论》中区分了四种行为类型，包括目的性行为（工具性行为)、规范调节行为、戏剧行为以及交往行为。其中，交往行为被视为最具合理性，因为它同时涉及客观世界、社会世界和主观世界，考虑了所有这三个世界的因素。在以上理论阐述的基础上，哈贝马斯以交往行为理论对资本主义社会进行了深刻的批判。他认为，在晚期资本主义社会中，工具理性极度膨胀，导致交往越来越不合理。因此，他提出了重建交往理性的必要性，以实现社会的合理化。该理论顺应了现代西方人文主义和科学主义两大哲学思潮走向融合的潮流，并高度重视语言在交往中的作用。哈贝马斯认为，语言是人际交往最基本、最核心的形式，只有通过语言交往，单独的人才能组合为社会。哈贝马斯的交往行为理论对西方马克思主义法学理论的贡献是多方面的。首先，有助于对法律交往的深入理解。交往行为理论强调语言在法律交往中的核心作用，这有助于西方马克思主义法学更深入地理解法律沟通的本质。哈贝马斯提出的"生活世界"概念，为法律交往提供了一个丰富的背景，使得法学研究能够更加关注法律在日常生活中的实际运作。其次，批判了工具理性的局限。交往行为理论批判了工具理性的局限性，这一观点与西方马克思主义法学对传统马克思主义法学中经济决定论和阶级工具论的批判相呼应。通过揭示工具理性的不足，他促使西方马克思主义法学更加关注法律的自主性、意识形态功能以及法律在市民社会中的运作机制。再次，推动法学研究的实践转向。交往行为理论强调实践的重要性，鼓励法学研究从抽象的理论探讨转向具体的法律实践。这一转向有助于西方马克思主义法学更加关注现实生活中的法律问题，提升法学的实践性和应用价值。最后，拓宽法学研究的视野。交往行为理论不仅关注人与人之间的语言交流，还涉及到文化、社会、历史等多个层面。这为西方马克思主义法学提供了一个更加宽广的研究视野，使其能够综合考虑多种因素对法律的影响。

二是法律合法性理论。哈贝马斯的法律合法性有两个方面的内容：一是法律的合法性问题；另一个是法律合法性来源问题。关于法律合法性问题，哈贝马斯指出，法律具有强制力，它的实施需要让人们遵守，但这种强制是由于人们自愿给予其合法性所强加的。在整个社会中，每个人都具有两面性，个人既是法律的制定者又是法律的遵守者，这样人们遵守法律就找到了依据，而法律也有了合法性依据。在国家中法律的制定应该出自公民，公民经过一系列事先制定好的程序来完成法律的制定，这样法律的合法性就又有了两个依据，一方面是在实体上，法律代表了国家公民整体的意愿；另一方面是在程序上，法律有科学的程序作为支撑。事实上哈贝马斯是以国家公民所处的生活为基础来看待法律的。关于法律合法性来源问题，哈贝马斯认为"在后形而上学世界观的条件下，只有那些产生于权利平等之公民的商谈性意见形成和意志形成过程的法律，才是具有合法性的法律。"

三是法治与民主理论。哈贝马斯认为，法治与民主是相辅相成的，通过交往行为理论使两者连接在一起。当法律由人民制定，人民掌控法律，法律的正义性和合法性才能显示出来。正如前述所言，法律合法性的来源是人民所生活的世界，这样的生活世界当然要包含民主制度，只有在法律中实现了民主目的，之后制定出来的法律才能算作真正的法律，国家也才能走向法治国家的道路及目标。从民主角度来说，哈贝马斯认识到，法律的基石必然要包含民主，反过来民主的实现也需要法律的强制力、教育作用、评价作用等才能达到。没有法律提供制度保障，民主制度的远大理想也只能沦为空谈，民主应该是带有法律属性的民主，这意味着民主也是带有"公意"的民主，失去法律的制度保障，民主极有可能成为旧时代的专制。哈贝马斯论及了西方共和主义和自由主义的重要主旨，即两者中所包含的民主、自由、法治及人权，认为需要将此二者各取所长才能到达民主和法治的理想状态。

四是法律与道德之间关系的理论。在哈贝马斯的理论中，法律与道德应该是具有区别的。相当多的法学流派或者学者都认为，法律与道德是一种类似于互为表里的关系，但哈贝马斯认为法律与道德需要区分。因为法律和道德功能作用并不是相同的，所代表的很多理念也是不同的，在区别出来之后，才能更好地发挥法律与道德各自的作用，而不会混淆不清，扰乱人民生活世界的秩序。当然哈贝马斯这种区分也不是绝对对立的，即使站在实证主义的立场去承认法与道德无关系，但是适用法律的人有道德，一个有道德的人不会用法律工具去满足自己丑陋的欲望，相反应该用法律工具去践行道德标准，从而赋予了本无道德性的法律以道德。实证主义的法律观是工具性的，如何调整和使用工具取决于道德观念和技术手段。

四、新马克思主义法学派的代表人物——阿尔都塞

路易·皮埃尔·阿尔都塞（1918—1990），这位在马克思主义哲学领域留下深刻烙印的法国哲学家，其一生都致力于马克思主义的研究与传播。他出生于阿尔及利亚，在法国的学术殿堂——巴黎高等师范学院度过了他的学术生涯，并因其独树一帜的思想和观点，成为法国最具原创思想和最受争议的知识分子之一。

（一）阿尔都塞的生平简述

阿尔都塞出生于阿尔及利亚，1937 年进入里昂的一所知名中学。毕业后进入巴黎高等师范学院，这是法国培养未来学术精英的摇篮。然而，第二次世界大战的爆发打断了他的学业，阿尔都塞不幸成为德国的战俘。在战俘营中的经历，让他对共产主义有了更深刻的认识和体验。1945 年，阿尔都塞重返巴黎高等师范学院，并在哲学家加斯东·巴什拉的指导下继续他的哲学研究。仅仅三年后，他便获得了哲学博士学位，并留校任教。同年，他加入了法国共产党，这标志着他政治和学术生涯的双重开始。阿尔都塞的学术贡献丰富多样，他不仅在哲学领域有深入研究，还在政治思想战线上积极参与现实斗争。在 20 世纪 50 年代中后期，他围绕马克思主义与人道主义和黑格尔哲学的关系问题，与新左派展开了激烈的论战。他的主要著作包括《孟德斯鸠、卢梭、马克思：政治和历史》《保卫马克思》《阅读〈资本论〉》《列宁与哲学》以及《自我批评》等，这些作品在学术界产生了深远影响。阿尔都塞对马克思主义的解读独树一帜。他批判了将马克思主义人道化、黑格尔化的思潮，强调马克思从黑格尔那里吸取的并非辩证法和异化概念，而是"无主体过程"的哲学范畴。他认为马克思主义是"理论反人道主义"的，这一观点在当时引起了广泛的讨论和争议。此外，阿尔都塞还提出了"症候阅读法"，通过这种方法，他深入研究了《资本论》，并试图从中抽取出马克思主义哲学的核心思想。他的这些独特见解和方法论，为马克思主义的研究提供了新的视角和思路。尽管在 1980 年，阿尔都塞因患精神疾病而退休疗养，但他在学术界的影响力并未因此而减弱。他的理论贡献和对马克思主义的独特解读，继续影响着

后来的学者和研究人员。

（二）阿尔都塞对西方马克思主义法学理论的贡献

阿尔都塞，作为新马克思主义法学派的杰出代表，其深邃的思考与独到的见解为西方马克思主义法学理论注入了新的活力。他的贡献不仅体现在对马克思主义法学的理论创新上，还表现在对意识形态与法律关系的深刻剖析、为法学研究提供新的方法论以及对法学教育的深远影响等多个方面。

一是对马克思主义法学的理论创新。阿尔都塞以结构主义的视角重新解读了马克思主义，这一独特的解读方式为法学理论带来了前所未有的思考维度。他提出的"结构因果观"颠覆了传统的线性因果关系认知，强调社会结构中的各个要素是相互联系、相互影响的，而非单一的因果链条。这种观念对于理解法律在社会结构中的作用具有重要意义。法律不再仅仅被视为统治阶级意志的简单反映，而是社会结构中多种因素交织、碰撞的产物。与此同时，阿尔都塞的"多元决定论"也为我们理解法律的复杂性提供了新的视角。他认为，社会发展是由多种因素共同决定的，而非单一的经济因素或政治因素。这一观点打破了传统马克思主义法学中经济决定论的束缚，使得我们可以更加全面地审视法律与社会、经济、政治等多方面的相互关系。在这种理论框架下，法律不再是社会结构的被动反映，而是积极参与社会构建的重要因素。阿尔都塞的理论创新不仅丰富了马克思主义法学的内涵，还为我们提供了一种全新的研究视角和方法论。他的观点鼓励我们跳出传统的思维定式，以更加开放和多元的视野来审视法律现象。这种理论上的突破和创新对于推动法学研究的发展具有重要意义。

二是对意识形态与法律关系的深刻剖析。阿尔都塞对意识形态的研究同样对法学理论产生了深远的影响。他深刻地揭示了意识形态如何渗透并影响法律的形成和实施过程。在阿尔都塞看来，意识形态不仅仅是一种思想体系或观念形态，更是一种强大的社会力量。它通过塑造人们的认知和价值观来影响法律制度的构建和实施。具体而言，阿尔都塞指出意识形态在法律形成过程中起着潜移默化的作用。一方面，意识形态为法律制度的构建提供了价值基础和道德支撑；另一方面，它又通过影响立法者的思想和行为来左右法律的具体内容。这种影响往往是隐蔽而深远的，它使得法律制度在无形中体现了特定阶级或集团的利益和诉求。同时，阿尔都塞还强调了法律对意识形态的反作用。他认为，法律在实施过程中不仅维护了社会秩序和统治阶级的利益，还通过强制力来强化和传播特定的意识形态观念。这种强化和传播过程使得意识形态更加深入人心，从而进一步巩固了统治阶级的合法性和权威地位。阿尔都塞对意识形态与法律关系的深刻剖析为我们理解法律与意识形态之间的复杂互动提供了有力的理论支持。他的观点揭示了意识形态在法律形成和实施过程中的重要作用以及法律对意识形态的反哺机制，这对于我们全面理解法律现象的本质和功能具有重要意义。

三是为法学研究提供新的方法论。阿尔都塞的"症候阅读法"是其独特的方法论贡献之一。这种方法原本被用于对《资本论》等经典著作的深入解读，但同样可以为法学研究所借鉴和应用。通过关注文本中的"症候"或矛盾之处，研究者可以深入挖掘法律文本背后的深层意义和社会结构中的矛盾冲突。在法学研究中运用"症候阅读法"，意味着我们不再仅仅满足于法律文本的表面意义，而是要透过文本去探寻其背后的社会、经济和政治因素以及它们之间的相互关系。这种方法有助于我们发现法律文本中可能存在的矛盾、张力或空白之处，并进一步揭示出这些"症候"所隐含的社会问题和价值冲突。此外，"症候阅读法"还鼓励我们从多个角度来审视和理解法律现象。通过综合运用历史学、社会学、政治学等多学科的知识和方法来深入分析法律文本和法律制度背后的复杂因素及其相互关系。这种跨学科的研究方法有助于我们更加全面地理解法律的本质和功能以及它在社会结构中的作用和意义。

四是对法学教育的贡献。阿尔都塞作为一位杰出的教育家和思想家，其学术观点和方法论对法学教育产生了深远的影响。他的著作和理论为法学专业的学生提供了丰富的学术资源，激发了他们对马克思主义法学的深入思考和探索兴趣。在法学教育中引入阿尔都塞的理论观点和方法论有助于学生拓宽视野、增强批判性思维能力。通过学习阿尔都塞的理论创新和对意识形态与法律关系的深刻剖析，学生可以更加深入地理解法律现象背后的社会结构和价值冲突以及法律在社会中的作用和意义。同时，"症候阅读法"等新的方法论也可以帮助学生掌握更加灵活多样的研究方法和分析工具，提高他们的研究能力和学术水平。此外，阿尔都塞的理论还鼓励学生关注现实问题、培养社会责任感。他的观点和方法论强调法律与社会、经济、政治等多方面因素的相互关系以及法律在解决社会问题中的重要作用。通过学习这些理论观点和方法论，学生可以更加关注社会现实问题并思考如何通过法律手段来解决这些问题，从而培养他们的社会责任感和实践能力。

第四节　对西方马克思主义法学理论的辩证分析

西方马克思主义法学理论是一个多元且复杂的学术领域，它汲取了马克思主义的基本原理，并结合西方的社会、文化和历史背景，对法学进行了深入的探讨。然而，正如任何理论体系一样，西方马克思主义法学也面临着来自不同学术派别的批判和审视。以下是对西方马克思主义法学理论的辩证分析。

一、社会法学的视角

从社会法学的视角出发，我们不难发现，西方马克思主义法学绝非仅仅局限于法学领域的纯粹讨论。相反，它倾向于从更为宏大的社会背景中审视和理解法律，将法律视为社会结构和复杂社会关系的反映。这种视角的转换，为我们提供了一个全新的、更为全面的角度来认识和理解法律在社会中的重要作用及其产生的深远影响。社会法学强调，法律并非孤立存在，而是深深植根于社会土壤之中。它不仅受到社会、经济、政治、文化等多重因素的制约和影响，同时也是这些社会因素的反映和体现。因此，要真正理解法律的精髓和意义，就必须将其放回到社会的大背景中进行考察。西方马克思主义法学在这一视角下，展现出了其独特的理论魅力和实践价值。它不仅仅关注法律条文的字面意义，更致力于揭示法律背后的社会关系和权力结构。这种深入骨髓的剖析，使得我们能够更为清晰地看到法律是如何在维护社会秩序、调节社会关系以及促进社会变迁中发挥作用的。

然而，正如一枚硬币有两面，这种广泛的视角虽然为我们打开了新的视野，但也可能带来某些问题。法学的独立性是其作为一门学科的基础和前提。当我们过于强调法学的社会性时，很容易忽视法学自身的逻辑体系和法理研究。毕竟，法学不仅仅是社会学的一个分支，它更有着自己独特的研究对象和方法论体系。因此，在借鉴社会法学的视角来审视西方马克思主义法学时，我们需要保持一种审慎和平衡的态度。既要看到法律与社会之间的紧密联系，也要尊重法学自身的独立性和特殊性。只有这样，我们才能在深入研究西方马克思主义法学的过程中，不断丰富和完善法学的理论体系，为实践提供更加有力的指导。

此外，从社会法学的视角审视西方马克思主义法学，还能够帮助我们更好地理解法律在社会发展中的动态演变过程。法律并非一成不变，而是随着社会经济、政治、文化等因素的变化而不断调整和发展。这种动态性使得法律既能够适应社会的需求，又能够引领社会的进步。在这一过程中，西方马克思主义法学发挥着重要的作用。它不仅揭示了法律背后的社会关系和权力结构，还为我们提供了批判和反思现有法律制度的理论工具。通过这种批判和反思，能够更为清晰地认识到现有法律制度存在的问题和不足，进而提出有针对性的改革建议，推动法律的完善和发展。但是，也需要警惕过于激进的批判和反思。任何改革都需要建立在对现有法律制度的深入了解和尊重的基础之上。只有这样，我们才能够确保改革的合理性和可行性，避免因为盲目批判和反思而引发的社会动荡和混乱。

二、自然法的影响

自然法思想，作为西方哲学史上的一个重要流派，对西方马克思主义法学产生了深刻的影响。自然法所倡导的自由、平等和正义等核心价值，已经渗透到了现代法律制度的骨髓之中，成为评价法律制度是否公正、合理的重要标准。这些价值不仅仅是人们对理想社会的一种追求，更是法律的制定和实施的道德基石。

一方面，自然法对西方马克思主义法学的正面影响。自然法强调的自由、平等和正义，与马克思主义追求的人类解放和社会公正有着异曲同工之妙。在西方马克思主义法学的理论构建中，这些自然法的核心价值被赋予了新的时代内涵。例如，在社会主义法律体系中，对于公民的自由权利、平等权利以及社会公正的追求，都体现了自然法思想的精髓。一是自由，作为自然法思想的核心之一，被视为人的基本权利。在西方马克思主义法学中，自由不仅仅是个人的自由，更是社会的自由。这意味着，法律的制定和实施应当保障公民的自由权利，同时也要考虑到社会的整体利益。这种平衡个人自由和社会利益的思想，与自然法中的自由观念不谋而合。二是平等，这是自然法思想的另一个重要价值。法律面前人人平等是现代法治社会的基本原则。西方马克思主义法学吸收了这一原则，并将其贯彻到社会主义法律体系的建设中。无论是公民的权利保护，还是法律的适用，都应当遵循平等原则，确保每个人在法律面前享有同等的待遇。三是正义，作为自然法思想的最高追求，也是西方马克思主义法学的核心理念。法律的制定和实施，必须体现社会正义，保障公民的合法权益，维护社会的公平与公正。在这一点上，自然法与西方马克思主义法学达成了高度的共识。

另一方面，也要看到自然法对西方马克思主义法学的消极作用。尽管自然法对西方马克思主义法学产生了积极的影响，但我们也必须看到自然法思想本身存在的局限性。这些局限性在一定程度上也影响了西方马克思主义法学的发展。首先，自然法的概念较为模糊。不同的人对"自然权利"或"自然理性"可能有不同的理解。这种模糊性导致了在法律实践中难以形成统一的标准和尺度。例如，在关于人权和自由的界定上，不同的国家和地区可能存在差异，这在一定程度上削弱了法律的普遍性和权威性。其次，过分依赖自然法可能导致法律的僵化和教条化。自然法思想强调法律的道德基础和普遍适用性，但这也可能使法律陷入一种僵化的状态，难以适应社会的发展和变化。在现代社会中，随着科技的进步和社会结构的变革，新的法律问题和挑战层出不穷。如果法律过于拘泥于自然法的原则而忽视了现实社会的需求和发展趋势，那么法律就可能失去其应有的灵活性和适应性。此外，自然法思想还可能引发法律与道德之间的冲突。虽然道德是法律的重要基础之一，但法律与道德之间毕竟存在界限。如果将法律完全建立在道德的基础之上而忽视其独立性和专业性特点，那么法律就可能沦为道德的附庸而失去其应有的权威性和约束力。

总之，自然法对西方马克思主义法学产生了深远的影响。这种影响既体现在积极方面如强调自由、平等和正义等核心价值上，也体现在消极方面如概念的模糊性、法律的僵化和教条化以及法律与道德的冲突等问题上。因此，在借鉴自然法思想的同时，我们也应当保持审慎和批判的态度，以确保法律制度的科学性、合理性和适应性。在未来的西方法学思想发展中，西方马克思主义法学将继续与自然法思想进行对话与交融，共同推动法学理论的创新和发展。

三、对其他法学理论批判的回应

针对其他法学理论对西方马克思主义法学的批判，可以从以下几个方面进行详细的回应。

（一）关于反规范性的批判

有学者认为西方马克思主义法学反规范性，但实际上，这是对西方马克思主义法学的误解。西方马克思主义法学从未否认法律的规范性。它确实强调法律的社会性和历史性，但这并不意味着它是反规范性的。西方马克思主义法学认为，法律是社会发展到一定阶段的产物，它受到特定社会物质生活条件的制约，并随着社会经济的发展而变化。这种对法律社会性和历史性的强调，旨在揭示法律背后的社会经济结构和动力，而非否定法律的规范性。西方马克思主义法学在承认法律的规范作用的同时，更深入地探讨了法律规范的来源和基础。

（二）关于唯物史观的批判

唯物史观是西方马克思主义法学的核心理论之一。但有学者误解了唯物史观，认为它将所有社会存在和社会意识等同起来。实际上，唯物史观强调的是经济基础在法律发展中的决定性作用，而非将所有社会现象简单归因为经济基础。西方马克思主义法学坚持认为，法律作为上层建筑的一部分，是社会经济基础的反映。这并不意味着法律没有其相对独立性，而是强调经济基础对法律发展的根本性影响。同时，西方马克思主义法学也充分认识到法律对社会经济基础的反作用，以及法律与其他社会意识形态的相互影响。

（三）关于共产主义社会的理想性批判

共产主义社会作为西方马克思主义法学的终极目标，有时被批评为过于理想化。然而，西方马克思主义法学从未将共产主义社会视为一个静态的、完美的社会模型。共产主义社会是一个动态的、不断发展的过程，需要通过不断的革命和实践来逐步实现。西方马克思主义法学强调，在追求共产主义社会的过程中，必须关注现实社会中的法律问题和法律改革。它鼓励人们积极参与社会实践，推动法律制度的完善和发展，以实现更加公正、合理的社会秩序。同时，西方马克思主义法学也充分认识到共产主义社会的实现是一个长期的历史过程，需要经历多个发展阶段。在每个阶段，法律都会随着社会经济的发展而不断变化和调整。因此，西方马克思主义法学并不是空想或幻想，而是立足于现实社会的实践和发展规律，为实现共产主义社会的理想目标而不断努力。

（四）关于法律阶级性的批判

有学者认为西方马克思主义法学过分强调了法律的阶级性。但实际上，西方马克思主义法学在强调法律的阶级性的同时，也充分认识到了法律的社会性和公共性。在阶级社会中，法律确实在一定程度上反映了统治阶级的意志和利益。但西方马克思主义法学并没有忽视法律在维护社会秩序、保障公民权利等方面的积极作用。它旨在揭示法律背后的阶级关系和权力结构，以便更好地理解法律的本质和功能。此外，随着社会的发展和进步，法律的阶级性也在逐渐减弱。在现代社会中，法律更多地体现了社会公共利益和公民权利的保护。因此，西方马克思主义法学也在关注法律的社会性和公共性方面的发展变化。

（五）关于法律工具论的批判

有学者将西方马克思主义法学简单地归结为"法律工具论"，认为其忽视了法律的独立价值和内在逻辑。但实际上，西方马克思主义法学从未否认法律的独立价值和重要性。在西方马克思主义法学的视野中，法律不仅是统治阶级意志的体现，也是社会秩序的维护者和公民权利的保障者。法律具有其内在的逻辑和价值体系，这些价值并非完全依附于经济基础或统治阶级的意志。同时，西方马克思主义法学也强调法律在实践中的灵活性和适应性，以适应社会发展的需要。

四、对西方马克思主义法学理论的批判性分析

西方马克思主义法学理论是马克思主义法学的一个重要分支，它在继承经典马克思主义法学思想的基础上，结合西方社会的实际情况，提出了一系列新的观点和理论。以下是对西方马克思主义法学理论的批判性分析。

（一）理论贡献与局限性

西方马克思主义法学在深化对法律与社会关系的理解上作出了显著贡献。这一流派的理论家们敏锐地观察到，法律并非孤立存在，而是深深植根于社会、经济、文化和政治的复杂网络之中。特别是在分析法律如何反映和调节社会矛盾方面，他们提出了独到的见解。他们指出，法律不仅是一套规则体系，更是社会矛盾的调节器和反映镜。通过法律的制定和实施，我们可以看到社会力量的对比和博弈，以及不同阶层、群体之间的利益分配和冲突。此外，西方马克思主义法学还强调了法律的意识形态功能。法律不仅仅是一套行为规范，更是一种社会意识的体现。它通过规定权利与义务、合法与非法，潜移默化地影响和塑造着人们的思想观念和行为模式。因此，法律在维护和巩固特定社会秩序中扮演着至关重要的角色。这一点在资本主义社会中尤为明显，法律被用来维护资产阶级的利益和统治地位。通过对资本主义社会的深入剖析，西方马克思主义法学还为

我们理解当代法律制度的本质和功能提供了新的视角。在资本主义制度下，法律不仅是调节社会矛盾的工具，更是维护资本主义经济秩序和资产阶级统治的重要手段。这一洞见有助于我们更全面地认识和理解法律在社会发展中的作用。

然而，西方马克思主义法学也存在一定的局限性。首先，部分理论过于强调理论的批判性，而在构建具体法律制度方面的建议相对较少。这可能导致理论与实践的脱节，使得这些理论在解决实际问题时显得力不从心。其次，某些观点可能过于悲观，忽视了人民群众在历史发展进程中的积极作用。这种悲观情绪可能源于对资本主义社会的深刻批判，但也可能导致对社会主义法治建设的消极态度。实际上，人民群众是推动历史发展的根本力量，他们在法治建设中同样发挥着不可或缺的作用。

（二）方法论特点与争议

西方马克思主义法学在方法论上展现出鲜明的特点。首先，它注重跨学科的研究方法，综合运用历史学、社会学等多学科的理论和工具来分析法律问题。这种跨学科的研究方法有助于打破学科壁垒，从多个角度和层面深入剖析法律问题，从而得出更为全面和准确的结论。其次，该理论倡导辩证分析，强调对立面的统一和斗争，以及事物的量变和质变过程。这种辩证思维方法有助于我们更深入地理解法律现象的本质和规律。通过分析法律现象中的对立面和矛盾运动，可以更准确地把握法律的发展方向和变化趋势。

尽管西方马克思主义法学的方法论具有鲜明的特点，但也存在一些争议。首先，关于如何具体应用辩证分析方法，以及如何将其与其他研究方法相结合，学界存在一定的争议。有些学者认为，辩证分析方法过于抽象和笼统，难以具体应用于实际法律问题中。因此，如何将这一方法与实证研究、比较研究等其他方法相结合，以得出更具说服力的结论，是一个值得深入探讨的问题。其次，西方马克思主义法学的某些方法论观点可能过于抽象，难以直接应用于具体的法律实践。这可能导致理论与实践的脱节，使得这些理论在指导实践时显得力不从心。因此，如何将抽象的理论观点具体化、实例化，以更好地指导法律实践，也是当前面临的一个重要挑战。

（三）实践意义与启示

西方马克思主义法学在法律实践中具有重要的指导意义。首先，它提醒我们在法律实践中应关注社会矛盾的变化。法律作为社会关系的调节器，必须紧跟社会发展的步伐，及时调整和完善法律制度以适应社会发展的需要。只有这样，法律才能更好地发挥其维护社会稳定和促进社会进步的作用。其次，该理论强调了法律在维护社会稳定和推动社会变革中的重要作用。在社会主义法治建设中，我们应充分发挥法律的引领、规范和保障作用，推动社会公平正义的实现。通过制定和实施科学的法律制度，我们可以为社会发展提供有力的法治保障，推动社会和谐稳定与持续发展。

西方马克思主义法学的理论成果和实践经验对我们具有重要的启示意义。首先，我们应批判性地借鉴其理论成果。虽然西方马克思主义法学存在一些局限性，但其对法律与社会关系的深刻洞察、对法律意识形态功能的揭示以及对资本主义法律制度的批判都为我们提供了宝贵的思想资源。通过批判性地借鉴这些理论成果，我们可以更好地推动马克思主义法学的发展和创新。其次，在法律实践中，我们应注重运用辩证分析的方法。辩证分析作为一种全面的、深入的分析方法，有助于我们更准确地理解和解决法律问题。通过运用辩证分析的方法，我们可以更全面地把握法律现象的本质和规律，更深入地挖掘法律背后的社会矛盾和问题，从而提出更具针对性和实效性的解决方案。

第五节　西方马克思主义法学理论对现代法学的影响

西方马克思主义法学自产生开始，大量的学者大家对其做了不同的解读，由此形成西方马克思主义法学百花齐放的局面，但因其根本也是马克思主义理论，故其命运和马克思主义在西方世界一样，受到了资本主义社会和各种学派的打压。从辩证唯物观来看，任何事物的正反两面都是真理在现实世界的不同反映，或说是不同的表现形式。从时间的维度上看，在这种被大量解读的过程中，也不同程度地影响着现代法学的发展。

一、马克思主义对现代社会的影响

马克思主义从本质上阐述了人类社会关系发展中的根本性规律，说明了人类发展过程中的经济、政治、历史以及社会制度发展的内在规律和本质特征。它是无产阶级革命的理论基础和总体纲领，它深入地揭示了人类社会发展的基本规律和未来的发展走向，是一个纲领性的指导思想原则，也是关于全世界无产阶级和全人类彻底解放的学说。马克思主义本身教给我们的是一种世界观和方法论，可以让我们凭借这些方法更深入和更全面地了解这个世界。马克思主义只有在政治活动中，与各国无产阶级革命运动结合以后，才能发挥出最大的政治影响力。在二战后社会主义运动的高潮时期，世界上曾形成了社会主义和资本主义的"两大阵营"，后来由于以苏联为首的各国无产阶级执政者所执行的违背马克思主义基本原则的错误路线和方针，导致了"脱离群众"和"脱离实际"的严重错误，最终致使社会主义阵营开始解体，国际社会主义运动陷入"低潮"。马克思主义作为开放式的无产阶级革命的纲领性指导思想，本身就是社会主义制度的思想基础和理论体系，对无产阶级革命和社会主义建设都具有深远的指导意义。

对资本主义制度来说，马克思主义深入地指出了资本主义生产关系内部所蕴含的原则、规律、本质以及根本矛盾，阐述了"社会主义"必将取代"资本主义"的客观规律。这一方面为无产阶级革命和社会主义革命指明了方向，同时另一方面也为资本主义制度提供了"对立面"的参照对象。从"矛盾对立统一"的观点来看，正因为有了社会主义运动的积极影响，才使得资本主义制度下的资产阶级为了继续维护和确保自身的统治，被迫针对本国的实际国情，采用一系列手段和措施，以达到缓和阶级矛盾和社会矛盾的目的，这样在客观上也帮助了资本主义制度自身的进一步完善，同时也在一定程度上减轻了资本主义国家的无产阶级劳动人民所承担的负担和压力。

二、西方马克思主义法学理论对现代法学的影响

苏联和新中国等在马克思主义指导下建立的社会主义国家群体所取得的伟大成就，使马克思主义成为现代社会影响最为广泛的理论学说。在法学问题上，西方马克思主义法学以批判法学为宗旨，致力于研究马克思主义法律观在新的历史条件下的运用和发展，批判资产阶级法学理论，探讨法的阶级性和物质制约性，揭示法的本质和作用。其研究内容主要涉及如何坚持和发展马克思主义的法律观、法与国家政权、法与阶级结构、法律与社会、法与实践、法的作用、民主与法治的关系等法理学和法哲学的基本问题。西方马克思主义法学理论对现代法学产生了深远的影响，具体表现在以下几个方面。

（一）对法学理论的拓宽与深化

西方马克思主义法学理论的引入，为法学领域注入了新的思考维度。传统法学往往局限于法律条文的解读和案例分析，而西方马克思主义法学则将法律置于社会历史背景中，从阶级、经济、政治等多角度进行深入剖析。这种跨学科的视角使得法学研究不再局限于单一的法律领域，而是与经济学、政治学、社会学等多个学科产生了深刻的交叉与融合。西方马克思主义法学认为，法律是统治阶级意志的体现，同时也是社会经济关系的反映。这一观点不仅揭示了法律的本质，也为我们理解法律在社会中的作用提供了新的视角。在现代法学中，越来越多的学者开始关注法律与社会经济的关系，探讨法律如何为社会经济发展提供保障，以及社会经济变化如何影响法律制度的变革。此外，西方马克思主义法学还强调了法律的阶级性。在资本主义社会中，法律是资产阶级维护自身利益、巩固统治地位的工具。而在社会主义社会中，法律则应该体现人民的意志和利益。这一观点提醒我们，在研究法律时，必须关注其背后的阶级属性和社会背景。这种对法律阶级性的深刻揭示，使得现代法学在研究法律时更加注重其社会功能和政治意义。

（二）对法律实践的影响

西方马克思主义法学不仅拓宽了法学的理论视野，还对法律实践产生了深远影响。在立法方面，西方马克思主义法学强调法律的阶级性和人民性，推动了立法过程中的民主参与和公开透明。这有助于确保法律真正反映人民的意志和利益，提高法律的公正性和权威性。在司法实践中，西方马克思主义法学的阶级分析方法有助于我们更深入地理解案件背后的社会关系和利益冲突。法官在审理案件时，不仅需要依据法律条文进行裁决，还需要考虑案件的社会背景、当事人的经济状况等因素。这种全面的考量有助于实现司法公正和社会公平。此外，西方马克思主义法学还推动了法律援助制度的发展。在资本主义社会中，贫困人口往往难以获得有效的法律援助。而西方马克思主义法学强调法律的阶级性和人民性，推动了政府对法律援助制度的投入和改革。这使得更多贫困人口能够获得及时、有效的法律援助，维护了社会公正和稳定。

（三）对法学教育的影响

西方马克思主义法学对法学教育也产生了积极影响。在传统的法学教育中，往往注重法律条文的解读和案例分析，而忽视了对法律背后社会历史背景的探讨。而西方马克思主义法学的引入，使得法学教育更加注重跨学科的研究方法和社会历史背景的剖析。在课程设置上，越来越多的法学院校开始开设与西方马克思主义法学相关的课程，如法理学、法律社会学等。这些课程旨在培养学生的批判性思维能力和跨学科研究能力，使他们能够更深入地理解法律的本质和作用。在教学方法上，西方马克思主义法学的引入也推动了法学教育的创新。传统的灌输式教学逐渐被探究式、讨论式教学所取代。这种教学方式鼓励学生主动参与课堂讨论、提出自己的观点和见解，有助于培养学生的独立思考能力和创新精神。

（四）对现代法学的启示

西方马克思主义法学对现代法学的启示是多方面的。首先，它提醒我们要保持对法律的批判性思考。在资本主义社会中，法律往往是统治阶级维护自身利益的工具。因此，在研究法律时，我们需要保持清醒的头脑和批判性的眼光，揭示其背后的阶级属性和社会背景。其次，西方马克思主义法学强调了跨学科的研究方法的重要性。在现代法学中，我们需要借鉴经济学、政治学、社会学等多个学科的理论和方法来深入研究法律问题。这种跨学科的视角有助于我们更全面地理解法律的本质和作用以及其在社会中的实际运作机制。最后，西方马克思主义法学还启示我们要关注弱势群体和被边缘化人群的权益问题。在资本主义社会中，贫困人口和弱势群体往往难以获得有效的法律保护和支持。因此，我们需要关注这些人群的权益问题并推动法律援助制度的发展和完善以确保他们能够获得应有的法律保障和支持。

（五）面临的挑战与未来发展

尽管西方马克思主义法学对现代法学产生了深远影响并为其发展提供了重要启示，但它也面临着一些挑战和争议。例如，有人认为西方马克思主义法学过于强调阶级斗争和意识形态的分析而忽视了法律制度的独立性和专业性；还有人对西方马克思主义法学的跨学科研究方法提出质疑，认为其可能导致法学研究的泛化和浅化。面对这些挑战和争议，我们需要保持客观理性的态度，并继续深化对西方马克思主义法学的理解和应用。在未来的发展中，我们可以进一步探讨如何将西方马克思主义法学的理论与现代法学的实践相结合以更好地解决现实问题；同时我们也需要关注西方马克思主义法学在全球化、信息化等新时代背景下的新发展和新挑战，并积极探索其应对策略和解决方案。总之，西方马克思主义法学对现代法学产生了深远的影响并为其发展提供了宝贵的启示和借鉴经验。在未来的法学研究中，我们应该继续深化对西方马克思主义法学理论的理解和应用，以期为推动现代法学的发展作出更大的贡献。同时我们也需要保持批判性思考，并关注弱势群体和被边缘化人群的权益问题，努力构建一个更加公正、平等和有效的法律体系。此外，西方马克思主义法学也提醒我们，法律并非孤立存在，而是与社会、经济、政治等多个领域紧密相连。因此，在法学研究中，我们应更加注重法律与其他社会现象的相互关系，以及法律在社会变革中的作用。这种跨学科的整合研究，有助于我们更全面地认识法律，从而更好地运用法律服务于社会发展和人民福祉。

对现代法学而言，"以史为鉴，可以知兴替"。西方马克思主义法学不仅仅是某个特定时间的产物，而更多地是随着世界潮流的变更有着不同的发展。宏观上来看，我们能够从中知道对于法学学科来说，什么样的社会制度对法学有什么样的适配度，国家的什么阶段或说什么样的情况适合法学学科的发展，这对当今现代法学极具借鉴意义。尽管西方马克思主义法学所主张的法学控制意识形态和反对经济绝对论等思想有失偏颇，但对现代法学的发展来说，可谓是站在"上帝视角"，各国的法学研究以此或许能够找到更有益于本国法学研究的发展方向。

第六节　经典案例分析

一、英国皮尔先生案

英国皮尔先生花了 5 万英镑购置了大量生活资料和生产资料，打算到澳大利亚的斯旺河一带创办工厂。他带了 3000 名工人前往，包括男工、女工和童工。然而，到达澳洲后，这些英国工人纷纷离开，甚至连一个为他服务的人都没有留下。

从西方马克思主义法学理论的视角，本案的影响和意义主要包括以下方面。一是资本的本质。此案例生动展示了资本并非单纯的物品或货币，而是一种体现在物上的资本主义生产关系。皮尔先生所购置的生产资料和生活资料，在没有被用于剥削雇佣工人并带来剩余价值时，并不能被视为资本。这一点深刻体现了西方马克思主义法学对于资本的理解，即资本的本质在于其能够带来剩余价值的特性。二是工人的自由。工人离开皮尔先生的原因，很大程度上是因为在澳洲这个地广人稀、资源丰富的地方，他们有了更多的生存选择和自由。这种自由使得他们不再愿意受制于旧有的资本主义生产关系，从而选择了离开。这也反映了工人阶级在特定条件下对于自身利益的追求和选择。三是生产关系的变化。此案例还揭示了生产关系是如何受到社会环境和物质条件影响的。在澳洲这个新的环境下，原有的资本主义生产关系无法维持，因为工人不再愿意被剥削。这体现了西方马克思主义法学中关于生产关系与社会环境相互作用的观点。四是法律的阶级性。从法学的角度来看，这个案例也反映了法律的阶级性。在资本主义社会中，法律往往是用来维护资产阶级利益的工具。然而，在这个案例中，工人的自由选择和行动实际上打破了原有的法律框架和资本主义生产关系的束缚，展现了法律在阶级斗争中的复杂性和动态性。

"英国皮尔先生案"是西方马克思主义法学理论的一个经典案例，它深刻揭示了资本的本质、工人的自由、生产关系的变化以及法律的阶级性等多个方面的问题。这个案例不仅具有历史意义，而且对于我们理解西方马克思主义法学的核心观点和原理具有重要的启示作用。它表明，在特定的社会环境和物质条件下，生产关系和法律制度都可能发生深刻的变化和调整。

二、里格斯诉帕尔默案

帕尔默因多年前祖父立下的遗嘱，被指定为唯一的财产继承人。然而，在等待继承期间，帕尔默因担心祖父改变遗嘱将财产转给他人，竟然毒死了自己的祖父。在被提起刑事诉讼的同时，帕尔默的姑姑们将其告上民事法庭，要求剥夺其继承权。此案引发了关于法律与道德、犯罪与继承权之间复杂关系的讨论。案件核心争议主要有两个，一是帕尔默是否应该因其犯罪行为而丧失继承权。二是遗嘱的法律效力与道德判断之间的关系。部分法官认为，由于纽约州的法律没有明确规定杀人犯不能继承遗产，且遗嘱完全符合法律规定，因此帕尔默有权继承。另一些法官则认为，尽管法律没有明文规定，但杀人犯继承遗产违背立法者的意图和公共道德。最终法院判决剥夺帕尔默的继承权，并确立了有名的"任何人不得因自身的过错而得益"的法律原则。

本案的主要引发了以下方面的思考。一是法律与道德的界限。此案引发了关于法律与道德界限的广泛讨论。法律是否应仅仅基于文本规定来判决，还是应该考虑更广泛的道德和社会影响？二是立法完善。此案也促使人们反思现行法律的完善性。是否应该在法律中明确规定，犯罪者不得从其犯罪行为中获利？三是司法公正与裁决。法官在裁决时需要权衡法律规定与社会公平正义，此案是这种权衡的一个典型例子。

从西方马克思主义法学理论的视角，本案的影响和意义主要包括以下方面。一是法律的阶级性与社会性。此案展示了法律不仅仅是一纸规定，更是社会关系和道德观念的反映。法律的实施和执行需要考虑到社会的整体利益和道德标准。二是法律与道德的互动。西方马克思主义法学强调法律与道德的紧密联系。此案中，法律的判决受到了道德观念的深刻影响，体现了法律与道德的相互作用。三是法律的完善与发展。此案也提示我们，法律是不断发展和完善的。社会的变化和新的道德观念会推动法律的进步和改革。

思考题

1. 试述哈贝马斯的交往行为理论的贡献及其局限性。
2. 简述阿尔都塞的意识形态思想的主要内容。
3. 如何处理法的阶级性与社会性的关系？
4. 西方马克思主义法学如何拓宽与深化了法学理论？

主要参考文献

1. 《中共中央关于全面推进依法治国若干重大问题的决定》，人民出版社 2014 年版。

2. 《中国共产党一百年大事记（1921 年 7 月—2021 年 6 月）》，人民出版社 2021 年版。

3. 《中国共产党百年法治大事记（1921 年 7 月—2021 年 7 月）》人民出版社、法律出版社 2022 年版。

4. 《习近平法治思想学习纲要》，人民出版社、学习出版社 2021 年版。

5. 《习近平法治思想学习问答》，人民出版社、学习出版社 2023 年版。

6. 张文显主编：《法理学》，高等教育出版社 2018 年版。

7. 李宏勃：《简明法理学》，北京大学出版社 2016 年版。

8. 朱力宇主编：《法理学案例教程》，知识产权出版社 2011 年版。

9. 孙国华、朱景文主编：《法理学》，中国人民大学出版社 2015 年版。

10. 《法理学》编写组：《法理学》，人民出版社、高等教育出版社 2010 年版。

11. 高其才：《法理学》，清华大学出版社 2015 年版。

12. 马长山主编：《法理学导论》，北京大学出版社 2014 年版。

13. 张光杰主编：《法理学导论》，复旦大学出版社 2016 年版。

14. 王彬主编：《法理学案例教材》，南京大学出版社 2017 年版。

15. 顾亚潞、张卓明：《法理学：案例与图表》，法律出版社 2010 年版。

16. 付子堂：《法理学初阶》，法律出版社 2015 年版。

17. 严存生：《西方法律思想史》，法律出版社 2015 年版。

18. 徐显明：《法理学原理》，中国政法大学出版社 2009 年版。

19. 公丕祥：《法理学》，复旦大学出版社 2016 年版。

20. 舒国滢等：《法学方法论问题研究》，中国政法大学出版社 2007 年版。

21. 李龙：《法理学》，武汉大学出版社 2011 年版。

22. 周永坤：《法理学——全球视野》，法律出版社 2016 年版。

23. 葛洪义：《法理学》，中国人民大学出版社 2015 年版。

24. 文正邦：《当代法哲学研究与探索》，法律出版社 1999 年版。

25. 朱景文：《对西方法律传统的挑战》，中国检察出版社 1996 年版。

26. 朱景文：《当代西方后现代法学》，法律出版社 2002 年版。

27. 徐爱国：《破解法学之谜》，学苑出版社 2001 年版。

28. 陈闻桐：《近现代西方政治哲学引论》，安徽大学出版社 1997 年版。

29. 张桂琳：《西方政治哲学》，中国政法大学出版社 1999 年版。

30. 郭道晖：《法理学精义》，湖南人民出版社 2003 年版。

31. 林端：《儒家伦理与法律文化》，中国政法大学出版社 2002 年版。

32. 张文显：《法学基本范畴研究》，中国政法大学出版社 1993 年版。

33. 谢振民：《中华民国立法史》，中国政法大学出版社 2000 年版。

34. 苏力：《送法下乡——中国基层司法制度研究》，中国政法大学出版社 2000 年版。

35. 张文显：《法的一般理论》，辽宁大学出版社 1988 年版。

36. 李龙：《西方法学名著提要》，江西人民出版社 1999 年版

37. 夏勇：《人权概念的起源》，中国政法大学出版社 1992 年版。

38. 李桂林、徐爱国：《分析实证主义法学》，武汉大学出版社 2000 年版。

39. 李龙：《法理学》，武汉大学出版社 1996 年版。

40. 李龙：《人本立法观》，中国社会科学出版社 2006 年版。

41. 张文显：《二十世纪西方法哲学思潮研究》，法律出版社 1995 年版。

42. 徐崇温：《"西方马克思主义"论丛》，重庆出版社 1989 年版。

43. 欧力同、张伟：《法兰克福学派研究》，重庆出版社 1990 年版。

44. 朱振：《法律的权威性：基于实践哲学的研究》，三联书店 2016 年版。

45. 张文显：《法理：法理学的中心主题和法学的共同关注》，《清华法学》2017 年第 4 期。

46. 张文显：《论中国特色社会主义法治道路》，《中国法学》2009 年第 6 期。

47. 张文显：《中国法治之 40 年：历程、轨迹和经验》，《吉林大学社会科学学报》2018 年第 5 期。

48. 张文显：《建设中国特色社会主义法治体系》，《法学研究》2014 年第 6 期。

49. 邓正来：《中国法学向何处去（上）——建构"中国法律理想图景"时代的论纲》，《政法论坛》2005 年第 1 期。

50. 公丕祥：《习近平法治思想与中国式法治现代化》，《法学家》2022 年第 5 期。

51. 唐建兵：《论习近平全面依法治国思想形成发展的理论渊源和实践基础》，《三峡大学学报（人文社会科学版）》2018 年第 1 期。

52. 黄文艺：《论党法关系的规范性原理》，《政法论坛》2022 年第 1 期。

53. 李林、齐延平：《走向新时代中国法理学之回眸与前瞻》，《法学》2018 年第 6 期。

54. 钱继磊：《迈向法理时代的中国法学》，《法学评论》2018 年第 1 期。

55. 雷磊：《法哲学在何种意义上有助于部门法学》，《中外法学》2018 年第 5 期。

56. 蔡琳：《实证主义真的胜利了吗？——以哈特、德沃金之争为中心》，《南京大学法律评论》（2015 年卷）。

57. 陆幸福：《自然法理论的认识论难题——菲尼斯的解决方案及其反思》，《法制与社会发展》2019 年第 2 期。

58. 王波：《社会事实如何产生规范性？——论法律实证主义对"休谟法则"的解决方案》，《法制与社会发展》2015 年第 5 期。

59. 范立波：《论法律规范性的概念与来源》，《法律科学（西北政法大学学报)》2010 年第 4 期。

60. 李永红、谢拓：《论自然法思想对法本体论的哲学阐述》，《社会科学动态》2018 年第 9 期。

61. 杨天江：《自然法的概念史：从乌尔比安到阿奎那》，《朝阳法律评论》2015 年第 10 辑。

62. 陈金钊：《用"法治之理"塑造中国法理学》，《河南财经政法大学学报》2015 年第 3 期。

63. 陈瑞华：《法学研究方法的若干反思》，《中外法学》2015 年第 3 期。

64. 陈柏峰：《事理、法理与社科法学》，《武汉大学学报（哲学社会科学版）》2017 年第 1 期。

65. 杨帆：《法社会学能处理规范性问题吗？——以法社会学在中国法理学中的角色为视角》，《法学家》2021 年第 6 期。

66. 泮伟江：《超越"错误法社会学"：卢曼法社会学理论的贡献与启示》，《中外法学》2019 年第 1 期。

67. 泮伟江：《法社会学视野中的法律规范》，《中国法律评论》2023 年第 1 期。

68. 张峰铭：《论权利作为要求——超越利益论与选择论之争》，《法制与社会发展》2021 年第 2 期。

69. 谢晖：《论新型权利的基础理念》，《法学论坛》2019 年第 3 期。

70. 陈景辉：《权利的规范力：一个对利益论的批判》，《中外法学》2019 年第 3 期。

71. 方新军：《为权利的意志说正名——个类型化的视角》，《法制与社会发展》2010 年第 6 期。

72. 刘作翔：《"法源"的误用——关于法律渊源的理性思考》，《法律科学（西北政法大学学报）》2019 年第 3 期。

73. 周旺生：《法的渊源与法的形式界分》，《法制与社会发展》2005 年第 4 期。

74. 孙笑侠：《法律人思维的二元论——兼与苏力商榷》，《中外法学》2013 年第 6 期。

75. 周少华：《同案同判：一个虚构的法治神话》，《法学》2015 年第 11 期。

76. 孙海波：《重新发现"同案"：构建案件相似性的判断标准》，《中国法学》2020 年第 6 期。

77. 黄泽敏、张继成：《案例指导制度下的法律推理及其规则》，《法学研究》2013 年第 2 期。

78. 许德风：《法教义学的应用》，《中外法学》2013 年第 5 期。

79. 陈兴良：《法学知识的演进与分化——以社科法学与法教义学为视角》，《中国法律评论》2021 年第 4 期。

80. 拉德布鲁赫：《法哲学》，王朴译，法律出版社 2005 年版。

81. 赵静：《法学的科学性问题研究》，《北方法学》2022 年第 6 期。

82. 舒国滢：《论法学的科学性问题》，《政法论坛》2022 年第 1 期。

83. 陈景辉：《法律的内在价值与法治》，《法制与社会发展》2012 年第 1 期。

84. 范进学：《"法治反对解释"吗？——与陈金钊教授商榷》，《法制与社会发展》2008 年第 1 期。

85. 魏治勋：《为什么法治必然要求法律解释》，《求是学刊》2016 年第 6 期。

86. 徐爱国：《论中国法理学的"死亡"》，《中国法律评论》2016 年第 2 期。

87. 季卫东等：《中国需要什么样的法理学》，《中国法律评论》2016 年第 3 期。

88. 舒国滢：《新中国法理学七十年：变化与成长》，《现代法学》2019 年第 5 期。

89. 马驰：《作为概念理论的法理学及其实践意义》，《中国法律评论》2018 年第 3 期。

90. 邱昭继：《法学研究中的概念分析方法》，《法律科学（西北政法大学学报)》2008 年第 6 期。

91. 谭万霞：《西方法治思想对我国现代法治建设的启示》，《行政与法》2010 年第 6 期。

92. 范进学、张玉洁：《社会主义法治理念内在逻辑的梳理》，《烟台大学学报（哲学社会科学版）》2012 年第 4 期。

93. 余达淮、陈光洁：《"法治"与"德治"关系三题》，《道德与文明》2016 年第 2 期。

94. 杨建军：《西方法治的文化成因》，《法律科学（西北政法大学学报)》，2017 年第 3 期。

95. 陈金钊：《用法治方式满足公民对美好生活的向往——关于法治发展不平衡、不充分的断思》，《河北法学》2018 年第 4 期。

96. 李志强：《历史发展、理论辩难与实践聚焦：论当代依法治国和以德治国相结合之路》，《社会主义研究》2021 年第 4 期。

97. 公丕祥：《中国式法治现代化的鲜明特征》，《中国高校社会科学》2023 年第 2 期。

98. 强世功：《迈向立法者的法理学——法律移植背景下对当代法理学的反思》，《中国社会科学》2005 年第 1 期。

99. 姚建宗：《法学研究及其思维方式的思想变革》，《中国社会科学》2012 年第 1 期。

100. 姚建宗：《中国法律哲学的立场和使命——评邓正来教授〈中国法学向何处去〉》，《河北法学》2007 年第 1 期。

101. 傅郁林：《当信仰危机遭遇和谐司法——由彭宇案现象透视司法与传媒关系》，《法律适用》2012 年第 12 期。

102. 张慧鹏等：《许霆案的落幕及疑惑破解》，《人民法院报》2008 年 5 月 25 日。

103. 印波：《〈"张扣扣案"辩护词褒贬之争〉争鸣之一刚柔交错："叩"开"活"的可能的辩护词》，《民主与法制》2019 年第 5 期。

104. 柏拉图：《理想国》，郭斌和、张竹明译，商务印书馆 1986 年版。

105. 柏拉图：《法律篇》，张智仁、何勤华译，上海人民出版社 2001 年版。

106. 柏拉图：《政治家篇》（影印本），中国政法大学出版社 2003 年版。

107. 亚里士多德：《尼各马科伦理学》，苗力田译，中国社会科学出版社 1999 年版。

108. 亚里士多德：《政治学》，吴寿彭译，商务印书馆 1965 年版。

109. 查士丁尼：《法学总论》，张企泰译，商务印书馆 1989 年版。

110. 朱塞佩·格罗索：《罗马法史》，黄风译，中国政法大学出版社 1994 年版。

111. 盖尤斯：《法学阶梯》，黄风译，中国政法大学出版社 1996 年版。

112. 西塞罗:《国家篇、法律篇》,沈叔平、苏力译,商务印书馆 1999
年版。

113. 托马斯·阿奎那:《阿奎那政治著作选》,马清槐译,商务印书馆
1963 年版。

114. 保罗·汤姆森:《奥古斯丁》,周伟驰译,中华书局 2002 年版。

115. 安·肯尼:《阿奎那》,黄勇译,中国社会科学出版社 1987 年版。

116. 尼科洛·马基雅维里:《君主论》,潘汉典译,商务印书馆 1985
年版。

117. 托马斯·莫尔:《乌托邦》,邢占军译,外文出版社 1998 年版。

118. 亨利·勒费弗尔:《狄德罗的思想和著作》,张本译,商务印书馆
1985 年版。

119. 温斯坦莱:《温斯坦莱文选》,任国栋译,商务印书馆 1965 年版。

120. 弥尔顿:《为英国人民声辩》,何宁译,商务印书馆 1958 年版。

121. 潘恩:《潘恩选集》,马清槐译,商务印书馆 1981 年版。

122. 杰斐逊:《杰斐逊文选》,朱曾汶译,商务印书馆 1963 年版。

123. 汉密尔顿等:《联邦党人文集》,程逢如等译,商务印书馆 1980
年版。

124. 霍布斯:《利维坦》,黎思复、李廷弼译,商务印书馆 1985 年版。

125. 洛克:《政府论》,叶启芳、瞿菊农译,商务印书馆 1964 年版。

126. 孟德斯鸠:《论法的精神》,张雁深译,商务印书馆 1963 年版。

127. 卢梭:《论人类不平等的起源和基础》,李常山译,商务印书馆
1962 年版。

128. 边沁:《立法理论——刑法典原理》,孙力等译,中国人民公安大
学出版社 1993 年版。

129. 约翰·密尔:《论自由》,程崇华译,商务印书馆 1959 年版。

130. 密尔:《代议制政府》,汪瑄译,商务印书馆 1982 年版。

131. 约翰·奥斯丁:《法理学的范围》,刘星译,中国法制出版社 2002
年版。

132. 凯尔森:《法与国家的一般理论》,沈宗灵译,中国大百科全书出
版社 1996 年版。

133.凯尔森:《法律与国家》,雷崧生译,三民书局 1976 年版。

134.哈特:《法律的概念》,张文显等译,中国大百科全书出版社 1996 年版

135.麦考密克、魏因贝格尔:《制度法论》,周叶谦译,中国政法大学出版社 1994 年版。

136.马克斯·韦伯:《论经济与社会中的法律》,张乃根译,中国大百科全书出版社 1998 年版。

137.马克斯·韦伯:《经济与社会(上卷)》,林荣远译,商务印书馆 1998 年版。

138.莱因哈特·本迪克斯:《马克斯·韦伯思想肖像》,刘北成等译,上海人民出版社 2002 年版。

139.狄骥:《宪法论》,钱克新译,商务印书馆 1959 年版。

140.狄骥:《宪法学教程》,王文利等译,辽海出版社、春风文艺出版社 1999 年版。

141.狄骥:《公法的变迁:法律与国家》,郑戈、冷静译,辽海出版社、春风文艺出版社 1999 年版。

142.庞德:《通过法律的社会控制:法律的任务》,沈宗灵译,商务印书馆 1984 年版。

143.庞德:《法律史解释》,曹玉堂等译,华夏出版社 1989 年版。

144.彼得·斯坦、约翰·香德:《西方社会的法律价值》,王献平译,中国法制出版社 2004 年版。

145.诺内特、塞尔兹尼克:《转变中的法律与社会》,张志铭译,中国政法大学出版社 1994 年版。

146.约翰·罗尔斯:《正义论》,何怀宏等译,中国社会科学出版社 1988 年版。

147.约翰·罗尔斯:《万民法》,张晓辉等译,吉林人民出版社 2001 年版。

148.约翰·罗尔斯:《政治自由主义》,万俊人译,译林出版社 2000 年版。

149.约翰·罗尔斯:《道德哲学史讲义》,张国清译,三联书店 2003

年版。

150. 乔纳森·沃尔夫：《诺齐克》，王天成、张颖译，黑龙江人民出版社 1999 年版。

151. 罗纳德·德沃金：《认真对待权利》，信春鹰、吴玉章译，中国大百科全书出版社 1998 年版。

152. 罗纳德·德沃金：《法律帝国》，李常青译，中国大百科全书出版社 1996 年版。

153. 罗纳德·德沃金：《自由的法》，刘丽君译，上海人民出版社 2001 年版。

154. 马里旦：《人和国家》，霍宗彦译，商务印书馆 1964 年版。

155. 马里旦：《西洋道德哲学》，李增译，明文书局 1992 年版。

156. 卢卡奇：《历史和阶级意识》，王伟光、张峰译，华夏出版社 1989 年版。

157. 卢卡奇：《理性的毁灭》，王玖兴译，山东人民出版社 1988 年版。

158. 卢卡奇：《社会存在本体论导论》，沈耕等译，华夏出版社 1989 年版。

159. 哈贝马斯：《在事实与规范之间——关于法律和民主法治国的商谈理论》，童世骏译，生活·读书·新知三联书店 2003 年版。

160. 乔德兰·库卡塔斯、菲利普·佩迪特：《罗尔斯》，姚建宗、高申春译，黑龙江人民出版社 1999 年版。

161. 罗伯特·戈尔曼编：《新马克思主义传记辞典》，赵培杰等译，重庆出版社 1990 年版。

162. 昂格尔：《现代社会中的法律》，吴玉章译，中国政法大学出版社 1994 年版。

163. 福柯：《规训与惩罚——监狱的诞生》，刘北成、杨远婴译，三联书店 1999 年版。

164. 波林·罗斯诺：《后现代主义与社会科学》，张国清译，上海译文出版社 1998 年版。